"개인적/정치적, 종교/정치, 신앙/권력, 이념/실용…짐 월리스는 가치, 사상, 정책, 그리고 이들 사이의 상호작용이 우리가 살아가는 세상에 어떤 영향을 미치는지를 놓고 씨름하는 사람이다. 그의 깊이 있고 음악 같은 목소리는 듣기 편하지만, 그가 하는 말은 실천하기 만만치 않은 헌신을 요구한다."

— 보노, 록그룹 U2 리드싱어, ONE.org 설립자

"짐 월리스와 나는 국내 및 국제 정책에 관해 다양한 견해 차이를 가지고 있지만, 공동선을 적극적으로 성찰하라는 그의 외침보다 더 시의적절하고 긴급한 메시지는 없다."

— 마이클 거슨, "워싱턴 포스트" 칼럼니스트

"나는 짐 월리스의 활동과 책, 그의 존재를 사랑한다. 그는 심오하면서도 언제나 흥미진진한 목소리로 상식과 화해, 사회 정의와 평화를 향한 열정을 이야기한다. 그의 책을 읽을 때마다 나는 우리가 얼마나 많은 것을 공유하고 있으며 얼마나 서로 긴밀하게 연결되어 있는지 깨닫게 하기 위해 더 많은 정치인들, 우파 그리스도인들, 좌파 그리스도인들, 인본주의자들, 경제학자들, 평범한 사람들 — 모든 사람들 — 의 손에 그 책을 안겨주고 싶다. 짐 월리스와 내가 공유하는 정치적 견해는 많지 않지만, 우리는 하나님과 그분의 모든 자녀를 향해 같은 마음과 영혼, 사랑을 품고 있다. 게다가 그는 탁월한 이야기꾼이기도 하다."

— 앤 라모트, 「가벼운 삶의 기쁨」 저자

"이 책에서 월리스는 절제된 문체와 매력적일 정도로 조용하고 수수한 글로 그 어느 때보다 더 강력하게 우리를 설득한다. 그는 대부분의 현대 미국인들이 자라면서 배운 교회의 신학에서 실종된 것은 '세상'이었으며 교회가 오랫동안 '속죄만 다루는 복음'을 강조하다가 예수님의 '하나님 나라 복음'에 대한 그리스도인의 충성을 모호하게 만들었다고 주장하면서, 하나님 나라의 신학을 제시하고 모든 그리스도인들을 향해 사적인 삶과 공적 활동 영역에 이 신학을 적용하라고 외친다."

— 필리스 티클, "퍼블리셔스 위클리" 종교담당 주간

"나는 복음주의자들에게 완전한 회심과 실천이 동반된 교회적 믿음을 촉구하는 짐 월리스의 책을 모두 읽었다. 「하나님 편에 서라」는 짐이 쓴 최고의 책이다. 이 책은 인격적이며 목회적이고 예언자적이다. 더 깊은 회심으로 나아가고, 공동선을 위해 다리를 놓는 일에 헌신하며, 일치와 돌봄의 공동체 안에서 행동하는 신앙의 기초가 되는 가정을 만들어 가라는 소환장이다."

― 스캇 맥나이트, 노던신학교 신약학 교수

"이 책은 짐 월리스의 저작 중 가장 훌륭한 책이다. 이 책을 읽으면서 나는 시민으로서 나의 활동이 그리스도인으로서 내 삶의 자연스러운 연장임을 다시 한 번 기억했다. 성경과 정치적 이슈가 서로 어떻게 연결되어 있는가에 관한 짐의 탁월한 이해에 필적할 만한 것은, 우리 모두가 함께 문제를 해결할 수 있도록 그가 놓았던 수많은 다리밖에 없을 것이다. 이 책은 당신이 특히 공적 영역에서 더욱 예수님을 닮는 사람이 될 수 있도록 도울 것이다."

― 조엘 헌터, 노스랜드교회 담임목사

"짐 월리스는 이 나라의 중요한 예언자적인 복음주의자이다. 이 냉소적인 시대에 좀처럼 보기 어려운 긴박함과 희망의 감각을 가지고 있는 사람이다. 나는 그의 목소리가 이 땅 곳곳에 울려 퍼지기를―그리고 우리가 그 목소리에 귀를 기울이기를―바라며 기도한다."

― 코넬 웨스트, 유니언신학교 철학 및 실천신학 교수

"짐 월리스는 시의적절한 질문을 던진다. 당신은 공동선을 추구하는 국가적 의제를 추구하는가? 아니면 신앙으로 정치적 의제에 세례를 베풀고자 하는가? 공동체로서 우리 삶의 미래에 관해 숙고할 때, 종교 지도자와 정치 지도자 모두가 월리스의 문제 제기를 진지하게 받아들여야 할 것이다."

― 가브리엘 살게로 목사, 미국 라티노복음주의연합 회장

"지난 수십 년간 짐 월리스는 더 나은 세상을 향한 하나님의 운동에 귀하게 쓰임 받는 목소리였다. 이 책은 그 운동을 향해 보내는 그의 최신 선물이다. 이 책은 우리에게 무엇이 문제인지 이야기할 뿐 아니라, 우리가 어떻게 문제를 바로잡으시는 하나님의 일에 동참할 수 있는지를 다루고 있다. 또한 이 책은 우리에게 복을 주시는(blessing) 하나님에 대해 이야기하는 또 하나의 책이 아니라…하나님의 백성, 특히 우리 가운데 있는 가장 약한 자들을 돌봄으로써 하나님을 송축하는(blessing) 우리에 대해 이야기하는 책이다."

– 셰인 클레어본, 「행동하는 기도」 저자

"새로운 전 지구적 운동을 통해 하나님 편에 서자고 촉구하며 '성공'의 가늠자는 모두의 행동이라고 주장하는 짐 월리스의 목소리는 이 책의 모든 페이지에서 울려 퍼진다. 그의 처방을 따를 때 참된 공동선에 다가갈 수 있을 것이다. 100퍼센트를 위한 좋은 소식이다."

– 시몬 캠벨 수녀, 로마가톨릭 사회정의단체 NETWORK 상임이사

"미국의 가장 저명한 신앙적인 사회 정의 활동가가 쓴 이 역작은 대단히 개인적이면서도 보편적이다. 기독교적 미학과 미국의 당혹스러운 진보/보수의 구분선을 초월하는 종교 사상에 근거를 두고서 미국의 사회 정의에 대한 혁신적인 전망을 제시하는 이 책은, 정책 입안자와 종교 지도자, 그리고 미국의 긴급한 문제를 해결하기 위한 도덕적 기초를 모색하는 모든 사람이 반드시 읽어야 할 책이다."

– 데이비드 세이퍼스타인, 개혁유대교 종교활동센터 이사

"짐 월리스만큼 명확하면서도 긍휼의 마음을 잃지 않고 우리 시대의 혼란상을 분석해 내는 사람은 없다. 이 책에서 그는 인류의 이상에 관한 우주적 전망과 그 이상을 실현하기 위한 구체적인 계획을 탁월하게 연결시킨다."

– 이부 파텔, Interfaith Youth Core 설립자 및 대표

"짐 월리스의 새 책은 그의 이전 저서들의 핵심 주제를 탁월하게 요약하는 동시에 향후 10년간 우리가 붙잡고 씨름해야 할 주요 사안들, 즉 경제와 환경, 양극화, 평화, 정부의 역할 등에 관해 분명하고도 명석하게 논의한다. 모든 페이지에서 이 책이 안식년 기간 중에 쓰인 책 – 영적 성찰과 갱신의 공간에서 만들어졌고, 가족과 야구 이야기로 보강된 책 – 임을 알 수 있다. 이 책은 아마도 짐이 쓴 최고의 책일 것이다."
— 브라이언 매클라렌, 「새로운 교회가 온다」 저자

"성숙한 기독교와 성숙한 정치, 둘 중 어느 것도 양보하지 않은 뿐 아니라 그 둘을 결합할 수 있는 사람은 거의 없다. 짐 월리스는 이 일을 가장 잘하는 사람이며, 다시 한 번 이 책을 통해 그 일을 해냈다."
— 리처드 로어, 뉴멕시코 주 앨버커키 소재 활동과관상센터

"이 유익하고 통렬한 책에서 짐 월리스는 교회를 향해 하나님이 소중히 여기시는 이 세상을 되찾기 위한 하나님의 노력에 동참하라고 열정적이면서도 감동적으로 도전한다. 언제나처럼 짐은 강렬하게 기독교적 방식으로 현재의 긴급한 사회적 이슈를 재고할 수 있는 길을 우리에게 제시하며, 거의 모든 페이지에서 참신한 통찰을 제공한다."
— 윌리엄 윌리몬, 듀크대학교 신학대학원 실천신학 교수

"솔직히 말하겠다. 나는 '필독서'를 믿지 않는다. 하지만 「하나님 편에 서라」는 특히 점점 더 정치적으로 양극화되고 시민 교양이 사라져 가는 이 시대에 대단히 중요한 책이다. 목회자로서 나는 이 책을 쓴 것에 대해 짐 월리스에게 감사한다. 왜냐하면 우리가 공동선을 위한 노력에 동참하도록 사람들을 초대하고 그들에게 힘을 주고 그들을 준비시키고자 할 때, 이 책은 많은 사람들에게 – 특히 교회에 – 필수적인 자료가 될 것이기 때문이다. 점점 더 냉소적으로 변해 가는 세상 속에서 '하나님 편에 서라'는 표현은 참으로 신선하고 희망적인 말이다."
— 유진 조 목사, 퀘스트처치 담임목사, One Day's Wages 창립자

"기독교 신앙은 단순한 믿음 그 이상을 요구한다. 그것은 세상을 변화시키려는 신앙이다. 왜냐하면 그리스도인들을 향해 사랑의 마음으로 이웃의 선을 위해 일하라고 명령하기 때문이다. 이는 누가복음 4장에서 예수님이 처음으로 선포하신 하나님 나라의 복된 소식이다. 짐 월리스는 오늘날 우리가 이 메시지를 더 잘 이해할 수 있도록 해준다."

— 리처드 스턴스, 미국 월드비전 회장 및 「구멍 난 복음」 저자

"신뢰가 없다면 어떤 민주주의 사회도 존속할 수 없다. 신뢰는 궁극적으로 가치에 근거한다. 짐 월리스의 책 「하나님 편에 서라」는 우리에게 우리의 사적·공적 삶을 위한 소중한 통찰을 제공한다."

— 클라우스 슈압, 세계경제포럼 창립자 및 회장

"만약 짐 월리스와 내가 한자리에 앉아 이 책에서 그가 쓴 모든 단어에 관해 토론한다면, 분명히 우리는 몇 가지 점에서 이견을 드러낼 것이다. 그러나 이 땅에서 하나님 나라를 살아 내는 것이 무엇을 뜻하는지 붙잡고 씨름하라는, 예수님을 따르는 이들을 향한 짐의 도전은 오늘 나에게 꼭 필요한 도전이다. 아마 당신에게도 꼭 필요한 도전일 것이다. 「하나님 편에 서라」를 읽고 확인해 보기 바란다."

— 린 하이벨스, 윌로우크릭 커뮤니티처치 공동창립자

"월리스의 원숙한 생각을 담은 책이다. 이 책에서 그는 정치적으로, 문화적으로, 심지어는 종교적으로도 무시되고 있는 공동선에 대한 관심을 회복할 것을 강력히 촉구한다. 세상을 창조하신 말씀이시며 세상을 구속하신 어린양이신 예수 그리스도를 따른다는 것은, 가까운 이웃과 먼 이웃을 사랑하고 공동선을 위해 노력하는 것을 뜻하다. 이 책을 읽고 소매를 걷어 올리라!"

— 미로슬라브 볼프, 예일대학교 신학대학원 조직신학 교수 및 「배제와 포용」 저자

"그리스도를 통한 구원을 말하는 빌리 그레이엄의 메시지와 정의를 호소하는 킹 박사의 행진을 화해시키기 위해 노력하는 새로운 세대가 나타나고 있다. 짐 월리스는 「하나님 편에 서라」에서 수사의 세계를 넘어 언약과 공동체를 화해시키기 원하는 사람들을 위한 절충의 공간을 모색하면서 예언자적 행동주의를 위한 틀을 제시한다. 이 모든 것은 공동선을 위한 노력이다."

— 새뮤얼 로드리게스, 미국 히스패닉복음주의협회 회장

"이 나라 역사의 중대한 교차로에서 사람들은 기꺼이 어려운 질문을 던지려고 하는, 상식 있는 좌파 및 우파의 사람들을 찾고 있다. 짐 월리스는 그런 이들 중 하나다. 매력적이고 반성적이지만 강력하고 두려움이 없다. 「하나님 편에 서라」에서 월리스는 다시 한 번 그리스도인들을 향해 이 세상의 가장 심각한 문제들에 관해 깊이 숙고하라고 촉구한다. 당신이 그의 결론에 다 동의하지 않을지도 모르나, 이 책의 모든 장은 당신의 사고를 확장시키고, 당신의 생각에 도전하고, 당신으로 하여금 '우리의 삶은 더 나아질 수 있다'는 이 책의 첫 문장에 요약된 희망에 대해 생각해 보게 만들 것이다."

— 조너선 메릿, *A Faith of Our Own* 저자

"「하나님 편에 서라」는 미국인의 의식 속에 깊이 파고든 '내가 먼저'의 유리에 대한 대안을 제시한다. 짐 월리스는 성경과 신학, 개인적 성찰을 한데 엮어서 우리에게 실천적 영성으로 이어지는 더 깊은 영성으로 나아갈 것을 촉구한다. 이 책은 기독교 공동체를 향해 우리 모두의 삶이 더 나아질 수 있다는 소망을 품고 살아가라고 예언자적으로 촉구한다."

— 라숭찬, 노스파크신학교 부교수, *The Next Evangelicalism* 저자

"기독교 활동가이자 저자인 월리스는…에이브러햄 링컨에게서 얻은 영감을 가지고 정치라는 딱지에서 떨어져 있는 공동선에 대해 사유한다. 책 전반에 걸쳐 명징한 정의와 확신이 가득 차 있다."

— "퍼블리셔스 위클리"

하나님 편에 서라

IVP(InterVarsity Press)는
캠퍼스와 세상 속의 하나님 나라 운동을 지향하는
IVF(InterVarsity Christian Fellowship)의 출판부로서
생각하는 그리스도인을 위한 문서 운동을 실천합니다.

Copyright ⓒ 2013 by Jim Wallis
Originally published in English under the title
On God's Side by Brazos Press,
A division of Baker Publishing Group
P.O. BOX 6287, Grand Rapids, MI 49516, U.S.A.
All rights reserved.

Used and translated by the permission of Baker Publishing Group
through rMaeng2, Seoul, Korea.

This Korean edition copyrightⓒ 2014 by InterVarsity Press Korea
156-10 Dongkyo-Ro, Mapo-Gu, Seoul, 121-838 Korea

하나님 편에 서라

짐 월리스 지음 | 박세혁 옮김

내 인생의 닻이며

날마다 나에게 무엇이 중요하고

무엇이 중요하지 않은지를 가르쳐 주는

조이와 루크와 잭에게 이 책을 바친다.

차례

서문　15

감사의 말　19

1부 공동선을 위한 영감

　1. 공동선을 위한 복음　27

　2. 사자, 말씀, 길　63

　3. 예수님은 누구신가, 그리고 그것은 왜 중요한가　91

　4. 주님, 우리로 하여금 당신을 선대하도록 도우소서　123

　5. 세계 속의 선한 사마리아인　159

　6. 모든 종족을 환영하는 사랑의 공동체　187

　7. 원수를 놀라게 하라　217

2부 공동선을 위한 실천

    8. 보수와 진보, 그리고 시민 교양의 필요성   257

    9. 민주주의 구속하기   291

    10. 경제적 신뢰   317

    11. 섬기는 정부   347

    12. 잘못을 바로잡으라   373

    13. 건강한 가정   391

    14. 전 세계가 우리의 교구다   423

후기 공동선을 위한 열 가지 개인적 결단   455

주   459

해설   477

서문

2012년 대통령 선거 다음 날 우리는 큰 안도감을 느꼈다. 우리들 대부분은 지지하는 후보가 이겼든 졌든 관계없이, 선거와 정치에 지긋지긋해져서 그저 선거가 끝났다는 사실만으로도 기뻐했다. 제대로 작동하지도 않으며 지독하게 당파적이기까지 한 워싱턴의 정치가 변화와 희망을 향한 열망을 오히려 약화시켰다는 사실에 실망하는 사람들이 많다. 정치는 해법을 찾기보다는 남을 비난하는 데 집중하고 통치보다는 선거 승리에 초점을 맞춤으로써 변화와 희망의 가능성을 심각하게 제약한다. 미국 역사상 가장 큰 비용이 든 지난 선거에서 볼 수 있듯이, 이 나라의 공적 삶에서 균형은 사라지고 견제만 남았다. 그러나 양측의 일부 전문가들의 주장처럼, 선거 결과에 따라 이 나라가 구원을 받거나 저주를 받는 것은 아니다. 오히려 선거 결과는 우리에게 더 깊이 파고들라고 촉구한다.

지금 이 나라와 세계가 직면한 가장 근원적인 문제들을 해결하기 위한 선결조건은, 아주 오래되었지만 최근에 더 절실하게 요청되는 관념, 즉 **공동선**(Common Good)에 대한 헌신이다. 우리는 어떻게 생각이 다른 사람들과 함께 일할 수 있을까? 우리는 서로를, 특히 가난하고 힘없는 사람들을 어떻게 대해야 할까? 우리는 어떻게 자신만이 아니라 서로를 돌볼 수 있을까? 우리의 개인적인 삶과 공적인 삶을 개선하는 유일한 방법은 공동선에 영적으로 **그리고** 실질적으로 헌신하겠다는 마음을 불러일으키는 것이다.

하지만 지금 우리가 해야 할 공동선에 대한 공적 논의는 정치뿐 아니라 개인적·가정적·직업적·재정적·회중적·공동체적·공적 삶에서 우리가 내리는 모든 결정과 관계가 있다. 장기적으로 정치의 진정한 변화를 이루어 내는 것은, 문화적 전환과 사회 운동을 촉발하는 이런 개인적·공동체적 선택들이다.

그리스도인들에게 공동선이라는 관념은 이웃 – '지극히 작은 자'를 포함해 – 을 사랑하라는 예수님의 명령으로부터 나온 것이며, 이 명령은 여전히 세상이 알고 있는 가장 변혁적인 사회 윤리다. 그러나 우리가 하나님을 사랑한다면 우리의 이웃도 사랑해야 한다는 가르침은 우리의 모든 신앙 전통이 동의하는 바다. 힘없는 사람을 어떻게 대하는가를 모든 사회의 '의로움'이나 온전성을 가늠하는 잣대로 삼을 때, 우리는 하나님의 자녀로서 모든 인간의 생명과 존엄성을 가장 잘 보존할 수 있다.

공동선에 대한 헌신은 다른 사람들 – 심지어 우리와 의견을 달리하거나 우리의 신앙적 헌신을 공유하지 않는 사람들 – 과 우리 사이의 **공통 기반**을 발견하는 최선의 방법이기도 하다. 그리고 공동선에 대한 이러한 헌신은 특히 젊은이들에게 큰 호소력을 지닌다. 이들은 종교적 선호에 관한 조사에서 가장 빠른 속도로 증가하는 어느 기성 종교에도 관심을 가지지 않은 연령층이다.

대선 결과는 미국이 얼마나 급변하고 있는지를 보여 준다. 사람들은 우리 모두를 아우르는 공동선에 대한 전망을 갈망하고 있다. 한 평론가가 말했듯이, 미국 정치에서 '인구 변동이라는 시한폭탄'이 마침내 폭발했으며 이제 백인 투표자들의 표를 얻는 것만으로는 선거에서 이길 수 없게 되었다. 공동선을 추구할 때 우리는 모든 '족속들'을 하나님이 사랑하시는 공동체 안으로 맞아들이고, 사회적 실천과 정책을 통해 이를 보여 주어야 한다. 이토록 실망스러운 선거 운동 이후에도 많은 사람들이—비록 정치는 우리로 하여금 우리가 분열되고 냉소적인 국민이라고 믿게 만들지만—사실은 우리가 그렇게 분열되고 냉소적인 국민이 아니라는 희망을 여전히 간직하고 있다.

많은 미국인들이 이데올로기적 극단주의자들이 벌이는 격렬한 전투 속에서 정치적으로 머물 곳을 잃어버린 것처럼 느낀다. 그러나 그들은 공동선을 향한 새로운 부름—우리의 신앙을 공적이되 편협하거나 당파적이지 않은 것으로 만들어 주는 우리 종교 전통의 핵심으로부터 이끌어 낸 전망—안에서 머물 곳을 찾을 수 있다. 그리고 많은 사람들이 이제 다른 방향으로 이끌리고 있다. 오른쪽으로도 왼쪽으로도 치우치지 말라. 더 깊이 파고 들어가라.

하나님 편에 서되 단순히 하나님이 우리 편이라고 선언하지 않음으로써 우리는 예수님이 우리에게 가르쳐 주신 그 기도를 실천할 수 있다. "나라가 임하시오며, 뜻이 하늘에서 이루어진 것 같이 **땅에서도** 이루어지이다." 나는 안식년 기간 동안 나 자신의 신앙과 공동선에 대한 이해가 더 깊어지는 기회를 얻었으며, 그 깨달음을 이 책에 담았다. 나는 당신도 공동선에 관한 대화에 참여하기를 바란다. 이를 통해 우리 모두가 변화될 수 있다고 믿기 때문이다.

감사의 말

학생들에게 나는 언제나 생각한 바를 '거리에서 시험해 보아야' 한다고 말한다. 지적인 담론을 현실 속에서 시험해 보지 않는다면, 결국 우리가 듣는 강의나 우리가 나눈 토론, 우리가 읽은 책은 실제로 세상을 바꾸지 못할 뿐 아니라 우리 자신조차 바꾸지 못할 것이다. 수십 년 동안의 경험을 통해 나는 이 책에 담긴 생각들을 '거리'에서 적용해 왔다. 그저 내 머릿속에 담아두거나 학문적인 토론 안에 한정하는 대신 나는 이 책에 제시한 것을 — 매우 현실적인 세상 속에서 매우 현실적인 삶을 살고 있으며 그것을 바꾸려고 노력하는 많은 사람들과 진지하게 대화를 나누며 그들과 어깨를 걸고 투쟁하면서 — 실천하고 실험하려고 노력해 왔다. 그러므로 먼저 나는 이 세상을 바꾸기 위해 노력하는 중에 '거리에서' 만난 모든 사람들에게 감사의 말을 전하고 싶다. 이름을 다 적을 수는 없지만, 각 장을 써내려 갈 때마다 떠오르는 이름이 너무도 많았다. 내 생각과 마음을 빚어 준 그들에게 진심으로 깊이 감사드린다.

실제로 이 책을 구상하고 쓰고 펴낼 수 있도록 도움을 준 많은 사람들에게 감사드린다. 먼저 나의 대리인인 캐스린 헬머스에게 고마움을 전한다. 처음부터 그녀는 이 책과 나를 믿어 주었다. 자신이 가지고 있는 최선의 생각과 경험을 나눠 주었으며, 이 책의 틀을 잡는 데 큰 도움이 되었다. 이 책을 통해 처음으로 캐시와 나는 좋은 파트너이자 친구가 되었다. 베이커 출판사의 드와이트 베이커 회장은 나에게 직접 전화를 걸어 브라조스 출판사와 나의 책에 대한 비전을 흥미진진하고도 설득력 있게 설명해 주었다. 베이커에서 내가 처음 만난 사람인 편집주간 로버트 호색은 나에게 이 비전의 깊이와 폭을 보여 주었다. 선임 영업이사인 바비 조 헤이보어는 이 책이 많은 사람들에게 다가갈 수 있을 것이라는 큰 기대를 갖게 해주었으며 실제로 그럴 수 있음을 보여 주었다. 그리고 전에도 나와 함께 일한 바 있는 경험 많은 홍보전문가 켈리 휴즈는 메시지를 전달할 최선의 장소를 언제나 알고 있는 듯하다.

또한 나와 거의 날마다 대화를 나누는 사람들이자 공동선에 관한 이 책의 전망을 실천할 수 있으리라는 희망을 품게 해주는 새로운 세대의 젊은이들에게 특별히 감사하고 싶다. 이 책의 많은 부분은 그들과 나눈 대화에서 만들어졌다. 특히 이 책을 쓸 당시 '소저너스'(Sojourners)에서 수습직원으로 일했으며, 이 책의 마지막 단계에서 자료 조사를 맡아 편집과 관련해 함께 대화를 나눈 잭 파머에게 고마움을 전하고 싶다. 잭의 조사 기술은 매우 훌륭했으며, 그의 지적 능력은 대단히 인상적이었고, 그의 지혜와 판단력은 그의 나이를 넘어서는 것이었다. 뿐만 아니라 잭과 함께 일하는 것 자체가 너무나도 큰 즐거움이었다.

소저너스에서 일하는 새로운 세대의 지도자들은 이 책의 주제에 관해 나와 자주 대화를 나누고 있다. 이따금 그들은 나에게 매우 유익한 의견을 제시하기도 한다. 팀 킹, 리사 섀런 하퍼, 산드라 셰플리, 캐슬린 팔사니, 캐리 애덤스, 라리사 프리슨 홀, 리사 도트리-웨이스, 엘리자베스 덴링거 리브스, 앰버 힐, 샌디 빌라리얼, 보 언더우드, 앨리시아 애쉬번, 이본 길런, 레슬리 아벨에게 감사드리며, 전에 직원으로 일했던 아론 그레이엄과 크리스 라톤드레스에게도 고마움을 전한다.

책을 쓰면서 안식년을 보내는 동안 신실하고 효율적으로 일을 해준 소저너스의 모든 직원에게 진심으로 감사의 마음을 전하고 싶다. 내가 자리를 비운 사이에도 "소저너스"지의 편집자인 짐 라이스와 그가 이끄는 노련한 직원들은 공동선의 정의에 관한 중요한 자료이며 수상 경력이 있기도 한 잡지를 계속해서 매달 출간해 냈다. 최고운영책임자인 캐런 래티아는 수년간 우리 공동체가 소저너스의 가치를 실천하는 조직이 될 수 있도록 도왔다. 우리의 미술 감독이자 수상 경력도 있는 유머 칼럼니스트인 에드 스파이비는 지난 수십 년 동안 세상 그 누구보다도 나를 더 많이 웃게 해주었으며, 우리의 거대하고 심각한 생각을 인간적이며 익살스럽고 겸손한 관점으로 전달할 수 있도록 돕고 있다. 내가 쓴 여러 책에 도움을 주었던 듀안 섕크는 이 책에도 도움을 주었다.

그러나 최고운영책임자이자 나의 참모장이자 소중한 친구인 조언 비셋의 지원이 없었다면 이 책을 쓸 수 없었을 것이다. 조언은 나에게 석 달간 안식년 휴가를 갖으면서 이 책을 쓰라고 설득했고, 내가 실제로 휴가를 다녀올 수 있도록—그 기간 동안 조직에서 맡은 책임으로부터 나를 자유롭게 해줄 뿐만 아니라 소저너스를 너무나도 잘 운영해 줌으로써—해주었다. 그녀는 수많은 행사와 약속을 놀라울 정도로 잘 조정해서 이 책을 마칠 때까지 내가 책을 쓰는 데 최대한 많은 시간을 낼 수 있도록 도와주었다. 조언과 나는 소저너스 초창기부터 함께 일했으며, 마찬가지로 웹과 디지털 기술감독인 밥 새버스도 그때부터 지금까지 우리와 함께 일하며 출판 부문의 기술을 감독하고 있다. 그리고 우리의 임원진 중 두 명에게 특별한 감사의 말을 전하고 싶다. 부회장이자 최고발전책임자인 롬 윌슨 블랙은 우리 공동체에서 가장 명민하고 영적인 지도자이며, 나와 함께 세계경제포럼(World Economic Forum)에도 적극적으로 참여하고 있다. 우리의 최고재정책임자인 마이클 노먼은 내가 자리를 비운 동안 롭과 함께 우리의 재정을 튼튼히 유지해 주었다. 우리의 예산 관리와 재정 건전성을 마이클 같은 사람에게 맡길 수 있었기에 나는 안심하고 이 책을 쓰는 일에 집중할 수 있었다.

　석 달간의 안식년 휴가를 승인하고 격려해 주기까지 한 소저너스 이사회와 의장인 메리 넬슨에게도 감사드리고 싶다. 그리고 전 의장이었고 지금은 이사회의 부의장인 나의 오랜 친구이자 마음을 나누는 벗 웨슬리 그랜버그-마이클슨에게 특별히 감사드리고 싶다. 그는 이 프로젝트에 특별한 관심을 기울였으며, 내가 머물 수도원을 찾아 주었고, 이 책이 무엇을 말하고 실천해야 하는

지와 관련해서 최선의 조언을 해주었으며, 초고를 읽고 너무나도 귀한 의견을 제시해 주었다. 웨슬리와 조언 같은 오랜 친구들과의 우정은 삶에서 누리는 가장 좋고도 중요한 축복 중 하나다. 애덤 테일러와 페기 플래너건, 가브리엘 살게로, 라숭찬 같은 이사회의 젊은 지도자들과 대화를 나눌 때면 나는 큰 격려를 얻곤 한다.

책을 쓰기 위해서는 생각하고 기도하고 쉬고 쓸 시간이 필요하다! 호텔 소유주였으며 지금도 콘도를 소유하고 있는 플로리다주 데이토나 해변의 장로교 평신도 지도자인 메리 앤 리처드슨은 그런 공간을 제공해 준 사람이다. 뛰어난 여성 기업인이며 성경학자(보기 드문 조합이다)인 메리 앤은 여러 해 동안 나와 많은 책에 관해 이야기를 나눴다. 그녀가 사랑하는 데이토나 해변을 함께 걸으면서 이야기를 나눌 때도 많았다. 집을 떠나 있을 때면 나는 매일 아침 해가 뜰 무렵 일어나 그 해변을 걷고, 요가를 하고, 아침 햇살을 맞으며 기도하고, 다시 해변의 작은 은신처로 돌아가 그 다음 열두 시간 동안 책을 쓰곤 했다! 메리 앤, 고마워요.

마지막으로 가장 크게 감사드려야 할 사람들은 안식년 휴가 때든 평상시 일할 때든, 글을 쓸 때나 삶을 살아갈 때나 내가 가장 많은 시간을 함께 보내는 우리 가족이다. 두 아들, 열네 살 루크와 아홉 살 잭은 나에게 닻과 같은 존재다. 나의 일상생활 및 그들과 나누는 대화는 나에게 무엇이 가장 중요하고 중요하지 않은지를 계속해서 일깨워 준다. 아이들과 내가 하루하루 살아갈 수 있는 것은 나의 사랑하는 아내이며 아이들의 훌륭한 어머니인 조이 덕분이다. 사제로서, 그리고 이제는 우리 동네의 '마을 사제'

로서 그녀는 공동선에 헌신하는 삶이 어떤 것인지를 보여 주는 훌륭한 본보기다. 조이와 루크와 잭은 무언가 혹은 누군가를 사랑하는 것이 무엇을 의미하는지를 세상의 어느 누구보다 더 분명하게 내게 가르쳐 주었다. 우리는 함께 우리 자신의 개인적인 선과 공동선을 통합하는 것이 무엇을 의미하는지 배워 가고 있다. 그리고 그것이 바로 이 책의 영적인 기초이다.

1부

공동선을 위한 영감

공동선을 위한 복음

> 기독교의 가장 완벽한 규칙, 가장 정확한 정의,
> 최고점은 바로 **공동선**의 추구다.…
> 왜냐하면 이웃을 돌보는 것만큼 한 사람을
> 그리스도 닮은 사람으로 만들어 주는 것은 없기 때문이다.
> -요하네스 크리소스토무스[1]

우리 모두의 삶은 더 나아질 수 있다. 우리는 천박하고 이기적인 시대를 살고 있으며, 우리는 회심-자신만을 살피는 삶에서 서로를 보살피는 삶으로 방향을 전환-할 필요가 있다. 지금은 다른 삶의 방식으로의 부르심에 귀를 기울이고, 공동선이라는 오래된 사상을 되살려 낼 때다. 예수님은 그런 부르심에 관해 말씀하셨으며 하나님 나라-세상의 모든 정치적·종교적 왕국과 날카로운 대조를 이루는 새로운 삶의 질서-를 선포하셨다. 더 나은 삶의 방식을 추구하라고 말씀하신 까닭은 그분을 따르는 사람들만 아니라 다른 모든 사람들에게도 유익을 주기 위해서였다. 이것이 핵심이다.

기독교는 몇몇 사람에게 천국에 들어가는 표를 주고 그들로 하여금 다른 모든 사람을 판단하는 태도를 갖게 만드는 종교가 아니다. 오히려 기독교는 우리의 모든 관계를 변화시키는 관계로의 부르심이다. 예수님은 우리가 하나님과 새로운 관계를 맺을 때 이웃들과, 특히 이 세상의 힘없는 사람들 및 우리의 원수들과도 새로운 관계를 맺게 된다고 말씀하셨다. 그러나 우리는 교회에서 그런 이야기를 자주 듣지는 못한다. 이웃을 사랑하라는 이 부르심은 문화적·정치적으로—심지어 종교적으로도—무시되고 있는 공동선을 재확립하고 재천명하기 위한 기초다.

물론 유대교에서도 우리가 하나님과 관계를 맺으면 다른 모든 관계도 바뀌어야 한다고 가르친다. 그리고 하나님 사랑과 이웃 사랑이 율법의 으뜸 계명이라는 예수님의 말씀 역시 신명기와 레위기에 나온다(신 6:5, 레 19:18). 이슬람 역시 알라에 대한 사랑을 이웃에 대한 사랑이나 책임과 연결시킨다. 사실, 세계의 모든 주요 종교가 하나님에 대한 사랑과 이웃, 즉 형제자매에 대한 사랑을 분리할 수 없다고 말한다. 심지어 종교가 없는 사람들도 다음의 '황금률'은 인정할 것이다. "남에게 대접을 받고자 하는 대로 너희도 남을 대접하라"(눅 6:31).

이렇게 우리의 모든 관계에 변화가 일어날 때, 특히 하나님 사랑과 이웃 사랑이 분명히 서로 연결될 때—그런 삶을 우리가 실천할 때—그것은 인간 공동체의 개선을 목표로 삼는 운동을 촉발하는 최선의 촉매제가 되었다. 그러나 오늘날 공동선을 추구하는 경우는 매우 **드물다**. 우리는 공동체와 공적인 삶에서, 특히 정치에서—보수주의와 진보주의 모두—일치를 이루게 하는 이 전망을 잃어버린 것 같다. 대단히 이데올로기적이며 점점 더 신랄해지는 워싱턴의 정치 투쟁 속에서 공동선은 사실상 무시되고 있다.

그러므로 지금은 우리의 이기적인 행동을 바꿀 수 있으며 **그렇게 함으로써 더 행복해질 수 있고** 또 그렇게 해야 한다는, 오래되었으나 언제나 새로운 이 전망에 다시 한 번 귀를 기울여야 할 때다. 예수님은 하나님 나라의 팔복을 따라 사는 사람들이 '복이 있다', 즉 '행복하다'고 말씀하셨다(마 5:3-12). 그러나 이 복은 우리를 두렵고 불행하게 만드는 이기적인 사회가 제공하는 행복과는 다른, 그보다 더 근원적인 복이다.

나는 그리스도인이다. 그리고 이 책은 세 가지 분명한 사실에 관한 책이다. 첫째, 그리스도인의 회심은 그저 영혼의 운명에 관한 문제만 아니라 그 이상을 다룬다. 회심은 우리가 세상에서 살아가는 방식과 관계있는 것이다. 둘째, 신앙은 정치를 초월하며, 보수 언론과 진보 언론에서 흔히 주장하는 바와 달리 기독교는 선거 때 우파에서 내세우는 이슈로 환원되지 않는다. 그렇다고 해서 기독교가 좌파의 정치적 입장으로 재편될 수 있는 것도 아니다. 우리에게는 종교적 우파에 맞서기 위한 종교적 좌파가 필요한 게 아니다. 셋째, 우리는 공동선을 이루기 위해 공적인 삶에서 우리의 신앙을 실천해야 한다. 신앙인으로서 우리의 책무는 정치적 이데올로기를 초월하여 도덕적인 기반으로 나아가는 것이다. "오른쪽으로도 왼쪽으로도 치우치지 말라. 더 깊이 파고 들어가라." 공동선은 당파적 정치보다 훨씬 더 많은 것을 다룬다. 우리가 단지 '우리의' 권리를 위해서가 아니라 모든 사람의 권리를 위해 싸울 때, 우리의 개인적 삶과 가정생활, 우리의 직업적 소명, 교회의 선교와 증언, 사회 운동의 도덕적 힘, 공적인 삶에서 예언자적 지도력을 발휘하는 독립적인 종교인들의 진실한 모습으로부터 공동선이 만들어진다.

우리는 이제껏 무시되었던 공동선을 회복하고, 어떻게 신앙이 이 중요한 책무에 방해가 되지 않고 도움이 될 수 있는지를 배워야 한다. 우리 신앙인들이 우리의 개인적 삶 속에서, 우리 가정의 결정을 통해, 우리의 일과 직업을 통해, 교회와 회당, 모스크 사역을 통해, 우리의 집단적 증언을 통해 **선포하는 바를 실천한다면**, 우리의 공적인 삶은 더 나아질 수 있으며 심지어 변화되고 치유될 수 있다. 이런 식으로 우리는 신앙 공동체의 영향력을 발휘하여 하나님과 공동선 모두에 충실한 이 급진적인 이웃 사랑의 윤리를 실천할 수 있다.

가장 큰 계명

"선생님, 율법 중에서 어느 계명이 크니이까?" 예수께서 이르시되, "'네 마음을 다하고 목숨을 다하고 뜻을 다하여 주 너의 하나님을 사랑하라' 하셨으니 이것이 크고 첫째 되는 계명이요, 둘째도 그와 같으니, '네 이웃을 네 자신 같이 사랑하라' 하셨으니, 이 두 계명이 온 율법과 선지자의 강령이니라"(마 22:36-40).

윤리와 종교적 율법을 요약하면, 마음과 목숨과 뜻을 다하여 너의 하나님을 사랑하고 **이웃을 자기 자신과 같이 사랑하는 것**이라고 예수님은 말씀하셨다. 하나님 사랑이 먼저이고, 이는 곧바로 이웃 사랑과 연결된다. 우리는 이웃을 우리 자신처럼 사랑해야 한다. 우리가 이웃을 우리 자신처럼 사랑해야 한다는 이 말보다 더 급진적인 진술은 이제까지 없었다. 건강하지 않은 금욕적 자기부인을 말하는 게 아니다. 예수님은 우리에게 우리 자신과 우리 가족, 우리 자녀를 돌보아야 하지만, 우리의 이웃도 **우리 자신처럼**, 우리 이웃의 자녀도 **우리 자녀처럼** 돌보아야 한다고 말씀하셨다. 이것은 세상을 변화시키는 윤리다. 그때도 그랬고, 지금도 그렇다.

신앙의 가장 근본적인 가르침인 이 명령은 **나 자신**을 언제나 다른 모든 사람보다 **앞세우는**―내 걱정, 내 권리, 내 자유, 내 이익, 내 부족, 심지어 내 나라를 다른 모든 사람보다 앞세우는―모든 이기적인 개인 윤리와 정치 윤리에 정면으로 도전한다. 자기중심주의는 오늘날 세상을 지배하는 개인 윤리이자 정치 윤리이다. 그러나 하나님 나라는 우리 이웃의 고민과 권리, 이익, 자유, 행복이 나 자신의 것만큼이나 중요하다고 말한다.

이 윤리는 급진적이고 변혁적일 뿐 아니라 절대적으로 필수적이다. 만일 우리가 정치적 갈등에 전적으로 지배당하지 않는 공적인 삶을 만들고자 한다면, 무엇이 공동선을 위한 것인지를 분명히 말하고자 한다면 우리에게는 이 윤리가 절대적으로 필요하다. 이 가르침을 따른다면 우리는 우리 사이의 공동 기반을 발견할 수 있을 것이다.

종교가 신뢰를 회복하고자 한다면 이웃 사랑의 윤리를 실천하는 것이 필수적이다. 그렇지 않으면 다음 세대는 종교를 떠나고 말 것이다. 이런 물음을 던져 보라. 우리의 신앙 공동체와 종교 기관의 활동을 바라볼 때 사람들이 가장 먼저 떠올리는 것은 이웃 사랑일까? 아니면 그들은 우리에게서 이기주의와 다른 사람을 정죄하는 태도를 발견할까?

어떤 종교가 공적 영역에서 기본적으로 자신과 자신의 이익을 보호하는 자세를 취한다면, 그 종교는 큰 실수를 범하고 있는 셈이다. 만일 어떤 종교가 자신의 규범이나 신념을 강화하기 위해 정치를 이용하려 하거나 다른 이들의 행동을 통제하기 위해 법의 힘을 빌리려 한다면, 그것은 훨씬 더 나쁜 일이다. 종교는 사람들을 이끌 때, 다시 말해 자신의 공동체뿐 아니라 모든 사람의 필요를 돌볼 때, 그리고 다원적인 민주주의 사회 안에서 최선의 영감과 상식을 활용해 우리 모든 사람이 이웃을 어떻게 대해야 하는지에 관해 우리 신앙의 핵심 가치를 표현하는 공공 정책을 수립하려고 노력할 때 훨씬 더 좋은 일을 할 수 있다.

특히 새로운 세대의 젊은이들은 우리가 사는 지역과 세계 전역에 있는 우리의 이웃을 사랑하고자 하는 새로운 윤리를 마음 깊이 갈망하고 있다. 그러나 공동선을 향한 새로운 (동시에 오래된) 이웃 사랑의 윤리에 있어서 누가 지도력을 발휘할 수 있을까? 만일 신앙 공동체가 앞장선다면, 사람들도 신앙으로 되돌아오게 될 것이다. 하지만 그렇게 하지 못한다면, 우리는 계속해서 사람들을 잃고 말 것이며, 결국에는 대다수의 사람들이 종교에 관한 조사에서 최근에 가장 빠르게 성장하는 종교 집단인 '위의 보기 중 해당사항 없음'을 선택하게 될 것이다.

링컨과 '하나님 편'

에이브러햄 링컨은 "하나님이 우리 편인지 아닌지 나는 관심이 없다. 나의 가장 큰 관심은 내가 하나님 편에 서는 것이다"라는 유명한 말을 남겼다.[2] 이 말은 아마도 미국 대통령이 종교에 관해 했던 언급 가운데 가장 중요한 말일 것이다. 대개 대통령과 정치인들은 하나님을 자기 편, 자기 나라 편, 자기 당의 편, 심지어는 자신의 정치적 정책의 편으로 끌어들이고 싶어 한다. 미국 역사상 가장 야만적이며 가장 심한 분열을 초래한 전쟁이었던 남북전쟁 직후, 이긴 편은 분명히 승리를 과시하고 싶은 유혹을 느꼈을 것이다. 그러나 링컨은 끔찍한 갈등에 대해 부끄러워했고 모든 진영의 죄에 대해 죄책감을 느꼈다. 그는 다시 화해와 일치를 이루고자 한다면 겸손히 회개해야 한다고 생각했다. 대통령 재선 취임 연설에서 그는 이렇게 말했다.

> 어느 쪽도 전쟁이 이처럼 확대되고 오래 지속되리라고 예상하지 못했습니다.…양측 다 손쉬운 승리를 얻고자 했으며, 이처럼 근본적이며 경악할 만한 결과를 기대하지 않았습니다. 양쪽 모두 같은 성경을 읽고, 같은 하나님께 기도했으며, 상대에 맞서 싸울 때 그분의 도우심을 구했습니다.…어느 쪽의 기도도 응답을 받지 못했습니다. 어느 쪽의 기도도 온전히 응답받지는 못했습니다. 전능하신 분께서는 그분 자신

의 뜻을 가지고 계십니다.…우리는 전쟁이라는 이 엄청난 징벌이 빨리 끝나기를 간절히 바라며 열심히 기도했습니다. 하지만 설령 250년 동안 품삯 한 푼 못 받고 일한 노예의 땀으로 이룬 부가 다 사라질 때까지, 채찍으로 흘린 모든 핏방울을 칼로 흘린 핏방울로 모두 갚을 때까지 이 전쟁이 계속되는 것이 하나님의 뜻이라 할지라도, 우리는 3천 년 전의 말씀처럼 "여호와의 법도 진실하여 다 의로우니"(시 19:9)라고 말할 수밖에 없습니다.

　누구에게도 원한을 품지 말고 모든 사람을 사랑하는 마음으로, 우리가 의를 알도록 하나님이 우리에게 주신 그 의에 굳게 서서, 우리가 시작한 그 일을 끝내기 위해, 이 나라의 상처를 싸매기 위해, 이 전쟁의 고통을 견뎌 내야 할 사람과 그의 부인과 고아가 된 그의 아이를 돌보기 위해, 우리들 사이에 그리고 모든 나라와 더불어 정의롭고 영구적인 평화를 이루고 소중히 지켜 나가기 위해 함께 노력합시다.[3]

　링컨의 말은 옳았다. 종교의 가장 큰 문제점은 사람들, 집단들, 기관들, 국가들, 그리고 **인간의 편**에 속한 모든 사람들이 하나님을 **자기 편**으로 만들려고 한다는 것이다. 사람들이나 집단이 자신이 옳다고 확신할 때, 그들은 하나님이 자신과 같은 의견이라고 자신 있게 말하고 싶어 한다. 매우 인간적인 행동에 대해―심지어는 매우 잔인한 행동에 대해―하나님이 의롭다고 인정하신다고 주장할 때마다 종교의 진실성과 신뢰성은 약화되고 만다. 훨씬 더 어렵고 훨씬 더 중요한 일은, 링컨의 주장처럼 우리가 **어떻게 하나님 편에 설 수 있는지** 묻는 것이다. 그리고 그렇게 하기 위해서는 많은 면에서 우리의 생각과 마음을 바꾸고, 우리가 이미 동의하는 바와 전혀 다른 관점을 배워야 한다.

하나님께 동의하는 것이 하나님을 우리에게 동의하도록 만드는 것보다 훨씬 더 중요하다. 그러나 그렇게 하기 위해서는 우리 자신의 의견을 뒤엎어야 하는 경우가 많다. 사도 바울이 고린도전서에서 말했듯이 우리 인간은 "거울로 보는 것 같이 희미하게" 볼 뿐이다(고전 13:12). 우리 자신의 한계에 제한을 받기 때문에 링컨의 말처럼 우리는 의식적으로 겸손해지려고 노력해야 한다. 하나님 편을 이해하려고 한다는 것은 곧 우리 자신과 '우리 편'에 대해 더 반성적이며 비판적인 태도를 취한다는 말이다. 우리의 "가장 큰 관심이 하나님 편에 서는 것"이라면 우리는 우리 편을 초월하려고 노력해야 한다.

우리는 하나님이 자기 편이라고 주장하는 사람들의 비극적인 사례를 많이 보았다. 어떤 이들은 비행기를 몰고 무고한 사람들로 가득한 건물로 돌진했다. 또 어떤 이들은 마찬가지로 무고한 많은 생명을 앗아가는 대(對) 테러 전쟁을 하나님이 지지하신다고 주장한다. 우리는 사람들이 하나님을 자기네 당의 정치적 의제나 자기네 나라의 우월성, 자기네 경제 계층의 전 지구적 지배력, 자기네 종족의 정체성 정치에 하나님을 끌어들이는 모습을 보아 왔다. 또 어떤 사람들은 입법을 통해, 혹은 자기들의 규범에 동의하지 않는 사람들을 공격함으로써 자기들의 종교적 규범을 사회에 강요하려고 한다. 우리 자신이 속한 인종이나 계급, 집단, 국가, 심지어는 종교 공동체에 대한 하나님의 특별한 축복을 주장하는 태도는 하나님을 우리 편으로 삼으려는 가장 위험한 시례다.

반면에 우리가 하나님 편에 서기 위해서는 겸손과 은총이 훨씬 더 많이 요구된다. 그렇게 하기 위해서는 국가적 우월성에 대한 우리의 주장, 우리의 경제적 가치와 관행, 우리 종족의 특수한 위치, 심지어는 우리 신앙의 종교적 패권까지도 도덕적으로 꼼꼼히 따져 보아야 한다. 우리 자신의 이익이나 우리 집단의 이익보다 하나님의 목적을 우선시해야 한다는 말이다. 우리의 이웃이 우리와 다른 집단에 속해 있을 때에라도, 심지어는 그들이 우리의 원수일 때에라도 그들을 사랑해야 한다는 말이다. 이런 식의 마음가짐의 변화가 일어나기 위해서는 우리에게 **회심**이라고 하는 계기가 필요하다.

이처럼 회심한다는 것은, 우리 이웃을 무시하는 대신 그들에게 초점을 맞추고, 가난한 이들로 하여금 **우리를 섬기게** 하는 대신 그들 때문에 **우리가 움직이고**, 우리의 원수를 미워하고 무너뜨리는 대신 그들을 이해하고 심지어는 사랑하는 법을 배운다는 말이다. 하나님 편에 설 때 우리는 지배보다는 긍휼이, 다툼보다는 용서가, 복수보다는 화해가 우선임을 배운다. 그리고 그렇게 하기 위해서는 우리가 생각하고 행동하고 다른 사람이나 하나님과 관계를 맺는 방식에서 대단히 급진적인 변화가 필요하다. 다시 한 번 말하거니와 이것이 바로 회심, 하나님 편으로의 회심이다.

하나님이 자기네 편이라고 주장하는 종교는 오늘날 세상이 직면한 가장 심각한 문제들을 해결하는 일과 관련해 적합성을 급속히 잃어버리고 있다. 사실 그런 종교는 문제를 해결하는 데 걸림돌일 뿐이다. 하지만 하나님 편에 서고자 겸손히 그리고 부지런히 노력하는 신앙은 다리를 놓고, 질문을 던지고, 우리에게 가장 필요한 대답을 발견하는 일에 필수적인 역할을 할 수 있다.

사자, 정치라는 우상, 공동선의 약속

내가 공동선으로의 회심이라는 문제를 재고하는 데 도움이 되었던 사건은, 이 책을 쓰기 위해 가진 안식년 휴가를 시작하면서 태평양이 내려다뵈는 수도원 공동체에서 사자를 만난 일이다. 수사들과 더불어 고독과 침묵 ― 밤기도, 새벽기도, 성만찬, 저녁기도에 의해서만 중단되는 ― 속으로 들어갈 때 당신의 관점은 바뀌게 된다. 수도원의 손님을 위한 도서실에서 나는 C. S. 루이스(Lewis)가 쓴 「나니아 연대기」(The Chronicles of Narnia, 시공주니어)를 발견하고 다시 읽기로 결심했다. 사자 아슬란은 나니아의 창조자이자 지도자이며 참되고 선한 왕, 그리고 많은 사람들이 지적했듯이 이 이야기에서 '그리스도를 상징하는 인물'이다. 나는 공동선에 관한 책을 쓰고 있었고 예수님을 공동선에 영감을 주시는 분으로 생각했기에 다시 한 번 아슬란에게 끌렸다.

아슬란은 선으로 악을 이기고, 무조건적인 사랑의 힘을 보여 주며, 변화의 원인이 된다. 사자는 악과 맞서지만 언제나 모든 사람을 ― 친구와 원수 모두를 ― 선으로 이끈다. 아슬란은 **공동선의 본보기**다. 사람들과 그 땅의 최선의 이익을 고려해 모든 결정을 내리고 모든 행동을 취하지만, 언제나 가장 약하고 가장 상처입기 쉬운 피조물에게 특별한 관심을 기울인다. 마치 아슬란이 내

곁에서 해안의 언덕을 오르내리고 바닷가까지 함께 걸으면서 나니아 사람이 된다는 것이 무엇을 뜻하는지 나에게 다시 가르쳐 주는 것처럼 느껴질 때도 있었다.

이 사자는 이기적인 이 시대에 거의 잃어버린 바 된 공동선을 성경적·신학적으로 옹호하는 책을 쓸 수 있으리라는 소망을 나에게 불어넣어 주었다. 물론 우리에게는 더 나은 공공 정책이 필요하다. 그러나 우리의 가장 근원적인 필요는 정치적 차원보다는 영적 차원과 관계가 있다. 이는 단순히 공공 정책에 관한 논쟁이라기보다 훨씬 더 근원적인 문제이다.

안식년 휴가는 나에게 절실히 필요한 시간이었다. 내 영혼과 정신과 몸에 유익했으며, 나는 지난 몇 년간에 비해 훨씬 더 나아진 느낌이다. 동틀 무렵 해변을 산책하고, 아침 햇살 아래서 요가와 기도를 하고, 파도를 따라 달리면서 많은 것을 찬찬히 바라볼 수 있었다. 아내 조이, 두 아들 루크와 잭과 함께 보낸 멋진 시간은 나에게 가장 중요한 것이 무엇인지를 다시 일깨워 주었다.

그러나 내가 안식년 휴가를 가진 해는 미국 정치가 얼마나 우상으로 변질되었는지를 극적으로 보여 주는 선거가 있던 해였다. 우상숭배란 하나님의 자리에 다른 것들을 두는 것을 뜻한다.

나는 신앙인으로서 우리가 하나님을 예배하기 때문에 절대로 정치라는 제단에 예배해서는 안 되며, 하나님의 나라는 정치적 왕국과 결코 동일하지 않다는 사실을 다시 한 번 기억했다. 하나님께 드리는 우리의 예배가 우리의 정치 참여를 규정해야지, 그 반대가 되어서는 안 된다. 정치가 우리의 종교를 규정할 때, 그것은 참된 예배를 왜곡한다. 좌파와 우파는 정치의 범주이지 종교의 범주가 아니다. 신앙을 그런 꼬리표에 끼워 맞추려 하는 것은 신앙의 의미와 힘을 왜곡하려는 것과 다름없다.

신앙 공동체는 군종목사를 배출하거나 정치적 우상숭배를 가능하게 만드는 조직이 되기보다는 그에 맞서야 한다. 정치적 우상은 무수히 많다. 몇 가지 예를 들면, 민주주의를 무시하는 돈이라는 우상, 통치를 무시하는 승리라는 우상, 지도자를 무시하는 유명인사라는 우상, 공동체를 무시하는 개인주의라는 우상, 시민의식(civility)을 무시하는 이데올로기라는 우상 등이 있다. 오늘날 정치계의 양 진영 모두 이를 문제 삼으며 이 문제에 대해 두 가지 방식으로 대응한다. 첫째, 그들은 우리로 하여금 이 문제에 대해 두려움을 갖게 만들려고 하며, 둘째, 이에 대해 상대방을 비난한다. 하지만 함께 문제의 근본 원인에 맞서고 공동선을 위해 이 문제를 해결하려고 노력하지는 않는다.

공화당에 표를 던지든 민주당에 표를 던지든 신앙인들은 양 진영의 정치 엘리트들이 부추기는 대로 자기네 당의 유력인사를 중심으로 결집해서 맹목적으로 무비판적 지지를 보내서는 안 된다. 이들 정치 엘리트들은 현재의 정치 상황에서 자신의 기득권과 영향력, 이익을 보호하는 데만 열을 올린다. 하지만 하나님을 따르는 사람임을 자처하는 우리는, 우리의 신앙과 우리의 왕께 드리는 참된 예배에 피수불가결한 사람들과 원칙들을 지지하고 옹호하는 목소리를 높여야 한다.

권력과 무력(無力)

권력은 워싱턴에서 정치의 수단인 동시에 목적이지만, 하나님의 정치는 힘없는 사람들, 즉 우리 가운데 있는 지극히 작은 사람들에게 가장 큰 관심을 기울인다. 선거 기간 중에는 이런 사람들의 이익을 대변하는 목소리가 가장 안 들리지만 예수님은 언제나 우리에게 그들을 위해 '투표'하라고 말씀하신다. 이는 특히 양당이 자신들에게 절실히 필요한 중산층 유권자들과 부유한 기부자들을 상대로 지지를 호소할 때 우리는 가난하고 약한 사람들에게 무슨 일이 일어나는지에 가장 큰 관심을 기울여야 한다는 뜻이다. 단지 더 많은 표를 얻기 위해 뜨거운 쟁점이 되는 사안에 대해 수사(修辭)적인 장치만 동원하는 게 아니라 정말로 인간의 생명과 존엄성을 보호하고 가족의 건강과 행복을 위해 노력해야 한다는 뜻이다.

이는 아무런 정치적 영향력이 없는 사람들을 귀하게 여겨야 한다는 뜻이다. 무너진 이민 제도의 그늘 아래 살아가는 우리 중에 있는 '이방인'인 서류미비 이민자들(undocumented immigrants: 부정적인 뉘앙스의 불법 이민자 대신에 사용되는 말 – 옮긴이), 선거 자금을 대는 부자와 이익단체에 주어지는 보조금과 혜택을 지키려는 사람들로 인해 식료품 및 의료 지원이 끊길 위기에 놓인 저소득층 가정과 아동들, 선거 기간 중 인기가 시들해진 해외원조 프로그램의 예산 삭감으로 인해 기아, 말라리아, 에이즈, 결핵처럼 예방 가능한 질병으로 죽어가는 세계에서 가장 가난한 이들이 그들이다.

선거를 통해 우리는 변화를 이끌어 낼 수 있다. 선거를 통해 전쟁을 막을 수도 있고 전쟁을 일으킬 수도 있다. 우리 중에 있는 가장 가난하고 약한 사람들을 보호할 수도 있고 그들의 삶을 더 황폐하게 만들 수도 있다. 정의와 평등, 기회를 확대할 수도 있고, 소득과 인종, 성차를 근거로 이런 정의와 평등, 기회의 불균형을 영속화할 수도 있다.

하지만 궁극적으로는 우리가 어떻게 살고 공동선을 위해 무엇을 하느냐가 그저 어떻게 투표하느냐보다 훨씬 더 중요하다. 후보와 정당, 단체에 대한 정치적 지지는―특히 젊은이들 사이에서― 점점 약해지고 있으며 이는 좋은 소식이다. 도덕적 원칙과 사람들에게 초점을 맞추고 우리 삶에 가장 큰 영향을 미치는 문제들을 해결하는 데 집중하는 탈후보자 정치의 시대에 진입하고 있는 이 시점에, 이전의 전통적인 충성과 구조를 대체할 수 있는 것은 무엇일까? 압도적인 돈의 힘일까? 그렇지 않다면 이런 변화는 미국 정치의 부패와 탐욕이라는 어두운 장막으로부터 새로운 사회 운동이 나타나고 있음을 예고하는 전조일까?

피정 기간 중에 다시 읽었던 루이스의 「나니아 연대기」는 안식년 휴가 중 나의 생각에 결정적인 영향을 미쳤다. '공동선을 위한 복음'이 어떤 모습일지에 초점을 맞출수록 나는 오늘날 우리 정치에서 공동선이라는 관념이 얼마나 낯선지를 깨닫게 되었다. 나는 선거가 있던 해의 첫 세 달 동안 정치에 관여하지 않고 지켜봄으로써 우리의 정치 담론이―정치적 입장을 막론하고― 얼마나 우리를 우울하게 만드는지(심하지만 정확한 표현이다) 알게 되었다. 이 책에서 나는 그런 담론에 대응하고자 한다. 공동선, 시민 교양을 갖춘 담론, 그리고 다른 후보자에게 표를 던지는 사람들조차 중요한 문제에 관해서는 우리와 공통의 기반을 찾을 수 있을 것이라는 희망을 고취시켜 보고자 한다.

오늘날 정치에서 공동선이라는 관념은 실종되었다. 우리의 공적 삶은 다른 이익-경제적 이익, 특수한 이익, 당파적 이익-에 의해 지배되고 왜곡되어 있다. 우리의 정치 담론에서 무엇이 옳고 무엇이 효과가 있는지를 찾아보려는 태도는 거의 사라져 버렸다. 해결책 대신 두려움과 비난과 점점 더 심해지는 독설만 난무한다. 어떻게 우리는 공동선에 대한 공적인 관심을 새롭게 하고 우리의 정치 지도자들-그들 모두-에게 책임감을 회복시킬 수 있을까?

어떤 예수를 믿느냐가 어떤 기독교를 실천하는지를 결정한다

이 나라 인구의 과반수는 스스로를 그리스도인이라고 말한다. 그리고 유대교와 이슬람, 불교, 힌두교, 다른 신앙 전통에 속한 우리의 형제자매들까지 더하면, 스스로 '종교적'이거나 '영적'이라고 말하는 시민의 숫자는 훨씬 더 많아질 것이다. 이것은 함께 살아가는 우리 삶에 어떤 의미를 지닐까?

자기의 이익 대신 이웃의 이익에 관심을 기울여야 하는 회심의 필요성은 종교도 예외가 아니다. 그러나 시작은 매우 단순하다. 신앙의 **고백**에서 신앙의 **실천**으로 초점을 옮기는 것이다. 우리의 신앙 전통이 우리로 하여금 우리가 중요하다고 말하는 것들을 실제로 행하지 않을 수 없게 한다면 어떨까? 종교가 분열을 조장하는 대신 우리 시대의 공동선을 위한 영적 추진력으로 회심한다면 얼마나 놀라운 힘을 발휘할지 상상해 보라. 그것은 거의 참된 신앙의 갱신이나 부흥이라고 말할 수 있을 것이다.

예수님의 이름이 여전히 인기가 많기는 하지만, 과연 우리는 **그분이 왜 오셨는지** 알고 있는가? 정말로 이해하고 있는가? 한 가지는 매우 분명해 보인다. 즉 우리가 어떤 예수를 믿느냐가 우리가 어떤 기독교를 실천하는지를 결정한다는 것이다. 이 예수님은 어떤 분이신가? 어떻게 우리는 **그분의 말과 행동으로부터** 그분의 의미와 그분이 오신 목적을 배우고 다시 배울 수 있는가? 그리고 그것은 우리가 교회에서 보고 듣는 것과 어떻게 다른가? 예수님이 오신 참된 목적을 살펴보는 것은 우리가 공동선을 재발견하는 데 도움이 되는가? 만약 이런 물음—예수님은 왜 오셨으며 그것은 공동선에 어떤 의미를 갖는가—에 관심을 기울인다면 우리는 그 해답을 함께 찾아볼 수 있을 것이다.

나는 예수님이 왜 오셨는지에 관한 성경적 전망을 재발견함으로써 새로운 방향과 해법을 발견할 수 있으리라고 믿는다. 주로 내세에 초점을 맞추는 복음과 지금 여기에도 관심을 기울이는 복음이 우리 삶에서 얼마나 다른 의미를 갖는지 생각해 보라. 주기도에서 우리는 "나라가 임하시오며 뜻이 하늘에서 이루어진 것 같이 땅에서도 이루어지이다"라고 기도한다. 하지만 우리는 그 기도가 진심인 것처럼 살고 있는가? 예수님은 보수적인 교회가 말하는 개인적인 구원자이거나 진보적인 교회가 말하는 역사적인 교사일 뿐인가? 아니면 우리의 삶과 세상을 구원하기 위해 우리와 함께 걸으시는 살아 계신 선생인가? 우리는 이 모든 것을 검토할 것이다.

하나님 나라의 복음이라 불리는 신약성경 본래의 메시지가 있다(마 4:23; 9:35; 24:14). 이 복음의 목적은 사람들의 삶과 그들의 사회 모두를 변혁하는 것이다. 그리고 주로 개인에 초점을 맞추는 현대적인 메시지, 즉 앞으로 우리가 **속죄만 다루는 복음**이라고 부를 협소한 메시지가 있다. 우리는 죽은 후에 일어날 일에만 지나치게 집중함으로써 지금 어떻게 살아야 하는지에 관한 예수님의 말씀은 무시해 왔다. 우리 시대의 소비문화는 자기계발, 성공, 번영, 편협한 국가주의라는 성경적으로 잘못된 복음 - 천국에 들어가는 배타적인 입장권을 약속하는 - 을 만들어 냄으로써 재빨리 그 공백을 메웠다. 그러나 이런 식으로 자신의 이익에 초점을 맞추는 태도를 부추기는 메시지는 많은 사람들로 하여금 기독교 신앙에 등을 돌리게 만들었다. 우리가 예수님의 하나님 나라 선포가 그저 신자들만을 위한 것이 아니라 온 세상을 위한 것임을 보여 줄 수 있다면, 사람들을 복음으로 되돌아오게 할 수 있다고 나는 믿는다. 그분은 세상을 바꿀 뿐 아니라 그와 더불어 우리 모두를 바꾸기 위해 오셨다.

좋은 소식은, 천국을 향하는 편안한 그리스도인들보다는 세상의 지극히 작은 사람들, 나중 된 사람들, 잃어버린 사람들 가운데서 예수님을 찾으려는 쪽으로 사람들의 관심이 이동하고 있다는 점이다. 그리스도인들과 여러 교회가 편안한 나라, 편안한 곳에서 살고 있을 때 가난한 사람들을 만나려면 우리 도시와 지역사회 속으로, 혹은 전 세계 속으로 **여행을 떠나야 한다**. 그러나 힘없는 이웃과 다시 연결될 때 그리스도인은 다시 한 번 예수님과 더 가까워진다. 이 여행이 기독교의 미래를 결정할 열쇠다. 마태복음 25장은 나 자신의 회심의 출발점이었으며, 나는 이 본문이 지금 새로운 세대로 하여금 새로운 순례를 시작하도록 이끌고 있다는 사실이 대단히 고무적이라고 생각한다.

따라서 우리는 복음서에서, 개인뿐만 아니라 세상을 바꾸겠다고 하신 예수님의 말씀에서 시작할 것이다. 단순히 사적이기만 한 속죄는 개인들이 공동체의 일원으로서 구원받는다는 성경적 전망과 모순을 이룬다. 물론 구원은 개인의 변화를 수반하지만 거기에 그치지 않는다. 하나님 나라의 복음은 공적인 헌신을 다짐한 제자들을 만들어 낸다. 이 복음은 신자들이 사는 사회 곳곳에 퍼져서 그들이 가난하고 소외된 사람들을 대하는 방식을 바꾸어 놓고, 갇힌 자를 해방시키고, 하나님의 형상으로 지음 받은 모든 사람의 가치와 평등을 추구하고, 하나님의 피조물을 돌보는 선한 청지기로서의 책임을 장려하고, 주위 사람들과 전 세계 사람들을 자신의 이웃으로 재정의하게 하고, 심지어 자신의 원수를 대하는 방식까지 바꾸어 놓는다. 다시 한 번 말하거니와, 그리스도인이 예수님을 어떤 분이라고 생각하는지에 따라 그들이 그분을 따르는 방식도 달라진다.

공동선을 위한 필수적인 물음들

우리에게는 **실제적인 전망**이 필요하다. 하나님 나라를 믿는 사람들로 하여금 그들이 속한 사회에 영향을 미칠 수 있게 만드는 – 그렇게 함으로써 우리가 지금 '공동선'이라고 부르는 것을 위해 사회를 변화시킬 수 있게 하는 – 이 나라의 필수적인 삶의 요소는 무엇인가?

우리는 '누가 나의 이웃인가?'라고 물었던 한 젊은이와 예수님이 나눈 대화를 살펴보고, 그분의 대답을 전 지구화된 세계에 적용해 볼 것이다. 이 청년을 가르치기 위해 예수님이 사용하신 선한 사마리아인 이야기는, 우리가 그 어느 때보다 훨씬 더 가깝게 연결된 이 세상에서 어떤 의미를 지닐까? 예를 들어, 우리가 사용하는 휴대전화를 만드는 공장에서 일하는 사람들을 전 지구적 경제 속에서 뒤처져 있는 우리의 이웃으로 보아야 하지 않을까? 선한 사마리아인 이야기는 경제적 공급의 연결망이 이제는 가치의 연결망이 되어야 함을 말해 주는 것은 아닐까?

또 다른 중요한 물음이 있다. 오늘날 누가 우리의 '원수'를 정의하며, '타자'로 명명된 사람들을 우리는 어떻게 대해야 하는가? 우리가 인간의 상황과 세상에 대해 현실적이며 성경적인 관점을 취한다면, 진짜 원수, 즉 우리에게 해를 가하려는 사람들이 존재함을 인정하지 않을 수 없다. 하지만 그들에게 대응하는 가장 효과적이고 창의적인 방식은 무엇일까? 습관처럼 전쟁하고 점령하는 방식으로 정말 문제를 해결할 수 있을까? 우리는 다른 접근방식으로 우리의 원수를 놀라게 할 수도 있지 않을까? 우리가 예수님과 바울의 가르침을 따르고자 한다면 이와 관련해서 무엇을 해야 할까? 전 지구적 맥락에서 우리 이웃을 '지키는 사람'이 된다는 것이 무슨 뜻인지를 이해한다면, 우리는 더 안전하고 안정되고 지속가능한 세상을 위한 국제적인 여건을 더 잘 만들어 갈 수 있을 것이다.

만일 신앙인들이 계급적·인종적·국가적 충성에서 하나님이 만드신 새로운 **사랑의 공동체**에 속한 사람이라는 전 지구적 정체성으로 자신의 정체성을 바꾸기 시작한다면 어떻게 될까? 그리스도인이 정말로 자신을 무엇보다 그리스도인으로 생각하고, 다른 정체성은 이차적인 것으로 생각한다면 어떻게 될까? 우리는 그리스도인 미국인이어야 할까, 미국 그리스도인이어야 할까? 사회학과 신학 중에서 우리에게 무엇이 우선할까? '미국 예외주의'(American exceptionalism)는 어떤 점에서 옳고 어떤 점에서 그른 것일까? 전 지구적 위기 앞에서 많은 나라의 신앙 공동체들은 우리 '종족들'을 연합시키는 일에 어떻게 기여할 수 있을까?

공동선을 위해서는 진보주의자와 보수주의자가 모두 필요하다

이 책의 핵심 목적은, 계속되는 정치 투쟁 속에서 보수 진영과 진보 진영 간의 증오에 찬 이데올로기 갈등에 대해, 서로의 목소리를 들으려 하지 않고 서로에게서 배우려 하지 않는 태도에 대해 문제를 제기하는 것이다. 나는 보수적 정치 철학이 가질 수 있는 최선의 관념은 **개인의 책임**에 대한 촉구라고 믿는다. 개인의 도덕적 행위, 결혼과 자녀 양육 같은 인간관계, 노동 윤리, 재정 투명성, 봉사, 긍휼, 안전과 관련된 개인의 선택과 결정을 존중하는 태도다. 그리고 진보적 철학이 가질 수 있는 최선의 관념은 **사회적 책임**에 대한 촉구다. 이웃 돌봄, 경제 정의, 인종 간의 평등과 성 평등, 사회적 정의, 약자를 위한 사회 안전망, 기업의 공적 책임, 협력적 국제 관계의 중요성을 강조하는 태도다. **공동선은 두 관념 안에 있는 최선의 요소로 이루어진다. 우리는 개인적으로 책임을 다해야 할 뿐만 아니라 사회적으로 정의로워야 한다.** 이것이 바로 증오에 찬 갈등을 종식시키고, 양측 모두 우리 삶의 질을 향상시키는 데 기여할 수 있음을 이해하는 열쇠다.

우리가 맞은 경제 위기는 금융에 관한 결정이 이루어지는 방식과 그 결정을 내리는 사람들에 대한 공적 신뢰를 완전히 무너뜨렸다. 경제적으로 최상위 계층에 있는 사람들과 나머지 사람들 사이의 격차는 대공황 이후 그 어느 때보다 더 커졌으며, 빈곤율은 50년 만에 가장 높은 수준이다. 기괴한 불평등이라는 핵심 이슈에 우리의 관심을 집중시키기 위해 새로운 세대가 일어섰다. 사실 이것은 근본적으로 성경적인 문제이기도 하다. 1퍼센트는 99퍼센트의 점증하는 불만을 맞닥뜨리고 있으며, 이제 이것은 정치에서 중요한 요인이 되었다. 점령 운동(Occupy movement)은 현재 우리의 공적 삶을 지배하는 엘리트주의와 금권정치에 도전하고 있다.

부분적으로 엄청난 경제적 불평등 때문에 상실된 신뢰를 회복하기 위해서는, 우리가 경험하고 있는 **깨어진 사회 계약**을 시민과 기업과 정부 간의 **새로운 사회 언약**으로 대체해야 한다. 어떻게 우리는 시장 근본주의를 도덕적 경제로 대체하고, 단기적 사고에서 장기적 사고로 전환하며, 주주만이 아니라 더 광범위한 이해 당사자들의 이익을 추구하고, 이윤을 내는 것뿐만 아니라 선을 행하는 데에도 헌신할 수 있을까?

내가 이야기를 나누어 본 기업의 최고경영자들은, 금융의 논리나 주주의 이익을 넘어서는 초월적 가치를 기준으로 기업을 운영하는 것이 경제 개혁의 열쇠라고 믿고 있었다. 즉 사회적 목적을 가지고 기업을 운영해야 하며, 기업 활동을 가능하게 해주는 환경에 책임을 져야 한다는 것이다. 새로운 세대의 기업가들은 사회 문제를 해결하는 데 기업을 활용한다는 생각에 관심을 보이고 있지만, 아직 더 발전시켜야 할 소수 의견에 그치고 있다. 신앙을 가진 기업가들은 이 길에서 선구자적 역할을 할 수 있을까? 우리는 경제적 신뢰와 관련하여 이런 물음들을 살펴볼 것이다.

또한 우리는 정부의 올바른 역할이 무엇인지에 대해서도 — 단순히 정치적으로서가 아니라 신학적으로 — 이야기할 것이다. 정부는 작아야 하는가, 커야 하는가? 아니면 그저 똑똑하고 효율적이어야 하는가? 정부는 선인가, 악인가? 아니면 두 가지 가능성을 모두 가지고 있는가? 성경은 이에 대해 뭐라고 말하는가? C. S. 루이스는 우리가 선하기 때문이 아니라 선하지 않기 때문에 민주주의가 필요하다고 말했다. 이기적인 인간 본성에 대한 현실적이며 성경적인 관점 때문에 견제와 균형의 정치 체제가 필요하다는 강력한 주장이 존재한다. 그러나 오늘날에는 견제(경제적인 견제)만 있고 균형은 점점 더 없어지는 듯 보인다. 우리가 죄 없는 정부나

죄 없는 시장을 믿지 않는다면, 공동선을 위한 균형은 어떻게 찾아야 할까? **공적 봉사**의 사명을 — 공동선을 위해 노력하는 **섬기는 정부**라는 생각과 더불어 — 진지하게 받아들인다는 것은 무슨 뜻일까?

나는 **우리 가정 안에서** 일어나는 일이 가정 밖에서 일어나는 일만큼이나 공동선에서 핵심적인 중요성을 지닌다고 확신한다. 가정과 이웃, 지역사회 안에서 우리의 개인적·일상적 삶의 질은 공적 삶의 질을 형성하는 데 중대한 영향을 미친다. 남편과 아버지, 어린이 야구팀 코치로서의 경험을 통해 나는 공동선이란 단지 워싱턴의 권력 중심부에서 일어나는 일이 아니라 그보다 훨씬 더 큰 무엇임을 확신하게 되었다. 건강한 가정을 회복한다는 것은 **탐욕** 대신 **가치**를 택한다는 뜻이다. 가정은 우리의 자녀들이 이 둘의 차이를 배울 수 있는 곳이 되어야 한다.

우리는 결혼을 인정하고 지지해야 한다. 자녀 양육은 모든 사회의 행복에 절대적으로 중요한 요소다. 성적 순결과 정질에 대해서 설교만 할 것이 아니라 가르치고 보여 주어야 한다. 부모가 자녀와 보내는 시간을 최우선순위로 삼기로 결단하는 것은, 자녀들의 미래와 우리 사회의 미래를 위해 우리가 할 수 있는 최선의 투자다. 우리의 가정은 가족의 가치, 도덕적 선택, 친밀한 공동체의 강점을 가르치고 배우는 곳이다. 이웃은 마을이 되어야 하며, 지역 주민들과의 유대와 지역 경제의 활력은 좋은 사회를 이루기 위한 필수 요소다. 사람은 소비주의, 물질주의, 중독, 공허한 일중독을 위해 창조된 것이 아니라, 가정과 공동체, 인간 번영을 위해 창조되었다. 그리고 이것을 가장 잘 배울 수 있는 곳이 바로 우리가 사는 가정과 공동체다.

민주주의를 구속(救贖)하기 위해서는 소비자를 시민으로 변화시켜야만 한다. 지금까지 정치가 주로 광고에 의해 움직여 왔다면, 이제는 참여를 통해—선거 때만이 아니라 선거 기간이 아닌 때에도—우리가 정치를 움직여야 할 때다. 아마도 민주주의를 가로막는 최종 장벽은 정치를 지배하는 돈의 힘일 것이다. 이것을 바꾸기 위해 우리는 거대한 변화를 일으킨 역사적 운동의 힘에 다시 눈을 돌려야 할 것이다. 그리고 기업체가 인격이라는 생각은 정치적 오류일 뿐만 아니라 신학적 오류이기도 하다.

종교는 무엇을 기억해야 하는가

종교를 정치화하려는 이데올로기적 노력에도 불구하고, 오래된 신앙 전통들은 현대의 정치적 범주에 딱 들어맞지 않는다. 정치적 이득을 위해 종교를 조작하려 할 때, 신앙은 본연의 예언자적 자세를 잃어버린다. 그리고 협소한 정치적 범주에 자신을 끼워 맞추려 할 때, 신앙은 본래의 모습을 잃어버리고 당파적 정치에 유리하도록 왜곡된다. 신앙이 맡아야 하는 더 나은 역할은, 정치에 도전하며 공적 영역으로 하여금 신앙에서 유래한 가치에 대해 도덕적 책임을—비록 **종교가 도덕을 독점하는 것은 아님**을 분명히 해야 하겠지만—지게 하는 것이다. 그리고 우리 모두는 다른 신앙이나 다른 영적·세속적 도덕 전통으로부터 유래한 지혜가 공동선에 대한 우리의 이해에 어떤 도움이 될 수 있는지 배워야 한다.

신앙은 가장 나쁘고 가장 지배적인 사회적 서사를 전복시킬 수 있으며, 성경의 언어로 말하면, 만연한 우상숭배에 도전할 수 있다. 신앙은 사회를 지배할 뿐 아니라 사람들로 하여금 하나님이 그들을 창조하신 목적을 외면하게 만드는 거짓말을 폭로한다. 신앙은 사람들로 하여금 자신이 어떤 목적을 위해 창조되었는지를 기억할 수 있게 해주며, 우리로 하여금 이 목적에 집중하지 못하게 만드는 것들에 맞서게 한다. 우리는 어떻게 가정과 공동체를 건강하게 만들고, 시민 교양을 갖춘 대화를 증진하고, 두려움과 비난 대신 해결책과 희망을 가지고 문제에 접근할 수 있을까?

종교도 변해야 한다. 우리는 어떻게 신앙 공동체가 다시금 외부를 향하도록 도울 수 있을까? 신앙 공동체는 공적 영역을 지배하려 들 것이 아니라 공적 영역에 가르침과 영감을 주려고 노력해야 한다. 신앙 공동체는 획일성보다는 진실성을, 확실성보다는 반성을, 지배가 아닌 본을 보이는 지도력을 추구해야 한다. 신앙 공동체는 우리 사회의 점증하는 종교적 다원성을 존중하는 동시에 '진리를 말하는' 일에 헌신해야 한다. 탈기독교 세계로 진입하는 이 시점에 교회는 다수가 받아들이지 않더라도 신실하게 복음을 따르는 삶의 방식을 자유롭게 추구할 수 있다. 이것이야말로 참으로 위대한 자유다.

우리가 공동선에 얼마나 효과적으로 기여하는지를 판단하는 기준은 누가 교리를 더 잘 이해한다거나 종교를 더 열렬히 추종하는가가 아니라, 누가 더 참된 삶을 사는가, 누가 다른 사람들의 필요를 채우고 있는가, 누가 이웃 사랑의 의미를 실천하고 있는가, 누가 지배가 아닌 본을 보이는 지도력을 보여 주고 있는가, 누가 당파적 의제를 추구함으로써 얻을 수 있는 돈이나 권력에 대해 예언자적 독립성을 지니고 있는가, 누가 사회로 하여금 공동선의 윤리에 책임을 지게 할 만한 도덕적 권위와 힘을 가지고 있는가이다. 이 시대에 우리는 신앙을 공적으로 더 잘 증언할 수 있다. 우리는 기회와 공정성, 긍휼, 성품, 헌신, 양육, 소망이라는 더 나은 가치의 문화를 만드는 데 기여할 수 있다.

더 깊이 파고 들어가야 할 시간

우리의 정치, 언론 보도, 대중문화의 가치를 특징짓는 말은 천박함이다. 하나님 편에 서는 것이 무엇을 뜻하는지를 발견하는 일에 진심으로 헌신하고자 한다면, 우리는 이제 구속의 길을 찾기 위해 훨씬 더 깊이 파고 들어가야만 한다. 지금은 피상적이며, 심지어는 증오에 찬 정치와 언론을 넘어서야 할 때이다. 지금은 우리에게 더 나은 가치와 본능을 제공하는 곳을 더 깊이 파고 들어가야 하는 때이며, 우리의 신앙 전통과 윤리적 우선순위를 갱신할 관습을 되살려 내야 하는 때이다. 그리고 우리의 정치와 경제가 잃어버렸으며 심지어는 우리의 종교조차도 잊어버린 도덕적 길잡이를 제공해 줄 영적 반성을 해야 하는 때다.

우리 각자가 이웃을 지키는 사람임을 우리는 어떻게 기억할 수 있을까? 우리는 공동선에 대한 개인적·사회적 헌신을 회복해야 하며, 나는 우리가 신앙을 재발견함으로써 공동선의 윤리와 실천을 갱신할 수 있다고 믿는다.

현재 우리의 정치가 망가졌다는 점에 대해서는 공적이며 초당적인 공감대가 형성되어 있다. 그러나 훨씬 더 깊은 차원에서 볼 때, 모든 정치 진영이 공동선의 윤리를 잃어버렸다고 말할 수밖에 없다. 우리는 문화와 정치 영역 모두에서 이기주의라는 어둡고 위험한 시대에 들어섰다. '내'가 '우리'를 대체해 버렸다. 선거에서의 승리가 통치를 대체했으며, 이데올로기 전쟁이 현존하며 점점 심화되는 문제에 대한 해법을 찾고자 하는 노력을 대체해 버렸다.

더 이상 반대만으로는 충분하지 않다. 정치인들과 언론 전문가들은 이제 상대편의 인격과 정직성, 애국심, 심지어는 신앙마저 공격한다. 그리고 워싱턴 정계에서 타협점을 찾고 초당적인 협력을 이루자는 정치적 관념은 이제 거의 찾아볼 수 없다. 다른 당에 속한 사람들과는 더 이상 함께 식사를 하거나 차를 마시지 않으며, 서로의 가족을 알지 못하고, 심지어는 복도에서 눈을 맞추지도 않는다. 양당의 정치 원로들은 나에게 현재의 정치 상황이 자신들이 경험한 최악의 극단적 내립 상태라고 말한다. 이런 마비 상태가 현재 미국 정치의 현실이다.

우리의 언론, 특히 케이블 텔레비전과 라디오 토크쇼는 증오와 공포의 언어를 빈번히 사용함으로써 거짓과 노골적인 정치적 편견의 지배를 받는 파괴적인 정치 환경을 조성하는 데 일조했다. 대개의 경우 미국인들은 새로운 정보를 얻을 수 있거나 자신에게 도전이 될 만한 언론에는 귀를 기울이지 않으며, 오히려 자신이 원래 가지고 있던 선입견을 뒷받침하고 강화해 주는 프로그램에 의존한다. 경쟁 방송들을 비교해 보면, 방송국마다 정치적인 견해는 다르지만 자신의 견해를 표현하는 어조나 형식은 점점 더 차이가 없어지고 있다.

우리는 어떻게 당면한 문제와 관련된 원인과 도전, 선택을 더 깊이 이해하고 이에 관한 진지한 공적 대화에 참여할 더 나은 방법을 찾을 수 있을까? 나는 특히 신앙 공동체를 향해 이 중요한 토론에서 참으로 예언자적이며 목회적인 역할을 감당하라고 권면하고 싶다. 나는 언론이 정치에 이의를 제기하고 정치에 책임을 묻는 역할을 제대로 수행하지 못하는 상황에서 신앙 공동체가 이 역할을 해낼 수 있다고 생각한다. 우리는 지난해 선거를 치르면서 보았던 천박하고 불쾌한 정치와 언론의 행태에 반응하는 선에서 그쳐서는 안 된다. 이제 더 깊이 파고 들어가기 위해 노력해야 한다.

근본적인 문제는 단순히 정치적이라기보다는 대단히 신학적이고 영적이고 문화적이다. 우리는 어떻게 정치적 '우상들'을 찾아내서 그 정체를 폭로할 수 있을까? 어떻게 공동선의 윤리를 위한 성경적·영적 심지어는 세속적 기초를 설계할 수 있을까? 우리는 어떻게 두려움과 비난의 정치로부터 가치와 해법의 정치로 전환할 수 있을까? 우리는 어떻게 이기주의의 시대에 공동선을 지향하는 문화를 만들어 갈 수 있을까? 우리는 어떻게 더 높은 차원으로 나아감으로써 공통의 기반을 발견할 수 있을까?

미국인들은 극단적인 정치적 대립과 마비 상태가 종식되고 자신의 삶에 직접적으로 영향을 미치는 문제에 관해 가시적인 진보가 이루어지기를 갈망하고 있다. 그러나 대개의 경우 무너진 제도는 스스로를 고칠 능력이 없다. 이를 위해서는 외부로부터의 운동이 필요하다. 즉 변화를 일으키기 위해 시민들이 개입해야 한다. 많은 지역 교회들이 지역사회의 조직에 참여하고 있다는 사실은 대단히 희망적인 징조다.

내가 자주 이야기를 나누는 젊은 그리스도인들과 다른 신앙인들 및 구도자들에게서 매우 희망적인 징조를 발견할 수 있다. 그들은 세계에 관심을 기울이고, 문제를 해결하기 위해 노력하며, 자신의 신앙이나 영성이 사회적 변화와 연결되기를 원한다. 새로운 세대의 시민들은 자신의 사회가 정말로 변화되기를 원하며, 과연 어떻게 그런 변화를 이룰 수 있는지 묻고 있다. 새로운 물음과 모형은 무엇인가? 어떻게 신앙 공동체는 과거에 변화를 일으켰던 그런 운동들을 다시 만들어 내고 지속하는 데 핵심적 역할, 심지어는 촉매제 같은 역할을 수행할 수 있을까? 주요한 사회개혁 운동의 핵심에는 언제나 신앙 공동체가 있었다. 우리는 전에도 이런 일을 이루어 냈으며 다시 한 번 이루어 낼 수 있다.

야구, 그리고 뜻밖의 소망이 되라는 부르심

야구 이야기를 해보려고 한다. 나는 여러 해 동안 두 아들이 속한 두 야구팀에서 코치 역할을 해왔다. 이를 통해서 나는 야구가 우리에게 인생의 교훈을 가르쳐 준다는 것을 알게 되었다.

지난 봄 아홉 살짜리 아들이 속한 팀이 5대 0으로 뒤지고 있을 때였다. 우리는 이미 시즌의 첫 두 경기에서 패한 상태였다. 상황이 좋지 않아 보였다. 하지만 갑자기 타격과 팀 전체가 살아났으며, 우리가 연습하고 준비해 온 모든 실력이 나타나기 시작했다. 가장 좋았던 것은, 하위 타순의 가장 약한 타자들로부터 팀의 상승세가 시작되었다는 점이다. 두 타자가 사사구를 얻어 진루했을 때, 팀에서 가장 경험이 없는 선수가 타석에 들어섰다. 부모님이 미국인이 아니었던 스테판은 전에 야구를 해본 적이 없었으며, 분명 아직 감을 잡지 못한 듯했다. 그러나 결국 그는 공을 쳐 외야로 보냈다. 누상의 주자 두 명이 홈으로 들어왔고, 스테판은 2루까지 진루했다. 정중한 영연방 문화 출신인 스테판은 유격수와 2루수 쪽으로 걸어가 악수를 하려고 했다! 나는 "스테판, 2루에 그대로 붙어 있어야 해!"라고 외쳤다. 그는 "아, 여기까지 와본 적이 없어서요"라고 말했다.

아직 안타를 치지 못한 다른 아이들도 자극을 받아 안타를 치기 시작했다. 그러자 잘하는 선수들도 안타를 쳤고, 결국 11 대 6으로 우리 팀이 승리했다. 나는 경기에서 사용했던 공을 스테판에게 주었다. 경기 후 가진 긴 팀미팅에서 아이들은 무엇을 배웠는지 이야기하느라 시간이 가는 줄 몰랐다. "포기하지 않았더니 결국 우리가 이겼어!" "하위 타순에서 팀의 상승세가 시작되었어!" "전혀 기대하지도 않았던 곳에서 꼭 필요한 것을 얻기도 해!" "우리는 계속 서로 힘내자고 응원했어!" "오늘 우리가 이길 수 있도록 모두가 우리를 도와주었어." 마지막으로 우리의 스타 선수가 이렇게 말했다. "오늘 경기는 우리가 결코 희망을 버려서는 안 된다는 것을 보여 줬어. 우리는 무슨 일이 있어도 희망을 잃지 말아야 해." **인생의 교훈**을 얻은 것이다. 가장 중요한 것은,

우리가 그날 하나의 팀이 되었다는 사실이다. 그리고 그날 이후 우리는 대부분의 경기에서 이겼다.

나는 똑같은 통찰이 신앙 공동체인 우리의 소명에도 대단히 중요하다고 믿는다. **우리는 세상에 뜻밖의 소망을 제공해야 한다.**

기독교의 선교는 하나님 나라를 선포하고 살아 내는 것이다. "나라가 임하시오며 뜻이 하늘에서 이루어진 것 같이 **땅에서도 이루어지이다**"(마 6:10, 강조 추가). 이것이 우리의 기도다. 그러나 하나님 나라가 예수님과 신약성경의 핵심 메시지임에도 불구하고 우리의 메시지에서는 약해지고 말았다. 천국의 구원을 찾는 것은 이 메시지의 일부이며 하나님께 더 가까이 나아가는 것도 이 메시지의 일부이기는 하지만, 예수님 메시지의 핵심은 새로운 질서가 역사 속으로 침투해 들어와 우리를 비롯해 세상 모든 것을 변화시킨다는 것이다.

우리가 세상에 그러한 소망을 제공해야 하는 것도 바로 이 때문이다. **교회는 우리 모두의 삶이 더 나아질 수 있다고 말해야** 하며 그것을 **보여 주어야** 한다. 천박하고 피상적이고 이기적인 이 시대에 예수님은 우리를 향해 사람들이 볼 수 있도록 전혀 다른 삶의 방식을 실천하라고 촉구하신다. 그분은 이것을 **하나님 나라**라고 하셨으며, 이것은 이 세상의 이기적인 왕국에 대한 가장 분명한 대안이다. 첫머리에 말했듯이, 더 나은 삶의 방식은 단지 그리스도인들만이 아니라 다른 모든 사람들에게도 유익이 된다. 그 삶이 변혁적인 이유도 바로 그 때문이다.

우리가 이 하나님 나라를 살아 내는 것을 볼 때 사람들은 **먼**

저 이 나라에 놀라고 그 다음에는 이 나라에 끌린다.

중서부 교외에 있는 거대하고 부흥하는 한 교회가 가까운 도심 지역의 무너져 가는 공립학교 건물을 개조하는 일을 떠맡기로 결정할 때, 사람들은 하나님 나라에 끌린다. 혹은 남부 바이블 벨트(Bible Belt: 보수적인 개신교가 우세한 미국 남부의 주들을 일컫는 말 - 옮긴이)에 있는 교회가 그 지역으로 옮겨온 이슬람 문화센터를 환영하는 표지판을 세우고 공격을 받지 않을까 두려워하는 그들의 친구가 되어 주는 것을 볼 때, 그리고 이런 새로운 기독교와 이슬람 사이의 우정 이야기가 CNN을 통해 방송되어 파키스탄 카슈미르에 있는 성난 사람들의 마음을 바꾸어 놓을 때, 사람들은 하나님 나라에 끌린다. 혹은 신학교를 졸업하는 학생이 노숙자들로 이루어진 교회를 시작하기로 결정하고, 10년 후 그 교회의 지도자들 거의 모두가 말 그대로 거리에서 지내던 사람이었다는 사실을 알게 될 때, 사람들은 하나님 나라에 끌린다.

한 그리스도인 가족이 농장을 운영하며 이주 노동자들을 위한 탁아소와 주택을 짓고, 직원들의 자녀들에게 대학 장학금을 지원하고, 수백만 달러를 아프리카와 아이티에 보내면서도 여전히 그 지역에서 가장 성공적인 사과농장을 운영할 때, 이런 이야기는 사람들의 관심을 사로잡는다. 보수적인 캘리포니아 주 남부의 앵글로색슨 교회들이 자기 지역의 히스패닉 교회들과 긴밀한 협력 관계를 맺고, 양측이 서로의 신앙과 가족들을 알아가고, 더 나아가 망가진 이민 제도를 고치기 위해 함께 노력할 때, 이런 이야기는 워싱턴에 있는 정책 입안자들의 관심을 끈다.

시카고의 유명한 복음주의 대형교회가 신자들을 중동에 보내고 포위된 팔레스타인 그리스도인들을 위해 목소리를 높이기 시작할 때, 그들은 외교 정책에 문제를 제기하는 셈이다. 오하이오 주의 또 다른 대형교회가 그저 '낙태 반대'를 외치기보다는 매년 조용히 수백 명의 저소득층 임산부들을 돌보며 그들이 아기를 분만하고 더 나은 삶을 살 수 있도록 도울 때, 사람들은 정죄 받는다고 느끼지 않고 오히려 도움을 받았다고 느낀다. 그리고 선거에서 다른 후보에게 표를 던진 기독교 단체나 교단들이 공화당과 민주당 모두를 향해 예산 균형을 맞추고 적자를 줄이기 위해 빈곤을 확대해서는 안 되며, 가장 가난하고 힘없는 사람들 주위에 '보호의 울타리'를 만들어 줘야 한다고 분명히 주장할 때, 이것은 자신들의 이익만을 추구하는 양당의 정치를 깨뜨린다.

이 모든 사례가 실제로 일어난 일이며, 이 책은 이런 이야기들—진짜 사람들, 진짜 신앙이 세상 속에서 진짜 변화를 만들어 내는 이야기들—로 가득하다. 이것이 바로 소망 없는 시대에 **예기치 못한 소망**이다.

목회를 시작하는 젊은 목회자들을 향한 나의 충고는 바로 이것이다. 절대로 예상가능한 일에 만족하지 말고, 절대로 변화에 대해 냉소적인 태도를 갖지 말라. 주변의 문화를 살펴보기만 해도 예상할 수 있는 삶의 방식과 행동을 보이는 교회에 만족하지 말라. 목회자의 책무는 예측불가능한 공동체가 되라는 부르심을 받은 신앙 공동체를 이끄는 것, 다른 누구도 소망을 주지 못하는 곳에 소망을 주는 것이다.

왜냐하면 그리스도인은 어떤 문화나 계급이나 인종 집단에도, 미국이라는 나라나 다른 어떤 국가에도, 심지어는 교회에도 충성을 바치지 않으며 오직 하나님 나라에만 충성을 바치기 때문이다. 이 나라는 다른 모든 왕국을 전복하며, 예기치 못한 일들을 만들어 내며, 예측할 수 없는 것들을 끄집어낸다. 우리는 사람들에게 어떻게 하나님과 이웃을 사랑할 수 있는지 보여 주고, 그렇게 함으로써 사람들의 삶과 지역, 국가, 세계에 새로운 소망을 전하라는 부르심을 받았다. 우리 주변의 세상은 이처럼 전적으로 예측할 수 없는 소망의 사역을 갈망하고 있다. 그리고 나는 바로 그 편에 서고 싶다.

2

사자, 말씀, 길

> 설령 우리를 이끌어 주는 아슬란 님이 존재하지 않는다고 해도,
> 난 아슬란 님 편에 서겠소. 설령 나니아가 존재하지 않는다 해도,
> 난 나니아인답게 살기 위해 노력하겠단 말이오.
> ―「은의자」의 퍼들글럼, 1)

우리가 예수님을 어떤 분이라고 생각하는지에 따라 우리가 어떤 종류의 기독교를 살아갈지가 결정될 것이다. 이 점에 대해 생각할수록, 나는 이것이 교회―와 세상―의 현 상황과 미래에 대단히 중요하다고 확신하게 된다. 만약 예수님을 주로 개인의 삶을 위한 사적인 인물로 바라본다면, 우리의 신앙도 대체로 개인적일 것이고 우리가 살고 있는 사회와 별로 관계가 없을 것이다. 만약 예수님을 그저 우리에게 천국 가는 길을 제공하는 분으로만 바라본다면, 우리는 이 세상에서 일어나는 일에 별로 관심이 없을 것이다. 만약 우리가 주로 자신의 이미지에 따라 예수님을 만들어 낸다면, 그분은 우리와 매우 다른 '타자'들에게는 그다지 도움이 되지 않을 것이다.

그러나 "하나님이 세상을 이처럼 사랑하셔서" 예수님이 오신 것이라면, 그분은 우리에게 전혀 다른 예수님이 되실 것이다. 그분의 메시지가 단지 우리의 삶만이 아니라 세상을 바꾸는 것과 관련이 있다면, 우리의 삶 역시 그 메시지를 반영할 것이다. 예수님이 단지 사람들을 구원하기 위해서만이 아니라 새로운 공동체를 만들기 위해 오셨다면, 세상 속에서 더불어 살아가는 그 공동체의 삶 역시 결정적으로 중요할 것이다. 그리고 우리가 개인으로서 예수님께 너무나도 이끌려 그분이 우리에게 살라고 하신 그 삶을 배우기 원한다면, 그분은 우리 가운데서 행하시는 살아 계신 선생이 될 것이다. 이런 모든 생각은 나를 사자에게로 이끈다.

그분은 길들여진 사자가 아니다

> 그 안에 생명이 있었으니 이 생명은 사람들의 빛이라. 빛이 어둠에 비치되 어둠이 깨닫지 못하더라(요 1:3-5).

수도원에서 첫날 점심을 먹은 후 나는 머물고 있던 작은 방으로 돌아가던 길에 그것을 발견했다. 손님을 위한 수도원 도서실에 있는 오래된 세 개의 선반에는 주로 신학, 교회사, 기도에 관한 책과 몇 권의 소설책이 꽂혀 있었다. 그리고 그 도서실은 부엌 안에 있었다! 아래 선반에서 C. S. 루이스의 「나니아 연대기」를 발견하고 나는 반갑기도 하고 놀라기도 했다.

조이와 나는 밤에 아이들이 잠들기 전에 「나니아 연대기」를 읽어 주었으며, 우리 가족은 이 책을 원작으로 해서 만든 영화도 보았던 터였다. 하지만 오랫동안 혼자 자리에 앉아서 이 책을 읽어 본 적은 없었다. 높은 산 위에서 튼튼한 삼나무에 둘러싸인 채 거대하며 놀라울 정도로 푸른 대양을 내려다보니 그곳은 정말이지 이 마법의 이야기를 다시 읽기에 안성맞춤인 곳 같았다.

그래서 나는 딱 한 권만 읽으리라 생각하면서 「사자와 마녀와 옷장」(The Lion, the Witch and the Wardrobe)을 집어 들었다. 하지만 그 책을 다 읽고 나서 다음 책을, 그런 다음 또 다음 책을 읽었다. 나는 새벽기도 후 이른 아침에, 저녁기도 후 밤에, 그리고 산을 오르고 바다로 내려가는 오후 산책길에 이 책을 읽었다. 나는 신학 책과 신약성경, 시편 ─ 그곳에 있는 카말돌리 수도회 수도사들이 가장 좋아하는 책 ─ 도 읽었다. 하지만 「나니아 연대기」는 내가 그곳에서 보낸 시간과 내 영혼을 고양시켜 주었으며, 그 주 동안 나의 독서와 성찰에 훨씬 더 많은 의미를 부여하는 신비로운 관점과 영적 서사를 제공해 주었다.

나는 사자를 다시 발견했다. 아슬란은 길들여진 사자가 아니라 위대하고 선한 사자다. 그리고 흔히 그는 주변의 모든 왕국과 전혀 다른 종류의 왕국인 나니아 이야기에서 그리스도를 표상하는 인물로 간주된다. 그는 다른 모든 왕들뿐 아니라 가장 중요한 생물에서부터 가장 보잘것없는 생물에 이르기까지 다른 모든 피조물에게 어떻게 살아야 하는지 ─ 그리고 어떻게 더불어 살아야 하는지 ─ 를 가르쳐 주는 참된 왕이다. 내가 안식년 휴가를 가진 목적은 공동선에 관한 책을 쓰기 위함이었다. 그러므로 나니아와 아슬란으로 다시 돌아가 봄으로써 책을 시작하는 것도 좋은 생각일 것 같았다.

내 친구들은 내가 원래 사자를 특별히 좋아한다는 것을 안다. 우리 집 주방에는 남아프리카의 사자를 그린 아름다운 유화 작품이 걸려 있다. 사람들은 그림의 사자가 아슬란이냐고 내게 묻곤 하는데, 그때마다 나는 그저 미소를 짓는다. 하지만 그 사자가 아슬란이라고 생각하지 않았다면 그 그림을 사지 않았을 것이다. 그 사자는 루이스가 묘사한 나니아 이야기의 사자처럼 예리한 눈으로 보는 사람의 눈을 정면으로 응시하고 있다.

마법에 의해 20세기 중반 영국에서 나니아 왕국으로 옮겨진 후 이 마법에 걸린 나라의 역사에서 중요한 역할을 하는 이야기 속 아이들에게 아슬란은 핵심 인물이다. 물론 그는 나니아의 다른 모든 생물들에게도 중요한 인물이다. 그는 강력하지만 부드러우며, 악이 아닌 선을 향한, 무조건적인 사랑과 깊은 지혜와 인간의 변화(더 나아가 동물의 변화!)를 향한 절대적인 힘 그 자체다.

나니아의 창조와 종말 모두를 주관했던 아슬란은 신약성경의 요한복음 첫 구절이 노래하는 그런 인물이다. "그 안에 생명이 있었으니 이 생명은 사람들의 빛이라. 빛이 어둠에 비치되 어둠이 깨닫지 못하더라."

위대한 사자 왕인 아슬란은 언제나 바른 시간에, 바른 장소에, 바른 사람과 함께 있다. 그는 매우 거대하고 역사적이며 우주적인 것에 영향을 미친다. 그러나 그와 동시에 그는 매우 작고 개인적이며 현실적인 것에 관심을 기울인다. 사자는 악에 도전하지만 끊임없이 그리고 한결같이 선을 제시한다. 친구에게, 심지어는 원수에게도 나니아의 비전을 받아들이라고 권한다. 당신이 정말로 지키고자 하고 그것을 위해 목숨을 바치고자 하는 모든 위대한 대의의 **옹호자**로서, 그리고 당신이 가장 약할 때 매우 개인적인 시간과 투쟁 속에서 언제나 함께하기를 원하는 **동반자**로서 아슬란의 매력은 숨을 멎게 할 지경이다. 정말이지 사자는 놀라울 정도로 매력적인 예수님의 모습을 잘 그려 내고 있다. 종교적이지 않은 사람들조차 아슬란에게 끌린다.

아슬란은 나니아의 공동선을 이끌고 가르친다. 그는 언제나 무엇이 나니아 사람들과 그 나라에 최선일까를 최우선의 관심사로 삼는다. 아슬란은 나니아의 피조물들뿐 아니라 영국에서 온 "아담과 하와의 아들과 딸들"을 가르치고 그들에게 영감을 주어 그들 모두에게 선하고 평화로운 나라를 만드는 법을 배우게 하는 사랑이 넘치는 살아 있는 **선생**이다. 그들은 기쁜 마음으로 그의 제자가 된다. 그를 멘토로 여기는 그들은 팔을 둘러 그를 안고, 그의 금빛 갈기에 얼굴을 파묻고, 사자의 머리에 얼굴을 부비기 좋아한다.

아슬란은 자주 사람들을 놀라게 하고, 그들에게 도전하며, 심지어 꾸짖기도 한다. 그러나 그는 언제나 사람들을 보호하고 방어한다. 그는 언제나 길을 알려 주면서, "더 높이 올라가고 더 깊이 들어가" 진짜 나니아 왕국과 그 본래의 목적을 회복하라고 재촉한다. 그는 사람들의 이름을 부르며, 그들을 잘 알고 있고, 그들 모두를 사랑한다.

날마다 「나니아 연대기」를 손에 들고 나니아만큼이나 아름다운 땅을 산책하는 것은 대단히 인상적이며 감동적이고 심지어는 땅이 흔들리는 듯한 경험이었다. 때로는 마치 아슬란이 내 옆에서 함께 걸으며 내 생각과 마음을 자극하고 나니아에 대한 내 사랑과 갈망을 다시 북돋우는 것처럼 느껴지기도 했다.

이 경험을 통해 나는 내가 얼마나 나니아 주위의 다른 왕국에 속하기보다 나니아 사람이 되고 싶어 하는지를 다시금 깨달았다. 그 긴 산책길에서 나는 예수님과 우리가 그분을 이해하는 방식에 관해 새롭게 생각해 볼 수 있었다. 피정 기간 동안 나는 신학자들이 '기독론'이라고 부르는 주제, 즉 그리스도에 관한 신학을 다룬 책도 읽었다. 그러나 내가 **예수님이 왜 오셨는지**에 관한 의미를 기억하고 다시 생각하고 다르게 이해하게 하는 데 있어서 아슬란은 신학자들보다 더 큰 자극을 주었다.

특히 사자는 나로 하여금 오늘날 미국의 보수적인 교회와 진보적인 교회 모두가 기독론을 잘못 이해하는 경우가 많다는 사실을 새롭게 깨닫도록 해주었다.

보수적인 교회가 잘못 이해한 것

다수의 보수적인 교회들은 예수님을 **선생**으로 이해하는 데 아직도 어려움을 겪고 있다. 그들은 그분을 구원자, 우리 죄를 위해 죽임 당한 어린양, 우리의 속죄를 위해 필요한 희생제물, 우리가 천국 가는 길을 여시기 위해 화목제물이 되신 분이라고 이해한다.

하지만 보수적인 교회에서는 우리가 지금 어떻게 살아야 하는지, 이 땅에서 어떻게 예수님을 따르는 사람으로 살아야 하는지에 관해서는 별로 가르치지 않는다. 한 가지 예외는 성과 관련된 문제이며, 이에 관해서는 보수적인 교회가 우리의 행동에 큰 관심을 기울인다. 그러나 다른 문제들에 관해서는-심지어는 경제나 가난한 사람들, 우리의 이웃과 원수 모두를 사랑하라는 가르침처럼 예수님이 가장 분명히, 가장 많이 반복해서 가르치신 문제에 관해서조차도- 뚜렷한 가르침이나 실천을 찾아보기 어려운 경우가 많다.

신약성경에서는 예수님이 '하나님 나라'를 전하러 오셨다고 말하고 있음에도 불구하고, 마치 예수님이 3년 동안 그분의 비유와 가르침, 기적을 통해 그 나라의 의미를 제대로 알려 주시지 못한 것처럼 보일 지경이다. 그 모든 것은 그분이 오신 목적이었던 하나의 위대한 사건-우리를 죄에서 구원하시려고 십자가에서 죽이신 사건-이전에 일어난 중요하지 않은 일련의 가르침과 일화가 되고 말았다. 심지어 일부 보수주의자들은 하나님 나라의 대헌장이며 초대 교회에서 새로 회심한 사람들에게 가르친 중요한 교리문답이었던 팔복과 산상수훈마저도 사실은 우리 시대를 위한 것이 아니라 아직 도래하지 않은 또 다른 '세대'(dispensation)를 위한 것이라고 말한다.

보수적인 교회를 다니던 십대 소년 시절에 나는, 예컨대 "화평하게 하는 자는 복이 있나니"(마 5:9)라는 예수님의 가르침은 천국에서의 삶을 위한 것이지 지금을 위한 것이 아니라는 말을 들었다. 하지만 당시 열다섯 살이던 나로서도, 인종적으로 분열된 내

고향 디트로이트 시나 미국이 비극적으로 개입한 베트남 전쟁이 한창이던 이 땅이 아니라 천국에서 화평하게 하는 사람들이 필요하다는 말은 어불성설이라고 느꼈다. 하지만 보수적인 우리 교회 교인들에게는 그것이 전혀 문제가 되지 않았다. 이런 걸림돌이 예수님의 가르침을 가로막고 있음을 바라보면서 나는 마침내 교회를 떠났다. 지금도 교회가 그리스도의 가르침을 회피하기 때문에 많은 젊은이들이 기독교 신앙에 등을 돌리고 있다.

십자가와 부활은 내 신앙과 신학에서 절대적 핵심이다. 그리고 「사자와 마녀와 옷장」의 핵심 드라마 역시 아슬란이 다른 이의 죄, 즉 어린 에드먼드의 죄로 인해 자신의 목숨으로 그 값을 치르겠다고 동의하지만—적에 의해 고문당하고 죽임을 당하지만—다시 살아나 하얀 마녀와 그의 세력을 물리치는 이야기다.

그리스도의 십자가 죽음은 정말로 우리를 구원하며, 그분의 부활은 그분의 왕권을 세우고 그분의 왕국을 열었다. 신약성경과 니니아 이야기에서 구원은 개인적이며 동시에 사회적이다. 그러나 다음 장에서 내가 성경적 논증을 통해 주장하는 바와 같이, 구원을 속죄에 국한된 복음으로 축소시키는 것은 최근에 나타난 오류이며, 이러한 오류는 하나님 나라와 그 나라의 가르침 전부를 온전히 선포할 때 위협이 된다고 느끼는 풍요롭고 유력한 나라에서 특히 두드러진다. 그러한 사적인 복음은 우리에게 하나님 나라의 길을 보여 주신 선생으로서의 예수님을 놓치고 있다. 강력한 사자는 없고, 그저 희생당하는 어린양만 있을 뿐이다.

진보적인 교회가 잘못 이해한 것

보수적인 교회들이 예수님께 '선생'이라는 용어를 적용하는 것조차 미심쩍어 했던 이유 중 하나는 일부 진보적인 교회에서 이 용어를 오랫동안 사용해 왔기 때문이다. 20세기 이후 많은 주류 개신교회들이 '사회 복음'(social gospel)을 가르쳐 왔다. 사회 복음에서는 예수님의 가르침을 강조하면서 이를 빈곤, 인종, 전쟁과 평화 등의 문제에 적용하는 경우 많다. 그리고 일부 교회는 이를 통해 큰 용기를 보여 주기도 했다.

그러나 진짜 문제는 이들 교회가 보여 주는 부활에 관한 믿음이다. 많은 교회의 부활절 예전 중에는 목회자가 "그분이 부활하셨습니다!"라고 선언하면 회중이 "참으로 그분이 부활하셨습니다!"라고 화답하는 순서가 있다. 문제는, 진보적인 교회의 교인들이나 혹은 목회자들조차도 진심으로 이를 믿느냐는 것이다. 우리는 정말로 예수님이 **살아 계시며** 우리 가운데 거하신다고 믿는가? 모든 진보적인 교회들이 정말로 그렇게 믿는지 나는 확신할 수 없다. 부활-나사렛 예수가 정치권력에 의해 십자가에 달리시고 죽으시고 무덤에 묻히시고 사흘 만에 죽은 자 가운데서 다시 살아나셨다는 사실-을 믿는 것은 진정한 신앙의 행위다.

너무나도 많은 진보적인 교회의 신학자와 신학교, 목회자들이 이런 믿음을 진심으로 고백하는 데 큰 어려움을 겪고 있다. 20세기에 그들을 이끈 지도자 중 한 사람인 루돌프 불트만(Rudolf Bultmann)의 노골적인 말처럼, 그들은 "전깃불과 무선 통신을 사용하고 현대 의학과 수술 기술의 성취를 활용할 줄 아는 우리는 영혼과 기적을 이야기하는 신약성경의 세계를 그대로 믿을 수 없다"고 말해 왔다.[2] 과학과 신학에 관한 이 독일 신학자의 묘사는 시대에 한참 뒤처진 말이지만, 과학으로 쉽게 설명할 수 없는 것에 대한 그의 불신은 이들 진영에서 아직도 큰 영향력을 발휘하고 있다.

동일한 비판적 전통에 속한 현대의 신학자들은 부활이 중요한 '은유'이기는 하지만 실제로 믿고 그에 따라 행동할 수 있는 역사적 실재는 아니라고 설명한다. 일부 종교적 근본주의자들이 과학보다 종교가 세계를 더 잘 설명할 수 있다고 생각하는 오류를 범하는 것과 마찬가지로, 일부 진보적인 현대주의자들은 과학이 우주 배후의 실체를 가장 잘 설명할 수 있다고 생각하는 오류를 범한다. 그러나 지금은 물리학자들조차도 다수가 설명할 수 없는 신비의 가능성을 일부 자유주의 신학자들보다 더 많이 열어 두고 있다.

그러나 과학 때문이든 단순히 냉소주의 때문이든, 만일 당신이 예수님이 정말로 오늘날 살아 계시다고 믿지 않는다면, 살아 계신 선생은 없고 가르침의 목록만 남을 뿐이다. 그리고 이것은 대단히 심각한 문제다. 그런 다음 일부에서는 마틴 루터 킹(Martin Luther King, Jr.)과 마하트마 간디(Mahatma Gandhi), 도로시 데이(Dorothy Day) 같은 다른 사회 지도자들의 가르침을 추가한다. 특히 이 세 사람은 내가 개인적으로 존경하는 영웅들이며 내가 삶을 바치는 대의를 대변하는 인물들이다. 그렇지만 이들은 모두 흠이 많은 남녀이며, 비록 그들의 말과 가르침은 살아 있다 할지라도 그들은 모두 죽은 사람들일 뿐이다.

마틴 루터 킹의 설교를 듣거나(나는 그의 설교 대부분을 들어 보았다고 생각한다), 마하트마 간디의 자서전과 (내 서재의 선반 하나를 가득 채운) 그의 저술을 읽거나, 도로시 데이의 가톨릭 노동자 운동(Catholic Worker movement)에 관한 놀라운 이야기를 배우는 것(나는 그녀가 죽기 전에 그녀의 이야기를 직접 들을 기회가 있었다)은 모두 멋진 일이다. 하지만 우리에게는 탁월한 생각과 영감을 주는 가르침의 목록밖에 남지 않는다. 우리가 할 수 있는 일은 그저 최선을 다해 이를 실천하기 위해 노력하는 것밖에 없다.

이것은 예수님의 가르침에도 똑같이 적용된다. 그분이 더 이상 살아 계시다고 믿지 않는다면, 우리에게 남는 것은 오래전에 죽은 누군가가 남긴 영감을 주는 훌륭한 말뿐이다. 예수님의 모든 가르침을 받아들이고 이를 따르기 위해 노력하면서 서로에게 행운을 빌라. 우리의 힘만으로 실천해야 한다면 이것은 매우 어려운 일일 수밖에 없다.

살아 계신 선생 없이 가르침만 가지고 있기 때문에 많은 진보적인 교회들이 죽어가고 있다. 최근에 한 진보적 교단의 지도자는 교인들이 나이가 들어가는데 그들을 대신할 젊은이들이 찾아오지 않는 현 상황을 "죽음의 쓰나미"라고 묘사했다.[3] 물론 예수님의 가르침을 존중하지만, 그 가르침을 주신 분과의 살아 있는 관계가 없다면 너무나도 많은 진보적 교회의 자녀들이 더 이상 교회에 남지 않을 것이고, 더 이상 그리스도인으로 남지 않을 것이다.

나니아 이야기

C. S. 루이스는 「나니아 연대기」에서 아슬란을 대단히 매력적으로 묘사한다. 사자는 절대로 통제하거나 예측할 수 없는 인물로서 강력한 존재감을 과시한다. 기대하지 않을 때, 그리고 언제나 정확한 시간과 장소에 나타난다. 그는 보호하고, 방향을 바로잡고, 악과 대결하고, 악을 물리치고, 선한 이들을 환영하고, 그의 제자들을 다시금 바른 길로 되돌아가게 한다. 그는 사람들과 피조물들이 용감해지고, 지도자가 되고, 옳은 것을 위해 싸우고, 그른 것에 맞서고, 나니아에서 자신의 소명을 발견하도록 영감을 주고 그들을 강하게 만든다.

그리고 아슬란과 함께 있을 때 그들은 기쁨이 넘친다. 그들은 웃으며, 먹고 마시고, 이야기와 농담을 나누며, 서로를 끌어안고, 친구들을 소중히 여기며, 심지어 원수와도 화해하는 방법을 찾는다. 돌봄과 긍휼, 정의와 공평, 위엄과 존경, 명예와 용기, 봉사와 희생이 그들의 가치가 된다. 나니아에서는 이런 가치들이 마땅히 구현되어야 한다. 인간과 더불어 다른 피조물들도 귀하게 여김을 받으며, 그들 중 일부는 말도 할 수 있다! 이 이야기와 나니아 나라 전체를 통해 등장인물들은 자연 세계 – 산과 계곡, 강과 폭포, 해변과 바다, 숲과 꽃, 과일과 다른 먹을 것 – 의 놀라운 아름다움과 화려한 위엄을 아낌없이 누리고 넉넉히 나눈다.

「나니아 연대기」를 읽어 갈수록, 나니아와 하나님 나라 사이의 유사성이 점점 더 뚜렷해진다. 마지막에 이르면 그 유사성이 매우 분명해진다. 「마지막 전투」에서는 옛 나니아로부터 새로운 나니아가 창조된다. 화자는 "그것은 시작과 끝이 있었다. 그것은 언제나 여기 있었고 언제나 여기 있을 진짜 나니아의 그림자 혹은 모사(模寫)에 불과했다. 마치 우리의 세계, 영국과 모든 나라가 아슬란의 진짜 세계의 그림자 혹은 모사에 불과한 것처럼"이라고 말한다.[4] 이 새로운 나니아는 마법의 거울을 통해서만 볼 수 있는 나라처럼, 옛 나니아보다 "더 깊은 나라"였다.[5]

루시는 옷장을 통해 나니아로 들어간 첫 번째 아이이며, 언제나 아슬란과 가장 가깝고, 영국에서 온 방문자들 중에서 가장 나니아 사람답다. 이야기 첫머리에서 그녀가 겨울 숲에서 만난 첫 생물은 파우누스인 툼누스 씨였다. 그리고 이야기의 마지막에서 그들은 이렇게 말한다. 툼누스는 "더 높이, 더 깊이 들어갈수록 모든 것이 더 커지지요. 안은 바깥보다 더 크답니다"라고 말한다. 루시는 "무슨 말인지 알겠어요. 이곳도 나니아예요. 저 아래에 있는 나니아보다 더 생생하고 더 아름다운 나니아예요.…세상 안의 세상, 나니아 안의 나니아"라고 대답한다.[6]

본래의 이야기

신약성경은 예수님이 우리 가운데서 행하시는 살아 계신 선생이라 말하고 있으며, 예수님을 따르는 그리스도인들은 빈 무덤이라는 사실을 통해 그렇게 믿어 왔다. 캘리포니아 해안의 언덕을 따라 걸으면서 나는 아슬란이 보수적인 사람들과 진보적인 사람들이 제시하는 것과 전혀 다른 모형을 제시한다는 생각이 들었다. 또 다른 책 「순전한 기독교」(Mere Christianity, 홍성사)에서 루이스는 신약성경의 메시지에 대해 이렇게 말한다. "진짜 하나님의 아들이 당신 옆에 계신다. 그분은 당신을 그분과 동일한 종류의 인격체로 변화시키는 일을 시작하셨다. 다시 말해서 그분은 그분의 삶과 생각을…당신에게 '주입'하기 시작하셨다."7)

예수님은 하나님 나라라고 하는 새로운 삶의 질서를 세우기 위해 오셨다. 그분은 자신의 견습생이었던 제자들을 가르치셨다. 팔복과 산상수훈에서부터 그분의 모든 이야기와 비유, 그리고 권면과 교정을 주는 그분의 말씀에 이르기까지 그분은 끊임없이 제자들에게 이 새로운 삶의 방식을 가르치려고 노력하셨다. 신약성경의 이야기를 보면 그분의 제자들이 '이것을 이해하기'가 얼마나 어려웠는지 잘 알 수 있다.

그들이 옛 방식, 그들이 속해 있는 문화적 관습, 경제적인 압박, 그들 자신의 종교 기관과 지도자들, 점령자였던 로마 정치세력이 가했던 위협과 공포, 이 모든 것이 예수님의 새로운 질서라는 가치와 우선순위를 거스르는 무거운 짐이 되었다. 그러나 그분은 계속 가르치셨으며, 그들은 계속해서 그분의 말씀을 듣고, 그분을 따르고, 그분과 함께 머무르고, 말하자면 그분과 더불어 살면서 그분의 새로운 삶의 방식을 실험했다.

그러나 예수님은 살아 계셨고 그들과 함께하셨으며, 그들은 그분의 견습생, 학생, 제자가 되는 삶에 헌신했다. 그들은 그분의 사랑을 느꼈으며, 그 사랑이 그들을 영원히 바꾸어 놓았고, 날마다 그분과 더불어 완전히 새로운 세상을 향해 나아갔다. 그들의 삶과 세계가 변화되고 있었으며, 그들은 날마다 그들 가운데서 행하시는 그 선생에게서 온전한 감화를 받았다.

그런 다음 그분은 당국에 의해 처형되어 무덤에 묻혔고, 제자들은 대부분 달아났다. 두려움과 슬픔, 상실감 속에서 함께 숨어 있던 그들은 마비된 듯 꼼짝하지 못했다. 그들은 이제 무슨 일이 일어날지, 그들이 무엇을 할 수 있을지 아무런 확신이 없었고 그저 혼란스러울 뿐이었다. 그들은 그분의 가르침을 모아 그 가르침대로 살아 보겠다고 결심하지 못했다. 그들이 기억하는 그분의 가르침 중에서 그들로 하여금 죽음에서 생명으로 돌아오게 해주거나 그들에게 힘과 능력과 소망을 줄 만한 것은 아무것도 없었다. 그들은 혼란과 두려움 속에서 다락방에 갇혀 있었다.

마침내 그들로 하여금 생명으로 돌아올 수 있게 해준 것은, 남자들보다 덜 두려워했기에 사랑하는 주님의 시신을 수습하러 밖으로 나갈 수 있었던 여자들이 전해 준 놀라운 소식, 즉 예수님이 죽지 않고 살아 계시다는 소식이었다. 제자들은 자기 눈으로 직접 보기 위해 달려갔다. 그들은 빈 무덤을 보았으며, 나중에는 예수님을 다시 만났다. 그들의 선생은 다시 살아나셨으며 그들을 가르치고 이끄실 수 있었다. 그리고 이 땅을 떠나신 후에도 예수님은 제자들과 언제나 함께하실 성령님을 그들에게 보내셨으며, 그 후로 그들은 예루살렘의 거리와 온 세상을 누비며 복음을 전했다. 그들은 살아 계신 주님과 이 세상에 도래한 새로운 왕국, 모든 것을 변화시키는 왕국을 선포했다.

2. 사자, 말씀, 길

하나님 나라와 선생

부활 이야기에서 우리는 보이는 세계와 보이지 않는 세계, 더 작은 세계와 더 큰 세계, 덜 현실적인 세계와 더 현실적인 세계, 그저 지속되는 세계와 영원히 지속되는 세계를 이해하기 시작한다. 그리고 한 세계가 다른 세계를 변화시키려 한다는 사실을 이해하기 시작한다. 그것이 바로 하나님 나라다. 이 세상을 변화시키기 위해 이 세상 속으로 들어온 세상, 우리의 질서 안으로 침투한 하나님의 질서, 그 나라를 선포하고 가르치고 그 나라와 그 나라에 참여하고자 하는 모든 사람을 위해 죽으신 하나님의 아들. 그러나 이제 그분은 다시 살아나셔서 살아 계신 선생으로 우리 가운데서 행하시며 우리에게 새로운 질서의 의미를-크고 작은 것들을 통해-가르쳐 주신다.

이 시대에 복음과 하나님 나라의 능력의 핵심은, 바로 이 선생과 이렇게 생생하고 적극적으로 연결되어 있을 때 그 상호작용과 관계가 사람들과 세상을 바꾸는 힘을 드러낸다는 것이다. 이 선생이-숲을 통과하고 산을 오를 때 우리와 동행하시며 우리 곁에서 부드러운 목소리로 우리에게 말씀하시는 금빛 사자 같은-삶의 가장 큰 부분과 가장 작은 부분에 관해 우리에게 주시는 가르침에 귀를 기울일 때, 이 관계는 해마다, 날마다, 시간마다 우리를 변화시킨다.

이 선생과의 인격적이고 상호적인 관계는 보수적인 교회와 진보적인 교회에 속한 사람들 모두를 변화시킬 수 있으며, 이제 새로운 세대까지도 변화시키고 있다. 보수적인 교회에서 자란 젊은

이들은 "하늘에서 이루어진 것 같이 땅에서도 이루어"[8]지는 하나님 나라를 위해 살기를 갈망하며, 죽어서 천국에 가는 차표를 받는 것에 만족하지 않는다. 그리고 진보적인 교회의 젊은 세대 목회자와 지도자들은 개인과 세상을 변화시키는 예수님의 통전적인 복음을 전하는 '전도'를 다시 이야기하고 있다.

만일 가르침이 없다면 우리에게 남는 것은 천국 가는 데만 유효하고 이 땅에서는 아무런 유익이 없는 믿음뿐이다. 그리고 선생이 없다면 가르침을 실천하기란 너무 어려울 것이다. 천국을 위한 믿음의 목록이나 이 땅을 위한 가르침의 목록만 가지고 있는 것으로는 충분하지 않다. 우리에게는 위대한 사자처럼 우리 가운데서 우리와 함께 걸으며 우리 자신과 세상을 바꾸기 위해 우리가 해야 할 일을 우리 귀에 속삭여 주는 살아 계신 선생이 필요하다.

살아 계신 선생과의 현재적이며 지속적이고 상호적인 관계라는 이 강력한 현실은 예수 그리스도를 믿는 믿음이 지닌 탁월한 매력이다. 교리와 신념에 관한 구태의연한 싸움은 특히 새로운 세대에게는 전혀 매력적이지 않다. 보수주의자들은 대개 구원받고 천국에 가기 위해 무엇을 믿어야 하는지 이야기한다. 예수님은 우리의 죄를 대속하시는 분이요 희생제물이 되신 구원자요 우리의 죗값을 치르신 분이지만 우리와는 멀리 떨어져 계신 분이다. 저 멀리 천국에서 언젠가 우리가 오기를 기다리고 계시거나 우리 주위의 세상이 아니라 우리의 마음속에 살아 계신다. 반면에 살아 계신 그리스도에 관한 이야기를 받아들이려 하지 않는 진보적인 사람들은 영적인 문제에 관해 회의적인 현대주의자들이다. 이들은 예수님의 가르침에 관해서만 이야기하기에 그분은 오래전에 사셨던 위대한 인물로, 우리와 동떨어진 분으로 남아 있다. 그러나 이 선생과 살아 있는 관계를 맺을 수 있다는 약속은 이처럼 신학적으로 단절된 상황에서 양측에 속한 사람들을 하나로 이어줄 수 있다.

우리 가운데서 행하시는 살아 계신 선생과의 관계는, 우리가 바삐 살아가는 와중에 흔히 잃어버리는 우리 삶의 중심인 두 가지 중요한 요소, 즉 집중력과 소망을 회복시켜 준다.

집중력

피정 기간 중에 쓴 일기에 나는 "수도사들과 보낸 일주일을 통해 얻은 교훈: 스케줄을 짜고 서두르고 걱정하는 태도를 집중력으로 대체할 것"이라고 썼다.

많은 사람들이 멈추고, 속도를 늦추고, 조용한 시간을 갖고, 몸과 마음을 쉬게 하고, 생각하고, 더 깊이 반성하고, 심지어 기도해야 할 필요를 점점 더 절감하고 있다. 피정─종교적이든 아니든─의 경험은 이런 필요를 충족시켜 준다. 최근에는 사람들이 일상의 삶에서 물러나 피정의 집이나 수도원에서 며칠을 보내기 위해 일찌감치 예약을 해두기도 한다. 많은 사람들이 중요한 것을 잃어버렸다고 느끼고, 삶에 대한 전망을 되찾기 원한다. 그들은 몸과 영혼을 되찾고, 마음과 정신을 새롭게 하기 원한다.

"뉴욕 타임스 선데이 리뷰"(*New York Times Sunday Review*)에 실린 "조용함이 주는 기쁨"(The Joy of Quiet)이라는 글에서 언론인 피코 아이어(Pico Iyer)는 문화적인 관점과 개인적인 관점에서 이런 필요를 논한다. 그는 "고요함"이 필요하다고 말하는 바쁜 동료들의 이야기를 들려준다.[9] 아이어는 일부 고급 리조트에서 텔레비전이나 인터넷이 없는 호화로운 스위트룸을 일부러 만들고 있다고 보도한다. 그는 "우리 삶을 그토록 확장시켜 준 시간절약형 장치에 기뻐하던 우리는, 불과 한 세대도 지나지 않아서 그런 장치로부터 멀어지려고 - 더 많은 시간을 갖기 위해 - 애쓰고 있다. 연결하는 방식이 더 많아질수록 많은 사람들이 더 필사적으로 플러그를 뽑으려 하는 듯하다."[10] 평균적인 사무직 노동자가 방해받지 않은 채 3분도 쉬지 못하는 상황에서, "머리를 비우고 자신의 생각을 정리할 기회"를 바라는 사람들이 점점 더 많아지고 있다.[11]

아이어는 니콜라스 카(Nicholas Carr)의 책 「생각하지 않는 사람들」(The Shallow, 청림출판)을 인용한다. 이 책에서 카는 현재 미국인들이 평균적으로 하루에 8시간 이상을 스크린 앞에 앉아 있으며, 인터넷과 텔레비전 앞에서 보내는 시간이 꾸준히 늘어나고 있다고 말한다. 십대들은 하루에 평균적으로 75개의 문자 메시지를 보내거나 받고 있으며, 그보다 훨씬 많은 메시지를 주고받는 십대들도 많다. 아이어는 "미래의 아이들은 그들로 하여금 공허함과 지나친 포만감을 동시에 느끼게 만드는 모든 깜빡이는 기계들, 스트리밍 영상, 계속 밀려오는 머리기사로부터 잠시만이라도 자유로워지기를 갈망하게 될 것이다"라고 말한다.[12] 그는 인터넷과 휴대전화, '속보'를 멀리하고 '안식'을 취하려 하거나 주말마다 요가나 명상, 긴 산책 같은 것을 찾으려는 동료들에 대해 이야기한다. 아이어는 피정을 삶의 전망을 회복하고 일과 인간관계에 필요한 무언가를 채우는 한 방법으로 본다. "세상으로부터 어느 정도로 거리를 둘 때에만, 삶을 전체적으로 볼 수 있고 무엇을 해야 하는지를 이해할 수 있다."[13]

우리는 지금 정보의 홍수 속에서 살고 있지만, 정작 우리에게 필요한 통찰은 부족하다. 우리 삶은 의사소통으로 가득 차 있지만, 우리가 듣는 것을 제대로 성찰하지 못하는 경우가 많다. 우리는 우리의 문화에 순응한다. 그 원인 중 하나는 우리가 문화의 속도에 사로잡혀 있기 때문이다. 해답은 그저 세상으로부터 물러나는 것이 아니라 세상에 제대로 참여하기 위해 우리에게 필요한 고요함과 침묵을 되찾는 것이다.

시간을 내어 속도를 늦추는 것 - 조용한 공간을 만들고, 혼자만의 시간을 갖고, 침묵을 끌어안고, 생각하고, 성찰하고, 묵상하고, 기도하는 것 - 은 현명하고 오랜 세월을 통해 그 효과가 입증된 영성 훈련이다. 그리고 날마다 반복되는 일상 생활 속에서는 그런 시간을 내기 어렵기 때문에, 많은 사람들이 따로 그런 시간을 마련해야 할 필요성을 절감한다. 우리는 끊임없이 우리 삶을 공격하는 외부의 메시지에 대응하기 위해 분명한 도덕성, 날카로운 지성, 성숙한 감성을 갈구한다. 이것은 혼자서도 만족함을 누리기 위한 훈련이다. 우리의 일상적 환경과 스케줄 속에서 느끼는 소음과는 전혀 다른 무언가를 찾고자 하는 노력이다.

아이어의 글을 읽은 후, 나는 그가 2주 전에 내가 방문했던 바로 그 베네딕투스 수도회 피정의 집에 머물렀음을 우연히 알게 되었다. 아이어는 피정 기간 중에 "단순한 행복보다 더 근원적인 무언가"를 찾으려 했다고 말한다. "그것은 기쁨이다. 데이비드 스타인들 래스트(David Steindl-Rast) 수사는 이 기쁨을 외부에서 일어나는 일에 의존하지 않는 행복이라고 설명했다."[14] 그는 정기적으로 피정을 떠나지만 "그곳에 머물 때 나는 예배에 참석하지 않으며, 거기에서든 다른 어느 곳에서든 묵상도 하지 않는다. 나는 아내와 직장 상사, 친구들로부터 잠시 물러나 있어야 비로소 내가 그들에게 무언가 유익한 것을 가져다줄 수 있음을 되새기면서, 그저 산책을 하고 책을 읽고 고요함 속에서 자신을 잊으려 할 뿐이다."[15]

피정을 통해 내가 얻은 것은, 나의 '집중력'이 새로워졌다는 점이다. 「나니아 연대기」를 읽으면서, 태평양의 광대한 푸른 바다가 내려다보이는 산을 사자 아슬란과 함께 거닐면서 나는 아슬란에게 더욱 더 집중하게 되었다. 이야기 속에서 아슬란이 그의 학생들과 친밀하듯이, 나는 선생인 아슬란이 매우 가깝고 매우 분명히 느껴졌다. 내가 많은 말을 하지 않으니 마치 그가 하는 말이 들리는 듯했다. 그 주에 내가 들은 말이라고는 수도사들이 읽는 성경과 기도문밖에 없었다. 그러자 내가 소란한 사회에서 들은 다른 모든 말들이 가라앉기 시작했다.

속도를 늦추고 듣는 과정에서 산책은 큰 부분을 차지했다. 산책을 하려면 시간이 걸리고, 산책을 할 때 우리는 마일리지가 백만 마일이 넘는 항공사 고객처럼 세상 위로 휙 지나쳐 가는 대신에 여행하는 세상을 실제로 볼 수 있다. 또한 산책할 때-특히 우리가 보는 것이 너무나도 아름다워서 멈춰서 "와!" 하며 감탄할 수밖에 없을 때—우리는 우리의 숨과 몸, 건강, 감정과 다시 접촉하게 된다.

나로서는 대선 예비선거 기간 중에 인터넷과 신문, 라디오, 텔레비전을 끊는다는 것이 특히 어려웠다. 산을 내려와 뉴햄프셔 주 예비선거 결과를 알아보려는 유혹에 저항하는 것이 중요했다. 그러나 궁극적으로 지금과 같은 시대에 모든 정치적 '결과'에 가장 잘 대응하는 법을 배우기 위해 나는 잠시 고요한 시간을 보낼 필요가 있었다.

우리는 우리의 스케줄과 결과, 다른 사람들이 우리에 대해, 그리고 우리가 우리 자신에 대해 갖는 기대와 인정에 매우 단단히 얽매어 있다. 긴장을 풀고 매순간을 천천히 살아 보는 것은 우리의 일상생활에서 흔히 경험할 수 없는 영적 훈련이다. 그러므로 피정은 반드시 필요하다.

아내와 아이들이 얼마나 그리웠던지, 나는 내가 수도사가 되라는 부르심을 받지 않았음을 재확인했다. 적어도 나는 그들이 날마다 살아가는 방식대로 살도록 부르심을 받지 않았음이 분명하다. 그러나 남편과 아버지로서, 사회적 예언자의 역할을 수행하고 목회자의 관점을 제시해 달라는 기대를 끊임없이 받는 사람으로서, 나는 어떻게 수도원적 관점이나 관상적 관점이 대단히 바쁜 내 삶 속에서도 꾸준히 드러날 수 있을지를 이제 더 자주 묻고 있다.

나는 이 모든 역할을 수행하는 데 열쇠가 되는 것이 '집중력'이라고 생각한다. 그리고 내가 이런 집중력을 발휘할 수 있게 해주는 가장 중요한 요소는 살아 계신 선생과의 상호작용이다. 신약성경은 우리가 예수님 안에서 바로 이런 상호작용을 경험할 수 있다고 말한다. 그리고 그렇게 함으로써 우리는 그분의 나라가 임하게 하고 그분의 뜻이 "하늘에서 이루어진 것 같이 땅에서도 이루어지"게 한다. 우리 삶의 순례 여정이란, 가장 거대하고 가장 중요한 사회적·정치적 사건에, 우리의 가장 개인적이고 친밀한 인간관계에, 우리가 일상생활 속에서 동료와 이웃, 완전히 낯선 사람들과 나누는 상호작용에 하나님 나라를 적용하는 법을 배워 가는 과정이다. 우리의 선생은 이 모든 것과 관련해 우리를 가르치기 원하신다.

소망

또한 모든 역경에 맞서 우리의 소망을 지켜내기 위해서도 살아 계신 선생과의 관계가 절대적으로 필요하다. 불의한 세상과 냉소적인 문화 속에서 살아가는 우리에게 가장 어려운 과제는, 이 세상을 변화시킬 더 나은 세상에 대한 신념을 굳게 붙잡는 것이다. 날마다 우리는 끔찍한 사건, 오만한 주장, 믿기지 않는 실망과 대면하게 되는데, 그럴 때면 하나님 나라의 약속에 대해 우리가 가지고 있던 모든 신념이 흔들리기 시작한다.

내가 「나니아 연대기」에서 가장 감동적이라고 생각하는 구절은 「은의자」에 등장한다. 우리 세계에서 온 두 아이 질과 스크럽은 나니아로 들어가, 마법의 힘으로 나니아의 젊은 왕자를 납치한 사악한 마녀(다른 나라에서 온 여왕)로부터 왕자를 구출해 오는 임무를 맡는다. 그들은 익살맞은 성격의 보잘것없는 나니아의 피조물인 퍼들글럼에게 안내를 부탁한다.

그들이 왕자를 구출했을 때, 마녀가 돌아와 자신의 능력을 사용해 그들과 맞선다. 그들은 마녀의 마법 가루와 그녀의 왕국 외에는 모든 것을 부인하게 만드는 주문 때문에 모두 무력해진다. 사악한 여왕은 나니아도 아슬란도 없으며, 자신이 지배하는 세상만이 있을 뿐이라고 말한다. 그 순간 그녀는 자신의 권력이 유일한 실재라고 말하면서 자신에게 도전할 수 있는 다른 모든 주장이나 약속의 존재를 부인하는 이 세상의 모든 지배자들을 대변한다.

이 이야기에서 마녀에게 맞서는 인물은 용맹한 왕자나 영웅적인 아이들이 아니라 카리스마 없는 인물인 퍼들글럼이다. 그는 마녀가 마법을 위해 피워 둔, 사악한 향을 피우는 불을 맨발로 끈다. 그런 다음 고통으로 다리를 절면서 마녀에게 다가가 이렇게 말한다.

한마디만 하겠소.…당신이 한 말이 다 맞을 거요.…그래서 나는 당신이 한 말을 하나도 부정하지는 않겠소. 하지만 그렇더라도 한 가지 더 할 말이 있소. 우리가 꿈을 꾸었다고 칩시다. 그 모든 것들, 다시 말해 나무와 풀과 태양과 달과 별과 그리고 아슬란 님까지 모두 꿈이었다고! 혹은 우리가 지어냈다고 가정해 봅시다. 그렇다면 내가 할 수 있는 말은, 지어낸 것들이 내 눈에는 실제 사물보다 훨씬 중요해 보인다는 점이오. 당신의 왕국이라는 이 검은 구덩이가 유일한 세계라고 합시다. 그런데 나한테는 어처구니없는 곳으로밖에 보이지 않으니, 생각해 보면 우스운 일 아니오? 당신이 옳다면 우리는 그저 장난이나 꾸며 대는 철부지 애들에 불과하오. 하지만 장난이나 치는 이 철부지 넷이 만든 가짜 세계가 당신의 진짜 세계보다 나을 수 있다는 거요. 그렇기 때문에 난 가짜 세계 편에 있겠소. 설령 우리를 이끌어 주는 아슬란 님이 존재하지 않는다 해도, 난 아슬란 님 편에 서겠소. 설령 나니아가 존재하지 않는다 해도, 난 나니아인답게 살기 위해 노력하겠단 말이오.[16]

나는 이 구절을 읽다가 산꼭대기에 멈춰 섰다. 그리고 이것이 내 신앙고백이기도 하다는 것을 깨달았다. 나는 예수님의 새로운 질서의 복음을 믿는다. 나는 그 복음이 진짜이며 참이라고 믿는다. 그러나 내 믿음이 시험받는 날들이 있으며, 나에게 의심을 불러일으키는 사건들이 있고, 우리가 가진 유일한 세계는 이미 존재하는 현실 정치의 세계라고—다른 모든 것은 어린이들을 위한 꿈이라고—주장하는 사람들이 지배하는 정치적 현실이 있다.

그럴 때 나는 퍼들글럼과 함께 우리의 꿈이 그들의 현실보다 더 가치 있고, 우리의 꿈이 그들이 우리로 하여금 만족하게 만들려는 현실보다 더 낫다고 말해야만 한다. 때로는 그 꿈을 계속해서 믿는 게 어렵다. 어떤 날에는 그 꿈이 정말 참인지 의심할지도 모른다. 하지만 그 꿈이 정말 참인지 의심스러운 생각이 드는 날에도 그 꿈을 믿겠다고 결심할 때, 우리는 그 꿈의 소망을 지켜

낼 수 있다. 그리고 그 꿈을 따라 살아가는 것이—심지어 그것이 참인지 확신하지 못하는 날에도—삶을 살아가는 최선의 길이다. 그 꿈을 따라 살겠다고 결심할 때 우리는 그 꿈이 참임을 다시 깨닫는 그날이 올 때까지 계속해서 앞으로 나아갈 힘을 얻는다. 그러기 위해서는 이것을 기억하도록 나를 도와주고 내 옆에서 함께 걸어 줄 선생이 필요하다. 그럴 때 나는 내가 믿는 꿈을 살아낼 영감을 얻을 수 있을 것이다.

그리고 공동선을 위한 우리의 전망을 지켜 내고 만들고 발전시키기 위해서는, 종교적이든 그렇지 않든 이런 영감이 우리 모두에게 필요하다.

다시 현실 세계로

피정을 마치고 집으로 돌아왔을 때 나는 내 주위의 세상이 얼마나 다르게 보이는지를 깨닫고 놀랐다. 특히 우리가 살고 있는 워싱턴 생활이 우리에게 엄청난 스트레스를 가하고 있음을 깨달았다. 돌아온 다음날 나는 아이들을 학교에 데려다 주었다. 사람들의 행동에서 그들의 스트레스가 드러나고 있었는데, 나는 그것을 보통 때보다 훨씬 더 민감하게 느낄 수 있었다. 사람들이 서두르며 서로 밀치고 앞질러 뛰어가는 모습이나 무례한 몸짓과 말로 남을 무시하는 태도를 보통 때보다 더 분명히 볼 수 있었다. 아이러니하게도, 미소를 짓거나 손짓을 하면서 다른 운전자를 나보다 먼저 보내 주는 것만으로도 사람들의 태도와 마음가짐이 바뀌는 듯했다.

학교에 아이들을 데려다 준 다음 나는 예약해 둔 진료를 받기 위해 병원으로 향했다. 이번에도 역시 환자와 병원 직원들이 표출하는 스트레스를 분명히 느낄 수 있었다. 주차장에서 건물 안으로 느릿느릿 걸어 들어오는 연로한 두 여자 분을 위해 승강기를 잡아 주는 것만으로도 그들의 아침나절 전부가 바뀐 듯했다. 직원들에게 내가 무엇이 필요한지를 이야기하기 전에 먼저 안부를 묻는 인사를 건네는 것만으로도 그들의 눈에 생기가 도는 듯했고, 그들은 진심으로 감사한 표정이었다.

사소한 몸짓 하나가 한순간에 그 모든 변화를 일으키는 것을 보면서, 나는 우리 모두가 얼마나 이런 일상적인 스트레스에 사로잡혀 있는지 깨달았다. 그리고 '현실 세계'로 돌아와 며칠만 보내고 나면 나 역시 그런 스트레스 속에서 살아가게 될 것임을 깨달았다. 나는 수도원에서 여섯 달이 아니라 고작 이레를 보낸 후에 이런 문화 충격을 경험했다! 하지만 겨우 일주일 만에 워싱턴의 평범한 일상이 너무나도 다르게 보인다는 사실이 놀라울 뿐이었다.

여기에서 '현실' 세계란 무엇인가라는 물음이 중요하다. 예수님은 하나님 나라가 현실 세계이며, 그 현실이 이 세상을 변화시키려 한다고 말씀하신다. 아슬란은 나니아가 그저 마법이 아니라 진짜 세계라고 말한다. 그리고 그 선생은 우리 곁에 살아 계시며, 우리가 이 세상 속에서 하나님 나라의 백성으로 살도록 그리고 그렇게 함으로써 이 세상을 변화시킬 수 있도록 도우신다. 가장 중요한 것은, 우리가 이 선생을 신뢰하고 그분과 연결되어 소통하는 것이다. 그리고 이 관계가 지닌 강력한 힘은, 우리가 보수적인 교회에 속해 있든 진보적인 교회에 속해 있든 혹은 교회에 전혀 속하지 않든, 우리 모두를 변화시킨다.

3

예수님은 누구신가, 그리고 그것은 왜 중요한가

귀하신 주여, 손 잡고 인도해 주소서.
- 토머스 도시의 복음성가[1)]

예수님은 단지 우리의 영혼만을 구하기 위해 오신 분이 아니다. 내가 어려서 배웠던 예수님은 내가 나중에 어린 시절을 보낸 교회를 떠난 후 여러 해가 지나서 만난 예수님과는 사뭇 달랐다. 우리 부모님이 개척을 도왔던 그 교회에서 우리는 성경을 무척이나 사랑했지만 신약성경의 핵심 메시지, 예수님이 '하나님 나라'라고 부르신 메시지를 놓치고 있었다. 예수님의 **하나님 나라 복음**은 어려서 내가 배운 복음, 이 책에서 내가 **속죄만 다루는 복음**이라고 부르는 것 - 주로 어떻게 천국에 갈 수 있는지에 대해 이야기하고 새로운 질서의 도래와 그것이 세상과 나를 어떻게 변화시키는지에 대해서는 이야기하지 않는 메시지 - 보다 훨씬 더 크다.

문제는 '예수님이 왜 오셨는가?'이다. 물론 그리스도인들에게 이 물음에 대한 답은 근본적으로 중요하다. 하지만 미국과 세계에서 가장 큰 종교의 참된 의미를 이해하고 싶어 하는 모든 사람들 역시 이 문제에 큰 관심을 가지고 있을 것이다. 우리는 그 의미를 바르게 이해하고 있는가? 만약 그렇지 않다면 그것은 어떤 결과를 초래할까? 그리고 더 중요하게는, 만일 우리가 바르게 이해한다면 과연 어떤 일이 일어날까?

예수님이 왜 오셨는지를 묻고자 한다면, 그분 스스로 무슨 말씀을 하셨는지, 신약성경이 무슨 말을 하는지 살펴보는 것이 마땅하다. 그러니 거기서부터 시작해 보자. 또한 신앙은 언제나 우리 각자의 이야기와 밀접한 관계가 있으므로, 예수님이 왜 오셨는가 하는 물음과 관련해 내 이야기도 해볼 것이다.

예수님은 왜 오셨는가

예수께서 그 자라나신 곳 나사렛에 이르사 안식일에 늘 하시던 대로 회당에 들어가사 성경을 읽으려고 서시매 선지자 이사야의 글을 드리거늘 책을 펴서 이렇게 기록된 데를 찾으시니 곧

주의 성령이 내게 임하셨으니
    이는 가난한 자에게 복음을 전하게 하시려고
    내게 기름을 부으시고
나를 보내사 포로 된 자에게 자유를,

눈 먼 자에게 다시 보게 함을 전파하며

눌린 자를 자유롭게 하고

주의 은혜의 해를 전파하게 하려 하심이라 하였더라(눅 4:16-19).

흑암에 앉은 백성이

  큰 빛을 보았고

사망의 땅과 그늘에 앉은 자들에게

  빛이 비치었도다 하였느니라.

이때부터 예수께서 비로소 전파하여 이르시되, "회개하라. 천국이 가까이 왔느니라" 하시더라.

  갈릴리 해변에 다니시다가 두 형제 곧 베드로라 하는 시몬과 그의 형제 안드레가 바다에 그물 던지는 것을 보시니, 그들은 어부라. 말씀하시되, "나를 따라오라. 내가 너희를 사람을 낚는 어부가 되게 하리라" 하시니, 그들이 곧 그물을 버려두고 예수를 따르니라(마 4:16-20).

예수께서 무리를 보시고 산에 올라가 앉으시니 제자들이 나아온지라. 입을 열어 가르쳐 이르시되,

  "심령이 가난한 자는 복이 있나니 천국이 그들의 것임이요

  애통하는 자는 복이 있나니 그들이 위로를 받을 것임이요

  온유한 자는 복이 있나니 그들이 땅을 기업으로 받을 것임이요

의에 주리고 목마른 자는 복이 있나니 그들이 배부를 것임이요

긍휼히 여기는 자는 복이 있나니 그들이 긍휼히 여김을 받을 것임이요

마음이 청결한 자는 복이 있나니 그들이 하나님을 볼 것임이요

화평하게 하는 자는 복이 있나니 그들이 하나님의 아들이라 일컬음을 받을 것임이요

의를 위하여 박해를 받은 자는 복이 있나니 천국이 그들의 것임이라.

나로 말미암아 너희를 욕하고 박해하고 거짓으로 너희를 거슬러 모든 악한 말을 할 때에는 너희에게 복이 있나니, 기뻐하고 즐거워하라. 하늘에서 너희의 상이 큼이라. 너희 전에 있던 선지자들도 이같이 박해하였느니라"(마 5:1-12).

이것은 예수님이 사역을 시작하시면서 하신 말씀이다. 누가복음 4장에 기록된 것처럼, 예수님은 성전에서 이사야 61장 본문을 택하여 읽으심으로써 자신의 사명을 선언하셨다. 이것은 그분의 입에서 나온 최초의 공적 진술, 최초의 설교, 최초의 공식 활동, 그분의 사명 선언문이다. 나는 언제나 이 본문을 '나사렛 선언'이라고 불러 왔다. 정의가 그분 사명의 핵심이었음은 매우 분명하다. 그분은 "가난한 자에게 복음을 전하러" 오셨다. 여기서 예수님이 사용하시는 '복음'이라는 말의 그리스어 어근은 '복음화하다'(evangelize)나 '복음적'(evangelical)이라는 말의 어원이기도 한 **유앙겔**(*evangel*)이다. 예수님의 운동은 **복음의 선포**에 기초해야 한다.

의심할 나위 없이 예수님의 복음은 언제나 가난한 사람들에게 좋은 소식이었다. 그러므로 우리가 전하는 복음이 가난하고 약한 사람들에게 좋은 소식이 아니라면, 그것은 예수님이 사역을 시작하시면서 자신이 온 목적을 선포하신 말씀에 미치지 못하고 있음이 분명한 것이다. 다시 말해서, 가난한 사람들에게 좋은 소식이 아닌 복음은 예수 그리스도의 복음이 아니다.

억압당하고 예속당한 사람들에게 주어진 정의와 자유의 약속이 예수님의 사명을 밝힌 나사렛 선언의 핵심이다. 사로잡힌 사람이라면 누구나 이 약속을 환영할 것이며, 불의 아래서 고통당하는 모든 사람이 이를 반길 것이다. 예수님의 다음 사역을 통해 알 수 있듯이, 눈먼 자를 다시 보게 한다는 약속은 문자적 의미와 영적 의미를 모두 가지고 있다.

복음주의 신학자 스캇 맥나이트(Scot McKnight)는 이렇게 말한다. "예수님은 자신이 가난한 사람들에게 복음을 선포하고, 포로 된 사람들에게 자유를 선포하고, 눈먼 사람들을 다시 보게 하고, 억눌린 사람들을 자유롭게 하도록 하나님께 기름 부으심을 받았다고 생각하셨다. **이것이 바로 그분이 오신 목적이었다.** 이것이 그분의 말씀이다. 그분은 해야 할 일의 목록을 이사야서에서 찾으셨다. 예수님은 이사야가 예언했던 일들을 하실 것이라고 말씀하신다. 그것이 그분의 사명이다."[2]

누가복음 4장과 마찬가지로 마태복음 4장은 예수님의 사역 초기를 다룬다. 이 부분은 그분의 공적인 삶의 출발점이기 때문에, 그분이 처음에 어떤 일을 하셨는지가 대단히 중요하다. 이 본문은 어둠 속에서 살던 사람들이 큰 빛을 보게 될 것이라는 이사야서의 예언을 다시 한 번 인용한다.

예수님이 맨 처음 하신 일은, 그분의 오심이 말 그대로 **하늘 나라** 혹은 하나님 나라라고 하는 새로운 질서의 시작임을 선포하는 것이었다. 예수님은 처음부터 세상을 변화시킬 작정이었던, 완전히 새로운 삶의 방식을 알리는 전령이셨다. 그리고 그분은 사람들을 향해 그들 자신의 삶에서부터 시작해 모든 것을 바꾸는 이 변화에 동참하라고 촉구하셨다.

여기서 '회개'에 해당하는 그리스어 단어 메타노에이테(*metanoeite*)는 '죄책감'이나 '미안함'을 느끼다가 아니라 '돌아서다'라는 뜻을 지닌다. 예수님은 "돌아서라. 하나님의 나라가 가까이에 왔다"고 말씀하신다. 새로운 질서가 침투해 들어오고 있으며, 이제 완전히 새로운 방향으로 나아갈 때다.

성경은 우리가 하나님을 떠나 잘못된 길에 들어서서 잘못된 방향으로 나아가고 있다고 말한다. 성성은 우리 스스로 정한 길을 가리켜 죄와 어둠, 맹목, 아둔함, 잠, 굳은 마음 속에서 걷는 것과 같다고 말한다. 회개한다는 것은 방향을 완전히 바꾸어 새로운 길로 나아간다는 뜻이다. 그리고 신약성경 전체에서 하나님 나라는 복음 이야기의 핵심 주제다.

새로운 질서의 침투를 선포하신 후 예수님은 곧바로 자신을 따를 사람들을 부르기 시작하신다. 그러므로 이 새로운 질서, 이 새로운 삶의 방식에서는 **개인의 회심**도 핵심적인 중요성을 갖는다. 실제로 가장 초기에 그리스도인들을 지칭하는 말은 '그 길의 사람들'이었다. 그리고 예수님과 그분의 새로운 질서에 동참하도록—그 질서에 의해 완전히 변화되고, 이후에 (또 다른 제자인) 요한이 자신의 복음서에서 '거듭남'(요 3:3-8)이라고 말할 정도로 근원적인 변화를 경험하도록—초대를 받은 첫 번째 사람들은 오늘날로 치면 노동자 계급에 해당하는 이 평범한 어부들이었다.

인간 실존의 어떠한 차원—개인적·영적·사회적·경제적·정치적—도 이 전면적인 변화로부터 안전하지 않다. 모든 것이 변해야 한다. 우리는 우리의 삶과 우리의 충성을 하나님 나라에 바칠 것인지 선택해야 한다. 그리고 그런 선택을 하기 위해서는 반드시 회심이 필요하다.

이것은 한 사람의 삶을 그저 고양시켜 주기 위한 개인적인 영성이나 사적인 경건에 덧붙이는 부가물이 아니다. 이 갈릴리 사람들은 다른 모든 것을 버리고 예수님을 따르라는 부르심을 받았으며, 복음서는 부르심을 받은 사람들이 '그물', 즉 이전의 삶의 방식과 전에 그들이 하던 일과 직업을 버리고 예수님을 따랐다고 말한다. 새로운 질서가 도래했다. 그 질서에 동참하기 원한다면 우리는 그 질서를 이끌고 오신 분께 회심해야만 한다.

새로운 질서의 대헌장

예수님의 가르침에 응답하는 사람들이 점점 더 많아지기 시작할 무렵, 그분은 언덕으로 올라가셨다. 제자들은 그분을 따라갔으며, 그분은 그들에게 이 새로운 질서의 의미에 관해 가르치기 시작하셨다. 팔복과 산상수훈은 하나님 나라의 대헌장이자 이 왕국의 헌법이다. 이것은 새로운 시대를 살아가기 위해 필요한 **지침서다**.

실제로 초대 교회는 팔복과 산상수훈을 가지고 새로 회심한 이들에게 예수님을 따르고 그분의 나라로 들어가는 것이 무엇을 뜻하는지를 가르쳤다. 이것은 교회에서 가르치는 가장 기본 교과목이자 교리문답, 말하자면 복음 개론이었다. 이 급진적인 가르침은 결코 특정한 시대나 시기만을 위한 것이 아니다. 바로 지금 여기서, 바로 지금 우리의 삶을 묘사하고 규정하기 위한 것이다. 그렇다, 하나님 나라가 도래했다. 그렇다, 이 나라는 장차 역사 속에서 성취되어야 한다. 그러므로 이 나라는 '이미' 도래했지만 '아직' 성취되지 않은 나라이며, 예수님을 따르는 사람들은 지금 이곳에서 이 새로운 질서의 전조이자 이 질서가 실현되는 공동체로, 이 질서를 위한 촉매제로 살아야 한다.

지금까지 팔복과 산상수훈에 관해 많은 글이 쓰였다. 신자들은 이에 관한 주석을 공부함으로써 영적 유익을 얻을 수 있다.[3] 이 말씀은 하나님 나라를 이해하기 위한 출발점이다. 나는 이 말씀을 이렇게 간략히 요약하고자 한다.

심령이 가난한 자는 복이 있나니 천국이 그들의 것임이요. 산상수훈의 누가복음 병행 본문은 그저 '너희 가난한 자는 복이 있나니'라고 말한다(눅 6:20). 그러므로 마태복음과 누가복음 모두를 받아들인다면 하나님 나라는 물질적 가난함과 영적 가난함으로 고통당하는 이들에게 축복이 될 것이다. (예수님의 '나사렛 선언'에서도 분명히 밝히고 있듯이) 가난한 이들에 대한 육체적 억압은 이 나라에서 자주 다루는 주제가 될 것이다. 그러나 부자들의 영적 가난함도 치유될 것이다. 부유한 교회와 국가에서는 팔복이 물질적으로, 육체적으로 가난한 사람들에 초점을 맞춘다는 사실이 위협적으로, 심지어는 당혹스럽게 느껴지는 경우가 많다. 그러나 우리는 성경의 일관된 명령을 결코 부인할 수 없다. 성경 기자들은 영적 궁핍을 너무 풍요로워서 더 이상 하나님께 의지하지 않은 결과라고 이해하는 경우가 많다. 그러나 마태복음과 누가복음의 메시지는 통전적이다. 예수님은 가난한 사람과 심령이 가난한 사람 모두에게 축복과 치유를 제공하신다.

애통하는 자는 복이 있나니 그들이 위로를 받을 것임이요. 애통하며 세상을 위해 울 수 있는 사람들, 긍휼의 마음으로 다른 이들을 돌보는 사람들은 이 새로운 질서의 도래를 통해 위로를 받을 것이다. 예수님의 새로운 삶의 방식에서 우리가 '공감'이라고 부르는 것은 약점이 아니라 가장 중요한 강점 중 하나다. 물론 나중에 예수님은 제자들에게 이웃을 자신처럼 사랑하는 것이 두 가지 큰 계명 중 하나라고 말씀하실 것이다(마 22:39; 막 12:31; 눅 10:27). 세상의 고통을 느낄 수 있다는 것은 하나님의 마음에 참여한다는 말이다. 인간의 고통에 긍휼의 마음으로 반응하는 태도는 하나님의 백성을 규정하는 특징 중 하나다.

온유한 자는 복이 있나니 그들이 땅을 기업으로 받을 것임이요. 이 나라에서 사랑받을 사람들은 교만한 사람들이 아니라 겸손한 사람들이다. 이 나라는 권력의 논리나 누가 최고인지에 관한 우리의 이해를 거꾸로 뒤집어 놓는다. 마리아의 송가(Magnificat)에서 마리아는 자신의 아들의 탄생이 무엇을 뜻하는지를 두고 기도

하면서 같은 약속을 말한다. "[그가]…교만한 자들을 흩으셨고, 권세 있는 자를 그 위에서 내리치셨으며, 비천한 자를 높이셨고, 주리는 자를 좋은 것으로 배불리셨으며, 부자는 빈손으로 보내셨도다"(눅 1:51-53). 그리고 그분의 나라에서 누가 첫째가 될 것인지 제자들이 묻자, 예수님은 그는 모두를 섬기는 사람이 되어야 한다고 말씀하신다. 겸손은 오늘날의 극도로 경쟁적인 문화와 경제·정치 속에서 가장 평가 절하된 가치 중 하나다.

의에 주리고 목마른 자는 복이 있나니 그들이 배부를 것임이요. 예수님의 새로운 질서의 주된 특징은 '의'를 갈망하는 것이다. 성경에서 '의'라는 말은 '정의'와 같은 의미를 갖는 경우가 많다. 종교가 불의를 은폐하고 심지어 불의로부터 유익을 얻는 경우도 많았지만, 하나님 나라의 신앙은 불의를 극복할 것이다. 정의—사회적·경제적·인종적·성적 정의—는 하나님 나라의 핵심 요소다. 하나님 나라를 사랑하는 이들은 정의를 추구하는 동시에 정의를 이루기 위해 노력할 것이다. 그리고 정의를 갈망하는 사람들, 정의에 주리고 목마른 사람들은 자신이 정의를 약속하신 하나님께 속해 있음을 삶으로 보여 줄 것이다.

긍휼히 여기는 자는 복이 있나니 그들이 긍휼히 여김을 받을 것임이요. 긍휼과 용서를 베푸는 사람들은 본보기가 될 것이다. 긍휼히 여김을 받고 싶다면, 혹은 무언가에 대해 용서를 받아야 할 필요가 있다면(솔직히 말해, 그렇지 않은 사람이 어디 있겠는가?) 용서를 받는 유일한 방법은 스스로 용서를 베푸는 것이라고 예수님은 말씀하신다. 엄청난 고통과 폭력의 세상 속에서 상처를 입고 살아가는 우리에게 용서의 윤리를 배우는 일은 대단히 중요하다. 그것은 이 왕국의 핵심 요소다. 너무나도 인간적인 이 세상에서 서로에 대한 우리의 모든 갈등과 죄를 바로잡을 수 있는 방법은 없다. 그러나 '진실과 화해'를 실천함으로써 용서하는 법을 배운 사람들은 하나님 나라의 도래를 예고한다.[4]

마음이 청결한 자는 복이 있나니 그들이 하나님을 볼 것임이요. '마음이 청결하다'는 것은 '정직하다'는 말이다. 이것은 모든 수단을 동원해 진실을 피해 달아나라고 부추기는 문화에서는 정말 찾아보기 힘든 가치다. 우리는 진실성, 정직성, 선량함, 명예라는 내적 자질을 소유한 사람들을 갈망한다. 우리는 그런 사람들을 신뢰하고 싶어 한다. 왜냐하면 우리는 그들을 믿고 의지할 수 있음을 알기 때문이다. 우리 사회에서 자녀들에게 이런 정직함을 가르치는 것보다 더 반문화적인 행동은 없다. 그리고 정직성보다 참된 지도자의 자질을 더 잘 보여 주는 덕목도 없다. 이러한 정직성의 지도력은 오늘날 신뢰를 받을 수 있는 유일한 지도력이다.

화평하게 하는 자는 복이 있나니 그들이 하나님의 아들이라 일컬음을 받을 것임이요. 오늘날 세상 어느 곳에나 갈등이 존재한다. 그리고 폭력은 원한과 분쟁을 해결하는 상습적인 방식이 되고 말았다. 심지어 전쟁에 '찬성'하거나 '반대'하는 입장의 차이조차도 또 다른 대결이 되고 말았다. 우리에게는 그저 모든 폭력에 반대한다고 말하는 **평화를 사랑하는 사람들**이 아니라 그런 파괴적인 방법에 의존하지 않고도 끊임없이 발생하는 불가피한 인간적 갈등을 실제로 해결하는 법을 익힌 **화평케 하는 사람들**이 절실히 필요하다. 우리의 개인적, 정치적 전쟁터에서 갈등 해결이 시급히 필요하다. 그리고 이것이 비극적인 폭력의 악순환을 끊어 내는 유일한 방법이다. 이 새로운 질서에서 평화를 이루는 기술과 태도, 자제력, 용기를 보여 주는 사람들은 '하나님의 자녀'라 일컬어지는 영예를 받을 것이다.

의를 위하여 박해를 받은 자는 복이 있나니 천국이 그들의 것임이라. 박해를 받거나 정의를 위해 목숨을 바치는 사람들은 언제나 특별하고 영예로운 자리를 차지한다. 우리는 그들을 영웅으로 기억하고, 우리의 자녀들은 그들을 역할 모델로 우러러 본다. 죽은 후에도 그들의 정신은 계속 살아서 다른 이들로 하여금 그들의 발자취를 따르도록 영감을 줄 것이다. 옳고 정의로운 것을 위해 박해를 받는 사람들은 하나님 나라를 상속받을 것이라고 예수님은 말씀하신다.

나로 말미암아 너희를 욕하고 박해하고 거짓으로 너희를 거슬러 모든 악한 말을 할 때에는 너희에게 복이 있나니 기뻐하고 즐거워하라. 하늘에서 너희의 상이 큼이라. 너희 전에 있던 선지자들도 이같이 박해하였느니라. 이 말씀은 당신이 예수님의 새로운 질서를 따라 살 때 그로 인해 - 이 질서의 가치와 실천 때문에 위협과 도전을 받는다고 느끼는 모든 사람들에 의해 - 박해를 받을 것이라고 가정한다. 당신은 예수님과 그분의 나라 때문에 비방을 당하고 공격을 받고 많은 경우 거짓으로 고발을 당할 수도 있다. 그러나 걱정하지 말라. 성경의 예언자들도 하나님의 말씀을 선포한다는 이유로 박해를 받곤 했다. 오히려 기뻐하고 즐거워하라.

당신의 선하고 세상을 바꾸는 행위에 대해 하나님께서 당신에게 보답해 주실 것이기 때문이다.

마태복음 5, 6, 7장의 나머지 부분은 산상수훈이다. 이 설교는 성경에서 가장 격조 높은 말씀으로서 예수님이 이끌고 오시는 하나님 나라가 어떻게 세상을 뒤엎을 것인지를 보여 준다. 진정으로 이 나라를 따르는 사람들은 "세상의 소금"과 "세상의 빛"이 될 것이다(마 5:13, 14). 예수님은 율법과 예언자를 "폐하러" 오시지 않았고 오히려 "완전하게 하기" 위해 오셨다(마 5:17). 계속해서 그분은 "…을 너희가 들었으나 나는 너희에게 이르노니…"라고 말씀하시면서,[5] 먼저 말씀하신 모든 것을 새롭고 훨씬 더 깊은 차원에서 재해석하신다. 그분은 분노를 살인과 연결하신다. 그분은 도덕적 순결함을 간음, 정욕, 이혼과 같은 개인적인 선택과 연결하신다. 보복에 관해서 그분은 비폭력 저항이라는 혁명적인 행동을 촉구하신다. 그런 다음 우리에게 가장 급진적인 - 우리의 원수를 사랑하라는 - 명령을 주신다.

기도와 헌금을 할 때는 자신의 경건과 자선 행위를 떠벌려서는 안 되며 하나님 앞에서 조용히 해야 한다. 우리의 "보물"을 어디에 투자하는지를 보면 우리의 "마음"이 진정으로 어디에 있는지, 즉 땅에 있는지, 하늘에 있는지를 알 수 있을 것이다(마 6:21). 무엇을 먹고 마실지, 무엇을 입을지, 남에게 어떻게 보일지 너무 걱정하지 말라. 다시 말해서 광고가 전하는 메시지에 일절 신경 쓰지 말라. "공중의 새를 보라:…들의 백합화가 어떻게 자라는가 생각하여 보라"(마 6:26, 28). 그런 것들을 구하지 말고 오직 하나님을 신뢰하고 "먼저 그의 나라를 구하라"(마 6:32-33). 그리고 다음과 같이 예수님이 우리에게 결단을 촉구하신다는 점을 기억하라. "하나님과 재물을 겸하여 섬기지 못하느니라"(마 6:24). 이 가르침을 진지하게 받아들인다면 월가는 말할 것도 없고 대부분의 교회가 완전히 뒤집힐 것이다. 아마도 그렇기 때문에 교회에서조차도 이 가르침을 진지하게 공부하는 경우가 드문 듯하다.

또한 이 설교에서 예수님은 우리도 똑같이 심판받지 않으려면 남을 심판하지 말라고 말씀하신다. 이 가르침을 받아들인다면 우리의 종교 공동체들은 많은 시간과 노력을 아낄 수 있을 것이다. 그런 다음 위선을 경계하는 가장 오싹한 말씀을 대면한다. "어찌하여 형제의 눈 속에 있는 티는 보고 네 눈 속에 있는 들보는 깨닫지 못하느냐?"(마 7:3)

이 설교에는 나중에 '황금률'이라 불리게 된 말씀도 포함되어 있다. "무엇이든지 남에게 대접을 받고자 하는 대로 너희도 남을 대접하라"(마 7:12). 역사상 공공선에 관해서 이보다 더 탁월한 공식은 없는 것 같다.

예수님은 양의 옷을 입은 늑대처럼 우리에게 찾아올 거짓 예언자에 대해 경고하신다. 예수님은 예언자를 자처하는 사람들을 그들이 하는 말이 아니라 그들이 하는 행동과 살아가는 방식을 보고 평가하라고 말씀하신다. 그리고 그분을 "주여!"라고 부르는 사람마다 다 그 나라에 들어가는 것은 아니라고 말씀하신다. 예수님은 멸망에 이르는 넓은 문과 쉬운 길이 있지만, "생명으로 인도하는 문은 좁고 길이 협착하여 찾는 자가 적음이라"고 말씀하신다(마 7:14).

이 설교는 예수님의 말씀에 귀를 기울이지 않는 사람들은 모래 위에 집을 지은 어리석은 사람과 같다는 경고로 끝을 맺는다. 인생의 폭풍이 몰아치면 이들은 날아가 버리고 말 것이다. 그러나 그분은 "누구든지 나의 이 말을 듣고 행하는 자는 그 집을 반석 위에 지은 지혜로운 사람 같으리니, 비가 내리고 창수가 나고 바람이 불어 그 집에 부딪치되 무너지지 아니하나니 이는 주추를 반석 위에 놓은 까닭이요"라고 말씀하신다(마 7:24-25).

물론 산상수훈에는 많은 교회에서 주일 예배 때마다 암송하는 주의 기도도 포함되어 있다. 그러나 우리는 정말로 이 기도에 귀를 기울이고 이 기도를 믿고 진지하게 받아들이고 그 말씀에 따라 정직하게 살아가고 있는가? "나라가 임하시오며 뜻이 하늘에서 이루어진 것 같이 땅에서도 이루어지이다"(마 6:10). 이것이 바로 예수님이 우리에게 기도하라고 가르치신 바다. 그분의 나라가 "하늘에서 이루어진 것 같이 **땅에서도 이루어지**"기를 기도하라고 가르치셨다. 그 말은 지금, 이생에서, 이 세상에서 – 우리의 삶과 가정, 교회, 동네, 국가에서 – 라는 뜻이다.

신학과 관련된 개인적인 이야기

앞에 인용한 성경 본문은 내가 어렸을 때 교회에서 거의 들어 보지 못한 말씀이다. 여기서 언급한 주석과 관련해서도 내가 들었던 설교나 주일학교 성경공부에서 하다못해 모호하게라도 논의된 적이 없었다. 20세기 후반 미국의 많은 그리스도인들이 똑같은 이야기를 했다는 사실은 우리 교회의 역사 안에 대단히 심각한 신학적·영적 위기가 존재했음을 말해 준다. 하나님 나라가 신약성경의 핵심 주제임에도 불구하고 우리가 자란 교회에서는 결코 이를 핵심 주제로 삼지 않았다. 그 대신 보수적인 우리 교회에서는 **하나님 나라 복음**을 속죄만 다루는 **복음**으로 대체했다.

나 자신의 이야기를 가지고 이 비극적인 상황을 설명해 보겠다.

신학교를 졸업한 후 40년 만에 나는 "사회 정의가 복음과 교회의 선교의 본질적인 요소인가?"라는 물음에 관한 토론에 참여하기 위해 모교를 찾았다.[6] 트리니티복음주의신학교(Trinity Evangelical Divinity School)는 대단히 '복음적인' 학교이며, 다른 많은 복음주의 기관들처럼 과거의 실수를 고치려 노력하고 있다.

우리가 발행하는 "소저너스" 잡지와 그 운동이 시작된 이곳을 다시 찾는 일은 특별한 경험이었다. 아직 젊은 신학생들이었을 때 우리가 바로 이 문제, 즉 사회 정의와 교회의 선교에 관해 고민했던 그 시절의 기억을 나는 지금도 소중히 간직하고 있다. 청중이 가득 들어찬 예배당을 바라보면서 나는 지난 10년간의 트리니티 토론(Trinity Debate) 중에서 가장 많은 수의 청중이 참석했다는 말을 들었다.

나는 한 신학교의 총장이기도 한 남침례교총회(Southern Baptist Convention)의 지도자와 토론을 벌였다. 나는 정의가 복음을 이루는 **필수 요소**라는 데 찬성하는 입장이었고, 그는 반대하는 입장이었다. 앨버트 몰러(Albert Mohler) 박사는 사회 정의가 중요하지만 '복음'이란 우리를 죄에서 구원해 우리 영혼을 천국으로 이끄는,

그리스도 안에서 이루어진 속죄라고 주장했다. 대단히 정중하고 서로를 존중하는 대화였다. 앨과 나는 서로를 알고 있었으며, 두 사람 모두 우리 문화와 정치에 만연한 토론 태도와는 다른 종류의 토론을 보여 주고 싶어 했기 때문이다. 그러나 우리는 입장이 달랐고, 이 차이는 교회의 미래에 대한 전혀 다른 전망과도 직결되어 있다. 근원적인 물음은 '복음이란 무엇인가?'이다.

나는 앞에서 논한 것처럼, 마태복음 4장과 누가복음 4장에 있는 예수님의 첫 선언에 담긴 '하나님 나라의 복음'에 관해 이야기한 다음, 마태복음 5, 6, 7장의 산상수훈이 제시하는 그 나라의 의미에 관해 이야기했다. 나는 트리니티 토론의 주제인 이 물음에 대한 대답과 관련해 예수님의 말씀은 대단히 분명하다고 믿는다.

몰러 박사는 정의를 추구하라는 성경의 명령과 관련해서 내가 한 모든 말에 동의하지만, 그것은 복음의 **함의**일 뿐 복음 자체는 아니라고 말했다. 복음은 바울 서신에서 설명하는 대속적 속죄와 개인의 구속이라는 문제만 다룬다고 그는 말했다.

나는 이신칭의에 관한 바울의 가르침은 예수님의 하나님 나라 복음과 전적으로 일맥상통하며 그것을 보충한다고 생각한다. 하지만 나는 바울에 비추어 예수님을 해석하지 말고 예수님에 비추어 바울을 해석해야 한다는 바울 자신의 말에 동의한다. 따라서 나에게 '사회 정의'는 복음—개인 구원과 사회 변혁 모두를 포함하는 통전적 메시지—의 필수 요소다. 이것은 속죄만 다루는 복음이 아니라 하나님 나라의 복음이다. 전자에서는 예수님이 그 모든 가르침과 비유, 치유 사역으로 자신의 공생애 3년을 허비하신 것처럼 보일 정도다. 그분은 우리의 죄를 위해 대속 제물이 되기 위해 곧장 십자가로 가시기만 해도 됐다. 만일 그렇다면 왜 굳이 이 세상에 대해 걱정하셨을까? 왜 그저 천국에 초점을 맞추지 않으셨을까?

홍인과 황인, 흑인과 백인, 그분 보시기에는 모두가 소중하다
나는 트리니티의 젊은 신학생들에게 내가 다녔던 복음주의 교회의 '속죄만 다루는 복음'에 관해 이야기했다. 나와 같은 세대의 복음주의자들은 내가 자라며 배운 것, 내가 신학교를 다닐 때 매우 두드러진 흐름이었던 것과 다른 무언가를 찾고 있었다고 생각한다.

나는 어느 주일 저녁 예배당 맨 앞줄에 앉아 교회에서 초청한 부흥사의 설교를 듣던 때를 지금도 생생히 기억한다. '구원받지 못한' 아이들은 모두 그 자리에 있어야 했기 때문에 나는 거기 있었다. 부모님은 내가 아직 '구원받지' 못했음을 걱정하셨다. 그때 나는 여섯 살이었다.

부흥사가 "만일 오늘밤에 그리스도가 재림하신다면, 너의 엄마 아빠는 천국에 가겠지만 **너는 혼자** 남게 될 거야"라고 말했을 때, 나는 그 무서운 전도자가 바로 나를 향해 손가락질을 하고 있는 것처럼 느껴졌다. 행여나 그런 일이 일어난다면 큰일이라고 생각했다. 나는 겨우 여섯 살이었고 책임져야 할 다섯 살짜리 여동생까지 있었다. 엄마는 문제를 잘 해결하시는 분이셨기에 나는 엄마를 찾아갔다. 그분의 방식대로 엄마는 나에게 하나님의 진노에 관해 이야기하지 않으셨고, 하나님이 나를 사랑하시며 내가 그분의 자녀가 되기를 원하신다고 말씀하셨다.

그 말은 내게 좋은 말처럼 들렸고, 그래서 나는 그 말을 받아들여야겠다고 생각했다. 그다지 깊이는 없었지만 여섯 살짜리 아이에게는 그것으로 충분했다. 여덟 살에 '성인 세례'를 받은 후 나는 평범한 복음주의 교회의 순례 여정을 거쳤다. 주일마다 하루 종일 교회에서 시간을 보냈고, 주일학교와 여름성경학교, 여름 성경캠프, 마지막으로 중고등부까지 착실하게 다녔다. 나는 성경구절을 빨리 찾아 큰 소리로 읽는 '말씀의 검 훈련' 대회에서 발군의 실력을 발휘했다. 그리고 주일 밤이면 나는 저녁예배 전에 모이는 남성 기도회에 참석하는 최연소 교인이었다. 덕분에 많은 사람들이 내 어깨를 두드리며 장차 영적 지도자가 될 거라고 격려해 주었다.

그러나 십대가 되자 다른 물음들이 내 안에서 자라기 시작했다. 대개 그것은 나의 외부에서, 디트로이트 시의 교회 밖에서 일어나는 일과 관련된 물음이었다. 나의 고향인 자동차 도시(디트로이트 시의 별칭-옮긴이)는 인종적으로 완전히 분리되고 분열된 곳으로 긴장이 고조되고 있었다. 어렸을 때 우리는 주일학교에서 이런 노래를 배웠다. "예수님은 어린아이들을, 세상의 모든 아이들을 사랑하세요. 홍인과 황인, 흑인과 백인, 그분 보시기에는 모두가 소중해요. 예수님은 세상의 어린아이들을 사랑하세요."

하지만 우리 눈에 보이는 아이들은 백인 아이들뿐이었다. 시내를 지나다가 우연히 마주칠 때 말고는 흑인을 전혀 본 적이 없었다. 흑인을 마주치고 나면 할머니는 우리에게 손을 씻으라고 말씀하시곤 했다. 나는 디트로이트 시에 흑인 교회가 있다는 말을 들었지만, 우리는 한 번도 그곳을 찾아가지 않았고 그들에 관해 아는 것도 거의 없었다. 교인 모두가 백인이던 우리 교회는 흑인 설교자나 흑인 찬양대를 초청한 적이 한 번도 없었다.

우리는 오래전 영국 성공회를 탈퇴한 후 미국으로 건너온 작은 복음주의 교단인 플리머스 형제단(Plymouth Brethren)이라고 불리는 교회였다. 우리는 대부분의 다른 교회들이 참된 기독교 교회가 아니라고 믿었으며, 우리와 가장 가까운 교회는 아마도 침례교회라고 생각했다. 플리머스 형제단에는 안수 받은 목회자가 없었고 평신도가 지도자와 설교자 역할을 맡았다.

나의 아버지는 우리 교회의 수석 '장로'이자 목사였다. 그분은 디트로이트 시의 에디슨 사에서 엔지니어이자 임원으로 일하셨지만, 우리가 출근과 등교를 위해 잠에서 깨기 전에 아침 일찍 일어나 성경을 읽고 공부하셨다. 나의 어머니 — 만약 모든 사람을 돌보는 것이 목사의 역할이라고 본다면 진정한 목사였던 — 는 여자였기 때문에 공식적인 교회 지도자의 역할을 맡으실 수 없었다. (하지만 어머니의 추모예배는 우리 교회 역사상 최대 규모의 행사였으며, 그에 필적한 만한 행사는 몇 년 후에 있었던 나의 아버지의 추모예배뿐이었다.)

나는 디트로이트 시에 흑인 플리머스 형제단 교회들이 있다는 사실을 알게 되었다. 하지만 그들에 대해서는 어떠한 이야기도 듣지 못했다. 그들과 우리는 같은 예수님을 사랑했고, 같은 성경을 읽었으며, 같은 찬송가를 불렀다(우리가 그들처럼 잘 부르지는 못했지만)

그들은 우리에 대해 알고 있었으나, 우리는 그들에 대해 알지 못했다.

나는 내가 듣고 읽는 것에 관해 질문하기 시작했다. 왜 디트로이트 시에는 굶주린 사람들이 있는가? 왜 이토록 많은 흑인들이 가난하게 살고 있는가? 왜 이토록 많은 흑인들이 교도소에 있는가? 왜 우리는 이토록 서로 분리되어 있는가? 왜 우리는 흑인 그리스도인들을 전혀 알지 못하고 그들의 교회를 방문하지도 않고 우리 교회에 그들을 초대하지도 않는가? 그리고 킹이라는 이름의 남부의 목회자는 어떤 사람인가? 그는 무엇을 위해 싸우고 있는가?

젊은이들이 제기하는 질문들이 흔히 그렇듯이, 이런 질문들이 문제를 일으켰다. 아무도 이런 물음에 대답하고 싶어 하지 않았고 대답할 수도 없었다. 당시 우리는 교외의 백인 거주지에 살고 있었으며, 나는 가능할 때면 혼자서 시내로 들어가기 시작했다. 마침내 나는 흑인 그리스도인들과 교회를 만나게 되었으며, 그들은 나를 받아들이고 나의 물음에 대답하기 시작했다. 그 후에 나는 대학 등록금을 마련하기 위해 시내에서 일하기 시작했다. 함께 일하던 젊은 흑인들은 급료를 받아 가족을 부양하고 있었다. 여느 젊은이들처럼 우리는 삶에 관해 서로 이야기를 나누기 시작했다. 그러면서 나는 비록 우리가 같은 도시에서 살고는 있지만 서로 다른 나라에서 태어나고 자랐음을 이해하기 시작했다.

나는 내가 살고 있는 도시와 나라가 뭔가 대단히 잘못되었다는 것을 깨달았다. 그래서 나는 교회 장로들을 향해 교회 회의를 열어 이 문제를 토론해 달라고 촉구했으며, 오랜 시간이 지난 후에 그들은 마침내 동의했다. 장로들은 나에게 흑인들 '편'을 들라고 했으며, 교회의 몇몇 장로에게는 현재의 상태를 옹호하는 입장을 취하게 했다. 나는 열심히 공부하고, 많은 사실을 배우고, 관련이 있어 보이는 성경 말씀을 읽었다. 하지만 그것은 중요하지 않았다. 교회 회의는 제대로 진행되지 않았으며, 다수 의견은 '우리' 모두가 그래왔듯이 흑인들도 '남의 도움을 받지 않고 자립해야' 한다는 것이었다. 내 기억에 가장 또렷하게 남아 있는 물음은 "당신은 정말로 당신의 여동생이 흑인과 결혼하기를 원하는가?"였다. 나 말고는 그 누구도 성경을 언급하지 않았으며, 내가 성경을 인용했을 때도 별로 신경을 쓰지 않았다.

결국 교회의 장로 한 사람이 나중에 나를 따로 불러서 이렇게 말했다. "이봐, 자네는 기독교와 인종주의가 아무 상관이 없다는 것을 이해해야 해. 그건 정치적인 것이고, 우리의 신앙은 개인적인 것이야." 나는 그날 밤 그 교회를 떠났다고ㅡ적어도 내 머리와 마음으로는ㅡ생각한다. 그리고 얼마 후 대학교에 입학하면서 내 어린 시절 신앙과 교회로부터 멀어졌다. 나는 내 세대의 흑인 민권 운동과 학생 운동을 나의 새로운 고향으로 삼았다. 예전에 내가 다니던 교회 교인들은 자신들이 '정치적'이지 않다고 말했지만, 그들 대부분은 흑인민권 운동과 마틴 루터 킹 박사 같은 목회자들에 반대했다.

말하자면 이런 일이 일어난 셈이다. 한 젊은 그리스도인이 자신과 자신의 나라, 자신의 교회를 둘러싸고 있던 정의와 불의라는 중대한 도덕적 문제를 서서히 깨닫게 된 것이다. 그는 이런 문제에 자신의 신앙을 적용해 보려고 했지만 교회가 이를 가로막았다. 그는 자신의 신앙 **때문에** 세상을 변화시키기 원했다. 그러나 교회는 그에게 신앙의 목적은 세상을 바꾸는 것이 아니라 **우리를** 바꾸고 천국에 가게 하는 것이라고 말했다.

여러 해가 지나 다시 신앙으로 돌아온 후 이 모든 일을 통해 내가 배운 중요한 교훈은 내가 지금도 되풀이해서 이야기하는 메시지다. 즉 **하나님은 인격적이지만 절대로 사적이지 않다.** 나는 우리 모두와 관계를 맺기 원하시며 우리 모두가 세상을 향한 그분의 목적에 동참하기를 원하시는 하나님을 믿는다. 그리고 그 이후로 나는 세상에 대해, 세상이 바뀌어야 할 필요성에 대해 말하기를 거부하는 사적인 복음과 신학을 의심해 왔다.

속죄만 다루는 신학, 즉 개인의 구원과 내세의 삶만을 이야기하는 신학은 플리머스 형제단과 앨버트 몰러의 남침례교회의 신학이었다. 두 교회 모두―나의 교회와 그의 교회 모두―우리 시대의 가장 중요한 도덕적 문제를 놓치고 있었다. 우리는 흑인민권 운동을 놓쳤다. 대부분의 백인 그리스도인 형제자매들이 잘못된 편에 섰다.

교회가 그토록 큰 문제를 그토록 잘못 이해하고 있을 때, 그 신학에 관해 매우 중대한 문제가 제기된다. 우리 교회의 신학은 교회를 백인 인종주의의 공모자로 만들었고, 흑인민권 운동에 반대하게 했으며, 흑인 교회의 형제자매들을 지지하지 않는 태도를 갖게 했다. 이런 엄청난 도덕적 실패 때문에 나와 다른 많은 젊은

이들이 어린 시절의 교회와 신앙으로부터 멀어졌다.

이 토론회에서 몰러 박사는 자신이 속한 남침례교회가 인종 문제에 있어서 실패했으며 흑인민권 운동에서 잘못된 편에 섰음을 인정했다. 또한 나처럼 그 역시 미국에서 흑인 교회의 역할과 지도력을 지지했다. 하지만 그는 복음이 여전히 속죄에 관한 것이며 우리는 복음의 **함의**를 더 분명히 하기 위해 – 그리스도인들로 하여금 일차적으로 개인적 구원을 선포하는 동시에 사회 정의를 위해 노력하는 제자들이 되도록 돕기 위해 – 더욱 더 노력해야 할 필요가 있다고 말했다.

하나님 나라의 복음 대 속죄만 다루는 복음

나는 마태복음과 누가복음을 읽고, 단지 '나와 주님'에 관한 복음이 아니라 세상과 우리를 함께 변화시키기 위해 침투해 들어오는 새로운 질서에 관한 하나님 나라의 복음 – 정의를 아우르는 통전적인 복음 – 을 발견한 후에 비로소 나의 신앙으로 되돌아왔다.

토론을 마친 후 나는 이런 생각이 들었다. 만약 속죄만 다루는 복음을 말하는 미국 교회들 – 나의 플리머스 형제단과 몰러 박사의 남침례교회처럼 – 이 흑인민권 운동에서 잘못된 편에 섰고 아직도 정의의 문제에 관해 소극적인 태도를 취하고 있다면, 단지 그들의 실천만이 아니라 그들의 **신학**도 무언가 잘못된 것일지도 모른다.

속죄만으로 복음을 정의하던 남아프리카공화국의 교회들도 마찬가지였다. 그들 역시 정의에 관해 잘못된 편에 섰으며, 잔인할 정도로 억압적인 인종차별 체제를 지탱하는 보루였다. 미국의 백인 복음주의자들이 마틴 루터 킹 목사에 반대했듯이, 그들도 데즈먼드 투투 대주교와 같은 영감이 넘치는 예언자적 기독교 지도자들을 철저히 반대했다.

반대로 미국과 남아프리카공화국의 흑인 교회들처럼 정의의 편에 선 교회들은 언제나 정의를 그저 복음의 **함의**가 아니라 복음의 **필수 요소**로 이해했다. 이것은 우리에게 중요한 사실을 말해 준다.

만약 정의가 하나의 함의일 뿐이라면, 그것은 취사선택할 수 있는 요소에 불과할 것이며, 특히 특권을 가진 사람들이 모인 교회에서는 거의 찾아보기 힘든 요소가 되고 말 것이다. 신약성경에서 회심은 두 가지 움직임, 즉 회개와 따름, 신념과 순종, 신앙과 제자도, 개인적 회심과 사회 정의를 통해 일어난다. 이 모두가 하나님 나라로의 회심이라는 성경적 전망을 구성하는 필수 요소다.

속죄만 다루는 신학과 그런 신학을 추종하는 사람들은 하나님 나라의 핵심에 해당하는 정의의 전망을 놓칠 심각한 위험에 처해 있다. 그들의 복음은 너무 작고, 너무 협소하고, 너무 이분법적이며, 궁극적으로 너무 사적이다. 그리고 결국 (우리 복음주의자들이 흔히 하는 말처럼) **성경적**이지 않다.

결론적으로, 세상을 바꾸기 위해 노력하지 않고 개인에게만 초점을 맞추는 복음의 메시지는 세상이 바뀔 **필요**가 없는 사람들에게만 유효하다. 따라서 그런 복음은 너무 백인적이고, 너무 특권적이고, 너무 남성중심적이고, 너무 미국적인 복음이 되고 만다.

오늘날 전 세계 복음주의 운동 진영에 속한 많은 사람들이 속죄만 다루는 복음을 거부한다. 가장 분명한 예를 지구의 남반구(global south: 아시아, 아프리카, 남미 등지의 개발도상국)에서 찾아볼 수 있다. 이곳에서는 '가난한 사람들을 위한 좋은 소식'이 복음의 핵심이 되어야 한다.[7] 전인적인 복음을 주창하는 국제 로잔운동도 그러한 예다. 그리고 가난과 피조물에 대한 돌봄, 평화를 이루기 위한 노력을 복음과 교회의 선교의 필수 요소로 이해하는 미국복음주의협회(National Association of Evangelical)와 세계복음주의연맹(World Evangelical Alliance)도 그러한 예에 속한다.

새로운 세대의 복음주의자들과 모든 신학 전통을 넘어서는 젊은 신자들은 자신과 세상 모두를 변화시킬 수 있는 복음을 찾고 있다. 내가 젊었을 때 그랬듯이 그들 역시 세상에서 일어나고 있는 일들을 바라보며 가슴이 찢어지는 듯한 아픔을 느끼고 이 세상을 변화시키는 일에 헌신하겠다고 나서고 있기 때문이다. 나는 젊은 신자로서 그런 마음을 잘 알고 있으며, 이제는 교회가 나에게 그랬던 것처럼 그들을 가로막지 않기를 바란다. 오히려 우리는 그런 활력과 열정을 환영하고 그들에게 이렇게 말해야 한다. 젊은 형제자매들이여, 와서 그리스도와 그분의 나라를 위해 우리와 함께 세상을 변화시키자.

하나님이 세상을 이처럼 사랑하사

내가 자란 교회에서 놓치고 있던 것은 '세상'이었다. '세속적인' 사람이 되지 말라고 줄기차게 권면할 때 말고는 세상에 관해서 이야기하지 않았다. 아이러니하게도 우리 복음주의 교회에서 가장 유명한 성경 본문은 요한복음 3장 16절이다. 이 구절은 예수님의 말씀이기도 하다. "하나님이 세상을 이처럼 사랑하사 독생자를 주셨으니 이는 그를 믿는 자마다 멸망하지 않고 영생을 얻게 하려 하심이라." 텔레비전으로 중계되는 미식축구 경기를 볼 때면 득점지역 부근에 요한복음 3:16 말씀이 적힌 표지판이 세워져 있는 것을 볼 수 있다. 그리스도인들이 이 구절을 얼마나 좋아하는지를 보여 주는 예다. 내가 처음 암송한 구절이기도 하다.

그러나 우리는 이 구절이 우리가 언젠가 천국에서 "영생"을 누릴 것이라는 확신을 주는 말씀이라고만 이해했다. 그러면서 이 본문의 첫 부분을 놓쳤다. "하나님이 세상을 이처럼 사랑하사." 하나님이 세상을 사랑하신다. 이미 언급한 것처럼, 예수님은 우리에게 이렇게 기도하라고 말씀하셨다. "하늘에 계신 우리 아버지여, 이름이 거룩히 여김을 받으시오며 나라가 임하시오며 뜻이 하늘에서 이루어진 것 같이 땅에서도 이루어지이다"(마 6:9-10). 나는 그리스도가 우리에게 전해 주신 삶이 "영원하다"고 믿지만, 영생은 이 세상, 이 지구, 바로 지금 바로 이곳을 위한 것이기도 하다고 믿는다.

그날 밤 트리니티신학교에 모인 사람들과 나눈 대화를 통해 나는 복음주의 운동이 얼마나 많이 바뀌고 있는지, 나의 모교인 이 신학교가 거의 40년 전 내가 공부를 시작하던 때와 얼마나 많이 달라졌는지를 다시 한 번 실감했다. 오늘날에도 여전히 너무도 많은 교회들이, 회심을 강조하되 그 목적을 잊어버린 사람들과 기독교적 사회 참여를 촉구하되 개인적 회심의 필요성을 잊어버린 사람들 사이에서 비극적으로 분열되어 있다. 이제는 복음주의 교회와 자유주의 교회 양쪽의 신학생과 목회자들이 이를 바로잡아야 할 때다. 그리고 새로운 세대는 이 일을 도울 수 있다.

신약의 서신서와 초대 교회가 십자가에서 일어난 일을 묘사한 방식이 하나님 나라의 실체와 의미를 기피하는 협소한 가르침으로 축소되어서는 안 된다. 우리 모두가 고통스럽게 경험하고 목도하고 있듯이 인간의 죄는 대단히 실제적이다. 우리의 이기적인 죄가 하나님으로부터, 다른 사람들로부터, 심지어는 피조물 자체로부터 우리를 분리시켰다. 그리고 그 결과는 죄책이라는 현실과 지금도 우리에게 영향을 미치고 있는 영적 죽음이다. 그러나 예수님은 우리를 다시 생명으로 이끄시기 위해 오셨다!

만물의 창조주께서, 사랑하시는 하나님과 나머지 인류, 자연 질서에 대해 인간이 저지른 모든 죄를 담당하고 그 죄를 용서하시기 위해 자신의 독생자를 희생 제물로 내어 주기로 결정하셨다. 이것은 역사상 가장 믿을 수 없을 정도로 놀랍고 강력한 이야기다. 그러나 우리의 거대한 죄의 빚이 어떻게 극복되었는가는 신약성경에서 신앙의 신비라고 부르는 것의 일부다. 나의 친구 목사인 밥 스미스가 베델 성경공부에서 '구주 예수'를 해설하며 말했듯이, 이것은 "하나님을 꼼꼼한 회계사와 까다로운 경찰관을 합쳐 놓은 인물로 취급하는 법적 거래가 아니다."

신약성경에서 구원의 신비에 관해 내가 가장 끌릴 뿐 아니라 나의 상상력을 가장 크게 자극하는 단어와 이미지는 **화해**다. 고린도후서에서 사도 바울은 "그런즉 누구든지 그리스도 안에 있으면 새로운 피조물이라. 이전 것은 지나갔으니 보라, 새 것이 되었도다. 모든 것이 하나님께로서 났으며 그가 그리스도로 말미암아 우리를 자기와 화목하게 하시고 또 우리에게 화목하게 하는 직분을 주셨으니"라고 말한다(고후 5:17-18). 그리스도 안에서, 깨어지고 갈라진 모든 것이 화해되었다. "그러므로 우리가 그리스도를 대신하여 사신이 되어 하나님이 우리를 통하여 너희를 권면하시는 것 같이 그리스도를 대신하여 간청하노니 너희는 하나님과 화목하라"(고후 5:20). 나는 흑인민권 운동이 한창일 때 남부의 가장 인종주의적인 백인들을 향해 이 말씀을 선포했던 테네시 주 출신의 윌 캠벨 같은 목회자들과 이야기를 나눴다. 윌은 우리 모두가 죄인이며 우리 모두가 예수 그리스도 안에서 하나님과 화목할 수 있다고 말했다.

그러나 이 구원은 결코 사적이기만 한 것이 아니다. 신약성경에서 구원은 개인적인 것으로부터 시작해 우주적인 것으로 확대된다. 하나님과의 소외와 분리로부터, 죄와 죄책의 권세로부터, 영적 죽음으로부터 우리를 구원한다. 하지만 더 나아가 불의와 억압, 포로 상태, 폭력, 두려움으로부터 우리를 구원하기도 한다. 그리고 성경적 관점에서 볼 때 구원은 개인적인 차원을 뛰어넘어 피조물 전체-개인, 관계, 제도, 자연 환경 자체에 이르기까지-를 구속하고 회복하기 위해 하나님이 세상 속에서 일하시는 것을 바라보는 것으로 확장된다.

하나님의 의도는 언제나 이러했으며, 예수 그리스도를 통한 하나님 나라의 도래는 이 역사의 중추적 사건이다. 바울은 구원의 우주적 차원을 이렇게 설명한다.

> 피조물이 고대하는 바는 하나님의 아들들이 나타나는 것이니…피조물도 썩어짐의 종 노릇 한 데서 해방되어 하나님의 자녀들의 영광의 자유에 이르는 것이니라. 피조물이 다 이제까지 함께 탄식하며 함께 고통을 겪고 있는 것을 우리가 아느니라. 그뿐 아니라 또한 우리 곧 성령의 처음 익은 열매를 받은 우리까지도…우리가 소망으로 구원을 얻었으매…(롬 8:19-24).

영적 부흥은 언제나 회심에서부터 시작된다. 그리고 내가 가장 고대하는 부흥은, 개인으로 하여금 회심하게 하고 세상의 변화와 그 시대의 거대한 불의를 극복하는 일에 힘쓰게 하는 부흥이다. 실제로 일부 교회사가들은 영적 '갱신'이 그 시대의 문제를 해결하기 위한 - 회심한 사람들의 마음뿐만 아니라 사회를 변화시키기 위한 - 노력으로 이어지지 **않는 한** 이를 '부흥'이라고 부르지 않는다.

역사적으로 복음 전도자들은 사람들을 신앙으로 초청할 때 '강단 초청'이라는 것을 했다. 이것은 당신의 삶을 그리스도께 바친다는 의미로 강단 앞으로 걸어 나가는 행위를 말한다. 그러나 18, 19세기에 영국과 미국의 부흥 운동에서 행했던 강단 초청의 경우에는 회심한 사람들로 하여금 그 자리에서 노예제 종식을 위한 노예제 폐지 운동에 참여하겠다고 서약하게 했다! 신앙의 갱신은 흑인과 백인 그리스도인으로 하여금 미국과 남아프리카공화국에서 흑인민권 운동과, 인종차별 제도에 맞서는 투쟁에 동참하게 만들었다. 오늘날에는 이러한 신앙적 전망이 젊은 세대의 신자들로 하여금 전 지구적 빈곤과 전염병, 노동 착취, 그리고 성 착취를 목적으로 한 인신매매에 맞서는 운동에 동참하게 하고 있다.

성경과 교회사에서 회심은 언제나 역사적으로 구체적이었다. **우리의 시대나 우리의 문제**와 관련해 복음이 무엇을 뜻하는가는 언제나 핵심적인 문제다. 우리가 **무엇으로부터 돌이켜 무엇을 향하는가**가 복음에 대한 우리의 이해를 결정짓는다.

예수님이 제자들에게 남기신 마지막 말씀을 대위임령이라고 한다. 그 말씀에서 예수님은 제자들에게 그저 "그러므로 너희는 가서 모든 민족을 제자로 삼아…내가 너희에게 분부한 모든 것을 가르쳐 지키게 하라. 볼지어다, 내가 세상 끝 날까지 너희와 항상 함께 있으리라"라고 말씀하신다(마 28:19-20). 우리는 가서 "모든 민족"에게 하나님 나라와 예수님이 우리를 초대하신 새로운 삶의 방식을 가르친다. 우리는 가서 그분이 우리에게 가르쳐 주신 것—팔복과 비유, 교훈 모두—을 가르친다. 그리고 우리가 세상 속으로 들어갈 때 우리의 선생께서 언제나 우리와 함께하실 것이다.

주님, 우리로 하여금 당신을 선대하도록 도우소서

> 주님, 오늘도 주님이 이 줄을 따라 들어오실 것임을
> 우리는 알고 있습니다. 그러니 우리로 하여금
> 당신을 선대하도록 도우소서.
> - 메리 글로버, 워싱턴

만약 예수님이 자신이 말씀하신 바로 그분이라면, 그것은 그리스도인에게뿐만 아니라 공동선에 어떤 의미를 지닐까? 그리고 만약 그분이 이끌고 오신 새로운 질서-하나님 나라-의 우선순위가 세상의 다른 나라들의 우선순위와 전혀 다르다면, 이 새로운 질서는 어떻게 다른 나라들을 변화시키는 데 기여할 수 있을까?

이런 물음에 답하고자 할 때 핵심이 되는 복음서 본문 중 하나가 마태복음 25장이다.

마태복음 25장은 성경에서 가장 도전적인 메시지를 담고 있다고 말할 수 있으며 나를 회심으로 이끈 본문이기도 하다. 대학생 때 이 구절을 읽은 후 나는 다시 예수 그리스도와 그리스도인으로서 나의 신앙으로 되돌아갔다. 이 본문은 정치를 초월하는 말씀이며, 우리 모두를 향해 단순히 자신에게 이익이 되는 것보다 더 큰 무언가를 위해 헌신하라고 촉구하는 말씀이다. 가장 가난하고 가장 약한 이들을 돌볼 것을 강조하는 이 말씀은 우리 자신이 복음에 얼마나 충실한지를 말해 주는 핵심 지표이며, 정치 분야에서 신앙 공동체의 역할을 알려 주는 중추적 원리이기도 하다. 또한 이 말씀은 우리가 신학적·정치적 경계를 초월하여 함께 공동선을 위해 노력할 수 있는 방법을 보여 주기도 한다. 우리는 이 본문에 있는 예수님의 말씀인 "지극히 작은 자 하나"(마 25:40)를 너무도 쉽게 잊어버리는 세상의 모든 지도자들을 시험해 보아야 한다.

　이 장에서 나는 이 본문이 어떻게 전통적인 정치에 도전하고 정치를 변화시키는지, 그리고 정치의 변화에서 신앙 공동체의 역할이 무엇인지에 대해 두 가지 대단히 동시대적이며 중요한 사례를 제시하고자 한다. 매우 중요하고도 희망적인 방식으로 종교 시노사늘이 가장 약한 사람들을 보호하는 일에서 점점 더 일치를 이루고 있으며, 정치 지도자들 역시 이를 알아차리고 소외된 사람들을 보호하는 방향으로 공공 정책을 바꾸고 있다. 이 두 사례는 뉴스에도 보도된 현실로서 앞으로 사람들의 삶에 직접적인 영향을 미칠 것이다.

　하지만 먼저 본문을 읽은 다음 자세히 살펴보자.

회심

인자가 자기 영광으로 모든 천사와 함께 올 때에 자기 영광의 보좌에 앉으리니 모든 민족을 그 앞에 모으고 각각 구분하기를 목자가 양과 염소를 구분하는 것 같이 하여 양은 그 오른편에 염소는 왼편에 두리라. 그때에 임금이 그 오른편에 있는 자들에게 이르시되, "내 아버지께 복 받을 자들이여, 나아와 창세로부터 너희를 위하여 예비된 나라를 상속받으라. 내가 주릴 때에 너희가 먹을 것을 주었고, 목마를 때에 마시게 하였고, 나그네 되었을 때에 영접하였고, 헐벗었을 때에 옷을 입혔고, 병들었을 때에 돌보았고, 옥에 갇혔을 때에 와서 보았느니라." 이에 의인들이 대답하여 이르되, "주여, 우리가 어느 때에 주께서 주리신 것을 보고 음식을 대접하였으며 목마르신 것을 보고 마시게 하였나이까? 어느 때에 나그네 되신 것을 보고 영접하였으며 헐벗으신 것을 보고 옷 입혔나이까? 어느 때에 병드신 것이나 옥에 갇히신 것을 보고 가서 뵈었나이까?" 하리니, 임금이 대답하여 이르시되, "내가 진실로 너희에게 이르노니 너희가 여기 내 형제 중에 지극히 작은 자 하나에게 한 것이 곧 내게 한 것이니라" 하시고, 또 왼편에 있는 자들에게 이르시되, "저주를 받은 자들아, 나를 떠나 마귀와 그 사자들을 위하여 예비된 영원한 불에 들어가라. 내가 주릴 때에 너희가 먹을 것을 주지 아니하였고, 목마를 때에 마시게 하지 아니하였고, 나그네 되었을 때에 영접하지 아니하였고, 헐벗었을 때에 옷 입히지 아니하였고, 병들었을 때와 옥에 갇혔을 때에 돌보지 아니하였느니라" 하시니, 그들도 대답하여 이르되, "주여, 우리가 어느 때에 주께서 주리신 것이나 목마르신 것이나 나그네 되신 것이나 헐벗으신 것이나 병드신 것이나 옥에 갇히신 것을 보고 공양하지 아니하더이까?" 이에 임금이 대답하여 이르시되, "내가 진실로 너희에게 이르노니, 이 지극히 작은 자 하나에게 하지 아니한 것이 곧 내게 하지 아니한 것이니라" 하시리니 그들은 영벌에, 의인들은 영생에 들어가리라 하시니라(마 25:31-46).

나는 젊은 시절에 학생 운동에 깊이 관여했다. 내가 이 본문을 발견한 것도 내가 한창 학생 운동에 열심이던 때였다. 인종, 빈곤, 전쟁은 우리가 열정을 쏟던 이슈였다. 60년대 말과 70년대 초 나는 흑인민권 운동과 반전 운동 활동가로서 내 소명을 찾고 내 능력을 연마하고 있었다. 우리가 미시간에 있는 내 모교이기도 한 미시간주립대학교에서 불과 몇 시간 만에 수만 명의 사람들을 거리로 이끌어 냈을 때 어떤 기분이었는지 나는 아직도 기억한다. 우리는 학교 캠퍼스에서 미시간 가를 향해 행진해 랜싱의 주 의회 의사당까지 이르렀다. 대학생이던 그때 우리는 주 전역에서 사람들을 모아서 학생 주도의 시위에 참여시켰다. 나는 대학 총장들, 주 의회 의원들, 자녀를 둔 엄마들과 함께 행진을 이끌었다. 어떤 경우에는 초등학교 교사들이 어린 학생들을 이끌고 보도로 나와 우리가 지나갈 때 박수를 보내기도 했다. 우리는 시위를 통해 가난한 사람들, 인종 차별을 경험한 사람들, 베트남전에서 희생당한 사람들 편에 서서 집권 세력 - 특히 연방 정부 - 에 항의했다.

그러나 학생 운동이 나의 개인적·영적·심지어는 정치적인 물음에 모든 답을 주지는 못했다. 또한 그것은 내가 매력을 느끼고 있던 활동가의 삶을 위한 적합한 기초나 강력한 토대를 제공해 주지도 못했다. 내 세대의 많은 사람들처럼 나는 마틴 루터 킹뿐만 아니라 프란츠 파농, 체 게바라, 호치민은 물론이고 당연히 카를 마르크스 같은 저자들의 책도 읽고 있었다. 억압적인 체제를 향한 이들의 신랄한 비판은 매력적이었지만, 나는 이들이 설득력 있는 해법을 제시하지 못하며 그들의 철학적 전제도 불충분하고 영적 토대나 기반도 갖고 있지 못하다고 느꼈다. 그래서 마르크스주의 이데올로기를 수용하는 운동이나 정부의 성과를 보면서도 깊은 인상을 받지 못했고 그들이 참된 진보를 이루었다는 확신도 들지 않았다. 오히려 그들은 새로운 불의와 끔찍한 전제 정치를 만들어 냈을 뿐이다.

그러나 학내 기독교 단체의 증언 역시 적어도 나에게는 설득력이 없었다. 나는 미시간주립대학 학생회관 건물 밖의 집회 장소인 '더 락'에서 열린 반전 집회를 기획했던 일이 기억난다. 감동적인 연설이 있었고, 그 화창한 오후에 우리는 열정으로 가득했다. 내가 막 무대에서 내려갔을 때, '진행요원' 몇 사람이 무대 뒤에 있던 나에게 학생 두 명을 데리고 왔다. "이 그리스도인들이 우리 집회를 따라다니면서 선동적인 전단지를 나눠 주는 것을 발견했습니다. 이들을 흠씬 두들겨 패고 쫓아내야 한다고 생각합니다!" 나는 진행요원들에게 '화평케 하는 사람'이 되어야 하며 우리가 '평화 운동'을 이끌고 있음을 부드럽게 일깨워 주었다. 그리고 나는 떨고 있는 두 그리스도인과 그들이 나눠 주던 전단지를 나에게 맡기고 가라고 말했다.

나는 두 그리스도인 학생에게 그들이 누구인지, 그날 무엇을 하려고 했는지 물었다. 그들은 "우리는 대학생선교회(Campus Crusade for Christ) 소속이며, 참된 평화는 예수님을 통해서 얻을 수 있다고 말하기 위해 이곳에 왔습니다"라고 말했다. 나 자신의 종교적 배경 때문에 나는 그들이 생각했던 것보다 그들의 말을 더 잘 이해했다. 하지만 나는 물었다. "베트남전에 대한 당신들의 입장은 무엇입니까?" 그러자 그들은 "참된 평화는 예수님을 통해서 얻을 수 있습니다!"라고 대답했다. 한동안 이런 대화가 계속되었다. 내가 전쟁에 관한 질문을 던지면 그들은 참된 평화는 예수님을 통해서라는 구호로 대답했다. 마침내 나는 그들에게 미군 전투기의 폭격으로 베트남에서 그날, 그리고 매일 3백 명의 민간인이 살해된 것에 대해서는 어떻게 생각하는지 물었다. 그러자 두 학생 중 한 명이 "나는 공산주의자들을 폭격해 지옥으로 보내야 한다고 생각합니다!"라고 대답했다. 이렇게 나는 "참된 평화는 예수님을 통해서"라는 말이 정말로 무슨 뜻인지, 최소한 그 말이 그들에게 어떤 의미인지 알게 되었다.

나는 조금 더 중도적인 기독학생회(InterVarsity Christian Fellowship) 출신의 복음주의 그리스도인들도 만났다. 그들은 나에게 "전쟁에 관해 기도하고" 있다고 말했다. 그런데 그들은 전쟁에 관한 기도를 끝내지 못했던 모양이었다. 왜냐하면 그들은 반전 집회에도 참여하지 않았고 전쟁을 찬성하는 진영에도 가담하지 않았으니 말이다. 그들은 계속 기도만 하며 중립을 지켰다. 몇몇 진보적인 교목들은 이따금씩 나에게 다가와 이런 식의 말을 했다. "당신들이 진정한 교회다. 당신들이 하는 집회를 위해 우리 시설을 이용해도 좋다!" 하지만 우리는 "진정한 교회"가 아니었다. 우리에게는 많은 질문 – 개인적·철학적, 심지어 신학적 – 이 있었지만 그것에 관해 이야기를 나눌 만한 사람이 전혀 없었다.

어린 시절의 신앙과 교회를 떠난 후에도(혹은 그들이 나를 떠난 후에도) 나는 결코 예수님을 버리지 않았다. 지나고 나서 보니 그분 역시 나를 버리지 않으셨다. 결국 1970년 봄 전국 학생 총파업을 비롯해 학생 운동에 한창 열을 올린 후 나는 다시 신약성경을 통독하기 – 조용히 그리고 혼자서 – 시작했다.

첫째, 나는 우리가 앞 장에서 살펴보았듯이 마태복음 5-7장의 산상수훈이 말하는 세상을 뒤엎는 하나님 나라의 모습에 놀랐다. 그리고 나는 왜 내가 자란 복음주의 교회에서는 이 본문에 관한 설교를 – 한 번도 – 들어 본 적이 없는지 의아했다. 그러나 내가 그리스도께 극적으로 회심하게 된 것은 마태복음 25장을 읽을 때였다. 교회에서 자라면서 나는 이 말씀에 관해 들어 본 기억이 없었다. 하지만 이 본문을 되풀이해서 읽을 때 이 말씀은 나를 깜짝 놀라게 했으며, 그런 다음 나를 회심하도록 이끌었다. 나는 이 예수님을 따르기로 결단했다.

가난한 사람을 통해 신앙으로 되돌아가는 여정

마태복음 25장에서 예수님이 하신 말씀은 세상의 논리를 뒤집는다. 사람들은 대개 부와 권력이라는 세상의 피라미드 꼭대기에 있는 사람들에게 최고의 존경과 경의(혹은 두려움)를 표하고 그들에게 최대의 영향력을 부여하며, 이를 문제 삼지 않는다. 심지어는 대부분의 교회와 종교 기관에도 이런 태도가 만연해 있다. 우리 모두 이것을 알고 있다.

현대의 미국 대통령들은 모두 백만장자였다. 대부분의 상원의원들 역시 백만장자이며, 그들 모두가 백만장자인 후원자들에게 의존하고 있다. (하원의원들 역시 동일한 경향을 보이고 있다.) 이 나라의 모든 선거 운동은 이제 돈에 의해 지배되고 있으며, 얼마 되지 않는 거부들이 어떤 후보자와 선거본부가 선거에서 승리할지를 결정한다. 점령 운동은 우리의 경제 구조를 지배하는 최상위 1퍼센트에 관심을 집중해 왔다. 오늘날 우리 사회의 최상위층과 최하위층(심지어는 중간계층) 사이의 격차가 계속해서 커지고 있다. 기업의 최고경영자들이 평균적인 노동자들보다 500배를 더 벌고 있다면, 우리가 누구를 가장 중요한 사람으로 취급해야 하는지에 관해 세상의 논리는 전혀 바뀌지 않고 그대로 남아 있는 것이 분명하다.

물론 문화적으로 우리의 관심을 끄는 유명인사, 사업가, 운동선수, 심지어는 언론인들조차도 모두가 백만장자이며, 나머지 사람들은 그들의 삶의 방식을 바라보며 부러움을 느낀다. 교회에서도 누가 가장 영향력 있는 교인인가? 가장 가난하고 어려운 사람인가? 아니면 교회가 계속 운영되도록 해주는 돈을 가진 사람인가? 빈곤 문제에 집중하는 것으로 유명한 종교 지도자들이 몇 명이나 되는가?

마태복음 25장은 이런 세상의 논리를 완전히 전복한다. 이 말씀을 주의 깊게 읽어 보라. 예수님은 우리가 "이 지극히 작은 자 하나"에 해당하는 사람들을 대하는 방식이 곧 우리가 **그분**을 대하는 방식이라고 말씀하신다. 나는 이 말씀을 처음 읽을 때 깜짝 놀랐으며, 40년이 지난 지금도 여전히 놀란다. 이 말씀에 따르면, 재판정에 앉으신 하나님의 아들은 그분을 따르는 이들을 모아서 그들이 사회의 **밑바닥** 사람들을 어떻게 대했는지에 기초해 양과 염소로 그들을 나누신다. 예수님은 "내가 배고팠다. 내가 목말랐다. 내가 나그네였다"고 말씀하신다. "내가 헐벗었다"는 말은 모든 것을 빼앗겼다는 뜻이다. "내가 아팠다." "내가 옥에 갇혔다." 그러므로 하나님의 아들은 너무나도 분명히 이렇게 말씀하시는 셈이다. **너희가 그들에게 했거나 하지 않은 것은 곧 나에게 했거나 하지 않은 것이다. 나는 너희가 그들을 어떻게 대하는지를 보고 너희가 얼마나 나를 사랑하는지 알 수 있다.** 유진 피터슨(Eugene H. Peterson)의 「메시지」(The Message)에서는 이 말씀을 이렇게 요약한다. "내가 배고플 때…내가 목마를 때…내가 집이 없을 때…내가 떨고 있을 때…병들고 감옥에 갇혔을 때…너희가 무시당하거나 남이 알아주지 않는 사람한테 – 그게 바로 나였다 – 그런 일 하나라도 하지 않으면, 너희는 바로 나한테 하지 않은 것이다"(마 25:41-43, 45).

신약성경에는 **심판**에 관한 말씀이 별로 많지 않은데, 이 본문이 그중 하나다. 우리 시대의 종교 기관들과 달리 예수님은 **남을 심판하는 태도**에 대해 반대하는 말씀을 하신다. 그러나 예수님이 스스로 심판하는 태도를 취하는 유일한 때는 가난한 사람들에 관해 말씀하실 때다. 나는 아직도 이 점이 특별하다고 생각한다. 이것은 가난한 사람들에게 아주 좋은 소식이다. 그리고 앞 장에서 지적했듯이 이것은 예수님이 나사렛 선언에서 선포하신 사명의 핵심 주제이기도 하다.

본문을 살펴보면 예수님의 말씀을 듣는 모든 사람들, 양과 염소 모두가 **자신은 그분을 따르는 사람이라고 실제로** 믿고 있음이 분명하다. 이들은 불신자이거나 그분을 반대하는 사람들이 아니다. 이들은 스스로를 그분을 추종하고 지지하는 사람이라고 생각한다. 그리고 언젠가 그들은 그분이 그들에게 하실 말씀을 듣고 경악할 것이다. "언제 우리가 **당신**이 주리거나 목마르거나 옷이 없거나 나그네가 되었거나 아프거나 감옥에 갇힌 것을 보았단 말입니까?" 그들은 믿을 수 없다는 듯이 이렇게 외칠 것이다. "우리는 그게 **당신**인 줄 몰랐습니다! 그게 당신인 줄 알았다면 무슨 일이든 했을 겁니다. 하지만 그게 당신이신 줄 몰랐고, 그래서 무시했습니다! 우리는 그 사람들이 중요하다고 – 특히 당신께 그토록 소중하다고 – 생각하지 않았습니다."

본문에서 인자 앞에 심판 받기 위해 모인 사람들을 가리켜 "모든 민족"이라는 말을 사용했다는 점 역시 대단히 중요하다. 성경은 분명 자신이 예수님을 따르는 사람이라고 믿는 모든 사람에게 매우 중요한 의미를 갖지만 그렇다고 그저 개인들을 향한 말씀인 것은 아니다. 성경은 "모든 민족"에 대해서도 책임을 묻는다. 물론 이 말은 근대의 산물인 '국민국가'를 말하는 것이 아니라 그 시대에 흔히 볼 수 있던 사람들의 집단과 종족을 뜻한다. 그러므로 누가 혹은 무엇이 가장 중요한지에 관한 결정은 그저 개인적인 결정에 그치는 것이 아니라 공동체적 혹은 집단적 결정이기도 하다.

여기서 예수님의 말씀을 듣고 깜짝 놀란 사람들에게 그분은 용서의 말로 대답하시지 않는다. 그분은 그들에게 이제 그들이 그토록 박대했던 사람이 그분이기도 하다는 사실을 깨달았으니 더 노력해서 다음에는 더 잘하라고 말씀하시지 않는다. 그 대신 그분은 예수님을 따르는 사람이 되고 싶어 하는 이들을 두 부류, 즉 양과 염소로 나누시고, 그들이 지극히 작은 자를 어떻게 대했는가에 따라 그들을 "영생"이나 "영벌"에 들어가게 하신다. 대단히 강력한 말씀이다. 여기서 그리스도의 심판은 잘못된 교리나 신학을 가지고 있는가의 문제가 아님을 분명히 하자. 성적인 비행이나 다른 잘못된 행동에 관한 문제도 아니며, 개인적인 죄나 실패의 문제도 아니다. 여기서 영원한 심판은 우리가 우리 가운데 있는, 그리고 세상 가운데 있는 가장 가난하고 약한 사람들을 어떻게 대했는가에 기초한다. 그리스도는 우리가 그들에게 행한 선이나 악을 우리가 그분을 대하는 태도의 도덕적 등가물로 간주하신다.

마태복음 25장이 말하는 사람을 변화시키는 힘은 심판을 피하는 법을 배우는 데 있는 것이 아니라 우선순위를 바꾸고, 관점을 바꾸고, 삶을 바꾸고, 심지어는 국가를 바꾸는 데 있다. 그리고 궁극적으로 이것은 진정한 예수님을 어떻게, 어디서 발견할 것인가에 관한 문제다.

예수님을 찾아서

내가 다닌 작은 복음주의 교회에서 나를 가르친 분들은 정말로 내가 예수님께 나아오기를 원했다. 하지만 그들의 삶의 방식은 "지극히 작은 자"의 모습을 하신 예수님을 밀어냈으며, 그 때문에 그들은 예수님이 어디에 계신지, 심지어 그분이 어떤 분이신지 제대로 이해하지 못했다. 오히려 그들은 주변 문화와 세상의 논리에 사로잡혀 문화와 똑같은 방식으로 소외되고 뒤쳐진 사람들을 대했다. 그래서 결국 그들은 예수님을 제대로 알지 못했으며 자녀들에게 어떻게, 어디에서 그분을 발견할 수 있는지 제대로 가르쳐 주지 못했다.

나는 교회를 떠나서, 교회 밖으로 밀려난 후에야 궁극적으로 예수님께 돌아가는 길을 걸을 수 있었다. 나는 예수님을 찾아 나서지 않았지만 결국 내가 다다른 그곳에서 그분을 찾았다. 처음 디트로이트의 도심으로 들어갔을 때, 나는 전에 알지 못했던 것을 보고 배우고 이해할 수 있었다. 그리고 그중에서 가장 중요한 것은, 전에는 알지 못했던 사람들을 만난 것이다. 내가 만들어 가던 우정이 내가 사는 세상을 바라보는 나의 관점과 내 삶의 우선순위를 완전히 바꾸어 놓고 있음을 알 수 있었다. 테레사 수녀(Mother Teresa)와 가톨릭노동자 운동의 도로시 데이는 "가난한 사람의 비참한 모습으로 위장한" 예수님을 발견한 경험을 이야기했다.[1] 그것이 바로 나의 경험이었다. 나는 공장 조립라인의 노동자들이나 도심 사무실의 청소부들과 함께 일하면서 젊은 흑인들을 만났다. 그들과 그들의 가족을 알아 가면서 나는 우리가 불과 몇 마일밖에 안 떨어져 있음에도 다른 도시에서—아니, 다른 나라에서—태어나고 자랐음을 깨달았다. **실제로 두 개의 디트로이트와 두 개의 미국이 있었다.**

예수님이 "지극히 작은 자"의 예로 드신 그런 부류의 사람들을 만나고 알아 가는 과정에서 내 삶은 거듭 바뀌었다. 그리고 마땅히 그래야 함을 이제는 안다. 마태복음 25장에서 예수님이 그렇게 말씀하신 것도 바로 이 때문이다.

분명 예수님은 우리 모두를 사랑하신다. 그리고 우리 모두는 하나님의 자녀다. 마태복음 25장도 다르게 말하지 않는다. 하지만 이 본문에서 예수님은 특히 "지극히 작은 자"라고 부르신 이들에게 초점을 맞추심으로써 모든 하나님의 자녀를 향한 그분의 사랑을 우리에게 상기시키신다. 왜냐하면 그들은 세상의 논리에 의해 가장 쉽게 그리고 가장 자주 잊히는 사람들이기 때문이다. 예수님은 우리가 이 논리를 거부하고, 세상이 우리에게 무시하고 잊어버리라고 가르친 사람들을 기억하기 원하신다. 그러므로 지극히 작은 자들, 소외되고 뒤처진 사람들은 **모든 인류에 대한 우리의 사랑을 보여 주는 가늠자**가 된다. 가장 눈에 띄는 사람들 대신에 가장 눈에 띄지 않는 사람들이 우리의 현실을 시험하는 잣대가 될 때, 그것은 우리의 관점을 바꾸고 우리의 우선순위를 변화시킨다.

그 과정에서 우리는 새로운 방식으로 예수님을 발견한다. 나의 경우에는 그렇게 해서 신앙으로 되돌아갈 수 있었다. 마태복음 25장을 읽고 나서 나는 디트로이트의 도심으로 들어갔으며, 동

남아시아의 농촌 마을에 관심을 집중하게 되었고, 시카고의 도심 지역과 워싱턴의 가장 가난하고 어려운 동네로 들어가 거기서 살았으며, 전쟁으로 파괴된 중앙아메리카의 나라들과 필리핀의 논과 매음굴, 인종차별로 주거 지역이 분리된 남아프리카공화국의 도시들을 방문했다. 이 말씀을 읽고 나서 나는 어느 도시나 나라를 방문할 때면 가장 가난한 지역과 인종적으로 격리된 구역, 가장 위험한 동네, 변두리 지역을 찾아갔다. 모든 장소가 어떤 방식으로든 내 삶을 변화시켰다. 새로운 사람을 만날 때마다 그 만남을 통해 우리에게 그곳으로 들어가라고 말씀하신 그분을 따른다는 것이 무엇을 뜻하는지 깨닫는다. 세상의 논리에 의해 밑바닥에 처한 사람들을 만날 때, 그 만남은 우리로 하여금 예수 그리스도께 회심하도록 돕는다.

"우리로 하여금 당신을 선대하도록 도우소서"

마태복음 25장을 가장 잘 이해하는 사람들은 세상의 눈에 잘 띄지 않는 경우가 많다. 그리고 그런 사람들이 하나님 나라에서는 가장 큰 영향력을 행사할 것이다. 이들은 세계 곳곳에서 동네와 마을을 하나로 묶어 주는—단지 자신의 사랑의 힘으로—접착제와 같다. 이런 설명은 이 장의 첫머리에 인용한 나의 친구 메리 글로버의 말과도 잘 들어맞는다.

메리는 우리 동네인 워싱턴의 컬럼비아 하이츠에 있는 탁아시설에서 요리사로 일하던 늙고 가난한 여인이었다. 당시 이 지역은 세상의 논리에 따르면 "지극히 작은 자"로 간주되던 사람들로 넘치던 매우 어렵고 폭력적인 곳이었다. 소저너스 공동체는 그곳에 살면서 그 지역 사람들과 함께 가난한 가정들에 식료품을 나눠 주는 먹거리 지원 프로그램을 비롯해 많은 프로젝트를 시작했다. 토요일 이른 아침이면, 백악관에서 스물두 블록밖에 떨어지지 않은 이곳에서 사람들이 줄을 지어 기다렸다. 워싱턴의 두 도시 이야기의 극적인 사례다.

메리는 우리가 운영하는 지역봉사센터에서 식료품 준비하는 일을 돕던 자원봉사자였다. 2백여 가정이 문으로 들어오기 직전에 그녀는 언제나 기도를 했다. 흑인 오순절 교회 출신인 그녀는 우리 중에서 기도를 제일 잘하는 사람이었다. 우리는 손을 잡았고, 메리는 오늘 아침도 우리를 깨워 주시고 새로운 삶을 주신 주님께 감사드렸다. "주님, 또 하루를 주셔서 감사합니다! 우리 방의 벽이 무덤 벽이 아닌 것에 감사드립니다! 우리의 침대가 차가운 판자가 아닌 것에 감사드립니다!" 그런 다음 메리는 언제나 이런 말로 기도를 마쳤다. "주님, 오늘도 주님이 이 줄을 따라 들어오실 것임을 우리는 알고 있습니다. 그러니 우리로 하여금 당신을 선대하도록 도우소서."

나는 토요일 아침마다 메리의 기도를 듣기 위해 잠에서 깨어났다. 그녀의 기도는 내가 들어 본 마태복음 25장에 관한 최고의 주석이었다. 메리 글로버는 나에게 장로와 같은 사람이었으며 하나님이 우리 지역에 보내신 선교사였다. 함께 길을 걸을 때면 그녀는 나에게 자신의 선교 전략을 말해 주곤 했다. "처음 사람들을 만날 때 나는 그저 미소를 지어요. 겁을 줘서 그들을 쫓아 버리고 싶지 않으니까요. 다음에 그들을 만나면 '안녕하세요'나 '잘 지내세요?'라고만 말하죠. 그 다음에는 조금 더 천천히 말하고 그들에게 대답할 기회를 줍니다. 그런 다음 대화를 시작하고 그들에게 어떤 도움이 필요한지를 알아보는 거죠."

세상에 있는 메리 글로버와 같은 수많은 사람들은 마태복음 25장을 읽고, 하나님이 그들 중에 보내신 "지극히 작은 자들" 모두를 사랑함으로써 예수님에 대한 자신의 사랑을 보여 준다.

그리고 그들이 바로 이 세상 속에서 교회가 행하는 선교의 핵심 대상이다. 이제 어디를 가든, 이렇게 가난한 이들 사이에서 복음을 증언하는 신앙인들이 점점 더 많아지고 있음을 발견하게 된다. 가톨릭 교구와 자선단체들, 복음주의 교회와 이들이 세운 사역기관들, 주요 교단들이 펼치는 도심과 농촌 사역, 기독학생회와 대학생선교회 같은 학생 단체들, 월드비전 같은 단체들의 세계적 사역, 교도소 선교, 노숙자를 위한 쉼터, 의료 진료소, 무료 급식소, 이민자 섬김 사역, 기독교공동체개발협회(Christian Community Development Association) 같은 단체들이 펼치는 지역경제개발 프로그램 등 신앙인들은 이런 모든 방식과 그 밖의 다른 방식을 통해, 자신이 주리고, 목마르고, 헐벗고, 이방인이고, 아프고, 감옥에 갇힌 자라고 말씀하신 그분께 다시 다가가고 있다. 지금까지 수많은 곳을 방문해 본 사람으로서 나는 신앙의 영감을 통해 이루어지는 이렇게 조용하고 겸손한 노력들이 많은 도시와 지역, 심지어 국가를 결속시키고 있다고 증언할 수 있다.

지금 나는 이 나라와 세계 전역에서 새로운 세대들이 아주 오래전에 내가 겪었던 일을 다시 체험하고 있음을 발견한다. 이 젊은이들은 한 번도 가 보지 못했던 곳으로 여행을 가서 그들이 목격한 것으로 인해 깜짝 놀란다. 그리고 고통과 혼란, 분노, 발견이라는 영적 순례의 과정을 통해 편협했던 자신의 신앙을 심화하고 확대한다. 그들 모두가 나에게 예수님을 다시, 혹은 어떤 경우에는 처음으로 발견했다고 말한다.

자신이 사는 지역의 도심지 학교들을 개조하는 일을 돕고, 가난한 아이들을 개인 지도하고, 저소득층 가정을 위해 집을 짓고, 사하라 사막 이남의 아프리카 지역에서 우물을 파고, 아시아에서 성 착취를 목적으로 한 인신매매와 맞서 싸우는 등 많은 젊은 신자들이 삶을 변화시키는 경험을 하고 있으며 이를 통해 예수님이 어떤 분이신지, 예수님과의 관계가 그들을 어떻게 변화시키는지 새롭게 깨닫고 있다. 내가 가르치는 대학생들과 처음으로 자원봉사 활동에 참여하는 내 아들의 모습을 통해서도 이를 확인할 수 있었다. 텔레비전 쇼 "모닝 조"(Morning Joe)의 진행자인 조 스카버러는 이런 젊은 그리스도인들을 이렇게 묘사한다.

현대 기독교 운동이 특히 젊은이들 사이에서 변화하고 있다. 심지어 보수적인, 이데올로기적으로 보수적인 젊은 그리스도인들마저도 마태복음 25장의 그리스도인들 – 가난한 사람들에게 관심을 기울이고, 굶주린 사람들을 먹이고, 헐벗은 사람들을 입히고, 병원과 교도소에 있는 사람들을 찾아가는 – 로 변화하고 있다. 이것은 지난 20년간 교회 안에서 일어난 조용한 혁명이며, 나는 주류 언론에 종사하는 많은 사람들이 이를 놓치고 있다고 생각한다.…보수적인 사람들, 중도적인 사람들, 진보적인 사람들이 이런 생각 아래서 하나가 되고 있다.[2]

그렇다면 그리스도인들과 교회가 마태복음 25장에 나타난 예수님의 가르침을 중심으로 연합하고, 더 나아가 자신들의 정치적 입장을 초월해 "지극히 작은 자"에 대한 그분의 관심에 초점을 맞출 때 무슨 일이 일어날 수 있을까? 놀라운 일들이 일어날 것이다. 이 본문과 그에 대한 신앙 공동체의 반응이 어떻게 정치를 변화시키고 공동선에 기여하는지에 관한 최근 사례를 두 가지 들어 보자.

보호의 울타리

공화당과 민주당 모두 종교와 직결된 문제를 안고 있으며, 이 문제는 동성 간의 결혼이나 낙태, 종교의 자유와는 전혀 상관이 없다. 오히려 그들에게 가장 심각한 걸림돌은 정부 예산, 재정 적자, 국가 채무 상한선이다.

정말 그렇다. 정치적 우파와 좌파로 분열된 도시의 종교 지도자들 사이에서 재정 적자를 해결하는 **동시에** 저소득층을 보호해야 한다는 생각이 점점 더 폭넓은 동의를 얻고 있다. 많은 사람들이 정치적 투쟁의 와중에 이 나라의 근본적인 종교적 원칙이 실종되고 말았다고 말한다. 그 원칙이란, 성경에서 하나님이 너무나도 큰 관심을 기울이신다고 말하는 사람들, 마태복음 25장의 주제인 그 사람들을 보호해야 한다는 것이다.

실제로 신앙 공동체에서 시작된 "예산안은 도덕적 문서다"라는 말은 이제 이 나라의 재정과 관련된 토론에서 빈번히 인용되고 있다. 워싱턴의 논쟁과 결정으로 인해 가장 큰 위험에 처하게 된 이들은 성경이 우리에게 보호하고 돌보라고 분명히 명령하는 바로 그 사람들—가장 가난하고 가장 약한 사람들—이다. 정치계의 유력자들과 비교할 때, 그들은 공적 자원을 어떻게 분배할 것인가 하는 이 엄청나게 중요한 토론에서 그들의 입장을 대변할 사람들을 사실상 전혀 가지고 있지 않다.

우리에게 이것은 당파적인 문제가 아니라 우리 신앙의 핵심과 직결된 영적이며 성경적인 문제다. 바로 이 문제를 해결하기 위해 미국가톨릭주교회의, 미국복음주의협회, 구세군, 세상을 위한 빵(Bread for the World), 소저너스, 전국의 교단과 회중과 종교 단체 지도자들이 한 자리에 모였다.

현재 이 나라의 정치 토론에서 사라져 버린 원칙은 바로 이것이다. 우리는 이미 가장 큰 고통을 겪고 있는 사람들에게 가장 무거운 짐을 지움으로써 빈곤과 경제적 불평등을 심화시키는 쪽으로 재정 적자를 줄이고자 하는 방식에 결코 동의할 수 없다.

종교 지도자들은 거대한 재정 적자가 도덕적 이슈이며 심각한 채무를 미래 세대에 떠넘겨서는 안 된다고 믿는다. 그러나 우리는 **이 재정 적자를 해결하는 방식 역시 도덕적 이슈라고 믿는다.** 그리고 우리 사회는 다른 사람들보다 이미 훨씬 덜 가지고 있는 사람들에게서 더 많은 것을 취하려고 해서는 안 된다.

우리는 이 논쟁의 배후에 자리한 정치적 대립을 이해하고 있다. 공화당이 자신들의 핵심 지지층과 정치 자금을 제공해 주는 민간 부문을 개혁하는 데 반대하는 입장임을 우리는 알고 있다. 민주당이 그들의 핵심 지지층과 정치 자금을 제공해 주는 공공 부문을 개혁하는 데 반대하는 입장임을 우리는 이해하고 있다.

또한 양당 모두 국가 안보나 군인들에 대해 무관심한 것처럼 보일 수도 있다는 정치적 두려움 때문에, 위험을 무릅쓰고 국방부의 부풀려진 지출에 대해 조사하려고 하지 않는다는 점 또한 이해하고 있다. 선거 기간 중에는 공화당과 민주당 모두 거의 전적으로 중산층 투표자들과 부유한 기부자들에게 초점을 맞추는데, 그들은 정부 재정이 어떻게 결정되는가에 특별한 관심을 기울이는 이들이다.

그렇기 때문에 여론조사 전문가들은 양당 모두에게 '가난한 사람들'과 '빈곤'에 관해 이야기하는 것은 인기를 끌지 못할 것이라고 조언한다.

그러나 우리는 2011년 국가 채무 위기의 해법을 결정하기 위해 백악관에 많은 종교 지도자들과 오바마 대통령이 만난 자리에서 어느 가톨릭 주교가 대통령에게 했던 말에 동의한다. "대통령 각하, 성경에 따르면 예수님의 명령은 '너희가 중산층에게 한 것이 곧 내게 한 것이니라'가 아니었습니다. 성경은 '너희가 지극히 작은 자 하나에게 한 것이 곧 내게 한 것이니라'고 말하고 있습니다." 대통령은 마태복음 25장의 이 본문을 알고 있었으며, 우리와 만난 후 한 시간 후 백악관은 대통령이 최종 협상에서 가난하고 약한 사람들을 보호하기로 결정했다고 알려 왔다.

이 논쟁에서 우리가 어떤 입장을 취할지에 관해 사실 그리스도인들에게는 선택의 여지가 없다. 우리는 양당 지도자들과 의원들을 향해 그들이 경제적으로 이렇게 어려운 시기에 미국의 저소득층 가정들이 살아남을 수 있도록 도울 가장 효과적이며 중요한 프로그램을 지키는 '보호의 울타리'를 세워야 한다고 말하고 있다. 또한 우리는 의원들을 향해 세계 곳곳의 가장 가난한 이들 – 전적으로 예방 가능한 기아나 말라리아와 결핵, 후천성면역결핍증과 같은 질병 때문에 고통당하는 이들 – 에게 생사의 문제와 다름없는 국제원조 프로그램 역시 보호해야 한다고 한 목소리로 분명하게 말하고 있다.

어떤 재정 삭감안은 생명을 죽인다. 어떤 재정 삭감안은 가정들이 가난으로부터 벗어날 수 있는 작은 기회를 파괴해 버린다. 힘 있는 이해 당사자들의 보호를 받는 다른 돈은 그대로 내버려둔 채 이런 지출만 삭감하는 것은 기독교적 관점에서 볼 때 부도덕한 일이다.

예를 들어 우리는 국회의원들에게, 만일 그들이 농업 관련 예산에서 자녀를 둔 노동자 가정에 주로 그 혜택이 돌아갈 뿐 아니라 성공이 입증된 영양 보조 프로그램인 푸드 스탬프(food stamp: 저소득층을 위한 식료품 무료 구매권)에 대한 예산 **대부분** 혹은 전부를 삭감하는 한편, 부유한 농업 관련 대기업에 지급하는 쌀, 옥수수, 설탕에 대한 보조금은 **전혀** 삭감하지 않겠다고 결정한다면, 우리가 구약의 예언자들처럼 의사당 앞에 서서 외치는 목소리를 듣게 될 것이라고 경고하고 있다.

혹은 만일 국회의원들이 가난한 어린이들의 의료보험 지원 예산을 삭감하거나 가난한 가정 출신의 학생이 가족 중 처음으로 대학에 진학할 기회를 빼앗는 반면, 최상위 부유층에 대한 세금 인상안을 막고 대기업에 대한 보조금을 유지할 계획을 세운다면, 신앙 공동체들은 전혀 다른 우선순위를 주장하고 나설 것이다.

그리고 만약 국회의원들이 가장 약한 노인들에게 식료품을 지원하는 '식사 배달 프로그램'(Meals on Wheels) 예산을 삭감하면서 구식의 쓸모없는 무기 체계를 지속하는 예산은 유지하려고 한다면, 우리는 그들에게 가난한 이들을 보호하고 '말과 병거'를 의지하지 말라는 성경 말씀을 들려줄 것이다.

정부 지출을 대폭 삭감하는 '어려운 선택'을 했다고 칭찬을 받는 사람들은 사실 **어려운 선택**을 전혀 하지 않고 있다. 그들은 낭비에 가까운 군비 지출을 삭감하고 불필요할 뿐 아니라 나쁜 전쟁을 중단하는 정말로 어려운 선택을 하지 않고 있다. 그들은 서대 은행에 대한 구제 금융을 비롯해 거대 기업에 제공되는 막대한 공적 자금과 보조금을 삭감하지 않는다. 그들은 수많은 정부 지출을 통제하는 특수 이익단체들에 대해 문제를 제기하지 않는다. 그들은 결국에는 감당할 수 없을 지경에 이를 정도로 치솟고 있는 의료비와 관련된 어려운 질문을 하지 않는다. 그들은 가장 부유한 사람들에게 그들이 고용한 중산층 노동자와 같은 비율로 세금을 내라고 요구하지 않는다. 이런 것이야말로 정말로 어려운 선택이다. 그러나 그 대신 자신의 이익을 대변할 로비스트도 없는 가장 가난하고 가장 약한 사람들에게 혜택이 돌아가는 너무나도 중요한 프로그램을 없애는 것은, 사실 예산을 줄이고자 하는 사람들이 할 수 있는 **쉬운 선택**이다. 그리고 기독교적 관점에서 볼 때 이것은 잘못되고 부도덕한 선택이다. 이런 선택은 가장 힘 있는 사람들이 사용하는 세상의 논리에는 전적으로 부합하지만, 하나님 나라의 논리, 마태복음 25장의 논리에는 전적으로 배치된다. 이제 "지극히 작은 자"에게 더 많은 고통을 초래하는 쉬운 선택 대신에 정말로 어려운 선택을 해야 할 때다.

많은 언론들이 2011년 8월 채무 상한선 협상 과정 중 예산 삭감이 자동 발효될 수 있는 상황에서(만일 의회에서 최종 타결을 이루지 못했다면 이런 일이 일어날 수 있었지만, 실제로는 일어나지 않았다) 신앙 공동체의 지도자들이 저소득층의 복지 혜택을 보호하기 위해 펼쳤던 노력을 보도하지 않았다. 대통령과 그의 보좌진이 웨스트 윙(West Wing: 백악관 내 대통령 집무실이 있는 백악관 서관 – 옮긴이)의 루즈벨트 룸에서 긴 나무탁자를 마주하고 가톨릭, 복음주의, 주류 개신교, 흑인, 히스패닉 교회 지도자들과 만났을 때, 이들 교회 지도자들은 저소득층을 보호하는 것이 신앙이 우리에게 명령하는 바라고 말했으며 대통령은 그 메시지를 받아들였다. 가톨릭 신자이거나 복음주의자인 공화당 의원들이 바로 이들 종교 지도자들로부터 잔인한 예산 삭감으로부터 저소득층을 보호하는 것이 가톨릭의 사회적 가르침과 성경적 신앙이 명령하는 바라는 말을 들었을 때, 그들은 이런 노력을 막지 않겠다고 약속했다. 양당의 지도자들이 예산 논쟁의 결과를 "하나님이 지켜보고 계신다"는 내용의 전면 광고가 워싱턴의 신문에 실린 것을 보았을 때, 이 광고는 그들을 불편하게 했다. 그리고 우리가 주장했던 '보호의 울타리' 안에 속한 것으로, 다수의 저소득층 지원 프로그램에 대한 예산을 삭감하지 않기로 한 예산 협상 결과가 발표되었을 때, 신앙 지도자들은 그들의 끈질긴 노력 때문에 이 프로그램들을 보호할 수 있었다는 말을 전해 들었다. 워싱턴에서 가장 영향력이 큰 정계 인사 중 한 명이 나에게 말했듯이, "만약 당신과 당신의 신앙인 동료들의 부단하고 끈질긴 압력이 없었다면 저소득층 사람들은 보호를 받지 못했을 겁니다. 왜냐하면 정부와 의회 안에는 가난한 사람들의 권익을 대변하는 사람들이 없기 때문입니다."

과거에 이 나라는 적자와 빈곤을 동시에 성공적으로 줄일 수 있었다. 대규모 예산 삭감을 시행할 때도 소득 수준에 따라 저소득층에 보조금을 지급하는 프로그램을 보호하자는 초당적인 합의가 존재했다. 그리고 지난 25년 동안 자동적 예산 삭감이 발효될 때도 저소득층을 지원하는 핵심 프로그램에는 예산 삭감을 적용하지 않았다. 공화당과 민주당은―과거의 예산 삭감 절차가 그랬으며 심슨볼즈 안(Simpson-Bowles proposals)처럼 현재의 일부 권고안도 그렇듯이―가장 가난한 사람들을 보호해야 한다는 원칙에 동의할 수 있었고 동의해야 했다.

그렇다면 양당은 민간과 공공 부문에 관한 논쟁을 하면서도 재정 건전성을 위해 필요한 타협에 이를 수 있다. 하지만 정치적·종교적으로 입장이 다른 교회 지도자와 목회자들은 하나님이 우리에게 특별히 돌보라고 명령하신 사람들을 보호하라고 그들에게 계속해서 이야기할 것이다. 다른 모든 것은 협상의 대상이 될 수 있지만, 가난하고 약한 사람들의 운명을 협상의 대상으로 삼아서는 안 된다.

재정과 예산에 관한 논쟁이 끊임없이 계속되는 상황에서 시장이 지켜보고, 공화당원들이 지켜보고, 민주당원들이 지켜보고, 언론이 지켜보고, 여론조사 전문가와 정치 평론가들이 지켜보고, 이익단체들이 지켜보고 있다. 대중 역시 이를 지켜보고 있으며 대개의 경우 워싱턴에 대해 환멸을 느끼고 있다. 그리고 미국이 채무 불이행을 피하기 위해 예산과 재정 적자, 마감 시한을 놓고 격렬하며 극도로 당파적인 논쟁을 벌이고 있는 상황을 이제는 전 세계가 지켜보고 있다.

하지만 하나님 역시 이를 지켜보고 계신다. 다른 사람들은 협상의 최종 결과가 자신의 이익에 어떤 영향을 미칠지 알아보기 위해 이를 지켜본다. 혹은 누가 뜨고 누가 가라앉을지, 누가 정치적으로 승리할지, 누가 앞으로 선거에서 승리할 가능성이 더 높아질지 알아보기 위해 이를 지켜본다. 대개의 경우 예산과 재정 적자에 관한 논쟁에서 승리하는 사람들은 가장 주의 깊게 지켜보는 사람들이다. 잠언에서 가르치듯이, "가난한 자는 이웃에게도 미움을 받게 되나 부요한 자는 친구가 많으니라"(잠 14:20).

그러나 신앙 공동체가 이런 상황을 바꿔 놓기 시작했다. 우리는 국내외에서 빈곤 퇴치를 위한 가장 효과적인 노력들을 보호하기 위해 '보호의 울타리'라는 연합체를 결성했다. 물론 가장 가난한 이들을 돕는 프로그램들은 언제나 개혁되고 더 효과적으로 개선될 여지가 있다. 하지만 단지 예산을 아끼겠다는 이유만으로, 배후에 힘 있는 이익단체가 존재하는 다른 영역에 대해서는 예산을 삭감하지 않으면서 이런 프로그램의 예산을 난도질해서는 안 된다. 이런 문제에 관해 하나님이 한 쪽을 편드신다는 신앙 지도자들의 말은 옳다. 하나님은 가난한 사람들이 더 많은 상처를 입지 않도록 보호하기를 원하시며, 신자들에게도 그렇게 하라고 가르치신다.

종교 지도자들의 끈질긴 압력에도 불구하고, 하원이나 상원, 백악관 내의 어떤 정당도 정부 재정에 관한 이런 논쟁과 결정에서 가난하고 약한 사람들을 보호하는 일에 분명하고도 공개적으로 헌신하지 않았다. 하지만 우리는 마태복음 25장의 가르침 때문에 계속해서 이들에게 압력을 가할 것이다.

신앙 지도자들은 예산과 재정 적자, 채무 상한선에 관한 논쟁에서 정치 지도자들을 지켜보고 있다. 그리고 우리는 하나님이 우리 모두를 지켜보고 계시다고 믿는다.

'나그네'를 보호하기 위한 공동의 노력

이민, 일치, 도덕, 공동선과 관련해서 무언가 대단히 중요한 일이 일어나고 있다. 나는 2012년 6월 12일부터 6월 19일까지 7일 동안 워싱턴에서 일어난 일을 이야기하고자 한다. 이 한 주 동안 공공 정책에 관한 논의가 어떻게 뒤집혔는지 설명할 것이다. 조지 부시와 버락 오바마 모두 포괄적 이민 개혁안을 통과시키려고 노력했지만 정치적 책략 때문에 의회에서 부결되고 말았다. 그러나 신앙인들 사이에서 예수님이 마태복음 25장에서 말씀하신 "나그네"에 해당되는 미국 내의 수백만 명의 서류미비 이민자들과 연대하려는 움직임이 일어났다. 이 말씀이 우리를 변화시켰으며 이제는 미국 정치를 변화시키고 있다. 그 7일간의 이야기는 다음과 같다.

2012년 6월 12일은 워싱턴에서 중요한 날이었다. 미국 수도의 평범한 날은 나에게 꽤나 익숙하다. 하지만 이 날은 특별한 날이었다. 1년여 동안 꾸준히 노력한 결과 새로운 '연합체'가 탄생했으며, 거의 150명에 이르는 복음주의 지도자들이 '이민 개혁의 원칙에 관한 복음주의자들의 성명서'에 서명했다. 루이스 코르테스(Luis Cortes), 샘 로드리게스(Sam Rodriguez), 가브리엘 살게로(Gabriel Salguero) 같은 히스패닉 복음주의 단체 지도자들에서부터 맥스 루케이도(Max Lucado), 빌 하이벨스(Bill Hybels), 조엘 헌터(Joel Hunter)와 같은 백인 목회자들에 이르기까지 복음주의권 내의 다양한 진영에 속한 사람들이 서명에 참여했다. 미국복음주의협회 회장 리스 앤더슨과 남침례교총회 소속 리처드 랜드, 포커스 온 더 패밀리(Focus on the Family) 회장 짐 데일리 역시 이 성명서에 서명했다.

그렇다. 오타가 아니다. 망가진 이민 제도 때문에 고통당하는 수백만 명의 사람들이 처한 곤경에 주의를 환기시키고 포괄적인 이민 제도 개혁을 위한 공동의 원칙을 천명하기 위해 소저너스가 남침례교인들 및 포커스 온 더 패밀리와 힘을 합쳤다. 전통적으로 정치적 입장이 전혀 다른 사람들이 이런 일치를 이루었다는 사실이 너무나도 감격스러웠다. 이는 워싱턴에서는 좀처럼 일어나지 않는 일이다.

오해하지는 말라. 정치적인 입장에 관해 이 모임에 속한 사람들 사이에 여전히 큰 이견이 존재한다. 그러나 이날 모임은 정치에 관한 모임이 아니었다. 그 대신 우리는 우리 모두가 근본적인 도덕적 이슈와 성경의 명령이라고 믿는 바에 초점을 맞췄다. 이렇게 망가진 이민 제도 안에서 가장 큰 고통을 겪는 사람들을 위해 이를 해결하고자 머리를 맞대는 것은 정치에 꼭 필요한 일이며, 이를 통해 다른 이슈에도 영향을 미칠 수 있을 것이다.

우리는 **이데올로기와** 정치로 인해 분열하는 대신 **도덕과 공동선**을 위해 함께 모였다. 가족이 깨어지고 있고, 예수님이 우리에게 지키라고 말씀하신 사람들이 고통을 당하고 있기에 우리는 함께 모였다. 이것이 바로 지도자들이 해야 하는 일이다. 그리고 우리는 모두 마태복음 25장을 읽은 사람들이다.

나는 그날 우리가 국회의사당에서 하는 말을 듣기 위해 모인 기자들과 그 밖의 사람들 앞에서 다음의 성명서를 낭독했다.

중요한 것들은 워싱턴에서 먼저 바뀌지 않습니다. 그런 것들은 이 나라의 수도에서 가장 나중에 바뀝니다. 여러분은 케이 가(K Street: 중요한 싱크탱크와 이익단체들이 자리 잡고 있는 워싱턴의 대로-옮긴이)에 있는 로비스트들이 수십억 달러를 지출하는 이곳 워싱턴이 가장 중요한 곳이라고 생각할지도 모릅니다. 그러나 이곳은 변화가 이루어지지 않는 곳, 정치가 현상을 유지하고, 이익단체가 자신들의 이익을 지켜 내는 곳입니다.

미국 전역에서 사람들의 마음과 생각이 바뀔 때 진정한 변화가 일

아닙니다. 사회적 움직임이 시작되고, 사람들의 관점이 바뀌고, 가정이 가치관을 재고하고, 회중이 신앙을 재점검하고, 지역사회의 변화를 위해 사람들이 나서고, 도덕적 모순과 명령 때문에 국가가 움직이기 시작할 때 비로소 변화가 일어납니다.

사람들이 정치보다 중요한 것이 걸려 있다고 믿을 때, 인간의 생명과 존엄성, 엄마와 아빠, 아이들의 행복, 심지어는 신앙이 걸려 있다고 믿을 때 변화가 일어납니다.

그리고 도덕적 가치관이 변할 때, 문화가 변합니다. 그런 다음에야 워싱턴이 변합니다.

미국의 이민 제도는 완전히 망가졌으며 정치는 이를 바꾸지 못했습니다. 이 실패한 제도에 대해 공화당과 민주당 양측 모두에게 책임이 있습니다. 그들은 망가진 제도 때문에 삶이 박살나고 있는 사람들과 가정들보다는 자신들의 정치적 기반과 선거 득표에 관심이 더 많습니다.

멕시코와 미국 사이의 국경에는 보이지 않는 두 개의 표지판이 서 있습니다. 하나에는 '침입 금지!'라고 적혀 있으며, 다른 하나에는 '일손 구함'이라고 적혀 있습니다. 그리고 거의 천이백만 명의 힘없는 사람들이 이 두 표지판 사이에 붙들려 있습니다.

그러나 성경은 이들이 '나그네'에 해당한다고 말합니다. 그리고 예수님은 우리가 그들에게 한 것이 바로 그분에게 한 것과 같다고 말씀하십니다. 그들은 워싱턴의 정치적 담보물이 아니며, 그들 중 다수는 그리스도의 몸에 속한 우리의 형제자매입니다. 우리는 그들을 알고 사랑하게 되었습니다. 우리는 그들의 가정이 어떻게 찢기고 있으며,

그들의 삶이 얼마나 큰 위험에 처해 있는지 보게 되었습니다. 그리고 우리는 그것 때문에 하나님도 애끓는 마음이시며 우리의 행동을 촉구하신다고 믿습니다.

오늘 여기에 누가 와 있는지 보십시오. 다양한 정치적 입장을 가진 그리스도인들이 여기에 와 있습니다. 미국복음주의협의회, 하나님이 한데 불러 모으신 백인 교회와 히스패닉 교회들, 남침례교회, 포커스 온 더 패밀리, 소저너스. 전에도 이런 일이 있었습니까?

우리가 함께 벌이는 이 일은 개별 지도자로서 하는 일보다 더 강력하다는 것을 깨닫습니다. 복음주의권에서 이 정도의 규모와 다양성을 지닌 이민 개혁 캠페인은 한 번도 시도된 적이 없었습니다. 오늘 우리가 발표하는 원칙들이 앞으로 여러 달, 여러 해 동안 미국 전역에서 펼쳐질 캠페인과 홍보 활동의 기초가 될 것입니다.

우리는 힘을 합쳐 그리스도의 몸에 속한 동료 복음주의자들, 기독교 대학과 신학교의 학생들, 우리의 교회들, 백인 교회와 히스패닉 교회 모두에 다가감으로써 이민 제도의 개혁을 위한 여론을 전국적으로 고조시킬 것입니다. 왜냐하면 하나님은 우리에게 지금 믿음과 진리, 성령의 능력 – 워싱턴의 능력보다 훨씬 더 강력한 능력 – 안에서 함께 노력하라고 말씀하시기 때문입니다.

함께할 때 우리는 나뉘져 있을 때보다 훨씬 더 강력합니다. 우리는 미국 전역의 수많은 그리스도인들을 대표합니다. 우리는 우리의 정치적 대표자들을 향해 지금은 당파적인 태도를 버리고 도덕이며 성경적인 명령을 이행할 때라고 말하기 위해 이 자리에 섰습니다. 지금은 이 망가진 제도를 고치고 포괄적 이민 제도 개혁안을 통과시킬 때입니다! 지금은 정치를 초월해 옳은 일을 해야 할 때입니다.

　오늘 우리는 한 목소리로 예언자적으로 선언합니다. 이 문제에 관한 워싱턴의 입장은 바뀔 것입니다. 워싱턴은 포괄적 이민 개혁을 실시할 것입니다.… 왜냐하면 우리 자신의 삶 속에서, 그리고 우리가 속한 교회 안에서 이 변화를 시작하기 위해 하나님의 백성이 함께 모였기 때문입니다. 그리고 우리는 주일마다 "나라가 임하시오며 뜻이 하늘에서 이루어진 것 같이 땅에서도 이루어지이다"라고 기도합니다. 우리는 진심으로 그렇게 기도합니다. 아멘.[3]

우리는 아래의 여섯 가지 원칙에 입각해 이민법 개혁에 관한 초당적 해법을 마련하라고 촉구했다.

1. 모든 사람에게 하나님이 주신 존엄성을 존중할 것
2. 가정의 통일성을 보호할 것
3. 법치를 존중할 것
4. 국경의 안전을 보장할 것
5. 납세자들에게 공정성을 보장할 것
6. 자격을 갖춰 영주권자가 되기를 희망하는 사람들이 합법적인 지위나 시민권을 취득할 수 있는 길을 마련할 것[4]

우리는 이것이 망가진 이민 제도를 고치기 위한 도덕적이며 상식적인 원칙들이라고 믿는다.

　신앙 지도자들이 미국 수도에 모인 이 행사는 영어 언론과 스페인어 언론 모두에 대대적으로 보도되었다. 바로 그날 이들 복음주의 지도자들은 백악관에서 대통령과 장시간에 걸쳐 면담을 진행했으며, 그 다음날에는 국회의사당에서 공화당과 민주당 소속 상하원 의원들과도 회담을 가졌다. 우리의 메시지는 동일했다. 이제는 당파적인 정치적 교착상태를 초월해야 할 때라는 것이었다. 우리는 백악관과 국회의사당의 의회 지도자들에게 용기를 보여 주고 옳은 일을 할 때라고 말했다.

그 주 금요일 이른 아침, 나는 백악관으로부터 한 통의 전화를 받았다. 백악관은 우리에게 대통령이 그날 중대 발표를 하기로 결심했다고 전했다. 이 나라에 불법적으로 입국하기는 했지만 입국 당시 어린이일 뿐이었던 16세 이하의 젊은이들이 더 이상 강제 출국을 당하지 않을 것이라는 내용이었다. 그들이 법을 준수하고 학교를 다녔다면 2년마다 갱신 가능한 노동 허가를 받는 것이 가능하도록 했다. 이것은 의회에서 이미 부결시켰던 드림 법안(Dream Act)만큼 광범위하지는 않지만 그 법안과 유사했다. 드림 법안은 대학생이나 군인들에게 시민권을 취득할 수 있게 하는 방안도 포함하고 있었다. 이 소식을 듣고 나는 다음과 같은 성명서를 작성했다.

오늘 백악관의 발표는 인생 대부분을 이 나라에서 살아 왔으며 이 나라에서 계속 살고 싶다는 꿈을 가지고 있는 거의 백만 명에 이르는 젊은이들에게 대단히 좋은 소식입니다. 그들은 강제 출국의 두려움 속에서 사는 대신 노동 허가를 받을 수 있게 될 것이며, 이를 통해 이 나라에 기여하고 미국의 미래를 만들어 가는 데 공헌할 수 있을 것입니다. 이것은 중요한 한 걸음이기는 하지만, 완전히 망가진 이민 제도의 포괄적 개혁을 향한 첫 걸음일 뿐입니다. 이번 주에 다양한 입장을 가진 복음주의 지도자들이 양당의 정치 지도자들에게 이 망가진 제도를 고치고 그리스도께서 우리에게 보호하라고 말씀하신 '나그네'를 보호하라고 촉구했습니다. 복음주의자로서 우리는 복음이라는 '좋은 소식'을 사랑하며, 오늘 우리는 교회와 이 나라의 중요한 일부인 젊은 이민자들에게 희망과 미래를 제공하는 이 좋은 소식을 진심으로 환영합니다.[5]

다른 많은 복음주의 지도자들도 지지를 표명했다. 미국복음주의협의회 회장 리스 앤더슨은 이렇게 말했다. "이 새 정책은 미국에 좋은 소식이며, 다른 사람의 선택을 통해 미국에 온 젊은 서류미비 이민자들에게 좋은 소식이다. 이것은 옳은 일이다. 나는 의회에서도 이민 제도 전반에 대한 공정하고 자비로운 개혁안을 조속히 통과시키기를 바란다. 우리나라는 이민 관련 법률을 바로잡기까지 이미 너무 오래 기다려 왔다. 이것은 고무적인 첫 걸음이다."[6]

이틀 후 주일에 미국 전역에서 많은 교회들이 크게 기뻐했다. 많은 그리스도인들, 히스패닉과 백인 모두가—어떤 경우에는 함께—기뻐하며 노래하고 춤을 추며 하나님을 찬양했다고 한다. 또한 그날은 아버지날이기도 했다. 많은 이민자 아버지들이 생애 처음으로 자신의 자녀들이 더 이상 두려움의 그늘 아래 살지 않아도 된다는 안도감을 느꼈다. 그리고 거의 백만 명에 이르는 미국의 젊은 이민자들이 감사의 눈물을 흘렸다.

월요일과 화요일 언론의 정치 평론가들은 정치 상황을 평가했다. 다수의 예상과는 달리 대통령의 입장에 반대하는 공화당 성향의 언론도 정부의 발표에 크게 반발하지 않았다. 오히려 일부 보수적인 공화당 성향의 평론가들은 이번 조치를 지지했고, 이를 좋은 정책적 결정이라고 말하며 더 일찍 시행했어야 한다고까지 했다. 물론 그랬어야 했다. 화요일에 발표된 여론조사에서는 미국인의 70퍼센트가 평생을 이 나라에서 살아온 젊은이들을 더 이상 추방하지 않고 그들의 진정한 조국에 기여할 수 있게 하겠다는 이번 결정을 지지했다. 이에 대해 반대하는 사람들 30퍼센트에 불과했다.[7] 대부분의 공화당원들은 워싱턴의 모든 정책 결정이 그렇듯이 정치적 고려에 따른 결정이라고 말했다. 그러나 복음주의 지도자들이 수도에서 모인 직후 정치가 바뀌었던 것이다.

두 정치 진영과 언론에서는 영향력 있는 복음주의 지도자들이 하나가 되어 발표한 성명서가 '엄청난' 영향력을 발휘했으며 정치 지도자들이 옳은 일을 할 수 있는 '공간'과 '지지 세력'을 만들어 냈다고 말했다. 그 주에 이민법 개혁을 위한 새로운 초당적 협력의 발판이 마련되었다. 그러나 정치권 안에서 초당적인 협력을 통해 성과를 이루기가 점점 더 어려워지고 있다. 이런 성과를 이루기 위해서는 외부 세력으로부터의 도덕적 압력이 필요하다. 그때에야 비로소 정치가 서서히 작동하기 시작한다. 그리고 이런 방식으로 특히 '중대한 문제'에 관해 정치가 변화하는 경우가 많다.

이런 경험과 세계 곳곳에서 일어나는 그와 비슷한 사건들을 바라보면서 나는 신앙인들이 정치에 어떻게 접근해야 하는지를 깨달았다. 우리가 세상의 논리라고 불렀던 것을 지지하는 정치적 주장이 언제나 존재하며, 많은 경우 그런 주장은 예수님이 지극히 작은 자라고 부르신 사람들의 이익을 무시하는 결과를 낳는다. 그러나 신앙 공동체가 분명하고 단호하게 '아니오'라고 말하고, 끈질기게 약한 사람들의 입장을 대변하고, 예수님이 그분을 따르는 사람들에게 명하신 대로 그들을 보호하겠다고 약속할 때, 그것은 마치 결코 넘어서는 안 되는 선을 긋는 것과 같다. 그리고 많은 신앙인들이 이것을 근본 원칙으로 삼을 때, 정치인들은 그들 역시 이를 존중해야 하며 그렇지 않으면 신앙 공동체의 의로운 분노에 직면할 수밖에 없음 – 그런 상황을 원하는 정치인은 거의 없다 – 을 서서히 깨닫는다. 신앙 공동체가 한 문화와 그 문화의 정치 지도자들로 하여금 아무런 보호도 받지 못하는 이들을 보호하고 그들을 우리의 공동체 안에 포함시키도록 영감을 줄 수 있다면, 이는 훨씬 더 훌륭한 일일 것이다.

좋은 소식은, 교회의 관심이 천국의 위로를 추구하는 것에서 세상의 가장 작은 사람, 맨 마지막에 자리한 사람, 잃어버린 사람 속에서 예수님을 찾는 것으로 이동하고 있으며, 그분의 사명이 가장 가난하고 가장 약한 사람들에게 무엇을 의미하는지를 깨닫고 있다는 것이다. 이 방향으로 움직이는 우리 모두를 위해 예언자 이사야는 이런 격려의 말을 전한다.

만일 네가 너희 중에서 멍에와 손가락질과 허망한 말을 제하여 버리고, 주린 자에게 네 심정이 동하며 괴로워하는 자의 심정을 만족하게 하면, 네 빛이 흑암 중에서 떠올라 네 어둠이 낮과 같이 될 것이며, 여호와가 너를 항상 인도하여 메마른 곳에서도 네 영혼을 만족하게 하며 네 뼈를 견고하게 하리니 너는 물 댄 동산 같겠고 물이 끊어지지 아니하는 샘 같을 것이라(사 58:9-11).

5
세계 속의 선한 사마리아인

아내와 나는 차를 빌려 예루살렘에서 여리고로 운전해 갔다. 그 길에 들어서자 나는 아내에게 "예수님이 왜 이곳을 그 비유의 배경으로 삼으셨는지 알 것 같아요."라고 말했다. 정말로 구불구불한 길이었다. 숨어서 공격하기에 안성맞춤인 위험한 길이었다. 예수님 시대에 이 길은 '피의 길'로 알려졌다. 제사장과 레위인은 땅에 쓰러져 있는 남자를 내려다보면서 아직도 강도가 주변에 있을지도 모른다고 생각했을 수도 있다. 혹은 그들은 땅에 쓰러져 있는 남자가 거짓으로 그런다고 생각했을 수도 있다. 거기서 그들을 사로잡기 위해, 빠르고 손쉽게 그들을 사로잡을 수 있도록 유인하기 위해 강도를 당해 다친 것처럼 행동하고 있었을 수 있다.

그러므로 제사장과 레위인이 가장 먼저 던진 물음은 "만약 내가 여기서 멈춰 이 남자를 돕는다면 나에게 무슨 일이 일어날까?"였다. 그러나 그다음에 그 길을 지나간 선한 사마리아인은 이 물음을 거꾸로 뒤집었다. "만약 내가 여기서 멈춰 이 남자를 돕지 않는다면 그에게 무슨 일이 일어날까?"
–마틴 루터 킹[1]

거의 모든 사람이 선한 사마리아인 이야기를 알고 있으며, 예수님이 "내 이웃이 누구니이까?"라는 물음에 대답하기 위해 이 이야기를 들려주셨음을 알고 있다. 이것은 언제나 좋은 질문이다. 하지만 우리는 올바른 맥락 속에서 이 물음을 던질 필요가 있다. 위험한 길에서 어려움에 처한 사람을 돕는 것은, 누가 우리의 이웃이며 우리가 그를 어떻게 도와야 하는지를 가르치시기 위해 예수님이 사용하신 예였다. 누가 우리의 이웃인가? 점점 더 가까워지는 전 지구화된 세계 속에서 이 오래된 도덕적 물음은 전혀 새로운 맥락에 놓이게 되었다. 전 지구화된 세계 속에서 선한 사마리아인이 된다는 것은 무엇을 의미하는가?

율법교사의 질문

어떤 율법교사가 일어나 예수를 시험하여 이르되, "선생님, 내가 무엇을 하여야 영생을 얻으리이까?" 예수께서 이르시되, "율법에 무엇이라 기록되었으며 네가 어떻게 읽느냐?" 대답하여 이르되, "네 마음을 다하며 목숨을 다하며 힘을 다하며 뜻을 다하여 주 너의 하나님을 사랑하고 또한 네 이웃을 네 자신같이 사랑하라 하였나이다." 예수께서 이르시되, "네 대답이 옳도다. 이를 행하라. 그러면 살리라" 하시니 그 사람이 자기를 옳게 보이려고 예수께 여짜오되, "그러면 내 이웃이 누구니이까?" 예수께서 대답하여 이르시되, "어떤 사람이 예루살렘에서 여리고로 내려가다가 강도를 만나매 강도들이 그 옷을 벗기고 때려 거의 죽은 것을 버리고 갔더라. 마침 한 제사장이 그 길로 내려가다가 그를 보고 피하여 지나가고, 또 이와 같이 한 레위인도 그곳에 이르러 그를 보고 피하여 지나가되, 어떤 사마리아 사람은 여행하는 중 거기 이르러 그를 보고 불쌍히 여겨 가까이 가서 기름과 포도주를 그 상처에 붓고 싸매고 자기 짐승에 태워 주막으로 데리고 가서 돌보아 주니라. 그 이튿날 그가 주막 주인에게 데나리온 둘을 내어 주며 이르되, '이 사람을 돌보아 주라. 비용이 더 들면 내가 돌아올 때에 갚으리라' 하였으니, 네 생각에는 이 세 사람 중에 누가 강도 만난 자의 이웃이 되겠느냐?" 이르되, "자비를 베푼 자니이다." 예수께서 이르시되, "가서 너도 이와 같이 하라" 하시니라(눅 10:25-37).

물론 이 본문은 매우 잘 알려진 선한 사마리아인 비유로서 많은 사람들이 윤리에 관한 예수님의 핵심 가르침 중 하나로 이해한다. 그리고 이 비유는 고대인들에게 근본적으로 중요했으며 현대 세계에서도 여전히 중요한 물음을 다룬다. 누가 나의 이웃인가? 전 지구화가 급속히 진행되고 세계가 이토록 밀접하게 연결된 상황에서 이 문제를 다루기 위해서는 전혀 새로운 윤리적 관점과 모범이 필요하다. 이 점에서 이 이야기는 우리에게 도움을 준다.

앞서 인용했듯이, 마틴 루터 킹은 이 비유와 관련해서 인생길에서 강도를 당하고 얻어맞은 사람들의 곤경과 자기를 지키기 위해 그런 사람들을 피해 다른 쪽으로 지나쳐 가는 사람들 – 종교 지도자들조차도 – 의 모습에 대해 이야기했다. 예수님이 그러셨듯이 킹은, 인간의 고통에 대한 무관심을 정당화하기 위해 사람들이 핑계를 대는 사회적 경계를 넘어서 이웃이라는 관념을 급진적으로 확장할 것을 촉구한다.

그리고 이 비유가 말하고자 하는 바는 바로 이것이다. 즉 '우리 이웃'의 정체성을 확대하고 확장하라는 것이다. 의심할 나위 없이 대부분의 사람들은 이웃에 대한 의무와 책임이 있다고 생각한다. 그러나 그들은 경계가 있다고 믿거나, 많은 사람들이 자신에게 너무 멀리 떨어져 있기에 **이웃이 아닌 사람**이라고 여긴다. 우리의 이웃이 친척이나 친구, 우리 모임의 일원이거나 **우리**와 많이 닮았을 때는 문제가 한결 쉽다. 그러나 우리가 경계를—인종과 종교, 동네, 지역, 문화, 계급, 민족, 국가와 같은 경계, 심지어는 이런 경계 내부에서 성차라는 경계를—가로질러야 할 때, 우리는 어떤 사람이나 집단을 무시하는 것을 정당화하기 시작한다.

이것이 바로 이 이야기에서 율법교사가 보인 행동이다. 그는 자신을 정당화하려고 노력한다. 이것은 자신의 실패를 기꺼이 고백하고 새로운 길을 걸을 수 있는 능력을 발견하고자 하는 겸손한 사람이 묻는 진실한 물음이 아니다. 이것은 어떻게든 책임을 회피하려는 태도다. 공적 영역의 정치에서 이런 식의 대화를 흔히 볼 수 있다. "내가 내 형제와 자매를 지키는 사람입니까?"[2] "누가 내 형제요 자매입니까?" 다시 말해 우리의 율법교사, 즉 정치인들은 경계를 설정해 우리가 우리의 형제를 지키는 사람이 되는 길을 가로막으려는 경우가 많다. 이 이야기에서 율법교사, 즉 정치인은 주 너의 하나님을 사랑하고 네 이웃을 네 자신처럼 사랑하라는 율법의 말씀에 동의해야만 했다. 이는 율법이 명령하는 바이기 때문에 그는 이를 회피할 수 없다. 그러므로 이제 그가 할 수 있는 선택은 이 명령이 누구에게 적용되는지, 그가 실제로 누구를 사랑해야 하는지 그 범위를 좁히는 것밖에 없었다. 그는 이런 어조와 의미로 물었다. "좋습니다. 그럼 과연 누가 나의 이웃입니까?"

자신의 책임을 교묘히 회피하려는 율법교사의 물음에 대한 대답으로 예수님은, 이 물음과 예수님의 대답에 귀를 기울이고 있던 그 자리의 모든 사람들 앞에서 설득력이 넘치며 죄를 깨닫게 하는 이 이야기를 들려주신다.

우리는 먼저 신약학자들이 이 이야기의 장면과 맥락을 어떻게 설명하는지를 눈여겨보아야 한다. 이 남자는 매를 맞고 옷을 빼앗기고 '거의 죽은' 채로 버려져 있었기 때문에 복장이나 말투, 방언처럼 통상적인 방법으로는 그가 누구인지 알 수 없었다. 거의 벌거벗겨진 채 의식을 잃고 바닥에 누워 있는 이 남자를 보기만 해도 그가 누구인지 알 수 있는 사람은 없었다. 이 사람의 끔찍한 모습은 그의 신원이나 신분, 지위에 관해 아무것도 말해 주지 않았다. 그는 사회적 배경이나 문화적 연관관계를 결여하고 있었다. 그는 아무도 아니었으며 그 누구도 될 수 있었다. 또한 그는 죽었거나 거의 죽어 있었다. 따라서 이 남자가 누구인지 알 수 없었으므로 모든 통상적인 범주 안에서 이 남자가 '이웃'인지 판단하기란 어려웠다.

먼저 제사장이 그를 지나쳐 갔으며 그 다음에는 레위인이 지나쳐 갔다. 왜 그들은 멈추지 않았을까? 많은 사람들이 이것이 특히 종교 지도자들과 관련이 있었던 '정결 예법'과 '성결 법전'의 문제와 관계가 있다고 주장한다.[3] 만약 길가에 쓰러져 있던 남자가 유대인이 아니라면 제사장은 그와 접촉함으로써 부정해질 위험이 있었다. 만약 그가 실제로 죽어 있었다면 율법은 훨씬 더 엄격했다. 제사장은 시체의 반경 1.8미터 안에 들어가서는 안 되었다.[4] 예수님이 살았던 문화에서는 누군가 시체와 접촉하면 그 사람은 부정해진다고 생각했다. 그리고 제사장과 레위인의 경우 다시 의례적으로 자신을 정결하게 하기 위해서는 시간과 돈이 들었으며 불편함을 감수해야 했다. 이 남자를 돕는 것을 정당화하는 방향으로 율법을 해석할 수 있는지에 관해서는 논란이 있다. 예를 들어, '버려진 시체'나 그 밖의 특수한 상황에 대해 율법적 예외가 있었느냐 하는 것이다. 이 경우 제사장과 레위인은 긍휼 대신 정결을 택한 셈이고, 자신의 종교적 규율을 핑계로 이 사람을 돕지 않고 지나쳐 버린 것이다.[5] 전에도 이런 상황을 목격하거나 들어 보지 않았는가? 그러나 신약학자인 클라인 스노드그래스(Klyne Snodgrass)는 이렇게 말한다. "이 비유는 성결 법전을 자비 법전으로 대체하는 예수님의 가르침의 또 다른 예다."[6]

아마 제사장과 레위인은 두렵기도 했을 것이다. 그곳은 예고도 없이 강도가 행인을 공격하던 매우 위험하고 불안한 길이었다. 어쩌면 주위에 아직 강도가 기다리고 있다가 멈춰선 사람을 공격할지도 몰랐다. 혹은 킹 박사의 말처럼, 그들은 이 남자가 자신을 덫에 걸리게 할 계략의 일환으로 다친 척하고 있을지도 모른다고 두려워했을지도 모른다. 멈춰서 돕는다면 분명히 이 남자와 접촉하게 될 것이며, 이는 — 오늘날 멈춰서 사람들을 돕고자 할 때도 그렇듯이 — 일정이 지체될 수도 있고 위험이나 공격에 노출될 가능성을 감수해야 한다는 뜻이다. 서둘러 가던 길을 가는 것이 멈춰 서는 것보다 더 안전할 것이다. 그래서 문제를 피하고, 정결과 안전을 지키기 위해 첫 두 행인 — 종교 지도자들 — 은 고통스러워하는 남자를 무시하고 길 건너편으로 건너가 가던 길을 계속 갔다.

너무 바빠서 도울 수 없다?

다른 이유가 있었을지도 모른다고 주장하는 사람들이 있다. 즉 이들이 그저 너무 바빴다는 것이다! 이들 종교 지도자들은 너무나도 많은 중요한 일과 사람들에 대해 생각하면서 정말로 바빠 길을 재촉했을지도 모른다. 어쩌면 매우 중요한 회의에 참석하러 가는 길이었는지도 모른다. 이들은 빡빡한 일정에 따라 움직이는 지도자들이었다. 이들은 다음 약속 장소로 이동하는 중에 자기 주변에서 무슨 일이 일어나는지 알아볼 시간조차 없었고, 멈춰 서서 미리 일정에 잡혀 있던 계획을 제쳐 두고 다른 사람을 돌볼 여유는 더더욱 없었다. 가던 길을 멈췄던 사마리아인은 아마도 덜 바빴을 것이다.

프린스턴 신학교에서는 선한 사마리아인 이야기와 관련하여 대단히 흥미로운 실험을 했다. 실험은 이 이론에 대해 시사점을 제공한다.[7] 실험 진행자는 신학생들에게 종교 교육에 관한 프로젝트에 참여해 달라고 부탁했다. 학생들은 자신의 종교에 관한 설문지를 작성한 후 캠퍼스 내의 다른 건물로 이동해 여러 주제에 관한 메시지를 전하고 그 내용을 기록해 달라는 부탁을 받았다. 그러나 이동하던 중 그들은 복도에 쓰러져 있는 한 젊은 사람을 만난다. 그는 다쳐서 고통스러워하는 연기를 하고 있었다.

조사자들은 세 가지 문제를 시험해 보고 싶었다. 그것은 (1) '종교적인' 생각과 '남을 도와야 한다'는 생각을 하는 사람들이 과연 어려움에 처한 사람을 돕기 위해 멈춰 서는지, (2) 종교로부터 개인적인 이익을 얻고자 하는 사람들이 삶의 의미를 찾는 것을 종교의 가치로 생각하는 사람들과 다르게 반응하는지, (3) 서두르는 사람들은 돕지 않는 경향이 있는지였다. 세 가지 변수, 즉 주제, 정체성, 긴급성이다. 한 집단에게는 신학교 공부에 관한 메시지를 준비하라고 말했고, 다른 집단에게는 선한 사마리아인에 관한 메시지를 준비하라고 말했다. 어떤 사람들에게는 다음 과제에 거의 늦었다고 말했고, 다른 사람들에게는 일찍 도착할 수도 있지만 어쨌든 이동하라고 말했다. 모두가 복도에 주저앉아 있던 그 남자를 지나쳤으며, 그들이 지나쳐 갈 때 그는 신음하며 기침을-두 차례-했다. 그들이 두 번째 장소에 도착한 후 신학생들은 지정된 메시지를 전하고 '돕는 행위에 관한 설문지'에 답했다.[8]

실험 결과는 매우 분명했다. "이 변수들 중에서 유일하게 영향을 끼친 변수는 실험 대상자가 얼마나 서두르고 있는가였다. 서두르지 않았던 참가자 중 63퍼센트는 멈춰 서서 도왔으며, 약간 서두르던 사람들 중에서는 45퍼센트가 멈추었고, 매우 서두르던 사람들 중에서는 10퍼센트가 멈추었다. 학생들에게 선한 사마리아인의 비유에 관해 이야기하라고 했든 그들의 종교적 관점에 관해 이야기하라고 했든, 그것은 결과에 영향을 미치지 않았다."[9]

나는 이 연구의 결론에 큰 충격을 받았다. 설령 행인이 선한 사마리아인 비유에 관해 가르칠 예정이라고 하더라도 서두르는 사람은 멈추어 어려움에 처한 사람을 돕지 않을 것이다! 프린스턴의 보고서에 따르면 일부 신학생들은 가던 길을 계속 가기 위해-이웃이 된다는 것이 무엇을 뜻하는지에 관한, 복음서에 기록된 예수님의 이야기에 관해 설교하기 위해-말 그대로 그 연기자

위로 넘어갔다고 한다. 이것은 우리의 윤리와 우리의 행동에 관해 무엇을 말해 주는가? 그리고 서두르고 항상 너무나도 바쁘게 살아가는 것이 우리가 믿는다고 말하는 것들을 실천할 수 있는 우리의 능력에 미치는 영향력에 관해 무엇을 말해 주는가? 프린스턴 보고서는 통로의 그 남자를 돕기 위해 멈추어 서지 않았던 학생들 다수가 도착한 후에도 그것에 관해 불안하거나 염려하는 모습조차 보이지 않았다고 한다. 그들은 너무 바빠서 정말로 어려움에 처한 사람을 알아차리지도 못했던 것일까? 그들은 자신에게 부과된 시간의 압박과 이동하는 중에 만난 윤리적 행동의 가능성 사이의 갈등에 직면했다. 이 연구 보고서는 "돕지 않았던 까닭은 냉담함보다는 갈등인 것으로 보인다"고 추측했다.[10]

제사장과 레위인들, 그리고 프린스턴에서 실시한 연구에 참여한 신학생들 대부분은 하나님을 기쁘시게 하기 위해 자신의 성결함을 유지하고자 하는 욕망이나 자신의 바쁜 일정이 부과하는 규칙과 시간표에 충실하려는 마음 때문에 그렇게 행동했다. 그러나 사마리아인은 또 다른 인간의 필요에 반응해 행동하기로 결심했다. 그리고 그는 예수님이 "너도 이와 같이 하라"고 말씀하실 때 예로 드신 본보기였다.[11] 그렇다면 선한 사마리아인의 반응으로부터 우리는 무엇을 배울 수 있을까?

긍휼의 대가
예수님이 이 이야기에서 사마리아인을 긍정적인 예로 드셨다는 사실은 그분의 말씀을 듣고 있던 유대인들에게 충격이었을 것이다. 사마리아인들은 혼혈 인종 — 유대인과 그 지역을 점령했던 다른 인종 간의 결합 — 이었으며, 클라인 스노드그래스의 말에 따르면 유대인과 사마리아인의 관계는 "좋지 않은 것으로 유명했다." "유대인들은 사마리아인들이 의심스러운 혈통과 부적합한 신학을 가지고 있는 사람들이라고 생각했다."[12] 오늘날 너무나도 많은 종교 지도자들이 자신이 좋아하지 않는 사람들에 관해 이런 식으로 이야기하곤 한다. 분명히 그것은 긴장된 관계였다. 예수님이 사마리아 여인에게 말을 걸고 물을 달라고 하셨을 때 여인은 그것만으로도 깜짝 놀랐다. 그렇다면 이 사마리아인은 누구였을까? 그는 이 비유에서 어떤 일을 했기에 예수님께 칭찬을 받은 것일까?

첫째로, 이 사마리아인은 인접한 지역 출신이 아니었을 것이고, 그렇기 때문에 다친 남자가 쉽게 자신의 '이웃'이라고 생각할 만한 사람이 아니었을 것이다. 둘째로, 사마리아인은 이방인이 아니었기에 유대인과 같은 정결 예법에 매여 있었다. 그러나 이 사람은 이런 율법을 무시하고 멈추어 서서 신원도 확인할 수 없는 낯선 사람에게 접근한다. 다시 말해, 그는 더럽혀질 위험을 감수한 것이다. 그리고 이 남자가 죽지 않고 심하게 다쳤음을 보고, 최선을 다해 자신의 기름과 포도주로 상처를 치료하고 싸맨다. 그런 다음에 그는 이 남자를 자신의 나귀에 태워 가까운 여관으로 데려가고 그가 필요한 도움을 받고 쉴 수 있도록 돕는다.

물론 강도당한 이 남자에게는 돈이 없다. 그래서 사마리아인은 자기 지갑에서 두 데나리온을 꺼낸다. 이틀치 임금에 해당하는 이 돈으로 이 남자는 약 2주 동안 여관에 머물 수 있을 것이다.

그날 밤 다친 남자가 안정을 취하도록 돌본 후 이튿날 그는 가던 길을 나선다. 하지만 그는 완전히 낯선 사람인 이 남자가 회복되는 데 비용이 더 든다면 돌아와서 갚겠다고 여관 주인에게 약속한다. 사마리아인은 그 돈을 돌려받을 수 있을지 전혀 확신할 수 없었다. 분명한 것은 그가 돌려받을 것을 기대하지 않았다는 점이다.

다친 남자를 위해 돈을 더 지불하겠다고 말하면서 이 사마리아인은 여관 주인에게 자신이 누구인지 밝혀야 했는데, 이 점이 중요하다. 이 비유에서는 설명하지 않지만, 이 남자가 공격을 당한 이유는 '피의 복수'를 위한 폭력이었을 수도 있다. 즉 한 집단이나 일족이 원한을 품고 다른 집단이나 일족에 속한 누군가를 공격한 것일 수도 있다. 우리 공동체가 위치한 도심에서 벌어지는 조직 폭력에 꽤나 익숙하기에 나는 이런 현실을 쉽게 이해할 수 있다. 만약 그런 조직 폭력의 희생자를 돕는다면, 당신은 그 폭력단의 다음 희생자가 될 가능성이 높다. 그러므로 이 사마리아인은 이 남자를 위해 다시 한 번 스스로 위험을 감수한 것이다.

선한 사마리아인은 신약학자 섀런 린지(Sharon Ringe)가 이웃을 "갖고 있는" 것과 이웃이 "되어 주는" 것이라고 부른 것 사이의 차이를 보여 준다. "그 누구도 그저 이웃을 **갖고 있기**만 할 수는 없다. 자신 역시 이웃이 **되어 주어야** 한다. 이웃 되기는 양방 통행로다. 이 비유는 이웃에 관한 우리의 통상적인 생각을 근본적으로 바꾸어 놓는다. 복음서는 이 이야기에 대한 그 누구의 반응도―율법교사의 반응도, 그 자리에 있던 다른 사람들의 반응도―

5. 세계 속의 선한 사마리아인

기록하지 않는다. 이 이야기는 일상적인 삶과 관행의 변혁을 다시 한 번 촉구하고 있다. 이것이 바로 제자도의 핵심이다."[13]

우리 모두가 이웃을 **가지고 있지만** 복음서에서는 우리에게 이웃이 **되어 주**라고 요구한다. 선한 사마리아인은 우리에게 어떻게 이웃이 되는지를 보여 주며, 예수님은 이 사람이 우리가 따라야 할 본보기라고 말씀하신다. 스노드그래스는 이렇게 요약한다. "흔히 이 비유는 사랑이란 이웃의 범위를 결코 제한하지 않는 것임을 보여 주기 위한 예로 든 이야기로 해석된다.…이 이야기는 긍휼한 마음을 가진 사마리아인에 관한 이야기이며, 예수님은 이 이야기를 통해 사랑의 명령에 관해 가르치고자 하셨다."[14] 분명 예수님은 우리가 누가 우리의 이웃인지, 따라서 누가 하나님이 우리에게 요구하신 사랑을 받을 가치가 있는지에 대해 제한을 두지 않기를 원하신다. 그분은 우리의 공적 삶에서 계속 제기되는 물음에 답을 주신다. 우리의 형제자매를 지키는 사람은 바로 우리다.

모든 경계를 가로질러서

그러므로 선한 사마리아인은 어려움에 처한 사람을 도움으로써 모든 종류의 경계를 가로지르고 모든 종류의 위험을 감수하고 있다. 그리고 바로 이것이 예수님이 말씀하시고자 하는 바이며, "누가 나의 이웃인가?"라는 물음에 대한 대답이다. 인간은 우리의 이웃이라는 관념 주위에 경계와 장벽, 제한적인 정의를 세우고 싶어 한다. 우리가 완전히 동일시할 수 없거나, 우리 집단 외부에 있거나, 우리와 다르거나, 우리를 새롭게 혹은 불편하게 하거나 심지어는 위험한 상황에 처하게 만들 수도 있는 사람들. 우리는 이런 사람들이 우리의 이웃으로 정의되지 못하도록 막고 싶어 한다. 그러나 하나님이 보시기에는 그들이 우리의 이웃이라고 예수님은 말씀하신다. 이 사마리아인은 여리고로 내려가던 도중에 다른 사람이 위험에 처한 것을 보고 그를 돕기 위해 모든 규칙과 경계를 무너뜨린다. 무엇보다도 그는 긍휼과 사랑은 행동을 요구하며 단순한 이상이나 감정이 아님을 보여 준다.

모든 사회는 경계―그 자신과 '타자' 사이의 장벽―를 만든다. 그리고 예수님은 우리에게 우리의 '이웃'을 발견하기 위해 이런 문화적·인종적·종교적·지역적·종족적 경계를 횡단하라고 말씀하신다. 마틴 루터 킹이 이 본문이 인종주의에 맞서는 투쟁과 관련해 핵심적 중요성을 지닌다고 결론 내렸다는 사실은 놀랍지 않다. 우리는 우리와 다르거나 거리가 먼 사람들을 사랑하지 않는 핑계를 대기 위해 경계를 만들고 그 뒤에 숨으려고 한다. 그러나 이 비유는 우리의 그런 시도를 정면으로 차단한다. 예수님은 이웃 사이에 용인된 경계라는 우리의 관념을 제거하신다. 만약 우리의 경계가 충분히 협소하게 그려진다면, 우리는 경계 외부에 서 있는 '이웃'을 사랑하기 위해 치러야 할 대가를 피할 수 있을 것이다. 그러나 다시 한 번 예수님은 그런 태도에 대해 아니라고 말씀하신다. 왜냐하면 이 세상에 '이웃이 아닌 사람'은 없기 때문이다. 하나님의 자녀 모두가 우리의 이웃이며, 이 급진적인 관념은 공동선이라는 사상과 관련해 절대적으로 중요하다. 이것이 바로 공동선을 위한 영적 기초다.

우리는 사마리아인 비유가 가르치는 이 기본적인 윤리 - '이웃'의 정의에 관한 한 어떤 경계도 존재하지 않는다는 - 를 점점 더 전 지구화하는 세계 속에서 우리의 도덕적 지침과 나침반으로 삼아야 한다. 좋은 소식은 다음 세대의 가장 명민하고 가장 헌신된 사람들이 이것을 받아들이고 실천하고 있다는 사실이다. 부모들보다 훨씬 더 전 지구적인 세계관을 가지고 있는 젊은이들은, 세계 곳곳에 있는 사람들을 바로 옆집에 사는 사람들과 마찬가지로 이웃으로 생각하는 태도를 당연히 받아들인다.

이 점은 매우 중요하다. 왜냐하면 지금 우리가 직면한 문제와 위협은 그 속성상 정말로 전 지구적이며 그에 관해서는 경계가 전혀 없기 때문이다. 전 지구적인 전염병은 우리가 장벽을 세운다고 해서 막을 수 있는 것이 아니다. 쓰나미와 지진 같은 자연 재해는 국경의 존재를 전혀 고려하지 않는다. 급속한 기후 변화의 위협은 우리의 자녀들이 어디에서 살든 그들 모두에게 영향을 미칠 것이다. 빈곤이나 갈등, 환경적 압박으로 인한 대규모 이주는 새로운 이민자들과 그들이 정착한 지역에 살고 있던 기존 주민들에게 또 다른 긴장과 혼란을 유발한다. 한 지역에서 발생한 전쟁과 폭력이 다른 많은 지역에 치명적인 영향을 미쳐 재정과 인간 생명에 큰 비용을 치르게 만든다.

지구촌의 현실은 예수님의 비유의 윤리와 대단히 직접적으로 연결된다. 원하든 원하지 않든, 이제 우리 모두가 이웃이다. 이러한 전 지구적 현실과 우리 이웃의 참된 정체성에 관한 새로운 국제적 인식 때문에 여행, 인간관계, 상호적 책임이 전 지구적 규모로 확대되고 있다. 내가 가르친 학생들은 의과대학에 진학해 국경 없는 의사회(Doctors Without Borders) 같은 단체와 더불어 의료적 도움이 절실하게 필요한 지역에서 일하고 있다. 이 단체의 이름은 선한 사마리아인의 윤리와도 직접적으로 연결된다. 몇몇 모범적인 언론인들은 그저 분쟁 지역을 취재할 뿐만 아니라 폭력의 희생자들의 이야기를 들려주기 위해 실제로 그들이 사는 곳으로 찾아 들어가려고 큰 위험을 감수하는 경우가 많다. 이 책에서 말했듯이, 시리아에서 살해당한 미국인 종군기자 마리 콜빈(Marie Colvin)과 젊은 프랑스인 사진기자 레미 올릭(Rémi Ochlik)은 이런 기자들의 영웅적인 희생을 잘 보여 준다.[15]

소저너스 공동체 출신의 젊은 부부들은, 메노나이트 중앙위원회(Mennonite Central Committee)나 월드비전(World Vision) 같은 단체와 함께 팔레스타인, 필리핀, 중앙아메리카, 케냐 등 세계에서 가장 가난하고 갈등으로 고통당하는 곳에서 사람들을 섬겨 왔다. 심지어 기독교 음악을 하는 그룹에서도 이런 노력에 동참해 왔다. 자스 오브 클레이(Jars of Clay)는 돈과 시간을 투자해 남아프리카에 우물을 파고 에이즈 문제를 해결하기 위해 노력하는 '피와 물의 사명'(Blood: Water Mission)이라는 새로운 프로젝트를 시작했다. 국제사면위원회(Amnesty International) 같은 단체들은 이데올로기를 막론하고 모든 정부에 국민의 인권과 존엄성을 보호할 책임을 묻는—그들이 우리의 이웃임을 재천명하는—일을 통해 폭넓은 신뢰를 받고 있다.

가난한 나라와 부유한 나라 모두에서 성매매를 목적으로 하여 여성과 아동을 인신매매하는 것에 반대하는 '새로운 노예제 폐지' 운동은 그 어떤 운동보다 젊은 세대의 관심을 더 많이 끌었다. 오늘날 2백 년 전 윌리엄 윌버포스(William Wilberforce)가 노예무역을 종식시켰을 때보다 더 많은 사람들이 노예처럼 살고 있다. 인신매매와 노예제에 반대하는 낫 포 세일(Not for Sale) 캠페인을 이끄는 나의 친구 데이비드 뱃스톤(David Batstone)은[16] 태국, 인도, 페루 등 세계 곳곳에서 이 캠페인을 펼치고 있는 그의 학생들과 자녀들에 관한 감동적인 이야기를 나에게 들려주었다. 이 캠페인에 참여하는 이들 모두는 이 선한 사마리아인의 비유를 도덕적·영적 기초로 삼고 있다. 이 비유를 통해 예수님은 우리를 이웃과 분리시켜 그들에게 응답하지 못하게 만드는 모든 경계와 장벽을 허물라고 말씀하시기 때문이다.

전 세계의 이웃을 위한 윤리

바야흐로 전 세계의 우리 이웃을 위한 윤리가 출현하고 있다. 그리고 이 윤리는 바로 예수님의 비유로부터 나왔다. 사람들은 선한 사마리아인의 비유가 주는 교훈을 배우고 있으며, 전 지구적 차원에서 이 윤리를 실천하겠다고 결단하고 있다. 젊은이들은 그들이 이웃이라고 규정한 사람들에게 다가가면서 새로운 연결고리를 만들고, 헌신을 다짐하고, 동맹을 이루고, 갈등 해소를 위해 노력하고, 문제에 관해 이야기하고, 불평하는 대신 실제로 문제를 해결하는 데 시간과 열정을 쏟고 있다. 예를 들어, 젊은 사회적 기업가들—세계경제포럼 같은 행사에서 민간 부문과 비영리기구 부문에 속한 젊은 사회적 기업가들 - 과 마주 앉아 장차 우리가 직면하게 될 가장 큰 문제 중 하나로 보이는 세계의 수자원 관리 및 보존 문제에 관해 열띤 토론을 벌이는 것은 놀라운 경험이다. 그들의 대화를 지켜보고 듣는 것만으로도 나는 큰 자극을 받았다. 왜냐하면 모든 경계를 가로질러 세계 전역에서 이웃에 대한 전 지구적 전망과 윤리가 적용되고 있음을 분명히 볼 수 있기 때문이다. 나는 이것을 보시며 예수님도 미소 지으실 것이라고 생각한다.

이웃을 우리 자신과 같이 사랑해야 한다고 말하는 이 윤리는 이제 우리가 사용하는 상품을 만드는 사람들을 이웃으로 규정하는 데까지 확장된다. 이런 확장은 특히 자기 또래의 아이들의 노동력을 착취해 만들어진 상품을 아무 생각 없이 소비하고 싶어 하지 않는 많은 젊은이들 사이에서 특히 두드러진다. 그렇다. 선한 사마리아인의 윤리는 우리의 구매 습관에도 적용되고 있다.

나는 워싱턴의 브루킹스 연구소(Brookings Institution)에서 열린 한 집회에 초대를 받아 잔인한 민병대에 의해 자행되는 끔찍한 폭력으로 인해 고통당하는 콩고의 무력한 민간인들에 관해 강연한 적이 있다. 강연은 초점은 이 민병대를 지원하고 무기를 구매하도록 하는 돈이 그들이 통제하고 판매하는 '더러운 광물' - 우리의 휴대전화를 만드는 데 필수적인 광물 - 로부터 나온다는 점에 맞춰졌다.

나는 점심시간에 배정된 강연자였으며, 이 시간을 맡은 강연자들은 식사를 하는 사람들에게 영감을 주는 이야기를 들려줘야 했다. 나는 매우 다양한 (그리고 대체로 세속적인) 청중에게 선한 사마리아인 이야기를 인용하는 것으로 강연을 시작했다. 성경을 읽는 것이 그들의 관심을 사로잡았다. 나는 복음서에서 예수님이 율법교사의 물음에 대답하며 들려주신 이 이야기가 전 지구화된 우리 세계에, 더 나아가서 더러운 광물 문제에 어떻게 적용될 수 있는지 물었다. 현재 우리가 삶을 영위할 수 있도록 해주는 이 사람들이(우리들 대부분은 휴대전화 없이는 일도 제대로 할 수 없다고 말할 것이다!) 정말로 전 지구적인 대로 한쪽 편에 남겨진 - 홀로 두려움에 떠는 약한 - 우리의 이웃일까?

예수님은 제자들에게 황금률을 가르치셨다. "남에게 대접을 받고자 하는 대로 너희도 남을 대접하라"(눅 6:31). 이것은 세계의 모든 주요 종교 전통이 공유하는 윤리적 명령이다. 이것은 우리의 공통 기반이자 우리가 지향해야 할 더 높은 차원이다. 마찬가지로 예수님은 이 명령에 순종하는 것이 영생에 이르는 길이라고 말씀하셨다. "네 마음을 다하며 목숨을 다하며 힘을 다하며 뜻을 다하여 주 너의 하나님을 사랑하고 또한 네 이웃을 네 자신같이 사랑하라"(눅 10:27; 막 12:29-31도 보라).

나는 예수님의 청중 중 일부는 명민하게도 "그렇다면 누가 나의 이웃입니까?"라고 물었으며, 이에 대해 그분이 이 유명한 이야기로 대답하셨다고 설명했다. 나는 이 이야기를 들을 때 제사장과 레위인이 누군가를 길가에 버려두고 떠났다고 그들을 비난하기 쉽다고 말했다. 그러나 엄밀히 말해서 그들은 율법을 준수했을 뿐이다. 그들은 자신이 이해한 대로 규정된 역할을 수행하기 위해 책임을 다했을 뿐이다. 두 사람 다 의무를 완수하기 위해서는 '정결함'을 유지해야만 했다. 피범벅의 몸을 만진다면 그들은 '부정해질' 것이고 여리고에 도착한 후에는 이것이 그들에게 문제가 될 것이다. 상처 입은 사람을 돕는다면 너무 많이 시간이 소요될 것이며, 자신이 위험한 상황에 처하고 말 것이다. 그들은 말했다. "내 일은 이 길 끝에 있다. 나는 길가에서 이 혼란스런 상황에 말려들어서는 안 된다. 그렇게 했다가는 맡은 책임을 위해 여리고로 가는 이 여정이 지체될 뿐이다."

그런 다음에 나는 만일 오늘 예수님의 말씀을 듣는 사람들 가운데 누군가가 명민하게 똑같은 질문을 한다면 어떻겠느냐고 물었다. "그러면 누가 나의 이웃입니까?" 오늘날 그분의 비유는 어떤 것일까? 활동가와 정책 입안자, 기업의 회장, 비영리기구의 지도자로 가득한 그 방에서 나는 그들에게 휴대전화를 들어 보라고 말했다. 나는 솔직해지자며, 오늘날 많은 사람들에게 휴대전화는 '소중한 누군가'가 되었다고 말했다. 많은 사람들이 자신의 삶에서 그 어떤 사람보다 더 많은 시간을 휴대전화와 보낸다. 어디를 가든 어느 곳에 있든, 휴대전화를 들여다보거나 장시간 통화를 한다. 하지만 휴대전화는 어떤 경로를 거쳐서 우리에게 오는가? 그 경로는 여리고로 가는 길보다 훨씬 더 위험한 길일지도 모른다.

예를 들어, 휴대전화 안에 주요 부품 중 다수가 콩고처럼 폭력 분쟁의 주요 이유가 되는 광물로부터 만들어진 것임을 알거나 정말로 이해하고 있는가? 잔인한 민병대는 수천 명의 아프리카인들을 살해하고 파괴하는 무기를 사기 위해 이 '더러운 광물'을 팔고 있다. 이에 관해 우리는 무엇을 할 것인가? 아이폰과 아이패드처럼 우리가 좋아하는 기계들이, 일부 노동자들을 불구로 만들어 손을 제대로 사용하지 못하게 할 정도로 끔찍한 환경에서 일하는 사람들에 의해 중국에서 만들어지고 있음을 알 때 우리는 무엇을 할 것인가?[17] 이런 예는 수없이 많다. 기계 장치, 옷, 맛있는 초콜릿 등 많은 상품들이 우리에게 오기까지 그 길가에는 많은 희생자들이 말 그대로 구타와 강도를 당해 죽도록 내버려져 있다. 나는 자신의 휴대전화를 들고 있는 참석자들을 향해 "여러분의 휴대전화를 만드는 일에 관여한 사람은 누구든지 여러분의 이웃입니다!"라고 말했다. 나는 그들에게 "선한 사마리아인 비유는 오늘날 우리에게 경제의 공급망이 동시에 가치의 연결망이 되어야 함을 말해 주지 않습니까?"라고 물었다.

사람들은 점심 식사를 멈추었고, 일순간 정적이 흘렀다. 나는 예수님이 우리의 휴대전화를 들고 계신다고 상상해 보라고 말했다. 그분은 아마도 "네 전화기나 네가 입은 옷, 네가 사용하는 컴퓨터, 네가 먹는 음식, 네가 운전하는 자동차를 만드는 과정에서 공급망에 관여한 모든 남자와 여자와 아이들이 너의 이웃이다"라고 말씀하실 것이다. 이 공급망에서 당신의 전 지구적 이웃은 모두 하나님의 자녀다. 신앙인들이 실천하려고 노력해야만 하는 신학적 현실은, 우리의 이웃이 지리적 인접성에 따라 규정되지 않는다는 것이다. 어려움에 처한 사람이 바로 우리의 이웃이다. 그러므로 이제 소비재 상품을 위한 공급망이라는 이 피로 얼룩진 길 위에서 무슨 일이 일어나고 있는지 관심을 기울일 때다.

경제의 공급망을 가치의 연결망으로 바꾸라

우리의 전 지구적 이웃을 돌보기 위해서 계획을 바꾸거나 사용하는 상품을 바꾸어야 할 때도 있다. 우리의 이웃을 돌보기 위해서 속도를 조금 늦추고 우리가 무슨 일을 하는지, 무엇을 사는지 생각해 보아야 할 때도 있다. 이웃을 돌보기 위해서 우리의 시간과 심지어는 돈을 투자해야 할 때도 있다. 길가의 혼란스러운 상황에 말려들고 싶어 하지 않는 사람들도 많다. 그들은 지나쳐 가면서 그것이 다른 누군가의 책임이라고 말한다. 내가 할 일은 이 길 끝의 여리고에 있다고 말한다. 나는 이윤을 극대화함으로써 주주에 대한 책임을 다하고 있을 뿐이다. 내가 할 일은 사람들이 원하는 상품을 그들의 손에 안겨 주는 것일 뿐이다. 나는 경제의 공급망이라는 길가에 남겨진 사람들을 걱정할 수 없다. 만약 내가 멈춰 길가에서 문제를 해결하겠다고 나선다면 너무 많은 시간과 비용이 들 것이다.

그것은 내 일이 아니다. 나는 그저 소비자에게 책임을 지면 될 뿐이다. 그것은 내 일이 아니다. 나는 그저 소비자일 뿐이다. 그것은 내 일이 아니다. 나는 어떤 법률이나 규칙도 어기지 않는다. 그것은 내 일이 아니다. 그것은 이사회에서 처리할 사안이다. 그것은 내 일이 아니다. 멈춰서 돕는 것은 너무 불편하거나 비용이 많이 들 것이다. 그리고 만약 길가에 정말로 몇 사람이 다쳐 쓰러져 있다면 그들을 돌볼 선한 사마리아인 같은 이들이 주위에 있지 않겠는가? 그런 일을 하기 위해 기독교 단체나 자선단체가 존재하는 것 아닌가?

예수님은 우리 **모두가** 책임이 있다고 말씀하셨다. 경제의 공급망이라는 길 위에서 자행되는 불의를 무시하고 계속 지나갈 만한 마땅한 핑계가 우리에게 있다고 생각하든 그렇지 않든, 그것은 중요하지 않다. 그리고 이미 우리에게 책임이 있기 때문에, 우리가 이 공급망의 끝에서 혜택을 입고 있다는 사실이 우리의 책임을 훨씬 더 무겁게 만든다. 왜 그냥 지나쳤는지에 대해 당신의 상급자에게 변명을 할 수 있을지도 모른다. 왜 그냥 지나쳤는지에 대해 당신의 주주에게 변명을 할 수 있을지도 모른다. 왜 그냥 지나쳤는지에 대해 당신의 소비자에게 변명을 할 수 있을지도 모른다. 그러나 현재 세계의 대로라고 할 수 있는 전 지구적 공급망의 길가에 쓰러져 있는 우리 이웃을 우리가 지금 어떻게 대하는지에 대해서는 아무런 도덕적 변명도 있을 수 없다. 그리고 만약 우리가 신앙 공동체에 속해 있다면, 그 어떤 변명도 있을 수 없다.

그러나 좋은 소식은 지금 많은 사마리아인들이 – 특히 젊은 세대에 속하는 이들이 – 길가를 걷고 있으며, 그들이 가던 길을 멈춰 구타와 강도를 당한 채 죽도록 내버려진 사람들을 돕고 있다는 점이다. 일부는 신앙인이지만 일부는 아니다. 그러나 그들은 모두 자신의 이웃이 피부색이나 신조, 종교, 국경에 의해 규정되지 않으며, 우리 모두가 하나님의 자녀로 공평한 대우를 받아야 한다고 믿는 경향이 있다. 그들이 서로 문자 메시지를 주고받는 미국의 고등학생이든, 콩고 남부의 광산에서 위험한 노동 조건 하에 일하는 젊은이이든, 그들은 서로 연결되고 있다.

이 운동은 새로운 관계와 새로운 규칙을 만드는 것을 목표로 한다. 관계를 만들 때 대개는 몇 가지 새로운 규칙을 세우기 시작한다. 물론 어떤 규칙도 모든 문제를 해결할 수는 없다. 사람들이 공급망에 참여하는 조건과 환경을 변화시키기 위해서는 수고와 경계, 감독, 지속적인 노력이 필요하다. 그러나 우리는 더 공정한 규칙이 위험한 노동 조건이나 피로 얼룩진 폭력적 갈등에 사로잡혀 있는 사람들에게는 정말로 도움이 된다는 이야기를 거듭 듣고 있다. 더 공정한 규칙이나 더 강력한 보호 기준은 우리−제조업자든, 투자자든, 소비자든−가 그냥 지나쳐 가지 않게 해주는 최선의 조치다.

예를 들어, 콩고의 평화와 번영을 위한 핵심 과제는 미국인들이 폭력적인 민병대의 손에 돈을 쥐어 주지 않고 그 나라의 천연자원이 그곳에 사는 사람들에게 유익이 될 수 있도록 만드는 것이다. 우리에게 책임이 있다. 우리가 해야 할 일이 있다. 우리는 변명하면서 그냥 지나쳐 갈 수 없다. 콩고 사람들은 우리의 이웃이기 때문이다.

좋은 소식은, 기업으로 하여금 공급망에 대해 책임을 지게 하려는 캠페인이 점점 더 많아지고 있다는 점이다. 이런 캠페인들은 투명성과 감독, 보호에 관한 용어를 아우르며, 모두가 공급망이라는 위험한 길가에서 지구촌에 있는 우리의 이웃을 보호하는 것을 목표로 삼는다. 이런 캠페인은 공급망의 모든 지점에서 기업의 행태를 변화시키는 데 초점을 맞춘다. 이것은 중대한 변화이며 실행되기까지 여러 해가 걸리는 일이다. 그러나 지금 그러한 변화가 진행되고 있다. 내가 가르치는 조지타운 대학교에서는 노동자들을 어떻게 대우하는지에 관한 엄격한 심사를 통과하지 않은 학교 티셔츠나 운동복, 의류는 판매할 수 없다는 생각이 교정 안에서 폭넓은 공감대를 형성하고 있다. 왜냐하면 조지타운 학생들이 이 일에 관심을 기울이기 때문이다.

"포춘"(Fortune) 선정 500대 기업들은 지금 점점 더 큰 압력에-소비자와 투자자, 이사회, 언론으로부터-직면해 있으며, 그들의 공급망은 윤리라는 현미경을 통해 꼼꼼히 점검받고 있다. 내가 이야기를 나누어 본 많은 기업인들은 지금 이런 엄격한 압력이 공장 노동자들뿐 아니라 환경에도 유익을 줄 것이라고 믿고 있다. 집중적으로 윤리적 감시를 받을 때 기업은 대단히 불편해질 테지만, 그런 감시가 기업으로 하여금 더 강력하고 더 책임감 있고 더 미래를 내다보는 기업 활동을 하게끔 하는 자극이 된다면 궁극적으로는 기업에도 최선의 이익이 될 것이다. 미국의 경영대학원에서도, 공급망을 지속가능한 가치로 전환하는 것이 기업의 신뢰도를 구축하고 소비자들과 모든 종류의 훨씬 더 분별력 있는 이해당사자들의 충성을 확보하는 데 어떤 도움이 되는지에 관해 활발한 대화가 이루어지고 있다.

공급망 캠페인의 표적이 됨으로써 이렇게 엄격한 감시를 받았던 일부 기업들이 지금 어떤 말을 하는지 들어 보라.

2천 년대의 첫 10년 동안 세계 최대의 휴대전화 판매사였던 노키아는 "우리는 분쟁 지역에서 가져온 금속이 우리의 공급망에 들어오지 못하게 하기 위해 지속적으로 노력하고 있다. 우리는 부품 공급사에게 분쟁 지역의 금속을 금지하는 우리 회사의 정책을 존중하고 우리의 요구조건을 충족하고 있음을 확인해 달라고 요구한다.…우리는 광물의 추적 가능성을 개선하기 위한 산업 표준을 만들고자 적극적으로 노력하고 있다."[18]

한때 모든 노동착취 반대 운동가들의 표적이 되었던 나이키 역시 지금은 이러한 선언문을 내걸고 있다. 이 회사의 "야심"은 "주식회사 나이키와 소비자가 사람과 이윤과 지구가 균형을 이루는 지속가능한 경제 안에서 번영할 수 있도록 돕는" 것이라고 밝히고 있다.[19] 이 회사의 웹사이트 게재된 선언문은 이렇게 이어진다.

> 나이키는 이와 같이 기업의 책임을 다하고자 한다. 문제는 그저 우리가 하고 있는 일 — 우리의 공급망이 미치는 영향력에 관해 점검하는 것 — 을 더 잘하는 것이 아니라, 최선을 추구하고, 기업을 위한 가치를 창조하고, 더 나은 세계를 위해 혁신하는 것이다.…이 세계의 환경적·사회적·경제적 도전이 점점 더 다양해지는 상황에서 우리는 최선의 성과를 거두지 않으면 안 된다. 우리는 의미 있는 변화를 만들어 내기 위해 우리 브랜드의 힘과 우리 직원들의 정력과 열정, 우리 기업의 규모를 활용하고 있다. 우리는 기업 성장을 추진하고, 소비자나 지역 사회와 더 깊은 연계를 구축하고, 긍정적인 사회적·환경적 변화를 이루기 위한 지속가능성 전략을 수립하기에 그 어느 때보다 큰 기회를 맞고 있다.[20]

비록 나이키는 자사에 책임이 있는 모든 문제점을 개선하지는 못했지만, 회사의 신뢰도와 소비자들을 유지하기 위해서 기업 행위에 관해 극적인 변화가 필수적임을 깨달았다.

물론 **말**과 **행동**은 별개의 것이지만, 만약 기업에 압력을 가하는 이러한 전 지구적 캠페인이 없었다면 대기업들은 이런 말조차도 하지 않았을 것이다. 이것은 공급망이 가장 자주 착취를 당하는 산업의 두 가지 사례일 뿐이다. 그러나 이것은 기업계에서 이야기하는 더 큰 이야기의 일부일 뿐이다. 이제 관건은 실천과 감시다. 특히 영국에서 강력한 공정무역 운동은 주요 식료품점과 백화점에 영향을 미치고 있다. 영국에 있는 처가를 방문하면서 나는 얼마나 많은 상품이 공정무역 운동에 참여하고 있는지를 발견하고 깜짝 놀랐다. 예를 들어, 영국에 본부를 둔 공정무역재단(Fairtrade Foundation)은 정기적으로 코코아 공급 농장을 추적해 '공정무역 농장'의 기준과 요건에 충족하지 못한 농장에 대해 강력한 제재를 가한다.[21] 그리고 이 정보를 소비자에게 알려서 소비자들이 상품의 가격뿐만 아니라 그 가치에 기초해 선택할 수 있게 한다. 2009년 딜로이트 사는 세계경제포럼과 함께 "미래의 소비자를 위한 지속가능성"(Sustainability for Tomorrow's Consumer)이라는 제목의 보고서를 작성했다. 이 보고서는 기업계가 "전통적인 공급망에 대해 더 공적이며 투자자 주도적인 감시"에 부응하고 있다고 지적했다.[22]

누가 나의 이웃인가에 관한 윤리가 더 좋은 방향으로 변화하고 있다. 이러한 변화를 위한 도덕적 나침반은 우리의 가장 오랜 종교적 전통에서 유래한 것이지만, 이제 전 지구화된 세계의 가장 젊은 구성원들이 이를 수용하고 있다. 우리는 어디에 있든 도움이 필요한 사람을 만나면, 길가에서 선한 사마리아인의 역할을 하도록 부름 받았다. 그러나 이것은 단지 시작일 뿐이다. 언제가 우리는 삶의 대로를 따라 여행하는 동안 계속해서 구타와 강도를 당하는 남자와 여자와 아이들을 보호하기 위해서는 여리고로 향하는 길이 변화되어야 함을 깨닫게 될 것이다! 그리고 이를 위해 헌신하는 것은 곧 공동선을 위해 헌신하는 것이다.

모든 종족을 환영하는 사랑의 공동체

우리의 목표는 사랑의 공동체를 만드는 것이며,
이를 위해서는 우리 삶의 양적인 변화뿐만 아니라
우리 영혼의 질적인 변화도 필요하다.
- 마틴 루터 킹[1]

한 국가, 한 민족, 한 가정, 한 가족으로서 우리는 많은 진보를 이루었다.
우리는 먼 길을 왔다. 그러나 아직 그곳에 이르지 못했다.
아직도 사랑의 공동체를 만들지 못했다. 모든 인간의
존엄성과 가치를 인정하는 그 지점까지 나아가지 못했다.
투쟁은 지금도 계속되고 있다.… 우리는 한 가정, 한 집 - 미국이라는 집 - 을
만들기 위해 아직도 먼 길을 가야 한다.
- 존 루이스 하원의원[2]

사랑의 공동체는 모든 종족을 - 인류라는 대단히 다채로운 모자이크를 구성하는 모든 가문, 집단, 인종, 국가를 - 환영한다. 모든 인간적 경계를 가로질렀던 초대 교회의 삶은 이런 공동체에 대한 소망을 구현했다. 앞에 인용한 마틴 루터 킹 박사와 존 루이스 의원의 말처럼, 이런 공동체의 소망은 흑인민권 운동의 토대이기도 했다. 공동선에 기여하고자 하는 다원주의적 민주주의의 전망 역시 제한된 형태이기는 하지만 이 소망을 세속적으로 표현한 것이다.

이제 몇 가지 관련 성경 구절을 살펴보고, 인구 구성에 근본적

인 변화가 일어나고 있는 한 나라와 세계라는 맥락 속에서 그것이 우리에게 어떤 지침을 줄 수 있는지 알아보자. 급속히 변화하는 이 세상에서 우리에게는 우리의 종족적·공통적 정체성이라는 격랑을 헤쳐 나갈 수 있도록 도울 수 있는 지도력이 절실하다.

모두를 환영하다

> 그리스도의 집안에는 유대인이나 이방인이나, 자유인이나 종이나, 남자나 여자나 차별이 없습니다. 우리 사이에서 여러분은 모두 평등합니다. 다시 말해, 우리는 다 함께 예수 그리스도와 관계를 맺고 있는 사람들입니다(갈 3:28, 메시지).

> 문화에 너무 잘 순응하여 아무 생각 없이 동화되어 버리는 일이 없도록 하십시오. 대신에, 여러분은 하나님께 시선을 고정하십시오. 그러면 속에서부터 변화가 일어날 것입니다(롬 12:2, 메시지).

하나님은 모든 인간 종족을 환영하시며 우리에게 외부자를 환영하라고 말씀하신다. 성경 전체를 통해 우리는 하나님이 다양한 문화를 하나로 만들려고 하기보다는 그것을 적극적으로 인정해 주시는 모습을 볼 수 있다. 성경은 특히 예수님을 중심으로 형성된 새로운 공동체 안에서, 인류를 분열시키는 문화적 장벽을 무너뜨리라고 명령한다. 그리고 역사의 종말을 극적으로 묘사하는 계시록에서도 다양한 문화가 보존되어 **함께** 하나님을 찬양하고 예배하며, 하나님 나라에서 드리는 예배의 수단으로 다양한 문화적 표현을 활용하는 모습을 그린다(계 9:10).

성경 역사의 초기부터, 즉 바벨탑 사건 이후로 지리적 이산(離散)과 언어적 다양성은 가서 온 땅에 충만하라는 창세기 1:28에 나타난 하나님의 문화 명령을 이행하는 수단이었다. 하나님은 열방의 복이 되도록 아브라함을 부르시고 이스라엘과 언약을 맺으시면서(창 12:2), 모든 민족이 하나님의 백성에 포함될 것이라고 말씀하셨으며 신실한 이방인들이 그분의 성전에서 예배하도록 장려하셨다. 그분은 하나님의 백성이 나그네와 가난한 사람들을 어떻게 대하는지가 그들이 어떻게 심판을 받을지-복을 받을지 저주를 받을지-를 알려 주는 신호가 될 것이라고 말씀하셨다. 이스라엘 백성은 자신들의 우월함이나 힘, 권력 때문이 아니라 그들의 평범함, 미약함, 한계 때문에 택함을 받았으며, 이런 속성 때문에 그들은 하나님을 신뢰해야만 함을 끊임없이 되새겨야 했다. 그들은 스스로 특별한 복이 되는 것이 아니라 다른 사람들에게-그리고 온 세상에-복이 되도록 택함을 받았다. 이사야 예언자는 그들의 성전을 가리켜 "만민이 기도하는 집"이라고 말한다(사 56:7).

이야기는 계속된다. 하나님은 자신의 아들 예수 그리스도와 더불어 인간의 영역으로 기적적으로 들어오시며, 이로써 그분의 목적을 성취하고 그분의 나라를 여신다. 예수님은 이스라엘의 오랜 바람대로 압제자에 맞서 군사적 승리를 이끄는 메시아적 사명을 수행하는 대신, 모든 민족주의적 기대를 흩어 버리면서 "하나님이 세상을 이처럼 사랑하사 독생자를 주셨으니"라고 선포하신다(요 3:16). 그분은 국가들이 언제나 선호하는 전사 같은 왕이 되기보다는 인류를 구원하는 '고난받는 종'에 관한 이사야의 예언을 성취하신다(사 52:13-53:12).

예수님은 모든 민족이 하나님의 구원에 다가갈 수 있다고 분명히 말씀하실 뿐만 아니라, 선한 사마리아인 비유를 통해 이미 살펴보았듯이 대담하게도(적어도 그분의 말씀을 듣는 이들 중 일부는 그렇게 생각했다) 이스라엘 민족의 원수를 이 이야기의 도덕적 주인공으로 묘사하셨다. 그리스도께서 승천하신 후에는 오순절의 성령 강림을 통해 문화적 다양성이 영광스럽게 펼쳐진다(행 2장). 그리고 복음은 중동 전역과 유대 공동체 너머로 퍼져 나간다. 사도 바울은 에베소서에서 그리스도의 십자가가 하나님과 인간 사이의 장벽을 무너뜨렸으며 거대한 인간의 문화적 균열 – 유대인과 이방인 사이의 균열 – 까지 치유하셨음을 강조한다.

갈라디아서와 고린도전후서, 골로새서에서 바울은 유대인과 그리스인, 남자와 여자, 노예와 자유인이 그리스도 안에서 하나임을 선포한다. 그리스도 예수 안에서 이제 모두가 하나다. 초대 교회는 앞에서 인용한 갈라디아서 3장 본문을 세례문답에 사용했으며, 회심자들의 문화적 자의식을 바꾸기 위해 이것을 그들에게 직접 가르쳤다. 이 본문은 사람들을 갈라놓는 장벽 중에서 가장 **역사가 깊은 세 가지, 즉 인종과 계급과 성차를 언급한다.** 이 모든 장벽이 예수 그리스도 안에서 치유된다는 것이 초대 교회의 주장이었다. 이제 유대인과 이방인이 함께 살며 예배했고, 노예도 주인과 똑같이 존중을 받았으며, 여자들이 가부장적 고대 세계에서는 유례가 없던 표현의 자유를 누렸다. 신약성경은 초대 교회가 보여 준 환대의 문화가 당시 상황에서 얼마나 근본적으로 다르고 다양했는지를 설명한다. 그리고 다른 사료들 역시 이를 뒷받침해 준다. 사도행전의 처음 몇 장에 묘사된 초대 교회의 평등주의적 삶과 나눔은 커다란 문화적 반향을 일으켰으며, 초기 기독교 공동체의 전도에 강력한 추진력을 제공했다. 자유, 환대, 긍정, 평등은 지금과 마찬가지로 그때에도 매력적이었으며, 첫 그리스도인들은 (오늘날 일부 교회들과 달리) 이런 가치의 본보기가 되었다.

마지막으로, 계시록에서 사도 요한이 예언했듯이 미래의 하나님 통치에서도 인간의 문화는 소멸되거나 새로운 내세적인 천상의 문화로 대체되지 않을 것이다. 오히려 인간의 문화는 모든 다양한 언어와 인종, 민족성을 그대로 유지한 채 거룩한 통일성 안에서 **보존될** 것이다. 각 문화의 집단적이지만 독특한 표현은 인간 소명의 핵심을 표현하는, 즉 하나님을 예배하고 영화롭게 하는 **수단**이 될 것이다. 계시록 7:9-10은 "이 일 후에 내가 보니, 각 나라와 족속과 백성과 방언에서 아무도 능히 셀 수 없는 큰 무리가 나와 흰 옷을 입고 손에 종려나무 가지를 들고 보좌 앞과 어린양 앞에 서서 큰 소리로 외쳐 이르되, '구원하심이 보좌에 앉으신 우리 하나님과 어린양에게 있도다' 하니"라고 말한다.

그러므로 분열된 인류가 하나님과, 또 서로와 화해를 이룰 것이라는 다양성에 대한 희망이며 급진적인 전망이 성경의 역사 전체를 관통하고 있음을 알 수 있다. 그리고 '외부자들'이 이 신앙 공동체 안에서 중요한 자리와 역할을 차지하며 이들을 정죄하고 추방하기보다는 환영하고 포용해야 한다는 분명하고 일관된 주제가 존재한다. 더 나아가 외부자와의 이러한 관계는 우리를 구원할 도구가 될 수 있다.

하나님이 미국을 축복하시기를?

나는 영국 런던에서 태어난 멋진 여자 조이 캐럴과 결혼한 행운아다. 그녀는 영국인이며, 나의 두 아들은 이중언어를 구사한다. 혹은 아이들의 말처럼 '반은' 미국인이며 '반은' 영국인이다. 조이는 영국 성공회에서 사제 서품을 받은 최초의 여성들 중 한 사람이며, 복음주의적인 가정에서 자랐고, 성경을 잘 안다. 우리가 만난 지 얼마 되지 않아 미국을 방문했을 때 그녀는 가는 곳마다 '하나님이 미국을 축복하시기를'이라는 말을 들었다. 심지어 자동차 범퍼에도 그런 문구가 적힌 스티커가 붙어 있는 것을 보았다. 그녀는 의아해하면서 나에게 "사람들은 성경에 그런 말이 없다는 것을 모르나 봐요?"라고 물었다. 이제 조이는 정말로 자신의 새 조국을 사랑하며 미국 시민이 되었다. (우리는 국회도서관에서 시민권 취득 기념식을 할 때 찍은 사진을 가지고 있는데, 사진에서 온 가족이 성조기를 흔들고 있다!) 그녀는 하나님이 미국을 **특별히** 축복하셨다고 생각하지 않는 한 하나님께 자기 나라를 축복해 달라고 비는 것은 훌륭한 일이라고 생각한다. ("하나님이 영국을 축복하시기를" 역시 마찬가지다.) 우리는 우리의 정체성을 어디에서 찾는가? 국가, 문화, 계급, 인종, 성차에서인가? 아니면 무엇보다도 먼저 하나님과 하나님 백성의 새롭고 국제적인 공동체에서인가? 이 나라에는 하나님의 뜻에 따라 미국이 건국되었다고 믿으며 심지어는 '미국 예외주의'에 대한 종교적 근거를 주장하는 오랜 전통이 존재한다.

그러나 국가에 대해서 성경은 무엇이라 말하는가? 대부분의 경우 이런 생각은 성경에서 나온 것이 아니다. 하나님은 그분의 목적을 위해 좋은 나라와 나쁜 나라 모두를 사용하시지만, 성경은 국가를 하나님의 계획에서 핵심 요소로 생각하지 않는다. 성경에는 '나라들'에 관해 매우 비판적으로 이야기하는 구절들도 있다. 시편 기자는 나라들에 관해 이렇게 말한다. "뭇 나라가 떠들며 왕국이 흔들렸더니 그가 소리를 내시매 땅이 녹았도다.…너희는 가만히 있어 내가 하나님 됨을 알지어다. 내가 뭇 나라 중에서 높임을 받으리라. 내가 세계 중에서 높임을 받으리라"(시 46:6, 10). 많은 성경 본문에서 하나님은 모든 나라와 거짓되게 스스로를 높이려고 하는 국가주의를 초월하는 분이심을 분명히 선포한다. 시편 59편에서는 하나님께 이렇게 외친다. "일어나 모든 나라들을 벌하소서. 악을 행하는 모든 자들에게 은혜를 베풀지 마소서. 그들이 저물어 돌아와서 개처럼 울며 성으로 두루 다니고 그들의 입으로는 악을 토하며 그들의 입술에는 칼이 있어.…여호와여, 주께서 그들을 비웃으시며 모든 나라들을 조롱하시리이다"(시 59:5-8). 이사야는 열방이 스스로 중요하다고 생각하지만 그들이 결코 중요하지 않다고 말한다. "열방이 통의 한 방울 물과 같고 저울의 작은 티끌 같으며…그의 앞에는 모든 열방이 아무것도 아니라. 그는 그들을 없는 것 같이, 빈 것 같이 여기시느니라"(사 40:15, 17). 성경에는 열방의 어리석음과 망상, 나라들을 초월하시는 하나님의 능력에 관해 예외를 두는 말씀이 그다지 많지 않다.

미국 예외주의, 무엇이 옳고 그른가

성경은 미국이 하나님의 택함을 받은 백성이었던 이스라엘의 예외적인 지위를 대체했다고 주장하거나 예언하지 않는다. 일부에서 미국을 '새 이스라엘'이라고 부르지만, 이것은 하나님과의 언약이 만료되지 않은 옛 이스라엘이 세상에 여전히 존재하고 있다는 사실을 무시하는 생각이다. 하지만 이제 그리스도인들은 인간을 분열시키는 장벽들 - 인종, 계급, 성차 - 을 무너뜨리신 예수 그리스도를 중심으로 하는 보편적이며 국제적인 공동체에 초점을 맞춘다. 따라서 더 이상 유대인이나 이방인, 노예나 자유인, 남자나 여자의 차별이 없다. 그러므로 그리스도인들에게 세상의 미래와 인류의 예외적 소망에 관한 모든 대화는 국민국가에서 시작하지 않는다. 그것은 교회라는 새로운 초국가적 공동체에서 시작해야 한다. 미국 예외주의에 관해서는 훨씬 더 분명히 말할 수 있다. 미국에서 예수님을 따르는 사람들은 먼저 그리스도인이 되고 그다음에 미국인이 되라는 부르심을 받았다. 이 말은 단순하고 기초적인 주장이지만, 여전히 이익과 정체성, 충성, 우선순위에 관한 급진적인 진술이다.

하나님과 미국 사이에는 독특하고 특별하며 예외적인 관계라는 의미에서 미국 예외주의를 지지할 만한 **그 어떠한** 신적인 명령도 **없다**. 미국을 다른 모든 나라와 다르게 취급할 만한 근거가 전혀 없다는 말이다. 물론 하나님은 모든 나라를 사용하시지만 모든 나라를 통해 - 의로운 나라와 불의한 나라 모두를 통해 - 일하신다. 그러나 하나님이 미국에 인류 역사에서 특별한 역할을 부여하셨다고 정치인들이 말할 때, 그들은 신학적으로 틀렸으며 정치적으로 위험하다.

공적종교연구소(Public Religion Research Institute)의 회장인 로버트 존스(Robert P. Jones)는 미국 예외주의에 관한 여론조사를 실시한 후 이렇게 보고했다.

> '미국 예외주의', 즉 하나님이 인류 역사에서 특별한 역할을 미국에 주셨다는 신념을 주장하는 미국인들은 이를 주장하지 않는 사람들보다 외교 정책에서 훨씬 더 군사적인 접근 방식을 취한다. 미국 예외주의를 믿는 사람들은 하나님이 미국에 특별한 역할을 주셨다고 믿지 않는 사람들보다 평화를 보장하는 최선의 방법으로서 외교보다 군사력을 더 선호하는 경향이 있으며, 고문이 정당화될 수 있다고 말하는 경향이 이 더 많다.[3]

보수적인 기독교 칼럼니스트인 캘 토머스(Cal Thomas)는 "미국 예외주의를 주장하는 것과 하나님이 다른 나라보다 미국에 더 호의를 베푸신다는 일부의 주장 사이에는 엄청난 차이가 있다"고 주장한다. "그것은 우상숭배다. 예수님은 그분의 시대에는 존재하지 않았던 미국인들을 위해 죽으시고 부활하시지 않았다. 그분은 모든 시대, 모든 나라의 사람들을 위해 죽으시고 부활하셨다."[4] 혹은 "폴리티코"(Politico)지의 칼럼니스트인 마이클 킨슬리(Michael

Kinsley)의 말처럼, 예외주의는 "미국인들이 다른 사람들보다 우월하다는 이론"으로 쉽게 변질된다.[5)]

아마도 가장 중요한 문제는, 미국 예외주의가 우리가 지닌 최선의 가치나 국제적으로 인정되는 행동 규범을 위반할 때 그런 미국의 행동을 '예외'로 취급하는 위험이 있다는 점일 것이다. 바로 이런 태도 때문에 재앙과도 같은 일들이 벌어지고 있고, 다른 나라 사람들은 이런 태도를 노골적인 위선이라고 생각한다. 인권을 무시하는 것은 잘못된 일이지만, 미국은 예외다. 불의한 전쟁을 일으키는 것은 잘못된 일이지만, 미국은 예외다. 고문은 잘못된 일이지만, 미국은 예외다. 대량살상 무기를 만들고 사용하는 것은 잘못된 일이지만, 미국은 예외다. 기본적인 원리와 가치를 어기는 것에 관해 예외란 있을 수 없다. 이런 일이 일어날 때 모두가 패배자일 뿐이다.

미국의 역사에는 독특한 점이 많다. 그러나 우리는 '다른' 것이 '더 나은' 것이라는 착각을 자주 한다. 브라이언 매클라렌(Brian McLaren)은 이를 잘 지적하고 있다.

> 예외주의가 국가적 우월의식, 특권의식, 독선, 과도한 자부심으로 변질될 때, 그것은 정치적으로나 윤리적으로 매력적이지 않은, 위장된 자만심이 되고 만다. 성경은 그런 위험한 자만심은 결국 위험한 추락으로 이어진다고 말한다.…미국이 독특하게 축복을 받았음을 어떤 식으로 표현하든, 그런 축복은 예외적인 지정학적 특권이 아니라 예외적인 도덕적 책임을 동반한다. 그런 축복은 우리에게 도덕적인 '예

외'를 덤으로 주지 않으며, 오히려 이웃에 대한 우리의 도덕적 의무를 강화한다. 예수님의 말씀처럼 많이 받은 사람한테는 하나님이 많은 것을 기대하실 것이다. 예외적인 축복은 곧 예외적인 책임을 뜻한다.[6]

나는 왜 이 나라를 사랑하는가

물론 당신은 자기 나라를 사랑할 수 있다. 나는 내 나라를 사랑한다. 그러나 자기 나라를 사랑하는 애국심은, 나라를 우상화하고 다른 모든 이익보다 국가의 이익을 우선시하는 국가주의와는 다르다. 아이들과 영화 "사운드 오브 뮤직"(The Sound of Music)을 볼 때, 폰 트라프 대령이 조국 오스트리아에 대한 사랑을 담은 노래 '에델바이스'를 부르는 장면에서 나는 늘 눈시울을 적신다. 그러나 그는 그저 조국을 사랑할 뿐, 오스트리아 예외주의를 추종하지 않는다.

　나는 미국의 무엇을 사랑하는가? 나는 세계에서 가장 놀라울 정도로 아름다운 나라 중 하나인 이 땅을 사랑한다(나는 여러 아름다운 나라를 방문해 보았다). 나는 긴 해변을 산책하고, 장엄한 산을 오르고, 사막의 하늘을 바라보고, 강가를 따라 걷고, 해안에서 배를 타고, 어렸을 때 야영했던 고향 미시간의 수백 개의 호수를 방문하기 좋아한다. 나는 이 나라의 몇몇 대도시조차도 사랑한다! "광활한 하늘, 호박색 들판의 물결, 풍성한 열매가 넘치는 평원 위로 솟아 있는 자줏빛 산의 위엄. 이 얼마나 아름다운가!"[7] 나는 음악과 음식, 예술, 스포츠, 특별한 이야기와 역사를 지닌 이 나라의 다양한 문화를 사랑한다.

그리고 나는 야구를 사랑한다. 영국인인 나의 아내는 리틀 야구 리그의 운영위원이며, 나는 아이들이 속한 두 팀에서 코치로 활동해 왔다. 야구는 세계의 어떤 운동과도 다른 멋진 미국의 운동 경기다. 미국의 어떤 야구장에서든 경기를 관람한다면 그날은 나에게 너무나도 멋진 하루일 것이다. 나는 저녁을 먹고 나서 동네 야구장 언덕에 앉아 동네 사람들과 함께 리틀 리그 경기를 보는 것도 좋아한다.

특히 나는 우리가 가진 최고의 국가적 가치, 즉 자유와 기회, 공동체, 정의, 인권, 부자와 권력자뿐 아니라 인종과 신념, 문화, 성차를 막론하고 모든 시민이 법 앞에 평등하다는 가치를 사랑한다. 특히 우리나라의 민주주의 전통과 역사, 민주주의의 꾸준한 확장을 사랑하며, 그리고 그것이 세계 곳곳에서 동일한 발전을 하도록 영감을 불어넣었다는 점을 자랑스럽게 생각한다. 이 나라 건국의 기초가 된 문서가 수많은 신생국가를 위한 본보기가 되었다는 사실에 우리가 자랑스러워하는 것은 마땅하다.

나는 남아프리카공화국에서 이 역사를 매우 생생하고 개인적으로 경험할 수 있었다. 그때는 최초의 자유선거로 넬슨 만델라가 취임하기 10년 전이었다. 나는 박해받던 신앙 지도자들을 지원하고 남아공 교회와 미국 교회 사이에 새로운 전략과 협력관계를 만들어 가는 일을 돕기 위해 말 그대로 그 나라에 밀입국했다. 어느 날 밤 나는 소웨토에 있는 남아공교회협의회 수장인 프랑크 치카네(Frank Chicane)의 집에 머물고 있었다. 그날 저녁 늦게 프랑크는 나에게 뭔가를 보여 주고 싶다며 식탁 위에 몇 가지 서류를 펼쳤다. 그는 수감 중이던 넬슨 만델라가 새로운 남아공 헌법의 기초를 잡는 작업을 시작하라고 몇몇 사람에게 부탁했다고 나에게 털어놓았다. 그리고 프랑크는 그들 중 하나였다.

그가 나에게 관련 문서를 보여 주기 시작할 때, 나는 그중에 미국의 독립선언서와 헌법이 포함되어 있음을 알아차렸다. 아이러니하게도 바로 그 순간 프랑크의 집 밖에는 두 대의 남아공 군용 차량이 있었다. 하나는 거기서 늘 프랑크를 감시하던 차였고, 다른 하나는 정부가 나의 입국 사실을 알게 된 후 나를 감시하던 차였다. 당시 남아공의 아파르트헤이트 체제는 미국 정부의 '건설적 관여'(constructive engagement: 남아공에 대한 경제 봉쇄와 외교적 제재 대신 인종차별 철폐를 권고했던 미국의 외교 정책 – 옮긴이) 정책에 의해 뒷받침되고 있었지만, 흑인 동네의 작은 집 안에서는 반체제 성직자가 미국의 자유를 선언하는 문서들을 토대로 새로운 헌법을 기초하고 있었다. 이런 모순에도 불구하고 나는 이 나라의 이러한 예외적 공헌을 사랑했다.

내가 사랑하지 않는 것은, 미국이 자신의 가치와 이상을 위반하고 그릇된 행동을 할 때다. 우리는 남아공의 백인 정부를 너무 오랫동안 지지했으며 세계 곳곳에서 끔찍한 독재 정권을 비호했다. 이 나라가 탐욕을 채우려 하거나, 권력만 추구하려 하거나, 노골적인 위선을 드러내거나, 제국처럼 행동할 때 나는 그런 모습을 좋아하지 않는다. 복음은 결코 제국과 편안한 관계를 유지할 수 없다. 그리스도인은 어느 나라에서 살든 하나님 나라의 가치를 드높이고 모든 나라로 하여금 그 원리에 입각해 자신들의 최고 가치를 존중하라고 촉구해야 할 예언자적 사명을 가지고 있다.

마틴 루터 킹은 이 사명을 가장 잘 감당했다. 미국은 인종 문제에 있어서 틀렸다. 이론의 여지없이 틀렸다. 어렸을 때 내가 다니던 미시간 주의 작은 교회는 인종 문제에 있어서 틀렸다. 킹은 한 손에는 성경을, 다른 한 손에는 미국 헌법을 들었다. 그리고 그는 이 나라를 향해 변화를 촉구했다. 킹의 비판은 우리가 위반하고 있던 미국의 가치뿐만 아니라 그리스도인과 유대인으로서 우리가 위반하고 있던 성경의 가치에 기초했다. 마찬가지로 2011년 아랍의 봄에 젊은 시위자들은 미국을 향해 중동 전역에서 수십 년 동안 미국이 무시해 왔던 미국의 민주주의적 가치를 기억하고 재천명하라고 촉구했다. 왜 미국은 이를 무시해 왔는가? 석유 때문이다. 우리는 우리의 가치를 잊어버렸으며, 중동의 젊은 세대 활동가들은 우리에게 이를 다시 한 번 기억하라고 촉구하고 있다.

또한 나는 미국의 사회 운동을 사랑한다. 노예제 종식을 위해 싸웠던 노예제 폐지론자들, 흑인민권 운동 활동가들, 여성 참정권 운동가들, 노동조합 조직가들, 인권 운동가들. 이들은 나의 영웅이다. 그러나 나는 무엇보다도 예수 운동을 사랑한다. 이것은 곧 모든 국민국가를 초월하는, 세상을 위한 하나님의 계획인 하나님 나라 운동이다.

하나님과 미국

미국 역사를 보면 공적인 삶에서 신앙을 드높이고자 할 때 두 가지 방식이 존재한다. 하나는 에이브러햄 링컨이 웅변적으로 보여 준 것처럼, 신앙의 언어를 사용해 정의와 긍휼, 겸손, 심지어는 회개를 촉구함으로써 하나님의 목적에 비추어 국가의 책임을 묻는 것이다. 다른 하나는 우리 자신과 우리나라의 행위, 의제, 목적, 전쟁을 위해 하나님의 축복을 비는 것이다. 우리는 이 두 가지를 다 보아 왔다. 마이클 다이슨(Michael Dyson)의 말처럼, 애국심이란 "한 나라의 최고 가치에 입각해 그 나라를 비판적으로 지지하는 태도이며, 여기에는 오류에 빠졌을 때 이를 교정하려는 노력도 포함된다."[8]

다시 한 번 말하거니와, 만일 우리가 그리스도인이라면 우리는 기독교적 원칙에 입각해 미국을 비판해야 한다. 그 반대가 아니다. 세계 전역에 있는 그리스도의 몸에 속한 동료 신자들이 우리와 마찬가지로 미국 예외주의를 믿지 않음은 두말할 나위가 없다. 그리고 국제적인 그리스도의 몸은 이라크 전쟁처럼 미국의 외교 정책에 대해 상당 부분 동의하지 않는 경우가 많다. 심지어 영국의 보수적인 복음주의자들조차도 미국의 이라크 침공에 근본적으로 반대했다.

N. T. 라이트(Wright)는 신약학자로 미국을 사랑하고 미국을 방문하기 좋아한다고 말하는 영국인이다. 그는 이렇게 말한다.

나는 '그렇다. 하나님이 미국으로 하여금 역사 속의 이 순간에 세계에서 특별한 지위를 갖도록 부르셨다'고 말하고 싶다. 성경에서 하나님은 특수한 역할과 목적에 따라 많은 나라와 민족을 부르신다.…그러나 성경 전체를 통해 하나님이 의롭고 평화를 사랑하는 나라뿐만 아나라 사악하며 폭력적인 나라도 부르신다는 점은 너무도 분명하다. 그리고 사악하며 폭력적인 나라가 하나님의 목적을 성취한 후에는 하나님이 그들이 저지른 일과 그런 일을 저지를 때의 마음가짐(예를 들어, 교만과 생명을 경시하는 태도처럼)에 따라 그 나라를 심판하신다.… 그러므로 나는 하나님이 미국에게 인간 역사에서 특별한 역할을 부여하셨다고 믿는 것과 마찬가지로, 그분이 이를테면 노르웨이, 나이지리아, 뉴질랜드, 니카라과에도 특별한 역할을 부여하셨다고 믿는다. 그리고 한 세대에 하나님이 주신 소명이 시간이 지나면 다른 곳으로 옮겨질 수도 있다. 위대한 구약의 예언자들은 앗시리아, 바빌로니아, 페르시아, 그리스, 시리아, 이집트, 로마가 부상할 때 하나님의 손이 작용하고 있으며, 그들이 맡은 소명을 부적절하게 수행할 때 그들 모두에 하나님의 심판이 임한다는 사실을 이해했다.[9]

미국 예외주의의 문제는 죄를 너무 소홀히 여기는 경향이 있다는 것이다. 다른 모든 나라처럼 미국은 수많은 죄로 가득한 나라다. 미국의 덕을 과대평가하고 미국의 잘못에 대해, 심지어는 우리 자신의 최고의 가치를 위반하는 것에 대해서도 그 책임에 면죄부를 줄 때 우리는 죄의 능력을 과소평가하는 셈이다. 우리는 미국의 나쁜 행동에 대해 진실을 말할 수 있을 정도로 미국을 사랑하는가? 그렇게 하는 것이 바로 예언자적 신앙이다. 그리스도인들은 자신이 전 지구적 공동체의 일부라고 믿으며, 한 국민국가에 충성을 바치기 전에 무엇보다도 먼저 전 지구적 그리스도의 몸에 충성을 바친다. 이는 어느 나라에서 살고 있든 모든 그리스도인들에게 적용되어야 한다.

브라이언 매클라렌은 신학적으로 정당화할 수 있는 유일한 예외주의에 대해 이렇게 설명한다. "우리가 원하는 바는, 그저 명백한 운명이라는 국가 신화를 성취(그리고 착취)함으로써가 아니라 우리의 자녀와 후손에게 물려줄 국가적 유산을 만듦으로써, 즉 지혜와 정의, 자유, 긍휼, 행동을 통해 다른 위대한 나라들 가운데 위대한 나라를 만듦으로써 선하며 구별된 백성, 최선의 우리가 되는 것이다."[10]

세계의 미래라는 소우주

마틴 루터 킹은 '사랑의 공동체'에 대해 이야기했으며, 그의 연설과 저작 전반에서 이에 관한 전망이 나타난다. 그러나 이 개념은 언제나 정치적이기보다는 신학적이었다.

「사랑의 공동체를 찾아서」(Search for the Beloved Community)라는 책에 실린 글에서 케네스 스미스(Kenneth Smith)와 아이라 젭(Ira Zepp)은 이 개념이 킹에게 얼마나 중요했는지를 설명한다.[11] 우리는 킹 박사가 킹 목사이기도 했음을, 흑인민권 운동의 지도자일 뿐만 아니라 침례교 설교자였음을 잊곤 한다. 여러 차례에 걸쳐 킹은 몽고메리 버스 승차거부 운동이 버스 전 좌석에 대한 흑인과 백인의 평등한 권리를 쟁취하기 위한 운동이었을 뿐만 아니라 "화해"와 "구속과 사랑의 공동체를 만들기" 위한 운동이었음을 강조했다.[12] 그리고 자신이 만든 단체인 남부기독교지도자협의회(Southern Christian Leadership Conference, SCLC)의 사명선언서에서 킹은 이렇게 담대히 주장했다. "SCLC의 궁극적인 목적은 미국에서 형제애가 실현되는 '사랑의 공동체'를 만들어 가는 것이다.… SCLC은 인종적 통합을 위해 노력한다. 우리의 궁극적인 목적은 집단 간, 개인 간에 참된 통합을 이루는 것이다."[13] 생애 마지막 성탄 전야에 행한 설교에서 킹은 "우리의 충성은 우리의 인종과 종족, 계급, 국가를 초월해야 한다"고 선언했다.[14] 스미스와 젭은 킹이 "완전히 통합된 사회, 모든 사회생활 속에서 형제애가 현실이 되는 사랑과 정의의 공동체"에 대한 강력한 소망을 품고 있었다고 말한다. "그는 이런 공동체가 바로 기독교 신앙을 구현하는 이상적인 공동체라고 이해했다."[15]

킹은 물론 인종분리 철폐와 모든 공공시설과 서비스에 대한 평등한 권리를 위해 싸웠다. 그러나 그것은 인종분리라는 부정적이며 야만적인 힘에 맞서는 싸움이었다. 그는 인종통합이 미국을 자신이 원하던 새로운 공동체로 변화시킬 긍정적인 힘이라고 생각했다. 불의를 막기 위한 법을 만들 수도 있으며, 킹은 이 나라에 그런 법이 필요함을 알고 있었다. 그는 법률이 백인으로 하여금 그를 사랑하게 만들 수는 없지만 그에게 사형(私刑)을 가하지 못하도록 막을 수는 있다고 말했다.[16] 그러나 법으로는 화해와 사랑을 이룰 수 없으며, 오직 화해와 사랑만이 사랑의 공동체를 세울 수 있는 기초임을 킹은 알고 있었다. 킹에게 흑인민권 운동과 참된 교회─교회의 목적에 충실한 교회─는 이상적인 사회의 모습과 역사의 궁극적 목적을 보여 주는 **소우주**였다. 그가 이끈 운동은 언제나 특수하고 구체적인 요구─흑인의 인권과 투표권 같은-를 목표로 삼았지만, 킹에게 영감과 동기를 부여한 영적이며 철학적인 전망은 사랑의 공동체에 대한 전망이었다.

역사가 찰스 마쉬(Charles Marsh)는 킹이 흑인민권 운동과 교회의 사명 사이의 관계를 어떻게 이해했는지를 이렇게 간략히 설명한다. "'옛 질서'의 퇴조와 '새 시대'의 출현은 명백한 운명이라는 미국사의 유전 암호 안에 새겨져 있지 않다."[17] 다시 말해서, 흑인민권 운동을 통한 진보는 미국이라는 국가에 의해 운명 지워지지도 예정되지도 않았다. 이 진보는 불가피한 것이 아니었다. 마쉬는 오히려 "사랑의 공동체는 신학적인 혹은 교회론적인 십자가 **사건**에 기초한다. 다시 말해서, 인류의 형제애와 자매애는 신자의 교제로부터 퍼져 나온다."[18] 흑인민권 운동의 역사적 성취는 신앙 공동체로부터 나와서 더 넓은 사회 속으로 퍼져 나갔다. 이 운동의 대의가 단순히 정치적이기보다 심층적인 차원에서 도덕적이며 신학적이었던 이유도 바로 이 때문이다. 마쉬는 "만약 킹의 말처럼 '인종분리가 예수 그리스도 안에서 우리 모두가 하나임을 노골적으로 부인하는 것'이라면, 화해는 '그리스도 안에는 유대인도 이방인도 (흑인도 백인도) 없으며 하나님이 한 피를 통해 지구상의 모든 사람을 만드셨다'는 진리를 세상에 증언하는 행위다"라고 말한다.[19]

사실 킹은 우리가 앞서 논했던 갈라디아서 3:28의 신학적 의미에 기초한 민주주의적 논증을 전개하고 있다. 그리고 킹은 십자가 사건의 기독론적 진리가 미국 사회 안에 새로운 **사회적 공간**을 만들었다고 생각했다. 마쉬는 킹 박사의 신학이 사회학을 어떻게 변화시켰는지를 설명하며 결론을 맺는다.

따라서 사랑의 공동체는 교회에 의해 역사 속에 소개되고 '부활절의 승리와 북소리'에 의해 강력한 힘을 얻는 화해의 새로운 사회적 공간이다.…사랑의 공동체는 '위대한 갈보리 사건'을 통해 확립되었다.… 킹이 덱스터 교회에서 행한 설교인 "바울이 미국 그리스도인들에게 보낸 편지"에서 설명했듯이, 이 사건은 "하나님이 진리와 사랑과 정의의 편을 드심을 우리에게 계시하는, 우리 신앙의 핵심에 자리 잡고 있는 위대한 사건"이다.[20]

그러므로 마틴 루터 킹이 우리에게 소중한 까닭은 그가 흑인민권 운동 지도자와 기독교 목회자일 뿐만 아니라 우리가 꿈꾸는 공동선을 제시한 예언자이기도 하기 때문이다. 그는 사회 안에서 우리가 어떻게 서로와 관계를 맺어야 하는지를 보여 준 이론가인 동시에 실천가였다. 우리는 서로에게 어떤 의무가 있는가? 사회는 어떻게 작동해야 하며, 왜 그래야 하는가? 왜 우리는 개인으로 살 수 없으며, 왜 이런 사회적 관계망 속에 이토록 갇혀 지내야 하는가? 우리의 인격적·사회적 관계와 그 기초에 관한 킹의 가장 심오한 성찰을 담고 있는 한 연설에서 그는 '실재의 구조'를 이렇게 설명한다.

내가 하려는 말은 바로 이것입니다. 모든 생명은 서로 연결되어 있으며, 우리는 단일한 운명으로 연결된, 피할 수 없는 상호성의 관계망 안에 얽혀 있습니다. 무엇이든 한 사람에게 직접적으로 영향을 미치는 것은 모든 사람에게 간접적으로 영향을 미칩니다. 어떤 이상한 이유 때문에 당신이 본래의 당신이 될 때까지 나는 결코 본래의 내가 될 수 없습니다. 내가 본래의 내가 될 때까지는 당신은 결코 본래의 당신이 될 수 없습니다. 이것이 바로 서로 얽혀 있는 실재의 구조입니다.[21]

하나님의 자녀

내가 출석하는 워싱턴 제일침례교회의 제프리 해그레이 박사는 '사랑의 공동체'를 점점 더 강조하고 있다. 그는 사도행전 2:42-47에 나타난 사도적 공동체와 우리가 이미 논의한 다양한 공동체의 예배에 관한 계시록의 전망에서 영감을 얻었다. 그러나 제프리 해그레이는 "온전한 사랑이 두려움을 내쫓"는다고 말하는 요한일서 4장을 이에 관해 가장 중요한 본문으로 꼽는다.

하나님이 우리를 사랑하시는 사랑을 우리가 알고 믿었노니, 하나님은 사랑이시라. 사랑 안에 거하는 자는 하나님 안에 거하고 하나님도 그의 안에 거하시느니라. 이로써 사랑이 우리에게 온전히 이루어진 것은 우리로 심판 날에 담대함을 가지게 하려 함이니, 주께서 그러하심과 같이 우리도 이 세상에서 그러하니라. 사랑 안에 두려움이 없고 온전한 사랑이 두려움을 내쫓나니, 두려움에는 형벌이 있음이라. 두려워하는 자는 사랑 안에서 온전히 이루지 못하였느니라. 우리가 사랑함은 그가 먼저 우리를 사랑하셨음이라. 누구든지 하나님을 사랑하노라 하고 그 형제를 미워하면 이는 거짓말하는 자니, 보는 바 그 형제를 사랑하지 아니하는 자는 보지 못하는 바 하나님을 사랑할 수 없느니라. 우리가 이 계명을 주께 받았나니, 하나님을 사랑하는 자는 또한 그 형제를 사랑할지니라(요일 4:16-21).

이 말씀에 따르면 사랑은 매우 까다로운 것이다. 하나님을 사랑한다고 말하면서 형제자매를 사랑하지 않는 사람은 '거짓말쟁이'다. 우리는 하나님을 볼 수 없지만 그분을 사랑한다고 말한다. 하지만 우리는 우리 형제자매를 볼 수 있으면서도 그들을 사랑하지 않는다! 해그레이 목사는 이것이 "사랑에 관한 성경의 가장 온전한 가르침"이라면서 사랑의 공동체의 핵심은 곧 사랑이라고 말한다. 요한일서는 우리가 누구를 사랑해야 하는지에 관한 모든 논란에 대해 답한다. 우리는 세례를 받고 우리의 신앙 공동체에 속하게 된 사람들만이 아니라 하나님의 모든 자녀를 사랑해야 한다.

모든 사람이 하나님의 자녀다. 우리의 인종이나 종족, 문화, 계급, 국가, 성차, 성적의 지향을 막론하고, 이에 관련한 우리의 정체성을 막론하고 모두가 하나님의 자녀다. 모든 사람이 하나님의 형상대로 창조되었으며, 모든 사람이 하나님의 가족에 속한다. 하나님의 나라에는 '외부자'가 없다. 모두가 환영 받기 때문이다. 그리고 신앙 공동체는 삶으로 이를 보여 주어야 하며, 이 진리를 세상에 가르쳐야 한다. 신앙 공동체는 낯선 이와 외부자를 환대하고 환영함으로써 그들이 하나님의 가족임을 증언한다. 킹과 흑인민권 운동이 그랬듯이 이것은 사회적·정치적 변화를 일으킬 수 있는 신학적 헌신이다.

해그레이 목사는 워싱턴 주위에서 '기도 행진'을 하고 있다. 그는 이 나라 수도의 인구 분포가 변하고 있음을 절실히 깨닫고 있다. 그는 이 긴 행진에서 목격한 것을 열정적으로 묘사하면서, 이 도시가 문화와 종족, 국적에 관해 다양성이 매우 큰 공간이 되었다고 강조한다. 그리고 이 지역에 사는 사람들의 모습을 보면서 우리 교회의 사명에 대해 새로운 비전을 갖게 되었다. 즉 예수님을 따르고 싶어 하는 사랑의 공동체 안으로 모든 종족을 맞아들이는 공간이 되는 것이다. 우리 교회 주변 지역은 그와 같은 국제적인 공동체가 되었다. 매사추세츠 가, 대사관 길, 듀폰 서클, 16번가, 펜실베이니아 가, 코네티컷 가를 따라 다양한 문화를 드러내는 국제적인 공동체가 생겨났다. 그리고 이곳 사람들을 바라보면서 제프는 우리가 어떻게 그들을 환영하고, 우리 교회가 어떻게 그런 환대의 공간으로 변화될 수 있는지를 상상하고 있다.

앞서 우리는 이미 "하나님이 세상을 이처럼 사랑하사 독생자를 주셨으니, 이는 그를 믿는 자마다 멸망하지 않고 영생을 얻게 하려 하심이라"라는 요한복음 3:16의 유명한 말씀에 관해 논의했다. 이것은 복음주의 그리스도인들에게 대단히 잘 알려진 말씀이다. 그러나 다음 절인 17절에서는 "하나님이 그 아들을 세상에 보내신 것은 세상을 심판하려 하심이 아니요, 그로 말미암아 세상이 구원을 받게 하려 하심이라"라고 말한다. 어째서인지 교회들은 사랑보다 정죄에 더 초점을 맞춰 왔다. 그리고 다른 사람에 대한 정죄는 대개 우리의 종족적 정체성으로의 회귀라는 형태로 드러난다.

"이 예수님은 어떤 분인가?" 새로운 세상은 이것을 알고 싶어 한다. "이 복음은 무엇인가?" 그리고 "그것은 나에게 무엇을 뜻하는가?" 다양한 종족 출신의 사람들은 이렇게 묻는다. 그에 대해 제프 해그레이는 우리가 "우리 신앙의 기초적인 주장을 은폐하는 전통과 문화적 영향력을 비롯해 '문화적 종교'나 '문화적 기독교'라는 껍데기를 최대한 많이 벗겨 내야 한다. 왜냐하면 편협한 영향력과 기호로 가려진, 문화에 종속된 메시지로는 이 복잡한 세상을 향해 예수님을 따르라고 설득할 수 없기 때문이다"라고 말한다.[22]

바울은 로마서에서 문화에 순응하는 우리의 태도가 하나님께 드리는 참된 예배에 걸림돌이 된다고 말한다.

> 그러므로 형제들아, 내가 하나님의 모든 자비하심으로 너희를 권하노니, 너희 몸을 하나님이 기뻐하시는 거룩한 산 제물로 드리라. 이는 너희가 드릴 영적 예배니라. 너희는 이 세대를 본받지 말고 오직 마음을 새롭게 함으로 변화를 받아 하나님의 선하시고 기뻐하시고 온전하신 뜻이 무엇인지 분별하도록 하라(롬 12:1-2).

분명히 예배와 문화적 순응 사이에는 부정적인 상관관계가 있다. 이 세대를 본받지 않는 태도는 우리가 드려야 할 참되고 바른 예배와 관계가 있다. 거의 40년 전 젊은 신학생이었을 때 이 본문을 읽고 나서 우리는 '미국 교회의 포로 상태'에 대해 각성하게 되었다. 그리스도인들은 태어나면서부터 속한 집단과 그들의 문화적 기호에 끌리는 경우가 많으며, 그런 기호에 부합하지 않는 사람들을 '정죄'하고 심지어는 다른 종족에게-백인 그리스도인들이 흑인 그리스도인들에게 그랬듯이-차별을 가하기도 한다. J. B. 필립스(Phillips)는 이 본문을 이렇게 번역했다. "당신 주위의 세상이 당신을 그 틀 안에 억지로 끼워 넣지 못하게 하라."[23] 그리고 이렇게 다른 모든 사람들을 외부자로 취급하면서 당신의 종족 안에 머물고 그것을 참된 예배라고 정의하는 태도는 언제나 위험하다. 앞서 살펴보았듯이, 성경의 이야기는 우리의 인간적 장벽을 허물고 특히 우리를 위한 구원을 전하는 전령이 될 수 있는 외부자들을 환영하는 복음을 강력히 제시한다.

그리고 세상 속에서 사랑의 공동체로 함께 살아감으로써 우리는 이 신앙을 표현할 수 있다. 함께 살아가고, 서로 존중하고, 더불어 예배하고, 더불어 기도하고, 서로 섬기고, 우리의 공동체를 섬김으로써 우리는 온 세상을 향한 하나님의 사랑을 구현하고 그 본보기를 제시할 수 있다.

어머니가 나에게 가르쳐 준 것

나의 어머니는 우리가 어렸을 때 두 가지 가르침을 주곤 하셨다. 첫째, 만약 놀이터에 다른 누구도 같이 놀아 주지 않는 아이가 있거든, 네가 그 아이와 놀아 주어라. 둘째, 만약 다른 아이를 괴롭히는 아이가 있거든, 네가 그 아이에게 맞서라. 이 두 원칙은 나에게 큰 도움이 되었다. 지금도 종종 어머니의 목소리가 들리는 것 같다.

한번은 복음주의적 기독교 대학에서 강연하면서 보라색 옷을 입은 적이 있다. 나는 예배실 앞에서 보라색 리본을 나눠 주며 그 이유를 설명하는 사람들을 발견하고 기뻐했다. 우리는 미국 전역에서 언제든, 어디서든, 무슨 이유에서든 약자를 괴롭히는 행위를 용납해서는 안 된다고 믿는 사람들의 왕따 반대 캠페인에 동참하고 있었다. 보라색은 성 정체성 때문에 괴롭힘을 당해 자살한 젊은이들을 추모하기 위한 '영혼의 날'(Spirit Day)을 기념하는 색이다. 우리는 그리스도를 따르는 사람이기 때문에 모두 보라색 옷을 입었다.

약자를 괴롭히는 사람들은, 더 작거나 더 약하거나 '외부자'로서의 지위 때문에 더 상처받기 쉬운 사람들을 습관적으로 협박하거나 괴롭히거나 그들에게 폭력을 가하는 사람들이다. 약자를 괴롭히는 사람들은 그리스도께서 가르치고 실천하신 모든 것에 반대한다. 이런 식의 괴롭힘은 막을 수가 없다. 그리고 이렇게 괴롭힘을 당하다가 스스로 목숨을 끊은 젊은이들의 이야기를 들을 때면 우리는 애통한 마음을 느끼지 않을 수 없다.

게이와 레즈비언이 괴롭힘을 당하고 있기 때문에, 그리스도인들은 이들을 보호하고 옹호하는 일에 특별히 주의를 기울여야 한다. 어떤 공동체나 집단이 괴롭힘과 증오의 대상이 될 때, 그리스도인들은 공격하는 이들에 맞서 그들을 보호하는 일에 앞장서야 한다.

그러나 남을 괴롭히는 사람들 중에는 자신이 남을 괴롭히고 있다는 사실을 알지 못하는 사람이 많다. 그런 사람은 별 뜻 없이 말을 한다고 생각하거나 자신의 말이 다른 사람에게 그다지 큰 영향을 미치지 않는다고 생각할지도 모른다. 그런 사람은 모든 사람이 생각하고 있는 바를 말하고 있을 뿐이라고 생각할지도 모른다.

인간의 성 문제에 관해 기독교 공동체 안에는 이견이 존재한다. 동성 간의 결혼 같은 문제를 둘러싸고 당분간은 신학적 차이가 존재할 것이며 이에 관한 성경적 연구가 진행될 것이다. 아마도 젊은이들은 동성애자들과 관계를 맺는 과정에서 이 문제에 부딪치고 있기 때문에 이에 관해 진전을 이룰 것이다. 그들은 모든 사람이 법 아래서 평등하게 보호 받을 권리가 있다고 믿는다. 그리고 그들은 은사와 재능, 사역, 진실하고 성실한 관계를 통해 하나님의 자녀 모두를 환영해야 한다고 믿는다. 나 역시 그들과 같은 생각이다. 그러나 우리가 모든 해답을 찾기 전에라도 하나님의 형상으로 창조된 인간을 무시하거나 비난하거나 모욕하는 모든 사람에 맞서는 일에 함께 힘을 모아야 한다.

'외부자들'에 관해 내가 배운 것은 이것이다. 나의 종족은 나에게 그들은 위험한 사람들이니 그들을 두려워하고 멀리하라고 가르쳤다. 그러나 나는 그러지 않았다. 나는 그들이 있는 곳으로 찾아감으로써 규칙을 어겼다. 종종 나는 가서는 안 될 곳에 감으로써 이 세상에 대해 가장 많이 배웠다고 말한다. 외부자들은 내부자들보다 진짜 세상에 대해 훨씬 더 많은 것을 나에게 가르쳐 주었다. 그리고 외부자들을 통해 나는 복음의 참 의미를 배울 수 있었다. 하나님이 언제나 그분의 백성에게 낯선 사람, 이방인, 가난한 사람 – 외부자들 – 을 환영하라고 말씀하시는 까닭도 바로 그 때문이라고 생각한다.

오늘날 많은 젊은 신자들에게 이것은 곧 서류미비 이민자들을 환대하고 무너진 이민 제도를 고치기 위해 노력하는 것을 뜻한다. 이것은 더 나은 지역사회와 공동선을 위해 협력하는 미래를 만들어 가고자 젊은 이슬람교인들과 힘을 모으는 것을 뜻한다. 이것은 인신매매를 당하거나 성적 착취를 당하는 이들을 해방시키기 위해 노력하는 것을 뜻한다. 이것은 부자보다는 가난한 사람을 통해 자신의 소명을 발견하는 것을 뜻한다. 또한 이것은 게이와 레즈비언 친구들을 자신의 형제자매로 대하는 것을 뜻한다. 이것은 언제나 외부자들에게 귀를 기울이는 것을 뜻한다.

그날 복음주의 대학의 학생들은 친구들의 괴롭힘 때문에 스스로 목숨을 끊은 모든 젊은이들의 가족과 친구들을 위해 기도했다. 그들은 성적 지향 때문에 다른 사람에게 놀림이나 괴롭힘, 왕따를 당하는 모든 사람에게 희망의 메시지를 전하고 싶었다. 그리고 비록 아직은 동성애나 동성 간의 결혼에 관해 스스로 분명한 관점을 가지고 있지 않더라도 그들은 괴롭히는 사람들과 그들의 희생자들 사이에 서 있었다.

중서부의 한 복음주의 기독교 대학에서는 보라색을 많이 볼 수 있었다. 집으로 돌아가는 비행기를 타기 전 나의 탑승권을 확인하던 항공사 직원은 나의 보라색 리본을 보며, "오늘 보라색 리본을 달고 계시군요. 그거 좋은 거죠"라고 말했다.

며칠 후 나는 아이들을 학교에 데려다 주면서 아이들의 생각을 들어 보기 위해 왕따와 십대 동성애자의 자살에 관한 문제를 꺼냈다. 열두 살인 루크는 물론 다 알고 있었지만, 일곱 살인 잭은 아직 그런 얘기를 들어 보지 못했다. 하지만 잭은 학교 놀이터에서 가끔 다른 아이들을 괴롭히는 한 아이에 관해 이야기했다. 내가 뭔가 말을 하기도 전에 루크가 동생에게 이렇게 말했다. "잭, 네가 그 아이한테 가서 이야기를 해야 해. 넌 운동선수고 좋은 학생이고 인기도 많으니까 네 말을 들을 거야. 힘 센 아이들이 괴롭힘을 당하는 아이들을 위해 나서야 해. 잭, 학교에서 아무도 괴롭힘을 당하지 않게 하는 것도 우리가 해야 할 일 중 하나야. 알겠지?" 잭은 "응" 하고 대답했다. 나는 아이들의 할머니가 흐뭇한 미소를 지으실 것이라는 생각이 들었다. 루크와 잭이 보여 준 헌신을 통해 우리는 사랑의 공동체를 만들고 공동선을 위한 길을 열어 갈 수 있을 것이다.

원수를 놀라게 하라

> 만일 우리 사이에 평화가 없다면, 그것은 우리가 서로에게 속해 있음을 잊어버렸기 때문이다.
> — 테레사 수녀

> 예수님을 따르는 사람들은 평화로 부르심을 받았다. 그분이 그들을 부르실 때 그들은 평화를 발견한다. 왜냐하면 그분이 그들의 평화이시기 때문이다. 그러나 지금 그들은 평화를 소유할 뿐만 아니라 평화를 만들어 가라는 말씀을 듣는다. 그리고 이를 위해 그들은 모든 폭력과 혼란을 거부한다. 그리스도라는 대의에 관해서는, 그런 방법으로 얻을 수 있는 것이 아무것도 없다. 그분의 나라는 평화의 나라이며, 그분의 양떼가 서로 나누는 인사는 평화의 인사다. 그분의 제자들은 다른 사람에게 고통을 가하기보다는 스스로 고통을 견딤으로써 평화를 지킨다. 그들은 다른 이들이 사귐을 깨뜨리는 곳에서 사귐을 유지한다. 그들은 모든 자기주장을 거부하고, 증오와 악행 앞에서 조용히 고통당한다. 그렇게 함으로써 그들은 선으로 악을 극복하고, 전쟁과 증오의 세상 한가운데서 하나님의 평화를 이룬다.
> — 디트리히 본회퍼[1]

우리의 이웃이 우리의 원수이기도 할 때 이웃을 사랑하기가 가장 어렵다. 하지만 예수님은 우리에게 어쨌든 그들을 사랑하라고 말씀하신다. 우리의 원수를 사랑하라는 것은 가장 어려운 복음의 명령이다. 우리의 이웃을 사랑하는 것도 충분히 어렵지만, 우리의 원수를 사랑하는 것은 불가능해 보인다. 우리가 '타자'로 규정하는 이들은 '이웃'이라는 경계 바깥에 존재하는 사람들이며,

우리는 그들을 전혀 다른 방식으로 대해도 정당하다고 느낀다. 그러나 갈등과 원수로 가득한 세상에서 우리는 그보다 더 낫게 행동하는 법을 배워야 한다. 우리의 원수를 **놀라게** 한다는 것은 무슨 뜻일까?

갈등 해소

> 네 원수가 주리거든 먹이고 목마르거든 마시게 하라. 그리함으로 네가 숯불을 그 머리에 쌓아 놓으리라. 악에게 지지 말고 선으로 악을 이기라(롬 12:20-21).

> 그러나 너희 듣는 자에게 내가 이르노니, 너희 원수를 사랑하며 너희를 미워하는 자를 선대하며(눅 6:27).

> 화평하게 하는 자는 복이 있나니, 그들이 하나님의 아들이라 일컬음을 받을 것임이요(마 5:9).

2001년 9월 11일 이후에 우리는 교회에서 원수를 사랑하라는 설교를 얼마나 많이 들어 왔는가? 이제 우리는 찾거나 완전히 무찌르기 대단히 어려워 보이는 '원수들'과 항구적인 전쟁 상태에 있는 듯하다. '테러와의 전쟁'은 우리가 치른 어떤 전쟁과도 다르며, 언제, 어떻게 끝날지 아직도 예측하기 어렵다. 테러 위협에 대한 미국의 일차적인 대응 전략은 전쟁을 통한 점령이었다. 그러나 이런 전쟁의 효율성과 지속가능성, 도덕성에 대해 의심하는 사람이 아주 많아졌다. 많은 미국인들이 '전쟁 피로'로 고통당하고 있다. 우리가 원수라고 생각하는 사람들이든 실제 원수든, 우리의 원수를 대하는 더 나은 방식이 있지 않을까?

국가는 자신의 원수를 '타자'로 만들고 그들이 모든 사악한 동기와 두려움을 불러일으키는 능력을 가지고 있다고 생각하는 경향이 있다. 그중 상당 부분은 과장인 경우가 많으며, 실제의 사실에 입각해서 보면 완전히 거짓인 경우도 있다. 우리는 분명히 참이 아닌 사실과 정당화를 근거로 — 엄청난 인간적·재정적 비용을 치르며 — 이라크에서 전면전을 벌였고, 그로 인해 수많은 사람들이 목숨을 잃거나 부상당하거나 영구적으로 삶이 망가져 견딜 수 없는 고통 속에서 살아가고 있다. 9/11에 미국을 공격했던 이들을 추적하기 위해 시작된 아프가니스탄 전쟁은 미국 역사상 가장 오래 지속된 전쟁이 되었고, 가까운 시일 내에 끝날 가망도 없이 수많은 문제들이 점점 더 악화될 뿐인 상황이다.

비록 (모든 국가가 사용하는) 적에 관한 국가의 선전 중 많은 부분이 진실하지 않으며 그에 대해 강력히 이의를 제기해야 하지만, 또한 이 세상에는 개인적·집단적·국가적 차원에서 **우리에게 진짜 적이 존재할 것**이라는 점 역시 사실이다. 우리의 신앙 공동체조차도 원수를 만날 것이다. 예수님의 가르침에서는 우리에게 원수가 아무도 없을 것이라고 가정하지 **않는다**. 오히려 그분은 우리에게 원수를 만날 때 어떻게 행동해야 하는지를 가르치신다. 위의 성경 구절에서 예수님과 바울이 말하고 있는 바는, 원수를 대하는 더 **나은**, 그리고 훨씬 더 **효과적인** 방식에 관한 실제적인 지침이다. 원수를 대하는 방식으로서 계속해서 전쟁을 벌이는 우리의 습관은 더 이상 효과적이지도 않고 도덕적으로 정당화될 수도 없어 보인다.

원수와 갈등, 폭력, 전쟁의 문제를 논하는 또 하나의 방식, 아마도 더 나은 방식은 **갈등 해소**-세계 전역에서 점점 더 확대되고 있는 전쟁터에서 실제로 사용할 수 있는 개념과 행동 절차-의 언어를 활용하는 것이다. 더 많은 사람들, 특히 젊은이들이 참신하고 창의적인 방식으로 갈등 해소의 기술을 활용하고 있으며, 완전히 새로운 기술과 실험적인 방식이 나타나고 있다. 실제로 어떻게 갈등을 해소할 수 있는지를 새롭고 창의적인 방식으로 검토하고 있다.

이것은 개인과 가족 사이에, 집단과 가문, 종족 사이에, 서로 다른 문화 사이에, 그리고 물론 국민국가 사이에 **인간의 갈등이 불가피하다**는 인식으로부터 시작된다. 물론 역사적 관점에서뿐만 아니라 인간의 상황에 대한 최선의 신학에 비추어 볼 때도 그렇지 않다고 생각하는 것은 어리석은 일이다. 하지만 **대부분의** 인간 갈등은 폭력에 의존하지 않고도 해소될 수 있다는 것 역시 사실이다. 대단히 인간적인 우리의 싸움은 대부분 서로를 죽이거나 다치게 하지 않은 채 끝이 난다. 그러므로 이토록 많은 갈등에 휩싸인 세상 속에서 우리 앞에 놓인 명백한 책무는, 더 평화적인 수단을 더 많이 사용해 이런 인간 갈등을 해소하는 것이다. 현재 이 세상의 갈등이 무시무시할 정도로 심각해졌고 그로 인해 끔찍한 비용과 결과가 초래되었음을 감안할 때 갈등 해소의 기술과 과학을 배우는 일은 공동선을 위해 절대적으로 필요하다.

우리의 종교 전통들은 최악의 상태일 때 흔히 그랬듯이 그저 갈등으로 인한 무력 사용을 부추기기보다 평화적으로 갈등을 해소할 수 있도록 도움을 주어야 한다. 예수님은 하나님의 자녀가 평화를 이루는 사람들이라고 말씀하신다. 그렇다면 종교는 평화를 이루는 사람들이 되는 것에 대해 우리에게 무엇을 가르쳐 줄 수 있을까?

원수를 사랑하라는 예수님의 가르침은, 우리가 우리에 대한 그들의 요구와 지배에 그저 굴복해야 함을 뜻하지 않는다. 그분이 제시하신 행동 절차에 비추어 볼 때, 원수를 사랑하라는 예수님의 말씀은 나약한 굴종보다는 비폭력 저항의 전략에 더 가깝다. 자신을 따르는 이들에게 다른 쪽 뺨을 돌려 대고, 십 리를 더 가주고, 겉옷까지 내주라고 가르치시면서 예수님은 이것이 유대 민족의 점령자였던 로마 군인들로 하여금 부끄러움을 느끼게 하고 그들에게 맞설 효과적인 전략이 될 수 있다고 주장하신다. 무력으로 원수를 물리칠 수 없을 때, 그를 당황하게 하고, 그의 위선을 폭로하고, 더 나아가 그로 하여금 자신의 행동을 반성하게 만들 수 있는 다른 방식이 존재한다. 신학자 월터 윙크(Walter Wink)는 「사탄의 체제와 예수의 비폭력」(*Engaging the Powers*, 한국기독교연구소)에서,[2] 글렌 스태슨(Glen Stassen)은 「평화의 일꾼」(*Just Peacemaking*, 한국장로교출판사)에서[3] 산상수훈을 주석하면서 이를 탁월하게 설명했다.

우리에게 "숯불을 그 머리에 쌓아 놓으라"고 권하는 바울의 말은 대단히 매력적이다(롬 12:20). 뭐라고? 이런 식으로 말하는 것이 원수를 사랑하는 것과 일관성을 이루는가? 물론 그렇다. 이것은 우리의 사랑으로 그들을 **놀라게 하여** 우리의 원수로 하여금 그들이 우리와 다른 사람들에게 행하는 바를 재고하게 만들라는 말이다. 만약 우리의 원수가 배고프다면, 그들을 더 배고프게 만들거나 더 화나게 만들기보다는 그들을 먹이라. 만약 그들이 목마르다면, 그들이 사랑하는 이들을 목말라 죽게 하여 우리에 대해 더 분노하게 만들기보다는 그들에게 마실 것을 주라. 여기서 바울의 접근 방식은 순진한 평화주의가 아니라 상황을 변화시키고 역전시키고 갈등의 결과를 바꾸어 놓는 명민한 방식이다.

갈등 상황에 처한 곳에서 활동하는 국제적인 구호 및 개발 단체의 지도자들은, 만약 미국이 적의 영토에 대량의 식량과 의료품을 떨어뜨린다면 폭탄을 떨어뜨릴 때보다 훨씬 더 큰 효과를 거둘 수 있을 것이라고 주장한다. 적국 사람들에게 폭격을 가하는 행위는 대개 그들로 하여금 더욱 뭉쳐서 우리에게 맞서게 하고, 그들로 하여금 우리가 정말로 공격 목표로 삼아야 할 사악한 정부와 독재자를 지지하게 만드는 결과를 초래한다. 이런 곳에서 매일 일하는 사람들은 이들에게 절실하게 필요한 것들(식량과 의료품 등)로 이들 나라를 채울 때 우리에 대한 그들의 태도를, 심지어는 그들의 필요를 채워 주지 못하는 경우가 많은 자신들의 정부에 대한 그들의 태도를 바꾸어 놓을 수 있다고 말한다. 그리고 식량이 폭탄보다 더 싸다.

많은 사람들은 다른 종류의 대응으로는 또 다른 갈등이 일어날 수밖에 없는 상황에서 놀라운 온기나 따뜻한 말, "유순한 대답"[4]이 분노를 사라지게 할 수 있음을—개인적·가정적·공동체적 차원에서—배워서 알고 있다. 납득할 수 있으며 심지어는 정당하기까지한 원한 때문에 품게 된 분노에 진지하게 귀를 기울이고 더 나아가 이를 받아들이려 함으로써 마침내 분노와 갈등을 제거하는 경우가 많다. 하지만 적대적인 반응으로 화를 부추기면 상황은 더 악화될 뿐이다. 우리는 공동체 안에서, 목회적 상황을 통해 이런 식으로 갈등을 누그러뜨리는 법을 배웠다. 이제는 이것을 정치와 외교 분야에도 적용해야 할 때다. 세계 전역에서 갈등 해소 전문가들은 이런 방식을 실천하고 있다.

모든 것을 변화시킨 날

2001년 9월 11일 아침, 나는 워싱턴에 있는 집에서 소저너스 사무실로 출근할 준비를 하고 있었다. 위층에서 미국공영방송 뉴스를 듣다가 비행기 한 대가 세계무역센터 남측 타워에 충돌했다는 혼란스러운 첫 보도를 접했다. 나는 아래층에 있던 조이에게 텔레비전을 켜서 무슨 일이 일어나고 있는지 알아보라고 말했다. 잠시 후 우리는 세 살짜리 아들 루크와 함께 아침식사를 하다가 두 번째 비행기가 북측 타워에 부딪치는 장면을 보았다. 나는 아직도 조이에게 했던 첫 마디를 기억하고 있다. "상황이 나빠질 것 같아. 아주 나빠질 것 같아."

물론 나는 우리가 처음에 상상했던 것보다 훨씬 더 심각했던 쌍둥이 빌딩의 피해와 목숨을 잃은 사람들에 관해서만 이야기한 것은 아니었다. 내가 가장 먼저, 가장 깊이 걱정한 것은 이런 일이 이 나라의 영혼에 미칠 영향이었다. 나는 미국이 이 정도 규모의 테러 공격에 어떻게 대응할지 두려웠다.

그러나 쌍둥이 빌딩이 무너졌을 때, 그리고 몇 시간, 며칠이 지난 후 이 끔찍한 사건으로 인한 고통이 점점 더 분명해졌을 때, 미국의 영혼의 다른 부분들이 드러나기 시작했다. 즉 이 공격에 처음으로 대응했던 사람들의 영웅적인 행동과 사람들이 서로를 돌보는 도시와 국가의 모습을 볼 수 있었던 것이다. 평범한 시민들이 낯선 사람들을 위해 목숨을 바칠 때 그들은 자신의 형제자매를 지키는 사람들이 되었다. 9/11 공격 이후 고통과 상실, 자기희생에 관한 이야기를 들으며 조이와 나는 여러 차례 눈물을 흘렸다. 많은 이들의 고통 앞에서 훨씬 더 많은 사람들이 봉사 활동에 나섰다.

잠시 동안 세계의 마지막 초강대국이 그 약점을 드러냈고, 우리 모두가 그것을 느꼈다. 워싱턴에서 사람들은 시내 중심가로부터 도망쳐 말 그대로 도시 밖으로 뛰쳐나갔다. 그리고 많은 사람들이 소저너스 사무실 같은 곳에 모여서 기도했다. 조이는 루크와 함께 우리 집을 지나쳐 미친 듯이 뛰어가는 사람들을 위해 작은 음료수대를 설치했다.

갑자기 우리의 나약함을 깨닫자 아마도 처음으로 우리는 세계 대부분의 사람들처럼 나약함을 인간 실존의 한 부분으로 받아들이기 시작했던 것 같다. 9/11 이후 테러리스트들이 아니라 미국이 도덕적으로 더 우월한 위치에 있었다. 세계는 현실적인 원한이든 상상 속의 원한이든, 원한 때문에 무고한 사람들을 살상하겠다는 잔인한 결심을 한 사람들에게 공감하지 않았다. 그 대신 세계는 미국의 고통에 공감했다. 프랑스 신문 "르 몽드"(Le Monde)지의 1면 표제도 "우리 모두가 미국인이다"였다.[5]

그러나 나는 미국 정부가 어떻게 대응할지가 가장 걱정스러웠다. 얼마 지나지 않아 공식적인 대응은 **테러와의 전쟁**으로 규정되었다. 10년 동안 계속된 이 전쟁은 2001년 9월 11일에 희생된 사람들보다 훨씬 더 많은 수의 사상자를 냈다. 미국이 고통을 당한 결과, 테러와의 전쟁이라는 이름 아래 아프가니스탄과 이라크, 세계 전역에서 수많은 사람들이 지금 고통을 당하고 있다. 우리의 우월한 힘과 능력을 과시함으로써 **우리의 나약함을 지워 버리려 하다가** 우리는 더 깊은 이해와 성찰, 방향 재설정의 기회를 놓치고 말았다. 우리가 벌인 새로운 전쟁의 초기에는 이를 쉽게 행했다. 그러나 이제 우리는 미국 역사상 가장 긴 일련의 전쟁을 통해서도 9/11이 우리에게 가한 폭력의 원인을 해소하거나 역전시키지 못했고 우리의 안전을 확보하지도 못했다. 사실 점령을 목표로 한 전쟁이었기에 많은 점에서 상황을 더 악화될 뿐이었다.

세계는 살인을 자행한 범죄 집단을 법에 따라 처벌하려는 집중적이고 꾸준한 노력을 기대했고 이를 지지했을 것이다. 그러나 10년 동안 부도덕한 정보 조작, 계속된 전쟁, 고문을 자행하는 정책, 비밀 암살 부대, 국제적 인권 유린, 헤아릴 수 없이 많은 민간인에 대한 무차별적 폭력, 수조 달러의 예산 지출로 인해 이 나라는 도덕적으로 우월한 지위를 상실하고 말았다.

더 나은 대응

다행히도 9/11 비극에 대한 워싱턴의 실패한 공식 대응이 유일한 대응은 아니었다. 새로운 세대의 그리스도인들은 예수님이라면 이런 사건에 어떻게 반응하셨을지를 물었다. 그들 중 많은 이들이 미국연합감리교회의 감독이었던 윌리엄 윌리몬(William Willimon)이 테러 공격 10주기를 맞아 복음주의 잡지인 "크리스채너티 투데이"(Christianity Today)에 기고한 글에 동의할 것이다. "미국 그리스도인들은 9/11에 대한 우리의 대응을 우리의 최악의 기독론적 패배라고 기억할 것이다.…우리가 대단히 나약하다고 느꼈을 때 우리는 십자가가 아니라 국기에 손을 뻗었다."[6] 9/11 이후 10년 동안 성장기를 보낸 많은 이들은 세계의 갈등을 바라보면서 그들의 정부가 추구했던 것과 다른 목적을 추구하고 있다. 그들은 불의와 폭력이라는 문제에 대해 대안적이며 더 창의적인 대응을 만들어 가고 있으며, 워싱턴의 실패한 전략과 실패한 도덕적 논리를 특징 지웠던 테러와 전쟁의 악순환을 거부한다.

모든 종교 전통의 근본주의적 지도자들의 증오에 찬 비난에도 불구하고 많은 목회자들은 예수님의 부르심에 응답해 이웃과 심지어는 원수를 사랑하겠다고 결심했다. 이슬람교인들이 이주해 온 미국의 마을에서부터 신앙으로 인해 사람을 죽여 복수하기보다는 아니라 다리를 놓고 치유하는 세계 곳곳의 분쟁 지역에 이르기까지 그들의 이야기가 서서히 전해지고 있다. 그리스도인 지도자들은 이슬람 지도자들과 함께 식사하고 금식하고 기도한다. 어떤 이들은 격화된 위협과 언행 앞에서 서로의 회중과 가정을 지켜 준다. 신앙 전통 사이의 차이에 관해 대충 얼버무리지는 않지만, 종교적 경계선과 상관없이 사랑과 화해라는 하나님의 본성은 대담하게 인정한다. 이 모든 것에 관해 그들은 정부의 대응이 그들 자신의 대응을 규정할 필요는 없다고 말한다.

이제는 학교와 가정에서도 이런 대화를 나눈다. 나의 아들 루크와 잭은 둘 다 기독교와 이슬람이 무엇인지, 무엇이 아닌지 이해하고 있다. 아이들의 교실에는 이슬람교인 친구들이 있다. 하루는 9/11 사건을 모르던 잭이 텔레비전에서 이슬람을 비난하는 말을 듣고는 곧장 "저것은 사실이 아니에요. 우리 반에 이슬람교인 아이가 있는데, 그 애는 전혀 그렇지 않아요"라고 반박했다. 루크와 나는 9/11 10주년에 관한 내셔널 지오그래픽 채널의 특별 방송을 보았다. 그 방송은 우리가 기억하는 그날의 끔찍하고 특별했던 사건들을 묘사했다. 방송을 통해 루크는 세 살이었을 때 겪었던 9/11에 관한 단편적인 기억을 맞춰 볼 수 있었다. 나는 아들이 두려움보다는 공감하는 마음으로 세상을 바라보고 있으며, 전쟁으로는 사람들 사이의 문제와 갈등을 해결할 수 없음을 절실하게 느끼고 있다는 점에 매우 놀랐다.

해마다 극단주의자들의 행동 때문에 9/11 테러 공격을 차분히 기념하지 못하고 심지어 더 많은 폭력을 불러일으키기도 한다. 하지만 여러 종교가 함께 하는 예식을 통해 이 사건을 기념하기도 한다. 뉴욕 시의 그라운드 제로(Ground Zero)에 모인 전 세계의 복음주의 지도자들은 평화와 일치를 촉구했다. 우리는 종교가 너무도 자주 갈등의 원인이 되기도 했지만 종교에는 치유하는 힘이 있다고 말했다. 심지어 우리는 세계에서 갈등이 가장 심한 지역에서 더불어 평화롭게 살아가는 그리스도인들과 이슬람교인들을 예로 들면서, 그리스도인들에게 이슬람 공동체의 좋은 이웃이 될 것을 촉구했다. 9/11 기념 주간에 예배당에서는 많은 목회자들이 교인들에게 두 가지 근본 진리를 상기시켰다. 우리는 악에 지지 말고 선으로 악을 이겨야 하며, 찬송가의 가사처럼 "그들은 우리의 사랑을 보고 우리가 그리스도인임을 알게 될 것이다"(요 13:35을 보라).

그러나 2001년 9월 11일 아침은 미국과 세계의 모든 것을 바꾸어 놓았다. 이 사건은 우리의 원수에 관해, 오늘날 세계 속의 실제적인 폭력의 위협에 어떻게 대응할 것인지에 관해, 우리의 국가 안보를 지키기 위해 점령을 목표로 하는 전쟁을 벌이는 것이 과연 효과적이며 도덕적인지에 관해 묻고 답하고자 할 때 필요한 생각의 틀을 제공했다. 이 사건은 수많은 무고한 사람들을 희생시킨 절대적으로 범죄적이며 비겁하고 사악한 공격이었으며, 왜곡된 방식으로 종교를 내세워 치밀한 계획에 따라 수천 명을 살해한 행위를 정당화하려는 태도 때문에 문제는 더 심각해졌다. 소수의 범죄자들의 지독한 종교적 위선 때문에 10억의 이슬람교인을 아우르는 종교 공동체 전체가 불신을 받게 되었다.

21세기의 첫 10년 동안 이슬람교인들은 자신들이 '타자'로 취급받고 있음을 깨달았으며, 이것은 우리 앞에 놓인 가장 큰 문제

중 하나다. (마치 테네시 주에 실제적인 위협이 존재하기라도 하는 것처럼) '샤리아 법'을 금지하는 주법(州法)을 통해 대단히 상징적으로 드러났듯이, 이제 '이슬람 급진주의'에 대한 정치적 공격이 너무도 흔해졌다. 그라운드 제로 근처의 맨해튼에서부터 이 나라의 모든 지역에 이르기까지, 모스크와 이슬람센터에 대한 언어 폭력과 시설 파괴가 공공연히 자행되었다. 안타깝게도 일부 저명한 복음주의자들이 이슬람을 '사악한 종교'라고 공격했으며, 버락 오바마의 반대자들은 그리스도인임을 자처하는 대통령이 은밀한 이슬람교인이라고 비난했다.

이야기를 바꾸라

이 나라에서 이슬람교인에 대한 적대감이 커지고 있다고 믿기 쉽다. 그러나 지속적인 갈등이라는 이 이야기로는 전체 상황을 제대로 설명하지 못한다. 나는 미국 전역의 종교 공동체들과 함께 일하면서 9/11에도 불구하고가 아니라 9/11 때문에 최근 몇 년간 종교 간 협력 관계가 강화되고 있음을 깨달았다.

9/11 9주년을 준비하는 동안 뉴욕 시의 이슬람 지역센터 설립 계획을 놓고 논란이 벌어졌으며, 9월 11일에 쿠란을 불태우겠다고 위협한 플로리다 주의 테리 존스는 이슬람에 대해 증오에 찬 비난을 퍼부었다. 이 두 가지를 생각하면 종교 사이에 큰 갈등이 존재하는 것처럼 보인다.

그러나 테네시 주 멤피스 교외에 있는 하트송 교회에서는 이 이야기가 바뀌고 있었다. 이곳에서 일어난 일은 '타자'나 심지어

'우리의 원수'라고 불리는 이들을 어떻게 놀라게 할 것인지, 무엇이 사람들의 태도를 가장 크게 바꾸어 놓는지에 관해 우리에게 실마리를 제공한다. 케이블 방송사들은 종교적 갈등이 고조된다고 계속해서 요란히 떠들어 댔지만, CNN에서는 이례적으로 이 대안적인 이야기를 보도했으며 이를 전 세계에 방영했다.[7]

그 전 해에 하트송 교회의 스티브 스톤 목사는 멤피스 이슬람 센터가 교외의 마을인 코도바에 있는 자신의 교회 근처에 부지를 매입했음을 알게 되었다. 그는 이웃에 이슬람 센터를 설립하는 계획에 대해 항의했을까? 아니다. 그는 교회 앞에 이런 문구가 적힌 큰 붉은색 표지판을 세웠다. "하트송 교회는 멤피스 이슬람 센터의 설립을 환영합니다."

이슬람 지도자들은 깜짝 놀랐다. 그들은 자신들이 오는 것을 모른 척해 주기만 해도 더 이상 바랄 것이 없다고 생각했었다. 환영을 받을 것이라고는 전혀 예상하지 못했다. 그들은 스톤 목사와 면담을 요청했고, 이를 통해 새로운 관계를 만들어 갔다. 얼마 지나지 않아 그리스도인 아이들과 이슬람교인 아이들이 함께 기도했고, 그들의 부모들은 이야기를 나누며 함께 식사하기 시작했다. 서로의 신앙에 대해 거의 아무것도 몰랐던 신자들이 대화를 하기 시작한 것이다.

이 이슬람 센터의 새 건물이 아직 건축 중이었기에 하트송 교회는 이슬람 센터의 회원들에게 그 이듬해 라마단 기도예배를 위해 예배당을 내주었다. 지역 주민을 위한 하트송의 바비큐 파티에서는 이제 할랄(halal: 이슬람 계율에 따라 도축된 고기 – 옮긴이) 고기를 내

놓고, 두 회중은 연합으로 노숙자 급식과 지역 아동의 학습 지도를 실시할 계획을 세웠다. CNN의 이러한 보도는 '그라운드 제로 모스크'와 쿠란을 불태우겠다는 위협을 둘러싼 논란을 다룬 대부분의 언론 보도에 대한 극적인 대안이었다. 기독교 목회자와 이슬람 회중의 지도자가 친구로서 함께 이야기를 나누는 사진은 상호 존중과 더 나아가 사랑의 모습을 보여 주었으며, 이는 미국과 세계 언론을 통해 우리가 보았던 모습과 극명한 대조를 이루었다.

스티브 스톤과 내가 대화를 나눴을 때, 그는 나에게 파키스탄의 카슈미르에 사는 남자 이슬람교인 단체로부터 늦은 밤에 한 통의 전화를 받았던 이야기를 들려주었다. 그들은 그에게 CNN을 보다가 하트송 교회에 관한 보도를 접했다고 했다. 그 보도를 본 후 그들은 "우리 모두 아무 말이 없었다"고 말했다. 그런 다음 그 단체의 지도자 중 한 명이 모인 사람들에게 이렇게 말했다고 한다. "나는 하나님이 이 남자를 통해 우리에게 말씀하고 있다고 생각합니다." 또 다른 사람은 "우리가 이 사람들을 어떻게 죽일 수 있는가?"라고 말했다. 세 번째 남자는 자신들의 모스크 근처에 있는 작은 기독교 교회로 곧장 가서 예배당 안과 밖을 자기 손으로 직접 청소하기 시작했다.[8]

미국에서 우리는 이 나라 안에 존재하는 이슬람교인들을 향한 적대감에 대해 많이 들었다. 우리는 존스의 위협이나 테네시 주 머프리스보로에 건축되고 있던 또 다른 모스크에 대한 방화 공격에 관한 보도를 자주 접했다. 그러나 스톤과 같은 사람들이나 그를 존경하는 파키스탄 사람들에 관해서는 거의 듣지 못했다. 그리고 이것은 모두에게 손해다. 스톤은 예수님이 그리스도인들에게 가르치신 대로 자신은 이웃을 - 원수라고 생각할지도 모르는 사람들까지도 - 사랑하려고 노력할 뿐이라고 말했다. 그것이 예수님의 말씀이라고 그는 말했다. 일부 비판자들은 교회 안에서 이슬람식으로 예배할 수 있도록 허용했다고 스톤을 이단이라 부르면서, 그에게 그리스도를 어떻게 증언할지 물었다. 스톤은 "예수님이 우리에게 말씀하신 것처럼 그들을 우리의 이웃으로 - 그들이 실제로 우리의 이웃이므로 - 사랑함으로써"라고 답했다.[9]

그러나 어느 날 새벽 1시 30분에 스톤 목사는 카슈미르의 작은 마을에 살고 있던 주민들로부터 뜻밖의 전화를 받았다. "우리도 지금 선한 이웃이 되기 위해 노력하고 있습니다. 스톤 목사님, 당신의 교인들에게 우리가 그들을 미워하지 않으며 그들을 사랑한다고 전해 주세요. 그리고 남은 일생 동안 그 작은 교회를 돌보겠다고 말해 주세요."

내쉬빌 지역신문인 "테네시언"(*Tennessean*)의 종교 담당 기자인 밥 스미에태나는 하트송 이야기를 보도했다. 그는 모스크에 대한 시설 파괴 행위와 테네시 주 여러 곳에서 표출된 이슬람교인들에 대한 증오에 관해 보도한 바 있었다. 그러나 그는 이렇게 보도했다.

코도바의 분위기는 평화로웠다. 모스크를 반대하는 행진도, 어떤 공개적인 반대도 없었다. 몇몇 분노에 찬 이메일을 제외하면, 두 회중이 접한 반응 대부분은 그들의 관계를 긍정적으로 바라보았다. 두 회중에 관한 이야기는 지역 뉴스와 전국 뉴스에 방영되었다. 바레인에서 온 영화 제작진은 두 회중의 이야기를 영화화하기 위해 이 마을을 찾아왔다.…이 작은 친절의 행위 덕분에 도무지 벗이 될 수 없어 보였던 두 회중이 우정을 나누게 되었으며, 이 소식은 세계 전역에서 주요 기사로 다루어졌다.[10]

이 모든 것은 어떤 함의를 지니는가? 파키스탄처럼 위험한 곳에서 사람들의 마음과 생각을 가장 잘 변화시키는 것은 무엇인가? 이웃을 사랑하는 그리스도인의 본보기인가, 아니면 우리의 공격적인 군사 전략인가?

신뢰의 관계

신앙 지도자들 사이의 관계는, 같은 시기에 일어났던 테리 존스의 쿠란 소각 사건처럼 비극적인 결말을 피하는 데도 도움이 된다. 다양한 전통에 속한 종교 지도자들이 존스의 위협을 비판하는 한편, 막후에서는 수많은 그리스도인들이 뉴욕의 이슬람 센터 설립을 추진하고 있던 이맘 페이살 압둘 라우프(Feisal Abdul Rauf)를 지원하고 나섰다.

나는 몇 주에 걸쳐 이맘과 그의 아내 데이지 칸과 친밀한 대화를 나눌 기회가 있었다. 2001년 테러 공격이 발생하고 몇 달이 지난 후부터 친구로 지내고 있던 우리는 뉴욕의 성 요한 성당에서 열린 종교 근본주의에 관한 포럼에 함께 참여했다. 그날 그들의 말을 듣고 나는 라우프와 칸을 신뢰하게 되었으며, 우리가 종교

간 평화를 이루고자 노력하는 사람으로서 함께 일할 수 있을 것이라고 확신하게 되었다.

이슬람 센터 건축 계획을 둘러싸고 이맘과 그의 아내를 비난하는 분위기가 이미 고조된 상태였다. 그러나 2010년 9월 9일 목요일에 상황은 악화 일로로 치달았다. 그날 오후 존스는 9/11 기념일에 뉴욕으로 가서 이맘과 대화를 하겠다고 발표했다. 그는 쿠란 소각 위협을 통해 이슬람 센터를 옮기도록 압박하고 그 과정에서 더 많은 관심을 끌 수 있으리라고 생각했던 것 같다. 이것은 대단히 불쾌한 생각이었다. 이것은 10억 명이 신성하게 여기는 책을 불사르는 행위와 지역 센터를 건축하는 것이 도덕적으로 동등하다는 주장이나 다름없으며, 존경 받는 유력한 이슬람 지도자가 작은 교회의 무책임한 목회자와 협상을 해야만 한다고 전제하는 셈이었다.

9월 10일에 나는 복음주의자들 – 존스 자신과 그 일원이라고 주장하는 신앙 전통에 속한 사람들 – 이 중재에 나설 수 있을지 고민했다. 나는 존스가 악마의 소유라고 비난한, 곤경에 처한 이슬람 신앙의 지도자인 이맘이 아니라 우리가 나서서 그를 말려야 한다는 확신이 들었다. 그리고 나는 – 비록 어떻게 해야 할지 확신이 서지는 않았지만 – 데이지 칸에게 우리가 나서겠다고 약속했다.

한 시간 후 나는 좋은 친구인 세계복음주의연맹의 국제부문 이사인 제프 터니클리프한테서 전화를 한 통 받았다. 뉴욕에 머물고 있던 그는 "당신의 친구 이맘"을 돕기 위해 자신이 무슨 일을 해야 할지 알려 달라고 했다. 그는 존스의 휴대전화 번호를 가지고 있으며 그 주 초에 그와 통화를 했다고 설명했다. 계획했던 쿠란 소각을 멈추게 하기 위해 그는 존스에게 이렇게 물었다. "당신이 하려던 일 때문에 살해당한 중동에 있는 복음주의 목회자의 부인이나 당신의 쿠란 소각 소동 때문에 예배당이 완전히 불에 탄 교회의 교인들과 내가 이야기를 나눌 때 나와 함께 그 자리에 동석하겠습니까?"

터니클리프는 꼭 필요한 때, 꼭 필요한 곳에 있었던 꼭 필요한 사람이었다. 그는 뉴욕의 많은 복음주의 지도자들에게 존스와 이야기를 나누게 했다. 플로리다에서 온 이 목회자는 뉴욕에서 다자간 통화를 하는 도중에 "갈피를 잡지 못하는" 것처럼 보였다고 제프는 전했다. 다른 사람들은 이 통화가 "강력하고", "생산적이며", "반성을 이끌어 냈다"고 말했다. 이 대화를 통해 존스는 9/11 기념일에 쿠란 소각을 하기로 한 계획을 포기하겠다고 약속했으며, 심지어 어떻게 사과를 해야 하는지 묻기도 했다. 다음 날 그는 라우프를 찾아가지 않고 대신 집으로 돌아갔다. 존스는 결국 다시 예전처럼 이슬람을 비난하기 시작했다. 하지만 그리스도인들과 이슬람교인들 사이의 신뢰 관계 덕분에 그해 9/11 기념일에 쿠란을 소각하겠다는 위협을 막을 수 있었다.

종교 간 협력이라는 새로운 운동

9/11 이후 이 나라 전역의 교회에서 수백 명의 그리스도인들이 자신들의 교회를 방문한 이슬람 학자나 이맘의 강연을 듣기 위해 모였을 때도 이와 비슷하게 강력하고 생산적이며 반성을 이끌어 내

는 대화가 이루어졌다. 존스의 고향인 게인스빌에서는, 말 그대로 존스의 교회 바로 옆에 위치한 트리니티연합감리교회에 약 2천 명의 사람들이 모여 "평화와 이해, 희망을 위한 집회"를 가졌지만, 언론에서는 이 행사에 관심을 기울이지 않았다.[11]

가장 희망적인 점은, 젊은 세대들 가운데서 이야기가 바뀌고 있다는 것이다. 몇 해 전 나는 일을 마치고 퇴근하는 길에 우리 집 현관에 앉아 있는 한 젊은이와 마주쳤다. 그는 나를 만나기 위해 멀리서 찾아왔다면서 15분만 시간을 내줄 수 있냐고 물었다. 나는 그와 15분 넘게 이야기를 나눴고, 그 후로 우리는 지금까지 교류하고 있다. 그의 이름은 이부 파텔인데, 그는 이런 글을 썼다. "만약 종교적 극단주의가 젊은이들이 활동하는 운동이고, 종교 간의 협력이 나이든 신학자들이 이야기하는 운동이라면, 우리에게는 희망이 없다.…종교와 종교 다양성에 관한 소음은 종교를 미워하는 공격적인 무신론자들과 사람들을 미워하는 종교적 극단주의자들, 이슬람을 미워하는 종교적 광신자들의 목소리에 묻히고 말았다."[12] 이부는 시카고에 본부를 둔 종교 간 협력을 위한 청년 연합(Interfaith Youth Core)을 설립했다. 이 훌륭한 단체는 대학 캠퍼스와 미국 전역의 도시에서 다양한 종교를 가진 젊은이들이 모여 그저 대화만 나누는 것이 아니라 지역사회를 섬기는 활동을 하고, 이를 통해 훨씬 더 나은 대화를 만들어 가도록 하고 있다. 파텔은 "우리는 미국과 전 세계에서 새로운 범주를 만들고 있다. 그것은 바로 종교 간 협력이라는 범주다. 바로 지금 사람들은 진보적인 이슬람교인이 어떤 사람인지를 직접 볼 수 있어야 한다"고 말한다.[13] 이부는 나에게 큰 희망을 준다.

　미국 내에서 종교적 불관용이 심해지고 새로운 이슬람 혐오증이 이 나라를 휩쓸고 있는 것을 바라보면서 그리스도인들은 어떻게 대응해야 하는가? 이 물음은 문제의 핵심을 건드리는 다른 물음들을 제기하며, 이에 대한 우리의 대답을 통해 우리 자신과 우리의 신앙 그리고 이 나라의 성격에 관한 중요한 사실이 드러날 것이다.

　첫째로, 이웃에 대한 우리의 판단은 그들의 종교에 대한 꼬리표에 근거하는가, 아니면 그들의 성품에 근거하는가? 나는 종교 사이의 중대한 차이를 흐릿하게 만드는 순진한 종교다원주의를 옹호하지 않는다. 그러나 나의 종교 전통에서는 나에게 평화를 이루는 사람이 되라고, 특히 이웃이 나와 다른 의견을 가지고 있을 때 그들을 사랑하라고 가르친다고 나는 믿는다. 이슬람 지도자들이 긴장을 완화하고 이해를 증진하기 위해 앞장설 때, 우리는 (이들 지도자들도 비판하는) 테러리스트들의 행동에 따라 그들을 판단하는가, 아니면 이 지도자들의 진실성과 성품에 따라 그들을 판단하는가? 우리가 모든 점에서 같은 의견을 가져야 한다는 말이 아니라, 우리가 서로를 사랑하고 존중하도록 부르심을 받았다는 말이다.

　둘째로, 나는 나의 종교를 위한 자유를 믿는가, 아니면 종교의 자유를 믿는가? 수정헌법 1조의 '국교 금지'와 '종교 활동의 자유' 조항은 혁명적인 주장이었다. 이 조항은 우리가 동경한 이상이었지만 항상 그 이상을 실천하지는 못했다. 이 나라 역사에서는 반유대주의와 반가톨릭주의, 그 밖에 다른 형태의 종교적 편견이 반복적으로 추악한 고개를 처들었다. 그러나 종교적 자유라는 강력한 역사 덕분에 결국 이 나라에서는 소수 집단들이 번영을 이룰 수 있었다. 우리가 이슬람 신앙을 가진 미국인들에게 - 그라운드 제로 근처에서든 혹은 다른 어느 곳에서든 - 종교적 자유를 허용하는가의 여부가 우리 자신의 성품과 우리 신앙의 진실성, 이 나라를 특별하게 만드는 사상에 대한 우리의 진정한 헌신의 증거가 될 것이다.

데이지 칸의 예를 통해 우리는 이슬람 전통에 속한 여성들이 태도를 변화시키는 데 핵심적 역할을 수행할 것임을 알 수 있다. 그녀는 이렇게 말한다.

> 이슬람은 미국의 종교가 되고 있으며, 이것은 모든 전통에 대한 관용과 수용이라는 이 나라의 가치를 소중히 여긴 모든 미국인들의 승리라고 말할 수 있다.…이슬람교인들이 미국의 공적 삶에 꾸준히 진출하고 있는 이 시점에 우리는, 그리스도인들에게 우리를 존중하고 지지해 달라고 요청한다. 우리는 그들에게 우리를 이방인이나 원수, 교인을 두고 경쟁하는 사람들이 아니라 시민이자 동맹자, 신앙의 형제자매로 생각해 달라고 부탁한다. 우리의 말을 듣고 우리가 우리 이야기를 할 수 있도록 도와달라. 나는 이슬람의 핵심 가치 - 신에 대한 믿음과 순종, 개인의 권리와 공동체의 행복을 존중하는 태도, 긍휼과 정의, 다원성과 다양성 존중 - 가 미국의 가치와 전적으로 공명한다고 굳게 믿는다.[14]

마지막으로, 우리는 이런 물음을 던져야 한다. 전 지구적인 테러의 위협 앞에서 미국이 종교적 자유를 제한한다면 누가 승자가 되겠는가? 특히 그라운드 제로를 둘러싼 종교적 감성은 이해할 만하다. 9/11 테러는 인류에 대한 범죄이며, 비극적이게도 많은 미국인들에게 이 사건은 과격 이슬람, 혹은 그저 이슬람 자체와의 첫 대면이었다. 그러나 바로 그런 이유 때문에 긴장을 완화하고 더 나은 이해를 만들어 가기 위해 종교 간의 협력이 대단히 중요하다. 이 나라가 치유를 지속하기 위해서는 더 많은 사람들이 자신과 종교적으로 다른 사람들, 특히 이 나라를 사랑하는 수많은 이슬람교인들과 신뢰를 쌓아 갈 필요가 있다. 9/11 이후 수천 개의 종교 간 대화, 봉사 계획, 친선 관계가 생겨났으며, 앞으로도 이런 협력을 촉진하고 장려해야 한다. 사실 이것은 미국에서 신앙이 어떤 역할을 해야 하는가에 관한 갈등이다. 이것은 이슬람교인인 미국인들을 진정한 미국인으로 받아들인 것인가, 아니면 2등 시민으로 취급할 것인가 하는 문제이다. 이것은 자신의 신앙을 내세워 무고한 사람들을 살해했던 소수의 이슬람교인들의 행동 때문에 수백만 명의 미국인 이슬람교인들과 전 세계 10억 명의 이슬람교인들을 비난할 수 있는가 하는 문제이다. 이것은 우리의 성품과 우리의 신앙 모두가 달린 시험이며, 우리는 절대로 이 시험에 낙제해서는 안 된다.

중동과 미국의 종교적 극단주의를 어떻게 극복해야 하는가

미국의 외교 정책과 중동에 관해 논의할 때 우리는 우리가 원하는 본질적인 변화를 이루기 위해 해결해야 할 근본적인 문제를 이야기하기보다는 정치에 관해 이야기하는 경우가 많다. 그렇다면 이제 근본적인 문제와 우리가 해야 할 근원적인 선택을 살펴보자.

오늘날 중동—25세 이하가 인구의 약 60퍼센트를 차지하는—은 치욕과 분노가 지배하는 지역이다. 실패와 격렬한 분노, 젊은 이들의 어리석음이 결합될 때 마치 불에 기름을 붓는 것처럼 치명적인 결과가 나타날 수 있다.

중동에서 미국에 대한 적대감은 그 뿌리가 (문자적으로도 비유적으로도) 매우 깊다. **우리의** 석유가—우리는 그것이 우리의 석유 경제를 지탱해 줄 우리의 소유물이라고 생각하는 듯하다—**그들의** 모래 아래 묻혀 있다는 사실을 먼저 지적해 볼 수 있다. 여기에 미국이 억압적이며 퇴행적인 정권을 지지해 왔으며, 그들의 땅과 그들의 성지에 외국 군대가 계속해서 주둔해 왔고, 결국 에너지 지정학 때문에 전쟁이 끊이지 않았다는 사실을 더해 보라. 이처럼 폭발하기 쉬운 칵테일에, 중동과 세계 전역에 서로에 대한 불만과 두려움, 보복이라는 가장 통렬한 감정을 계속해서 부추기고 있는 이스라엘과 팔레스타인 사이의 해결되지 않은 갈등을 추가해 보라.

석유 경제가 초래한 불의와 폭력이 이슬람 세계의 위험한 종교적 근본주의자들의 반응을 촉발했다. 근본주의—우리의 모든 신앙 전통에 존재하는—는 폭발하기 쉽고 한번 고삐가 풀리면 제어하기 어렵다. 그리고 근본주의가 만들어 내는, 본질적으로 반동적이며 하향적일 수밖에 없는 순환은 역전시키기가 어렵다.

이러한 혼란으로부터 벗어나고자 할 때 도움이 되는 세 가지 원칙이 있다. 첫째, **일차적으로 군사적인 수단에 의존하는 대응 방식으로는 종교적 극단주의를 물리칠 수 없다.** 그런 전략은 효과가 없으며 오히려 상황을 악화시키는 경우가 많음을 보여 주는 증거가 적지 않다. 종교적·정치적 열광주의자들은 이슬람 극단주의가 만들어 낸 위협에 대해 대규모의 군사적 대응을 선호한다. 아이러니하게도 이것은 갈등의 양측 모두에게 적용된다. 근본주의자들 역시 단순화된 논리에 입각한 군사적 접근방식을 선호한다. 왜냐하면 그들은 그런 전략을 효과적으로 구사할 수 있는 경우가 많기 때문이다. 따라서 군사력을 통해 충격과 공포를 주는 전략은 제대로 효과를 발휘한 적이 없다. 지나치게 공격적인 군사 작전을 펼칠 때 근본주의자들은 오히려 번성하고 더 많은 사람들이 그들에게 가담하게 된다.

둘째, **종교적 극단주의에 맞서는 최선의 전략은 외부로부터 무너뜨리려 하기보다는 내부로부터 약화시키는 것이다.** '새로운 무신론자들'이 흔히 말하는 것처럼, 나쁜 종교에 대한 바른 대답은 세속주의가 아니다. 바른 대답은 더 나은 종교다. 그리고 모든 종류의 종교적 근본주의에 대한 최선의 해독제는—어느 경우에나—대부분의 세계 종교에 존재하는, 살아 있는 건강한 참된 신앙 전통이다. 예를 들어, 다른 신앙 전통 안에 있는 근본주의에 맞서서 중도적인 그리스도인들과 진보적인 그리스도인들이 할 수 있는 최선의 행동은, 이들 다른 신앙 공동체의 중도적인 지도자,

진보적인 지도자들과 더불어 강력한 동맹을 형성하는 것이다. 근본주의적 종교에 대해서는 예언자적 종교로 대응해야 하며, 다양한 신앙 전통에 속한 예언자적 종교 지도자들 간에 맺어진 새로운 동맹은 현대의 근본주의가 제기하는 위협을 물리치는 최선의 방법이다.

셋째, 우리의 안전을 지키고 법에 따라 범죄자들을 처벌하기 위해 무력을 사용하는 것은 정당화될 수 있지만, **테러리스트의 사고방식과 동기를 변화시키기 위해서는 더 광범위하고 더 창의적인 전략이 필요하다**. 이 세 번째 원칙은 원수들을 먹여 "숯불을 그 머리에 쌓아 놓으라"(롬 12:20)는 바울의 전략으로 거슬러 올라간다. 오늘날 이슬람권에 가장 필요한 것은 교육(특히, 젊은 여성에 대한 교육), 기술과 하부구조 구축, 원칙에 입각한 경제 발전의 추구다.

중동에 가장 필요한 것은 바로 이런 분야에 관한 서구의 도움이지, 더 많은 무기나 부패한 정권을 돕는 재정 지원이 아니다. 지금까지 서구는 중동의 민주주의나 발전에 도움이 되지 못했으며, 이러한 상황은 반드시 근본적으로 변화되어야 한다. 서구의 정책 변화는 중동의 파괴적인 양상을 변화시키는 데 도움이 될 것이다.

그러나 화약고 같은 이 지역에 가장 필요한 변화는—외부로부터 올바른 종류의 지원을 받아—내부로부터 시작되어야 한다.

2012년 여름 소저너스는 미주리 주 조플린의 지역 종교 간 협력 단체와 협력하여, 몇 주 전에 방화로 전소된 모스크에서 불과 몇 블록 떨어진 곳에 "당신의 이슬람교인 이웃을 사랑하라"라는 광고판을 설치했다. 소저너스는 8월에 구르드와라(시크교인들이 예배드리는 곳-옮긴이)에서 충격 사건으로 사상자가 발생한 후 시크교 공동체를 지지하기 위해 위스콘신 주 오크 크릭에 또 하나의 광고판을 세웠다. 그리고 모스크 건립과 관련해 계속해서 논란에 휘말렸던 이슬람교인 형제자매들과의 연대의식을 보여 주기 위해 테네시 주 머프리스보로에도 광고판을 세웠다.

이 책을 마무리할 무렵, 대단히 조야하고 불쾌한 반이슬람주의 영화가 여러 나라에서 격한 분노를 불러일으켰으며, 이로 인해 전 지구적으로 그리스도인들과 이슬람교인들 사이에 긴장감이 고조되었다. 세계 대부분의 사람들이 이 어설프고 증오에 찬 비디오에 관한 소식을 들었고, 그로 인한 항의와 폭력을 다룬 언론 보도를 접했다. 그런 중에 9/11 11주년 기념일에 발생한 테러 공격으로 리비아 주재 미국 대사인 크리스토퍼 스티븐스가 살해당했고, 미국과 리비아 모두에서 그의 죽음을 애도했다.

이런 상황에서 흔히 증오의 단체라고 간주되는 한 조직은 뉴욕 시 지하철에 추악한 반이슬람 광고-모든 이슬람교인은 미개한 '야만인'이며 지하드에 가담한다는 식으로 말하는-를 게재하기로 결정했다. 미국 전역의 신앙인들이 이 광고에 반대하는 목소리를 높였고, 뉴욕 시 교통 당국은 이를 증오의 발언으로 규정하고, 이 광고가 미국 헌법에 의해 보호받는다고 연방판사가 판결하기 전까지 이 광고를 금지하려고 노력했다. 소저너스는 뉴욕 시 지하철에도 "당신의 이슬람교인 이웃을 사랑하라"는 광고 캠페인을 개시함으로써, 증오에 맞서 사랑의 메시지-어둠 속에 빛-를 전하려고 노력했다.

"네 이웃을 사랑하라"는 이 광고 캠페인은 추악한 말과 행동이 넘쳐나던 도시의 언론과 신앙 공동체 안에 선한 치유의 대화를 이끌어 내는 데 기여했다. 이런 단순하고 긍정적인 평화의 메시지가 (특히 종교적으로 갈등하는 상황에서) 많은 사람들의, 즉 종교적인 사람들과 종교적이지 않은 사람들 모두의 심금을 깊이 울리고 그들의 반응을 이끌어 낸다는 것을 우리는 깨닫고 있다.

"네 이웃을 네 자신 같이 사랑하라"고 말씀하실 때(마 22:39) 예수님은 다른 조건을 덧붙이지 않으셨다. 그분은 부대조항이나 제한사항을 말씀하지 않으셨다. 전 세계의 그리스도인들은 특히 증오와 갈등이 커져 갈 때 이 말씀을 가능한 한 자주 실천해야 한다. 그리고 앞서 살펴보았듯이, 히브리 성경에도 이웃을 자기 자신처럼 사랑하라는 동일한 메시지가 담겨 있으며, 쿠란 역시 동일한 윤리를 촉구한다.

모든 사람이―인종이나 종교, 신념과 상관없이―미국에서 대중교통을 이용하거나 자기 동네 도로에서 차를 운전할 때 자신이 환영 받고 있으며 안전하다고 느낄 수 있어야 한다. 증오의 메시지는 사람들한테서 최악을 끌어내려고 애쓰지만, 이웃을 사랑하라는 우리의 종교적 의무를 상기시킨다면 우리는 사람들한테서 최선을 이끌어낼 수 있다. 전 세계적으로 긴장이 심각하게 고조되었을 때, 신앙 공동체는 자신의 지역사회 안에서 비폭력을 증진하고 전 세계를 향해 평화의 메시지를 전파하기 위해 노력해야 한다.

정책을 바꾸는 것과 메시지를 바꾸는 것, 우리가 중동과 세계의 나머지 지역에서 영속적인 변화를 이루고자 한다면 이 두 가지는 필수적이다.

9/11 이후 미국의 일부 정치 지도자들과 심지어는 이 나라의 종교 공동체들까지도 **전쟁의 신학**을 주장하고 나섰다. 이것은 '테러에 대한 전쟁', 더 나아가 그토록 끝없는 전쟁을 수행하는 데 미국이 맡은 특별한 역할을 신학적으로 정당화하기 위한 시도다. 그러나 적어도 그리스도인들은 그러한 전쟁의 신학이 이 장 첫머리에 인용한 예수님의 말씀과 정면으로 배치된다고 믿는다.

폭력과 전쟁으로 얼룩진 세상 속에서 "화평하게 하는 자는 복이 있나니 그들이 하나님의 아들이라 일컬음을 받을 것임이요"(마 5:9)라는 예수님의 말씀은, 그저 실천하기 어려운 정도가 아니라 불가능하다는 생각이 들 정도다. 9/11 이후 세계를 살아가는 우리에게 가장 어려우면서도 어쩌면 가장 논쟁적인 예수님의 말씀은 "너희 원수를 사랑하며 너희를 박해하는 자를 위하여 기도하라"(마 5:44)는 말씀이다. 이 장 첫머리에서 제기한 물음에 대해 솔직히 생각해 보자. 미국이 2001년 9월 11일 아침, 세계를 바꿔 놓은 악의적인 테러 공격을 받은 이후 몇 해 동안 얼마나 많은 미국 교회들이 이 두 가지 예수님의 말씀을 가지고 설교를 해 왔을까? 새로운 테러 위협과 점령을 목표로 하는 전쟁이라는 현실 속에서 예수님의 말씀이 어떤 의미를 갖는지 적어도 논쟁이라도 해봐야 하지 않을까?

여기서 문제는 당파적인 정치가 아니며, 국가 안보라는 중요하고 복잡한 문제에 쉬운 대답은 없다. 그 누구도 진리를 독점하지 못한다. 그러나 기독교적이기보다는 국가주의적인 공격적 외교 정책을 공식화할 때 종교적인 어조가 점점 더 두드러지고 있다는 점을 우려하지 않을 수 없다. 또 다른 문제점은 두려움을 활용하는 태도다. 두려움을 외교 정책의 기초로 삼는 것은 대단히 위험한 일이기 때문이다. 두려움을 통한 선동은 불안에 떠는 사람들을 쉽게 설득할 수 있으며 이 나라를 수십 년 동안 사실상 끝없는 전쟁으로 몰아넣을 수도 있다.

예수님의 말씀이 우리에게 권위를 가질 수도 있고 그렇지 않을 수도 있다. 대단히 현실적인 테러 위협 앞에서 우리는 그분의 말씀을 제쳐 둘 수도 있고 그러지 않을 수도 있다. 그러나 그분의 말씀을 하나님의 주권을 빼앗고자 하는 국민국가의 정책을 뒷받침하는 데 활용할 수는 없다. 그리스도에 대한 우리의 신앙고백은, 원수라고 생각되는 사람들을 악마로 취급하려는 태도와 미국의 정책에 근본적으로 문제를 제기하는 사람들이 '악을 행하는 사람들'을 편드는 것이라고 가정하는 태도의 위험성을 경고한다. 기독교 윤리는 세계를 절대선과 절대악의 세력으로 나누려 하는 모든 시도에 이의를 제기한다.

제국 스트레스

내가 이 글을 쓰고 있는 2012년 여름, 전쟁이 시작된 지 10년이 넘는 시점인 현재 약 7만 명의 미국 군인이 아프가니스탄에 남아 있다. 오바마 대통령은 올해부터 2013년까지 꾸준히 미군을 철수시키고 2014년까지 모든 전투 부대의 철수를 완료하겠다고 밝혔다. 그러나 이것으로 충분하지 않다. 우리는 대통령이 약속한 것보다 훨씬 더 빨리 아프가니스탄 내의 전쟁을 종식시키겠다고 과감히 결단해야 한다. 수년간에 걸친 점진적이며 단계적인 미군 철수는 실패한 전쟁에 대한 부적절한 대응일 뿐이다.

공격에 대한 대응으로 시작된 군사 행동은 탈레반 반란에 대한 전면전으로 확대되었다. 탈레반 반란이 시작된 동기도 상당 부분은 외국 군대를 몰아내기 위한 것이었으며, 국경 밖으로 영향력을 확대하려는 의도도 거의 없었다. 지금까지 군사 작전으로 인해 2천 명 이상의 미군을 비롯해 3천 명의 동맹군 소속 군인들이 목숨을 잃었다. 아프가니스탄의 민간인 사망자 수는 수만 명에 이르는 것으로 추정된다. 그러나 탈레반의 영향력은 계속 확대되고 있다. 알카에다는 아프가니스탄에 거의 존재하지 않지만, 파키스탄으로 거점을 옮겼으며 예멘과 소말리아 등 다른 지역에도 교두보를 확보했다.

미국은 아프가니스탄 전쟁에 윤리적·도덕적 정당성을 내걸었다. 즉 알카에다 같은 테러 집단으로부터 미국의 국가 안보를 지키고, 동맹국 군인들의 생명을 보호하고, 아프가니스탄 여성의 권리를 옹호하고, 민주주의를 지원하고, 전쟁이 초래하는 불가피한 죽음과 파괴로부터 무고한 생명을 구한다는 것이었다.

그러나 지난 10년 동안 미국은 아프가니스탄에서 군사력으로 평화를 중재할 수 없었다. 이제 시민 사회를 재건하고 아프가니스탄 사람들에게 경제적 대안을 제공하는 계획으로 방향을 돌려야 할 때다. 대내적으로 정부 예산과 관련해서 쉽지 않은 재정적 결단을 해야 하는 이 경제적 혼란기에 우리는 해외원조에 투자함으로써 아프가니스탄 사람들을 지원하는 동시에 이 나라에 꼭 필요한 자금을 절약할 수 있다.

2012년 봄에 아프가니스탄 전쟁과 관련해 끔찍한 사건이 일어났다. 이라크에서 세 차례의 복무 기간을 마치고 아프가니스탄에서 복무하던 38세의 육군 하사가 한밤중에 칸다하르 시 근처의 부대를 이탈해 1마일 떨어진 인근 마을로 걸어가 집집마다 총기를 난사한 것이다. 이날 그는 아홉 명의 어린이를 비롯해 16명의 민간인을 살해했다. 사망자 중에는 두세 살짜리 어린아이들도 있었다.

그보다 앞서 밝혀진 미군들의 이라크군 포로 고문이나 의도적인 이라크 민간인 살해 사건과 마찬가지로, 이 끔찍한 사건 때문에 나라 전체가 충격에 휩싸였으며, 미국이 점령하고 있는 나라에서도 이에 대해 격렬한 반응을 보였다.

물론 미군의 절대 다수는 이런 끔직한 참사에 가담하지 않았으며, 갈등 상황 속에서도 인도적인 행동을 하는 용기를 발휘했다. 그러나 오랜 점령 전쟁의 **스트레스**는 미군의 삶과 그들의 가정에, 그리고 피점령 국가들의 국민들에게 심대한 영향을 끼쳤다.

우리는 너무도 많은 젊은이들을 장기간 지속되는 점령 전쟁과 긴 복무 기간으로 인한 끔찍한 전쟁 스트레스로 내몰았다. 오랜 복무 기간을 다 마친 젊은이들 중에서도 수십만 명은 정서적 손상과 심지어 뇌 손상을 입은 채 귀향하고 있으며, 이미 전쟁으로 죽은 사람들보다 더 많은 수의 사람들이 자살을 택했다. 참전용사들이 8분마다 한 명씩 자살하고, 복무 중인 군인들의 경우 작전 중 사상자보다 더 많은 수가 (매일 한 명 이상이) 자살하는 지금, 이 나라는 훨씬 더 심층적인 차원에서 국가의 영혼을 돌아보아야만 한다. 우리는 우리의 군인들과 그들의 가정을 — 특히 미국의 전체 인구 구성과 비교했을 때 이들 중 저소득층 출신 비율이 유독 높은 상황에서 — 이런 큰 역경으로 몰아넣어도 되는 걸까? 이것이 군사적으로나 도덕적으로 지속가능한 전략일까?

끔찍한 교도소 사건이나 머리에 총알이 박힌 어린아이들의 사진을 보면서 그 끔찍한 악에 그저 충격을 받는 데 그치지 말자. 그 대신 무너질 수밖에 없을 정도로 극심한 스트레스를 받았던 많은 젊은이들이 가지고 있던 잠재력을 생각하면서 엄숙히 슬퍼하자. 정신적인 연약함이나 사회적 병리의 영향력이 전쟁 피로와 결합할 때 끔찍한 사건이 벌어질 수 있으며, 이는 국가와 군대를 당혹스럽게 만들고 우리가 그곳에서 맞서 싸우는 극단주의자들에 대한 지지를 오히려 강화시키는 결과를 낳을 수 있다. 잔인성은 점령과 지배의 불가피한 결과이며, 영속적인 폭력의 악순환의 한 부분이다.

인간의 존엄성과 정의, 더 나아가 겸손의 가치를 선호하는 기독교는 전쟁을 지속하는 것이 테러에 맞서 싸우는 최선의 전략이 아니라고 암시적으로 가르친다. 사실 우리의 점령 전쟁은 테러리스트들에게 사람들을 살상하는 자신의 행동을 정당화하는 구실을 제공하는 비극을 초래했고, 그 때문에 오히려 테러를 더 악화시키는 경우가 많다. 이슬람 세계에서 다음 세대의 테러리스트를 모집하는 포스터를 만들 때, 아부그라이브 교도소 사진(이곳에서 미군이 이라크 포로들을 학대한 사실이 밝혀졌다 - 옮긴이)이나 칸다하르에서 죽은 아이들의 사진이 반드시 사용될 것이다.

겸손의 교훈

나의 아들 잭은 이라크 전쟁이 일어나기 며칠 전에 태어났다. 그래서 지난 8년 반 동안 나는 이 장기적인 끔찍한 갈등이 얼마나 오래 계속되고 있는지를 쉽게 기억할 수 있었다.

2010년에 군인들을 철수시켜 고향에서 성탄절을 보낼 수 있게 하겠다는 백악관의 발표를 들은 후 나에게 밀려든 첫 번째 감정은 깊은 안도감이었다. 그러나 그 감정은 이내 시작부터 잘못된 - 지적으로, 정치적으로, 전략적으로, 신학적으로, 무엇보다도 도덕적으로 잘못된 - 전쟁 때문에 막대한 비용과 희생을 치러야 했다는 사실로 인해 깊은 슬픔으로 바뀌었다.

근본적으로 이라크 전쟁은 선택에 따른 전쟁이었으며, 그것은 잘못된 선택이었다. 시작부터 이것은 잘못된 핑계를 대며 잘못된 목적을 위해 싸운 전쟁이었다. 정부는 이라크가 대량 살상 무기를 가지고 있다는 주장으로 대중에게 전쟁의 당위성을 설득하려고 했다. 당시에 많은 사람들이 이런 주장을 믿었고, 미국은 거짓 정보로 판명된 주장에 근거해 이라크를 침공했다. 10년간의 경제 제재와 유엔의 조사를 통해 이런 주장은 이미 설득력이 약해진 상황이었다. 그리고 9년간 전쟁을 하는 동안 이라크에서는 대량 살상 무기가 단 하나도 발견되지 않았다.

'식은 죽 먹기'나 다름없고 미군은 '해방자'로 환영을 받을 것이라는 의기양양한 주장을 펴며 침공이 시작되었다. 예상 밖으로 손쉽게 사담 후세인을 권좌에서 제거함에 따라 처음에는 그런 주장이 참인 것처럼 보였다. 침공 후 6주 만에 후세인을 축출한 후 조지 부시가 항공모함 위에서 조종사 재킷을 입고 "임무 완수!"라고 쓰여진 현수막 아래 서서 그 유명한 사진을 찍기도 했다. 그러나 침공은 점령으로 바뀌었고, 그 결과 거의 5년간 잔인하고 치명적인 시가전, 이라크 국내 세력 사이의 폭력, 끊임없는 폭탄 테러가 뒤따랐다.

가장 치열한 전투가 마무리될 무렵 이라크 사람들은 극도로 분열되었으며, 나라의 땅 대부분이 황폐해졌고, 부패와 사기가 만연했다. 미국 군대가 철수할 때 이 나라는 심한 타격을 입은 상태였으며, 이를 회복하기 위해서는 몇 십 년까지는 아니더라도 향후 몇 년 동안은 원조와 인도적 도움이 반드시 필요한 상황이었다. 그리고 아직 이라크에 우리 군대가 주둔하고 있기 때문에 우리의 책임 역시 아직 끝나지 않았다.

전쟁이 끝날 즈음 나는 노스캐롤라이나 주 동부 출신의 공화당 9선 의원이며 오랫동안 하원 국방위원회에서 활동해 온 월터 존스(Walter Jones) 하원의원을 만났다. 그는 조지타운 대학교에서 내가 가르치는 학생들에게 강연하면서, 조지 부시 대통령에게 이라크 전쟁을 시작할 수 있는 권한을 부여했던 자신의 결정을 '죄'라고 불렀다.

당시에 그는 이라크 전쟁을 뒷받침하기 위해 사용된 정보를 믿지 않았지만, 르준 기지가 자리 잡고 있으며 수천 명의 퇴역군인이 살고 있는 지역구 출신으로서 전쟁에 '반대'하는 표를 던졌을 때 지역 주민들이 보일 반응이 두려웠다고 고백했다.

존스는 자신의 변화가 사랑하는 소중한 사람들을 잃은 가족들을 개인적으로 만나 그들과 관계를 맺는 경험과 자신의 기독교 신앙에 따른 신념 때문이었다고 학생들에게 설명했다. 살해된 한 젊은이의 장례식에 참석한 존스 의원이 남편과 아버지를 잃은 부인과 어린 아들 옆에 앉았을 때 그 변화가 시작되었다. 그 후로 그는 수많은 장례식에 참석하고 병문안을 했다.

존스는 조지타운 학생들에게 "우리는 속았다"고 말하면서, 진실을 찾기 위한 그의 여정을 설명했다. 그는 신앙인들에게는 "진실이 중요하다"고 말했다. 존스는 전쟁을 정당화하기 위해 이라크에 관한 정보가 어떻게 '조작'되고 '왜곡'되었는지를 깨달았고, 이 전쟁이 전적으로 불필요한 전쟁이었음을 알게 되었다. 존스는 우리가 전쟁으로 "잘못 인도되었으며" 지금까지 그 누구도 그 점에 대해 책임을 지지 않았다고 말했다. 그는 '정당'하다고 간주될 수 있는 전쟁이 있지만, 이 전쟁은 그런 전쟁이 아니라고 말했다. 국회의사당에 있는 그의 사무실 밖에는 진실 조작으로 인해 궁극적인 대가를 치렀던 사람들의 "얼굴" 벽이 있다고 그는 말했다. 존스가 이 젊은 군인들에 대해 말할 때 그들을 잃었다는 사실이 정서적으로 그에게 얼마나 깊은 영향을 끼쳤는지 알 수 있었다.

분명 종교 공동체는 참전용사들에게 다가가 그들에게 필요한 육체적·정서적·영적 도움을 제공하기 위해 노력해야 한다. 불의한 전쟁의 가장 불의한 측면 중 하나는 이 전쟁의 충격과 그로 인한 희생을 극소수의 미국인들이 집중적으로 감당해야만 했다는 점이다.

비록 이토록 비극적인 착각 때문에 전쟁이 일어나기는 했지만 수많은 군인들이 너무나도 훌륭하게 자신을 희생했다. 전쟁의 잔인함 속에서도 진정한 영웅적 행위들을 볼 수 있었다. 군인들은 동료 군인들이나 역시 큰 희생을 치르고 있던 이라크인들을 구하기 위해 위험을 감수하고 자기 목숨을 바쳤다. 전쟁에 관해 어떤 관점을 취하든, 고향으로 돌아오는 사람들과 아직 아프가니스탄에 남아 있는 사람들을 돌보고 치료하는 것은 우리의 공동체적 책임이다. 이라크 전쟁으로부터의 유일한 구속(救贖)은 이 전쟁으로부터, 큰 대가를 치러야 했던 우리의 끔찍한 실수로부터 교훈을 얻었다는 사실일 것이다.

존스 하원의원은 아프가니스탄 전쟁의 가장 노골적인 비판자 중 한 사람이 되었으며, 2010년 7월에는 당을 초월해 매사추세츠 주의 짐 맥거번 민주당 하원의원과 함께 맥거번-존스 수정안(McGovern-Jones Amendment)을 발의했다. 이 수정안은 아프가니스탄에서 미군을 철수시키는 일정을 확정할 것을 촉구했다. 아래는 그가 배운 것-그리고 우리 역시 배워야 할 것-에 관해 내가 존스와 가졌던 인터뷰에서 발췌한 글이다.

하나님은 내가 그 장례식[그가 처음으로 참석한 전몰장병 장례식으로서 그때 그는 전사자의 부인과 아이 옆에 앉았다]을 통해, 결코 해서는 안 될 전쟁 때문에 사랑하는 사람을 잃어버린 가족의 고통을 깨닫기 원하셨습니다. 나는 양심에 따라 투표하지 않았던 나의 실수와 나약함을 깨달았습니다.

2003년에 나는 전사자들의 가족과 친지에게 편지를 쓰기 시작했습니다. 지금까지 우리는 1만 명 이상의 가족과 친지에게 편지를 보냈습니다. 이것은 나의 참회 행위입니다.

미국인 절반이 월터 리드[육군 병원]에 방문한다면 우리는 5년 전에 아프가니스탄에서 철군할 수 있었을 것입니다.

솔직히 말해서, 이 투표에 관해 내가 하나님을 신뢰하지 않았기에, 그분이 나를 겸손하게 만들려 하셨다고 생각합니다. 내가 그분의 말씀에 귀를 기울이지 않았기 때문에 그분은 내가 그분께로 다시 돌아오기를 원하셨습니다. 나는 내가 살고 있는 세상이 교만의 세상이며 그리스도는 겸손하신 분이심을 다시금 깨달아만 했습니다. 교만의 세상 속에서 교만으로는 아무것도 이룰 수 없습니다. 우리는 겸손해야 합니다.[16]

원수를 대하는 태도에 관해 우리에게 가장 절실한 교훈은 아마도 겸손일 것이다.

2부

공동선을 위한 실천

보수와 진보, 그리고 시민 교양의 필요성

선한 사람들이 아무것도 안 하기만 해도 악은 승리할 수 있다.
-에드먼드 버크

한때는 정부가 삶의 여명에 있는 어린이들과, 삶의 황혼에 이른 노인들, 그리고 삶의 그늘 아래 있는 아픈 사람들과 가난한 사람들과 장애를 지닌 사람들을 어떻게 대하는가가 그 정부의 도덕성을 가늠하는 잣대라고들 말했다.
-휴버트 험프리[1)]

오늘날 이 나라의 정치계에서는 전쟁이 벌어지고 있다. 그리고 수많은 사상자가 발생하고 있다. 우리는 시민 교양, 즉 무자비하거나 경멸적이지 않고 정중하며 대화와 의견 차이에 진심으로 열려 있는 공적 토론을 할 수 있는 능력을 잃어버렸다. 또한 우리는 정말로 서로의 말에 귀를 기울일 뿐 아니라, 우리와 똑같은 견해와 관점, 경험을 가지고 있지 않은 사람들에게서 배울 수 있는 능력을 잃어버렸다. 우리는 정치적 타협을 위한 능력, 즉 문제에 대해 계속해서 서로 비난하기만 하는 대신 실제로 해법을 찾을 수 있는 능력을 잃어버렸다. 그리고 많은 경우 다양한 관점이 제공하는 다른 종류의 기여와 해답에 의존하는 문제 해결에 대한 책임감도 잃어버렸다. 우리에게는 서로 다르며 심지어는 충돌하는 정치적 견해를 규칙적으로 방송하거나 출판하고, 그렇게 함으로써 우리가 전에 가지고 있던 생각이나 신념에 대해 도전하는 뉴스와 정보 매체도 없다.

아마도 가장 큰 손실은 공동선에 가해진 손실일 것이다. 왜냐하면 나는 공동선이 존재하기 위해서는 보수와 진보의 통찰과 헌신이 모두 필요하다고 믿기 때문이다. 다시 말해서, 공동선을 이루기 위해서는 우리가 **개인적으로 책임을 다하는 동시에 사회적으로 정의로워야 한다**고 나는 확신한다. 이 두 가지는 각각 보수주의와 진보주의가 가지고 있는 최선의 사상이다. 이를 조금 더 자세히 살펴보자.

당신의 보수적인 삼촌과 진보적인 숙모

> 이것[혀]으로 우리가 주 아버지를 찬송하고 또 이것으로 하나님의 형상대로 지음을 받은 사람을 저주하나니, 한 입에서 찬송과 저주가 나오는도다. 내 형제들아, 이것이 마땅하지 아니하니라(약 3:9-10).

당신이 가장 좋아하는 숙모나 삼촌 중 한 사람이나 당신의 가장 친한 사촌 중 한 사람, 혹은 당신이 오랫동안 알고 지내는 매우 친한 친구를 생각해 보라. 그 사람과 함께했던 멋진 시간과 영원히 지속될 기억을 떠올려 보라. 이제 만일 당신이 정치적으로 **진보주의자**라면, 그 사랑하는 가족이나 친구가 **보수주의자**라고 상상해 보라. 혹은 만일 당신이 정치적으로 보수주의자라면, 그 사람이 진보주의자라고 상상해 보라. 이것은 많은 사람들이 실제로 겪는 대단히 현실적인 경험이다. 정치적 유머나 심지어 긴장으로 가득한 가족 모임과 명절 때의 저녁식사는 우리 모두가 익히 알고 있는 바다.

우리에게 대단히 소중한 누군가가, 어쩌면 우리의 어머니나 아버지, 가까운 형제나 자매가 우리와 정치적으로 동일한 견해를 갖고 있지 않으며 정치적으로 반대되는 입장을 취할 때, 우리는 그 사람에 대해 실제로 어떻게 생각하는가? 물론 우리는 모두 우리의 신앙 공동체에 속한 구성원이거나 심지어는 우리가 다니는 교회의 교인으로서 정치적으로 우리와 다른 견해를 가지고 있는 사람들을 알고 있다. 우리에게는 정치적 견해나 투표할 때의 선택에서 우리와 의견을 달리하는 신앙의 형제자매들이 있다.

이제 라디오 토크쇼나 케이블 텔레비전, 베스트셀러의 요란한 표지를 통해 보수주의자들이 진보주의자들에 대해, 혹은 진보주의자들이 보수주의자들에 대해 무엇이라고 말하는지 떠올려 보라. '그들'은 반역자, 편견에 사로잡힌 사람, 나라에 충성하지 않는 사람, 비애국자, 어리석은 사람, 속물, 촌뜨기, 엘리트주의자, 파시스트, 사회주의자, 가짜 그리스도인, 억압적인 신정주의자, 반기독교주의자, 위험한 종교적 광신자, 무신론자, 근본주의자, 은밀한 이슬람교인, 종교적 우파나 좌파, 비열한 사람, 위선자, 증오에 차 있는 사람, 거짓말쟁이, 도덕적 가치를 완전히 무시하는 사람, 심지어는 악마 같은 사람, 공산주의자, 나치주의자다. 그리고 '그들'은 우리의 국가 안보와 기독교 문명, 우리가 알고 있는 대로의 민주주의 사회에 명백히 위협적인 존재다.

당신은 이런 명칭을 당신이 사랑하는 보수주의자 삼촌이나 멋있는 진보주의자 숙모, 가까운 가족에게 갖다 붙이는가? 이런 명칭이 당신이 그 사람을 떠올릴 때 가장 먼저 생각나는 말인가? 아마도 그렇지 않을 것이다. 왜 지금 우리의 정치 토론은 우리 모두가 개인적으로 알고 사랑하는 사람들에 대해 이토록 적대적인가? 왜 그들에 대해 이토록 무자비하게 말하며, 우리가 알기에 진실이 아닌 끔찍한 말들을 하는가?

오늘날 주 7일 하루 24시간 계속되는 뉴스 보도, 특히 라디오와 케이블 텔레비전, 인터넷의 블로그 뉴스 보도는 뉴스를 제대로 다루지 않으며 일어나는 사건에 관해 시청자가 이미 갖고 있는 선입견만을 강화시켜 줄 뿐이다. 거의 모든 보도가 정파적으로 치우쳐 있으며, 다수의 보도가 왜곡되어 있고 그중 일부는 명백한 거짓말이다. 그리고 노골적인 증오를 드러내는 보도도 너무 많다. 우리의 복잡한 사회적·정치적·경제적 문제에 대해 보다 균형 잡힌 해답을 찾기 위해서는 정치적으로 반대편에 있는 사람들이 가지고 있는 정말로 중요한 생각이 꼭 필요한 경우가 많다. 그러나 불행히도 우리는 그런 생각을 놓치고 있다. 성실하고 엄격한 정치 논쟁 대신 이데올로기 전쟁을 일삼고, 본질적인 내용 대신 단편적인 어구를 물고 늘어지는 사이에 우리는 공적인 장에서 **온전성**을 잃어버리고 말았다. 경쟁 방송국의 시청률이 가장 높은 뉴스 프로그램을 찾아 그 어조와 말투에 귀를 기울여 보라. 정치적인 입장은 전혀 다르지만, 접근방식과 공격적인 태도는 똑같은 경우가 너무 많다.

이처럼 양극화되고 마비되었으며 점점 더 악의적으로 변해 가는 정치 환경 속에서 공동선을 찾기란, 심지어는 공동선에 관해 토론하는 것조차도 대단히 어려워졌다. 그러나 나는 우리의 문제를 해결하는 데 보수적인 철학자들과 진보적인 철학자들 모두가 중대한 공헌을 할 수 있으며, 양측이 지닌 최선의 생각들은 공동선에 관한 진지한 공적 담론을 재구축하는 데 필수적이라고 믿는다. 우리 모두가 귀를 기울여야 하는, 양측이 갖고 있는 가장 좋고 가장 큰 생각은 무엇일까?

보수적 사상의 최선

보수가 지닌 가장 좋고 가장 큰 생각은 **개인의 책임감**이다. 보수에서는 개인의 삶과 가정, 공동체, 국가, 심지어는 세계의 방향을 결정하는 개인의 선택에 초점을 맞춘다. 정치적 입장을 막론하고 내가 가르치는 학생들 중에는 개인 이메일이나 자신이 만든 웹사이트의 하단부에 앞서 소개한 에드먼드 버크의 유명한 인용문을 적어 두는 경우가 많아지고 있다. 사회의 행복과 역사의 발전을 위해서는 선하고 도전적이며 고귀하고 용감한 개인적인 선택이 절대적으로 필요하다. 그리고 그런 선택은 입법이나 계략을 통해 위로부터 아래로 강요할 수 없는 것으로서 안으로부터 나오는 것이다. 내 아들 잭의 야구팀 리그 이름은 "안으로부터 이기라"(Win Within)이다. 두 아들이 여러 해 동안 참석해 온 여름야구캠프의 표어는 "재능은 타고나는 것일 뿐, 성공에 필요한 것은 노력이다"이다.

나는 개인적인 결정을 할 때 옳은 일, 도덕적인 일, 윤리적인 일을 하는 것은 개인의 행복뿐만 아니라 공동선에 이르는 열쇠라고 주장하고 싶다. 정직, 성실, 신뢰, 긍휼, 용기, 이 모두가 개인적·사회적 관계에서 필수불가결한 덕목이다. 자신의 말에 책임을 지고 약속을 지키는 것은 근본적으로 중요하다. 다른 사람들에게 믿을 수 있는 사람이 되는 것은 절대적으로 중요하다. 최근에 저녁식사를 같이했던 한 친구는 자신의 아버지에 대해 이렇게 말했다. "언제나 정직하신 분이었습니다. 아버지는 자신이 믿는 대로 사셨고 믿음 그대로 행동하셨죠." 그는 아버지의 그런 모습이 다섯 자녀 모두에게 큰 영향을 미쳤고, 이제는 그 자녀들이 자신의 자녀들에게 그런 철학을 전해 주고 있다고 말했다.

건전한 도덕적 선택과 견고한 의사 결정은, 한 나라의 건강과 행복의 절대적인 기초가 되는 가족의 삶의 질에 있어서도 대단히 중요하다. 그 핵심은 결혼 생활의 충실과 정절이다. 부정(不貞)은 언제나 기만에 기초하며, 삶이 한 영역에서 진실하지 못하면 나른 영역도 영향을 받는다. 신뢰는 우리의 개인적·사회적 관계의 토대다. 만약 우리가 신뢰를 잃어버린다면 다른 것들도 무너지기 시작할 것이다.

개인적으로 결정해야 할 한 가지 중요한 영역은 우리의 자녀를 우리 삶의 절대 우선순위로 삼겠다는 선택이며, 이것은 부모가 할 수 있는 가장 중요한 개인적·사회적 결정일지도 모른다. 우리가 자녀를 어떻게 기르는가는 그들의 미래에 결정적인 영향을 미칠 뿐만 아니라, 장차 그들의 가정과 공동체, 세계에도 영향을 미칠 것이다. 여기서 핵심은 자녀 양육을 최우선순위로 삼고 그것을 중심으로 다른 의무를 조정하는 것이다. 그 반대로 하지 않겠다는 결심이다. 가정을 우선순위에 두는 것은 공동선을 위한 필수요건이다.

 나는 공공정책에 관해 진보적인 입장을 취하는 부모들에게 무엇이 그들 자녀들의 삶에 가장 큰 영향을 미친다고 생각하는지 물어보았다. 가정생활일까, 아니면 정부가 그들을 위해 해줄 수 있는 일일까? 그들 모두 가정환경이 자녀들의 삶에 가장 큰 영향을 미친다는 것을 알고 있다. 일반적으로 긍정적이든 부정적이든 가정에 영향을 미치는 외부적 요소들은 대부분 부모의 관심과 양육-혹은 그것의 결여로 야기되는 문제-이라는 내부적 요소만큼 아이들에게 영향을 미치지 못한다. 나는 빈곤과 폭력이라는 병리 현상이 대단히 가난한 가정에 미치는 영향을 가까이서 지켜보았다. 특히 부모 중 한 사람만이 이런 어려움에 맞서 싸워야 할 경우 어려움은 훨씬 더 컸다. 그러나 그런 경우에도 빈곤으로부터 탈출한 젊은이들 대부분은 헌신적인 싱글맘이나 특수 교사, 인생을 바꾸어 준 코치에게 모든 공을 돌린다. 교육 개혁에 관한 최선의 의견들은 교사와 교장, 학교가 학생에게 미칠 수 있는 영향력에 초점을 맞춘다. 그러나 그 초점은 개인적인 영향력, 한 번에 한 학생, 한 아이에게 미치는 영향력에 맞춰져야 한다. 또한 우리의 자녀나 다른 사람들의 자녀와의 관계에서 우리가 하는 선택은 우리 자녀들의 삶뿐만 아니라 공동선에도 대단히 중요한 영향을 미친다. 물론 많은 진보적인 부모들도 이런 가치를 강조하지만, 개인적 책임의 윤리는 보수 철학의 핵심이다.

우리 공동체의 소저너스 주민센터는 워싱턴의 가장 가난하고 가장 폭력적인 동네였던 곳에서 수년간 운영되었다. 우리는 날마다 찾아오는 아이들에게 현명한 **개인적 선택**이 절대적으로 중요하다고 언제나 강조했다. 우리는 아이들에게 그들의 삶이 가난에 갇혀 있으며 그런 상황이 변하기 전에는 그들이 할 수 있는 일이 아무것도 없다고 말하지 않았다. 우리는 그들 자신의 선택이 중요하다고 강조했다. 숙제하기(우리는 센터에서 날마다 아이들의 숙제를 도왔다), 마약 거부하기(교육과 훈련을 통해), 위험한 성적 행동 삼가기(자존감을 통해 또래 압력을 이겨 냄으로써), 갈등 해소하는 방법 배우기(재킷 때문에 시작된 싸움이 살인 사건으로 확대되지 않게 함으로써), 지역사회를 위해 봉사하기(문제나 위협이 되는 대신에) 등. 언제나 우리는 왜 그들이 개인적으로 현명한 선택을 해야 하고, 바른 결정을 내려야 하고, 자신의 삶에 대해 스스로 책임을 져야 하는지를 말해 주고 보여 주었다.

이와 비슷하게 이 나라 전역의 도심 속 가장 위험한 지역에서 청소년 센터를 운영하는-그리고 대개는 빈곤을 타파하기 위해 매우 진보적인 공공정책을 지지하는-사람들도 자신들이 돌보는 젊은이들에게 언제나 바른 선택을 하라고 충고한다. 이러한 선택은 **보수적인** 개인적 선택이라고 부를 만한 것이다. 우리 중에 그 누구도 저소득층 아이들에게 가난에 맞서 그들이 할 수 있는 일이 아무것도 없다고 말하지 않는다. 우리는 그들에게 더 나은 개인적 선택을 통해 자신의 삶과 환경에 책임을 지고, 그렇게 함으로써 빈곤을 야기하고 영속화하는 구조와 정책을 변화시키는 활동가가 되라고 말하고 가르친다. 내가 아는 이들 중 빈곤을 탈피한 사람들 대부분은 사회적인 지원이 있었기에 그렇게 할 수 있었다. 그러나 언제나 현명한 개인적 결정과 견실한 개인적 선택이 동반되어야 했다.

현명한 개인적 결정은 보수적 윤리의 핵심 요소이며, 보수주의자들은 사회적 프로그램보다 이를 더 강조하는 경우가 많다. 그러나 문제는 개인적 책임에 초점을 맞추는 것이라기보다는 좋은 개인적 결정과 좋은 사회적 프로그램을 분리시키는 태도다. 오히려 개인적 책임을 강조하는 것은 대단히 좋고 필요한 일이다. 개인적 책임의 윤리를 결여한 사회적 지원 프로그램은 효과를 발휘하지 못하는 경우가 많으며, 오히려 복지에 의존하는 태도를 만들고 지속시킬 가능성도 있다. 그러므로 현명한 개인적 선택을 중시하는 보수적 윤리를 강조하는 것은 옳고 좋은 일이며, 공동선의 일부다.

나의 부모님은 우리 집에서 개인적인 결정과 도덕적 선택의 중요성을 언제나 강조하셨다. 두 분 다 매우 열심히 일하는 중산층 그리스도인이었고, 자신들의 성실함과 능력과 절제를 대변한다고 믿었던 드와이트 아이젠하워에게 투표하신 공화당원이었다. 아버지는 디트로이트 에디슨 사에서 가장 젊은 나이에 임원으로 승진하셨고, 어머니는 다른 회사의 회장 비서로 일하셨다. 두 분은 직장 생활을 하면서 새로운 복음주의 교회를 개척하고 이끄셨다. 두 분은 다섯 자녀를 기르시면서 사랑과 가치 – 확고하게 '보수적인'

방식으로 표현된 가치-가 가장 중요하다고 믿도록 가르치셨다.

이처럼 강력하고 확고한 개인적인 가치와 선택과 결정은 개인의 책임을 강조하는 보수적 윤리의 핵심을 이룬다. 비록 많은 진보주의자들이 이와 동일한 가치 중 다수를 주장하고 그에 따라 살아가고 있지만, 진보주의는 보수주의자들처럼 개인적 책임과 가정의 가치를 강조하지 않는 경향이 있다. 하지만 자아도취와 자기만족, 도덕적 상대주의 속에서 표류하고 있는 사회에서 이를 강조하는 것은 절대적으로 중요하며, 많은 사람들이 개인적 책임을 강조하는 옛 윤리의 회복을 간절히 바라고 있다.

진보적 사상의 최선

진보적 사상의 최선은 **사회적 책임**이다. 자기 자신에 대해, 심지어는 자신의 가족에 대해 책임지는 것으로는 충분하지 않다. 우리에게는 '이웃'도 있으며, 앞서 복음서의 선한 사마리아인 비유를 통해서 살펴본 것처럼 우리가 이웃이라고 생각하지 않는 다른 이웃도 있다. 긍휼은 필수적인 사회적 덕목이기에 정치 체제와 혼동해서는 안 된다. 앞에서 인용한 휴버트 험프리는 이를 잘 표현했다. "긍휼은 약함이 아니며 불행한 사람들에 대한 관심은 사회주의가 아니다."[2] 이 위대한 진보주의의 아이콘은 사회적 긍휼이 가장 많이 필요한 사람들은 여명과 황혼, 인생의 그늘 속에 있는 이들이라고 말했다. 특히 도움을 필요로 하는 이들이 우리의 가족이나 집단 외부에 있는 사람들인 경우, 누가 이들을 책임져야 하는가의 문제는 이 사회의 영적 상태를 점검하는 것과 관련된 문제다.

  윤리적 혹은 종교적 관점에서 볼 때, 그리고 분명히 민주주의적 관점에서 볼 때도 우리에게는 개인적 책임뿐만 아니라 사회적 책임도 있다. 개인적인 **동시에** 사회적인 복음이 있다. 강력하고 좋은 가정도 필수적이지만, 우리 사회가 공유하는 영역(*the commons*), 즉 우리가 이웃과 시민으로서 공유하는 공적인 공간의 건전성과 활력 역시 필수적이다. 우리는 모든 것을 독점할 필요가 없으며, 공동선의 일부로서 공유하는 것들 역시 소중히 여겨야 한다. 그리고 이러한 공유를 통한 상호작용과 관계는 우리 자신의 행복을 위해서도 필수적이다. 우리 집의 마당뿐만 아니라 공원과 놀이터 역시 대단히 중요하다. 모든 사람의 건강이 절대적으로 중요하며, 궁극적으로 그것은 우리 가정과 자녀의 건강에도 영향을 미칠 것이다. 교육은 내 자녀에게만이 아니라 우리 사회의 모든 어린이들에게 중요하다. 그러므로 나는 내 자녀가 학교를 다닐 때뿐만이 아니라 내가 살아가는 평생 동안 학교를 지원해야 한다.

  또 야구를 비유로 들어서 미안하지만, 정말로 우리 집 바로 옆에 야구장이 있다! 봄과 여름이면 밤마다 경기를 보기 위해 찾아오는 선수와 학부모, 형제, 친구, 이웃들로 인근의 야구장 네 곳이 가득 찬다. 잔디 덮인 언덕에 앉아 아이들과 코치와 심판들을 지켜볼 때 우리 가운데 진정한 공동체적 사건이 벌어진다. 대화가 시작되고, 관계가 형성되며, 새로운 친구를 사귄다. 모두가 여유롭게 우리의 자녀들에게 관심을 기울이는 사랑스러운 밤이다. 이것은 우리 자신의 영혼뿐만 아니라 공동체의 영혼을 위해서도 유익하다. 재미있게도 이곳은 '우정의 구장'이라 불린다. 그리고 여러 시즌을 거치면서 이곳에서는 정말로 그런 일이 많은 형제자매들에게 일어났다. 야구장이 문제를 서로 나누고 고민을 터놓고 어려움을 알리고 도움을 발견하는 공간이 되는 것은 드문 일이 아니다. 경기와 연습을 하는 곳까지 아이들을 태워가기 위해 시작한 카풀(car-pooling)이 그 이상의 것을 제공하고 나누는 '삶 나누기'(life-pooling)로 이어지는 경우도 많다.

성공회 사제인 내 아내 조이는 리틀 야구 리그의 운영위원인 동시에 학교 사친회의 회장이기도 한다. 지금은 교회에서 일하지 않지만 아내는 '마을 사제'로서 학교와 운동, 아이들, 부모, 삶이라는 더 넓은 공동체에서 맡은 역할을 조용히 수행하고 있다. '구장'은 그녀의 교구가 되었다. 그곳이 심각한 가정 문제를 나누고, 암 진단 소식을 알리고, 함께 울고 껴안고 기도하고 돕는 곳이 되는 경우가 드물지 않다. 이 '우정의 구장'은 나에게 하나의 전범이 되었다. 이곳은 바람직한 이웃과 공동체, 심지어는 사회의 모습 보여 주는 소우주, 사회적 책임과 공동선의 윤리가 온전히 구현되는 소우주다.

민주주의의 역사에는 다수의 문화가 '타자'라고 여겼던 이들을 점차 포용하는 과정이 포함된다. 최선의 상태일 때 종교적 공동체는 이처럼 포용에 이르는 길을 선도했고, 결국에는 사회도 그 뒤를 따랐다. 이런 변화를 이끄는 지도력 중 상당 부분은 '진보주의자'로 불리는 사람들에게서 나왔다. 예를 들어, 보수주의자들은 몇몇 주목할 만한 예외가 있기는 하지만 대체로 흑인민권 운동에 참여하지 않은 반면, 진보주의자들은 이 운동의 중심에 있었다. 또한 사회와 종교 공동체 안에서 여성의 평등을 지지하는 사람들 역시 보수주의자들보다는 진보주의자들이 많았다. 이제 포용의 문제는 서류미비 이민자들, 미국의 이슬람교인들, 게이 및 레즈비언과 관계가 있다.

다시 한 번 나의 부모님은 그분들의 방식대로 보수적인 가치와 더불어 진보적인 윤리를 구현하셨다. 우리 가족은 밤마다 저녁식사를 같이했다. 그러나 어떤 때는 저녁식사 동안, 혹은 하루 동안, 아니면 훨씬 더 긴 시간 동안 다른 사람들이 우리와 함께 식사를 하기도 했다. 집이 불타 버린 가족이 와서 우리와 함께 머무르기도 했다. 머물 곳이 필요한 젊은이에게는 집을 떠나 대학을 다니는 자녀의 방을 내주기도 하셨다. 도움이 필요한 사람들은 어떤 식으로든 우리 집을 찾았다. 혹은 우리 부모님이 그들을 찾아가셨다. 그리고 결국에는 우리 집에서 함께 지내게 하셨다. 아버지는 회사에서 흑인과 여성을 고용하고 승진시키신 것으로 유명했다. 그리고 어머니는 여성의 역할에 관한 우리 교회의 보수적인 규칙에도 불구하고 여성이 얼마나 강력한 지도력을 발휘할 수 있는지를 날마다 보여 주었으며, 그 과정에서 많은 젊은 여성들에게 멘토가 되어 주었다.

이런 가치가 자녀들에게도 전해졌다. 야구장 옆에 있는 우리 집은 아이들과 학부모들이 자주 모이는 일종의 '클럽하우스'였다. 어느 날은 저녁식사를 하기 전에 일곱 살 난 아들 잭이 자신이 저녁식사를 위해 기도할 수 있는지 물었다. 우리는 기도하기 위해 모두 고개를 숙였지만 그저 침묵만이 흘렀다. 결국 살짝 눈을 떠 보니 잭은 식탁을 둘러보고 있었다. "왜 그래, 잭?" 하고 내가 물었다. 잭은 "아직 사람들이 다 안 온 거 같아요"라고 대답했다. 그 날 밤에는 우리 가족뿐이었다. 잭은 우리가 기도 정족수를 채우지 못했다고 생각했던 것 같다.

다른 사람들의 '가치'가 우리 자신의 전통적이며 개인적인 가치만큼 중요해졌다. 그리고 사회적 책임이라는 가치는 우리가 이미 논의한 개인적 책임이라는 가치를 보완해 주는 필수적인 가치다. 로버트 케네디는 이 점을 잘 지적했다.

> 우리 가운데 유복한 사람들은 교육의 특권을 누린 사람들 앞에 펼쳐진 화려한 개인적 야망과 재정적 성공이라는 쉽고 익숙한 길을 따라가고 싶은 유혹을 받는다. 그러나 그것은 역사가 우리를 위해 정해 놓은 길이 아니다…미래는 오늘에 만족하는 사람들, 공동의 문제와 동료 인간들에 대해 무관심한 사람들의 것이 아니다.…미래는 오히려 꿈과 이성, 개인적 헌신을 위한 용기를 미국 사회의 이상과 위대한 계획과 결합시킬 수 있는 사람들의 것이다.[3]

학생 시절 내 마음을 사로잡았던 바비 케네디의 말은 바로 이것이었다. "어떤 사람들은 존재하는 현실을 바라보며 '왜?'라고 말한다. 그러나 나는 결코 존재하지 않았던 것들을 꿈꾸며 '왜 안 되는가?'라고 말한다."[4] 보수적 윤리의 강점은 이미 지나간 것들이 주는 중대한 유익을 보존하는 데 있다. 그러나 진보적 윤리는 새로운 가능성이라는 미래의 소망에 초점을 맞춘다.

이제 구체적으로 보수주의자들과 진보주의자들이 더 높은 차원으로 나아감으로써 보다 효과적으로 일하고 어쩌면 공동의 기반을 모색할 수 있는 두 가지 논쟁적인 주제, 즉 결혼의 강화와 빈곤의 종식에 관해 살펴보도록 하자.

결혼의 강화

이전에 책을 출간하고 북 투어를 하면서 나는 이 나라에서 가장 진보적이며 진보적인 잡지 중 하나를 펴내는 잡지사의 사무실에서 했던 인터뷰를 아직도 생생히 기억한다. 나를 인터뷰했던 젊은 여성은 잡지사 직원 중 유일하게 그리스도인이었다. 훌륭한 대화를 나눈 후에 그녀는 나에게 개인적인 이야기를 하고 싶다고 했다. 그녀는 "저 곧 결혼해요!"라고 속삭였다. 나는 "잘 됐네요. 그런데 왜 속삭이며 말하나요?"라고 물었던 것을 기억하고 있다. 그녀는 여전히 속삭이는 목소리로 "만약 내가 결혼한다는 사실을 알게 되면 여기 있는 사람들은 내가 부르주아이며 가부장적인 사람이라고 생각할 거예요"라고 말했다.

자유주의의 보루인 그곳에서 결혼은 긍정적인 가치가 아니었다. 이것은 심각한 문제다. 실제로 지금 이 나라에서 결혼은 약화되고 있으며, 이런 추세는 특히 저소득층에서 두드러진다. 다양한 정치적 입장을 띠는 단체들 — 진보적인 브루킹스 연구소에서부터 보수적인 헤리티지 재단에 이르기까지 — 의 연구 결과에 따르면, 결혼은 자녀의 행복과 공동선을 평가할 때 가장 핵심적인 요인 중 하나임을 알 수 있다. 결혼한 가정의 자녀들은 학업 성취도, 약물 중독 및 범죄에 빠져들지 않을 가능성, 빈곤으로부터 벗어나 있을 가능성에서 결혼하지 않은 가정의 자녀들보다 훨씬 더 나은 삶을 산다. 물론 결혼과 가정을 유지할 만큼 돈을 벌 수 있는 직업을 갖는 것은 그런 성공을 위한 필수 요건이다. 보수주의자들이 흔히 말하듯이 결혼은 분명 '빈곤을 막기 위한 수단'이며, 진보주의자들이 흔히 말하듯이 생계비를 충당할 정도의 급여를 받을 수 있는 일자리 역시 그러하다. 양쪽 모두를 위한 공공 정책을 펼치면 어떨까? 결혼과 같은 주제를 둘러싼 이데올로기 전쟁에 갇힌 진보적·보수적 지도자들은 그런 가능성에 관해 이야기하는 경우가 거의 없다.

수년 전 복지 개혁에 관한 기자회견 중에 한 진보적인 연설가가 보육재정 확충을 주장하면서 이렇게 말했다. "물론 결혼도 빈곤을 막기 위한 수단이 될 수 있습니다. 단, 백만장자와 결혼한다면 말이죠!" 진보적인 지도자가 사실을 전적으로 왜곡하고 중요한 주장을 이런 식으로 희화화하는 것을 지켜보아야 했던 당혹스러운 순간이었다. 사실은 이렇다. 2008년, 결혼한 부부의 빈곤율은 6.4퍼센트인 반면 결혼하지 않은 한부모 가정의 빈곤율은 36.5퍼센트였다. 헤리티지 재단의 분석에 따르면 "결혼은 빈곤율을 80퍼센트 떨어뜨린다."[6] 브루킹스 연구소의 연구자들도 이에 동의한다. 그들의 분석에 의하면 "만약 결혼율이 1970년과 같은 수준이라면 빈곤율은 25퍼센트 이상 감소할 것이다."[7] 파편적인 구호를 넘어서 저소득층에서 결혼을 막는 걸림돌 - 예를 들어, 이 나라의 망가진 사법 제도와 가난한 지역 출신의 유색인종 남성의 지나치게 높은 수감율 - 을 점검해야 할 때가 아닐까? 혹은 미국의 가난한 도심이나 농촌 지역의 가정을 부양할 수 있는 직업이 부족한 것이 문제가 아닐까? 혹은 저소득층이 생계비를 벌기에 필요한 일자리가 부족하거나 너무 오랜 시간 일을 해서 자녀와 가정을 위해 시간을 보낼 수 없는 것이 문제가 아닐까? 그렇다. 결혼과 가정의 가치를 갱신하고 이를 가로막는 실질적인 장애물을 극복하는 문제에 대해 이야기해 보자.

왜 진보는 보수주의자들처럼 결혼이 주는 개인적·사회적 유익을 열정적으로 옹호할 수 없는 것일까? 나는 영국 성공회에서 최초로 서품을 받은 여성 사제들 중 한 명과 결혼했다. 어느 날 우리의 큰 아들이 엄마가 성만찬을 집전하는 모습을 지켜보고 있었다. 다섯 살쯤 되었던 루크는 나를 돌아보며, "아빠, 남자도 저걸 할 수 있어요?"라고 물었다. 우리 집과 이 나라의 수백만 가정에서는 상호성이라는 해방의 관념이 남성의 머리 됨이라는 옛 생각을 대체했다. 이 운동은 결혼에 관한 오랜 가부장적 사상과 구조를 대체할 때까지 계속되어야 한다.

진보주의자들이 이토록 중요한 헌신을 기피하고 있는 젊은이들을 향해 결혼의 이상과 목적을 분명히 주장할 수 있다면, 그들은 결혼에 관한 대화 자체를 변화시킬 수 있을 것이다. 진보주의자들은 흔히 동성 간의 결혼에 대한 지지만 분명히 밝히는 경향이 있는데, 그러기보다는 결혼이 모든 사람에게 개인적·영적·사회적 유익을 가져다준다는 점을 강조한 다음, 결혼을 사회에 절대적으로 필요한 보수적인 제도라고 부르는 데이비드 브룩스(David Brooks) 같은 보수주의자들이 주장하는 것처럼 동성 커플이 이성 커플과 동일한 혜택을 누리게 할 방법을 찾기 위해 노력해야 한다.

빈곤 종식

빈곤 종식을 위해 노력할 때 우리는 일련의 거짓 선택 – 혹은 진보주의자와 보수주의자 사이의 정치적 선호의 차이 – 에 직면한다. 보수주의자들은 허약한 가정 구조, 학업 성취도, 노동 습관과 경험, 약물 남용처럼 빈곤을 야기하고 심화하는 **문화적** 요인을 강조한다. 그리고 그들은 결혼하지 않고 아이를 갖는 것이 빈곤을 발생시키고 지속시키는 데 중대한 영향을 미치는 요인이라고 본다. 진보주의자들은 **정책**의 문제, 좋은 급여를 받을 수 있는 일자리, 더 나은 교육, 보육의 질, 주거 안정성, 저렴한 의료비의 필요성을 강조한다.

하지만 왜 우리는 두 의제 사이에서 선택을 강요받아야 하는 걸까? 왜 이것이 **양자택일**의 문제가 되어야 하는가? 왜 **둘 다** 선택해서는 안 되는 걸까? 우리처럼 빈곤 문제의 해결을 위해 노력하는 많은 사람들은 이 문제를 둘러싼 이런 정치적 양극화와 마비 상태를 바라보면서 우리 자신이 정치적으로 '집 없는' 사람들처럼 느껴질 때가 많다. 우리는 서로 이 나라에서 '둘 다'의 정치가 필요하다고 자주 이야기한다.

칼럼니스트 찰스 블로우(Charles Blow)는 이 문제를 이렇게 요약했다. "빈곤선(poverty line: 최저 생활을 위한 소득 수준 - 옮긴이) 아래에 있는 사람 네 명 중 세 명은 일을 한다. 절반은 전임으로, 1/4은 시간제로 일을 한다."[8] 이는 곧 가난한 사람들 대부분이 **일을 하고 있지만** 자신과 가족의 생계를 부양할 만큼 돈을 벌지는 못한다는 말이다. 보수주의자 친구들이 '의존성'을 운운하며 정부의 복지 프로그램에 대해 이야기할 때, 나는 그들에게 이런 프로그램의 혜택을 받는 저소득층 사람들이나 가족을 실제로 알고 있는지 묻는다. 그들은 대개 그런 사람들을 모르고 있다. 예를 들어, 내가 그들에게 푸드 스탬프의 75퍼센트가 자녀 있는 가정에 지급되며, 이런 가정들 대부분은 일을 하고 있으며, 이 프로그램은 대개 일시적인 것으로 사람들로 하여금 어려운 시간을 통과할 수 있도록 도와주고 장기간 혹은 영구적으로 계속되는 경우는 드물다고 말하면, 그들은 깜짝 놀라며 "그런 정보는 널리 알려야 한다!"고 말한다.

이제 문제를 이데올로기적으로 분석하는 것을 넘어서 개인 윤리와 사회 윤리 모두의 가치를 증진하는 실질적인 해법으로 나아가야 할 때가 아닐까? 보수적인 토크쇼의 사회자이며 대선후보였던 마이크 허커비(Mike Huckabee)는 나와 했던 인터뷰에서 이렇게 말했다. "굶주린 사람과 정부의 프로그램 사이에서 선택을 해야 한다면 나는 정부의 프로그램을 택하겠소."[9] 그는 굶주린 사람은 가정과 인간관계, 경제 제도, 사회적 보호장치로 이루어진 사회적 안전망이 망가졌음을 뜻한다고 말했다. 그러나 그런 일이 일어날 때 정부는 반드시 그 사람이 돌봄을 받을 수 있도록 해야 한다는 것이다. 그리고 이것은 보수주의자의 말이다. 허커비는 자신과 같은 당에 속한 사람들이라 하더라도 어떤 상황에서든 빈곤 퇴치를 위한 정부 프로그램에 반대하고 자신들의 이데올로기를 위해 사람들이 굶주리도록 내버려 두겠다는 태도를 가지고 있는 사람들에 대해서는 반대한다고 말한다. 마이크에 따르면, 우리 사회 전체가 더 노력해야 하며, 모든 문제를 해결하기 위해 그저 정부 프로그램에 의존해서는 안 된다. 그러나 정부의 책임에는 상처 입은 사람들을 돌보는 것도 포함되며, 두 정당 모두 충분한 사회적 안전망을 구축하기 위해 노력해야 한다.

정부를 빈곤에 대한 유일한 해답이라고 생각하면서, 사회적 서비스를 제공할 뿐만 아니라 사람들이 빈곤에서 빠져나올 수 있게 하는 데 도움이 되는 개인적·사회적 가치를 장려하는 시민 사회의 중대한 역할을 이해하지 못하는 사람들도 있다. 시민 사회의 '중재' 기관의 중요성은 보수와 진보 모두가 동의할 수 있는 바다. 여러 부문이 동참하는 해결책, 공적 부문과 사적 부문, 정부와 시민 사회 사이의 균형, 문화적 전략과 정책적 전략, 개인적 책임과 사회적 책임 둘 다에 대한 강조가 미래로 나아가는 길인 동시에 성공에 이르는 길이다.

그렇다면 우리는 왜 서로 싸움을 벌이고 있는가? 우리가 해결하기 위해 노력하고 있는 사회적 문제 대부분은, 이 두 가지 윤리 모두가 강화되고 어느 하나도 약해지지 않을 때에 비로소 해결될 수 있다. 개인적 책임의 윤리와 사회적 책임의 윤리가 둘 다 대단히 중요하며 반드시 서로를 보완해야만 한다. 최선의 개인적 선택과 어려움에 처한 이들에 대한 가장 자비로운 태도, 둘 다 필수적이다.

승리에서 통치로, 비난에서 해법으로

어떤 공직인가에 따라 2년이나 4년, 6년마다 선거에서 이기거나 지는 일이 발생한다. 그리고 그 사이의 기간에는 이른바 **통치**(governing)라는 관념이 존재한다. 그러나 우리는 통치를 잃어버린 듯하다. 정치계는 이제 계속 선거운동만 하고 있는 듯 보인다. 정치인들은 항상 공직에 출마하고, 항상 상대편과 싸움을 벌이고, 항상 다음 선거를 준비한다. 정치적 반대자들을 동료라기보다는 적으로 생각하며, 그들과 함께 일하는 것보다 다음번에 그들을 이기는 전략을 세우는 것이 더 중요하다. 이제는 정당 지도자들조차 이를 인정한다. 상대 당의 대통령 임기가 시작될 때 그들의 목표는 다음 선거 때까지 그와 함께 일할 방법을 찾는 것이 아니라 단순히 새로운 대통령을 패배시키는 것이다. 특히 이 나라에서 이데올로기적으로 가장 귀에 거슬리는 라디오와 텔레비전 토크쇼 사회자들 ─ 이제 자신이 지지하는 정당의 정치적 의제까지 설정하는 것처럼 보이는 그들 ─ 이 이런 식의 수사를 쉴 새 없이 동원한다.

나는 워싱턴에 살면서 점점 더 자주 목격하게 되는 광경을 묘사한 바 있다. 앞서 말했듯이 정치인들은 문제가 있을 때 이에 대해 두 가지를 행동을 한다. 첫째, 그들은 공적 영역에 있는 사람들로 하여금 이 문제를 **두려워하게** 만들려고 노력한다. 그런 다음, 그들은 이 문제를 정치적으로 반대편에 있는 사람들의 탓으로 **돌리려고** 노력한다. 이제는 이것이 양당 모두의 통상적인 대응 전략이 되었으며, 가장 정치적인 선거 광고의 주제가 되었다. 그리고 대부분의 사람들이 부정적인 정치 광고에 환멸을 느낀다고 말함에도 불구하고, 통계 자료를 보면 이런 광고가 분명히 효과를 발휘하고 있음을 알 수 있다. 그러나 동시에 이런 광고 때문에 정치와 정치인에 대한 대중의 존경과 신뢰가 점차 약화되고 있으며, 지금은 수년 만에 가장 약화된 상황이다.

우리는 **문제 해결에 의한 통치**를 우리가 선출한 사람들에게 기대하는 정치 윤리로 삼아야 한다. 우리는 정치 지도자들이 실제로 문제를 얼마나 효과적으로 해결하는지를 매우 철저히 따져 보아야 한다. 더 이상 왜 우리에게 왜 이런 문제가 있는지에 대해 정치인들이 하는 강의를 듣고만 있어서는 안 된다. "그것은 상대편의 잘못이다"라는 정치인들의 주장을 듣고만 있어서는 안 된다.

우리 사이에 가장 큰 분열을 야기하는 몇 가지 문제에 관해서도, 만일 정말로 찾으려고만 한다면 우리는 공통 기반을 찾을 수 있을 것이다. 인간 생명의 신성함에 대해 깊이 헌신한 사람들과 여성의 자기 몸에 대한 통제권에 매우 민감한 사람들이 의견을 모아서, 원치 않는 임신을 막고 저소득층 여성의 보건을 지원하고 대안적인 선택을 제공하고 입양 제도를 강화함으로써 낙태를 줄이겠다는 국가적 목표를 이루기 위해 함께 노력할 수 있다. 여성의 비극이나 많은 경우 그런 선택을 할 수밖에 없는 절망적인 상황을 범죄로 취급하는 방식으로는 대안적인 선택을 제공하는 것만큼 태어나지 않은 많은 생명을 구할 수 없다. 또한 그런 방식은 위기에 처한 여성들에게 많은 새로운 위험과 문제를 야기할 수도 있다.

마찬가지로 동성애를 둘러싼 신학적·도덕적 문제에 관한 의견 차이가 이 논쟁에서 다른 입장을 지닌 사람들로 하여금 성적 지향성을 막론하고 모든 사람이 법 아래에서 평등한 보호를 받아야 할 권리를 지지하지 못하도록 막아서는 안 된다. 우리는 위에서 논의한 문화적·정책적 선택을 결합시킴으로써 빈곤을 극복하기 위한 새롭고 창의적인 전략을 개발할 수 있었다. 그리고 경제와 같은 영역에서도 거대 은행과 기업이 공적으로 더 많은 책임을 져야 한다고 믿는다고 해서, 양측의 많은 사람들이 새롭게 점검해야 할 필요가 있다고 믿는, 소기업에 대한 규제를 정비하지 못하는 것은 아니다. 정책 논쟁에서 창의적이며 공통 기반을 추구하는 문제 해결의 예는 — 만약 우리가 서로의 말에 귀를 기울이고 함께 일하려고만 한다면 — 이 밖에도 많이 있다.

선출직 공직자들의 문제 해결 능력과 이에 대한 헌신을 점검하기 위한 한 가지 척도는 그들이 정치적으로 반대편에 속한 사람들과 어디에서 어떻게 일하는지를 살펴보는 것이다. 오늘날 정치인들은(특히 라디오 토크쇼와 케이블 텔레비전에 자주 나오는 이들은) 극단주의자들로부터 적과 제휴한다는 비판을 받을까 두려워 초당적으로 일하기를 꺼리는 경우가 종종 있다. 솔직하게 그리고 공평하게 말하면, 최근 초당적 협력을 가장 극단적으로 공격하는 쪽은 보수 진영이다. 그러나 진보주의자들 역시 모든 문제를 보수주의자들의 탓으로만 돌려서는 안 된다. 그들이 실제로 무엇을 해결할 수 있는지, 이를 해결하기 위해 누구와 일할 수 있는지를 알아보라고 요구함으로써 우리는 이런 상황을 바꿔야 한다. 그러나 그렇게 하기 위해서 우리에게는 더 나은 정치적 토론이 필요하다.

이데올로기 전쟁에서 시민 토론으로

이제 끝없는 갈등에서 상호 존중으로 나아가야 할 때다.

　이 전화 통화는 몇 해 전에 시작되었다. 현 정치 상황을 깊이 우려하고 있던 경험 많은 의원들이 나에게 전화를 걸어, 의회의 동료들이 깜짝 놀랄 정도의 경멸과 인신공격, 심지어 증오에 찬 말을 주고받는 데 절망을 금할 수가 없으며 이런 상황은 이 나라의 문화에서 정치 논쟁이 타락하고 있음을 반영하는 것이라고 말했다. 정치 논쟁, 아니 활발한 논쟁은 민주주의를 위해 유익한 것이라고 그들 모두가 말했다. 그러나 우리와 다른 생각을 가지고 있는 사람들의 정직성, 애국심, 심지어 신앙에 대해 문제 삼는 것은 민주주의적 토론에 있어 대단히 파괴적이다. 그뿐만 아니라 정치관이나 세계관이 다른 사람들에게 위협을 가하고 폭력을 사용할 수 있다는 식의 말들이 횡행하고 있었다. 이것은 도덕적 위험에 대한 경고 신호이며, 민주주의의 해체를 알리는 신호였다. 일부 의원들은 자신과 가족들에게 폭력을 가하겠다는 위협에 정말로 두려움을 나타냈다.

　공화당과 민주당 양당의 전직 의원 130명으로 구성된 한 단체는 시민 교양을 촉구하면서 후보자들에게 일단 선출되면 힘을 합해 이 나라의 가장 큰 도전에 맞서는 일에 집중할 것을 당부하는 공개서한을 발표했다. "의회에 있는 동안 우리 중에 그 어느 누구도 당파적 논쟁이나 대결을 피하지 않았다. 의회에 있는 동안 상대편 정치인들은 몇몇 법안에 관해서는 우리 입장에 반대했으며 몇몇 문제에 관해서는 우리에게 맞섰다. 그러나 그들은 적이 아니었다."

이 전직 의원들은 이 같은 파국의 책임이 양당에 있다면서, 의원들이 공통 기반의 해법을 찾기보다는 '분열 쟁점'에만 매달리고 있다고 지적했다. 또한 이 서한은 외부로부터의 영향력이 작용하고 있음을 인정했다. "의회 안에서 자주 발생하는 분열적이며 비열한 논쟁을 외부, 즉 케이블 뉴스 프로그램과 블로그, 정치 집회에서 부추기고 반복하고 있다. 정상적이며 상대를 존중하는 토론의 금도를 훌쩍 넘어선 의원들을 수치스럽게 생각하기보다는 치켜세우고, 유명인사로 취급하고, 케이블 방송에 출연시키고, 선거 운동 모금 행사에 동원한다."[10] 이들 전직 의원들은 더 이상 공직에 있지 않지만 이 편지를 통해 우리에게 훌륭한 공적 서비스를 제공했다. 그들은 우리의 공적 토론의 방향에 관해 경적을 울렸다. 안타깝게도 그리고 놀라울 것도 없이 대부분의 언론에서는 그들의 호소를 무시해 버렸다.

개비 기포즈 피격 사건

어느 날 나는 체육관에서 운동을 하다가 텔레비전 화면에 한 친구가 나오는 것을 보았다. 애리조나 주 출신의 젊은 하원의원 개브리엘 기포즈(Gabrielle Giffords)가 소규모 야외 집회에서 총격을 당한 것이다. 한 젊은 남자가 계속 총을 쏘아 열네 명이 부상을 입고 지방법원 판사와 학생회 임원이었던 아홉 살짜리 소녀를 비롯해 여섯 명이 죽었다. 모든 사람이 그를 부르는 이름을 쓰자면 개비(Gabby)는 그 당시 의회와 고향 주인 애리조나에서 가장 사랑받는 정치 지도자 중 한 사람이었다. 양당의 거의 모든 사람들이 그를 좋아했다. 그의 동료 중 한 사람은 만약 이 나라에서 가장 독설을 많이 퍼붓는 정치인의 순위를 매긴다면 개비의 이름은 가장 아래쪽에 있을 것이라고 말했다. 개비는 의회에서 가장 따뜻하고 똑똑하며 열린 자세를 가지고 있는 의원 중 하나였고, 다른 사람의 말에 가장 귀를 잘 기울이는 사람 중 하나였다. 토요일이던 그날 쇼핑센터에서 지역 주민들의 말에 귀를 기울이고 있을 때, 그 젊은이가 아주 가까운 거리에서 그의 머리에 총을 쏘았다.

나는 총격 사건이 일어나기 불과 일주일 전에 개비와 함께 시간을 보냈다. 우리 두 가족은 사우스캐롤라이나 주의 한 가족 수련원에서 새해 연휴를 함께 보냈다. 다른 많은 사람들처럼 나는 그를 친구로 생각했다. 우리는 어렵고 치열했던 그의 선거에 관해 이야기했다. 그는 미국에서 가장 분열된 주 가운데 한 곳인 애리조나에서 불과 1천 표 차이로 승리했다. 이 나라의 다른 곳과 마찬가지로 이곳에서도 정치적인 수사는 점점 더 인신공격이 많아지고 악의적으로 변했다.

개비는 언제나 적극적으로 정치 논쟁에 임했지만 결코 극단적인 입장을 취하지는 않았다. 그는 불안정하고 분노한 사람이 노릴 가능성이 가장 적은 사람이었다. 하지만 그는 결국 그런 사람에게 희생당하고 말았다. 옆에 있던 사람들은 다시 일어나지 못했지만 그는 기적적으로 총격을 이겨 냈다. 그는 지금 그 자체가 기적처럼 보이는 이야기 속에서 서서히 회복되고 있다. 하지만 그는 더 이상 의원이 아니다. 끔찍했던 그날 투산에서 이 범행의 수사를 담당한 카운티 보안관은 이 사건이 국가적 차원에서 "영혼을 돌아보는" 계기가 되어야 한다고 말했다.

어떻게 우리는 서로에게, 그리고 서로에 관하여 이야기하는 방식을 철저히 반성할 수 있을까? 어떻게 우리는 평화와 시민 교양이 자랄 수 있도록 돕는 환경, 혹은 폭력과 증오가 침투하도록 내버려 두는 환경을 만들고 있는가? 우리 가운데 많은 사람들이 '주먹의 폭력'은 한 번도 생각해 본 적이 없지만 마음속의 폭력, 혀로 휘두르는 폭력은 범했을지도 모른다. 우리는 중요한 문제에 관해 우리와 의견을 달리하는 사람들을 '악하다'고 생각하거나 악하다고 말하지 않으면서 그들과 관계를 맺을 수 있어야 한다. 균형 잡힌 사람과 치우친 사람, 안정된 사람과 불안정한 사람, 흔들리지 않는 사람과 혼란스러운 사람 모두가 우리가 하는 말을 듣는다.

어쩌다 우리는 이 지경에 이르렀는가

나는 하버드 대학교 교수이며 「정의란 무엇인가?」(*Justice: What's the Right Thing to Do?*, 김영사)의 저자인 마이클 샌델(Michael Sandel)에게 "어쩌다 우리는 이 지경에 이르렀는가?"라고 물었다. 마이클은 이렇게 답했다. "시민적 토론이 무너진 이유는 정치에서 도덕적 주장을 너무 많이 해서가 아니라 너무 적게 해서다. 지금 벌어지는 상황은 이데올로기를 둘러싼 난장판 싸움이다. 케이블 뉴스는 음식을 집어던지듯이 온갖 주장을 퍼붓고 있다.…시민들이 공적인 장에 제출한 서로 경쟁하는 도덕적·영적 신념을 놓고 진지하게 논쟁하는 모습은 도무지 찾아볼 수가 없다."[11] 우리는 시민적 토론을 하기 위해서 자신의 가치를 포기하거나 약화시키거나 자신의 신념을 내던질 필요가 없다. 오히려 우리는 이런 신념 덕분에 진정한 대화에 참여할 수 있다. 이에 관해 나는 특히나 중요한 세 가지 교훈이 존재한다고 생각한다.

첫째, 종교적인 문제가 있다. 나는 그리스도인이며, 우리는 그리스도인들이 정치적으로는 다양하지만 그리스도 안에서 하나라고 언제나 말할 수 있어야 한다. 교회가 그리스도의 몸 안에서의 일치보다는 우리 문화의 정치적 분열을 반영하는 경우가 너무도 많다. 미국 교회는 정치적·문화적 차이로 심각하게 분열된 이 나라에 소망과 화해의 메시지를 제공할 수 있어야 한다. 우리는 의견이 다를 수 있지만, 우리가 서로의 의견에 어떻게 이견을 표하는가는 우리가 그리스도를 어떻게 증언하는가와 직결된 문제다.

둘째, 우리는 진리를 말하고 추구해야 한다. 오늘날 최악의 정치적 수사들은 '급속도로 퍼지는' 뻔뻔한 거짓말에 기초한 경우가 많다. 내가 아는 목회자들은 이제 교인들에게, 먼저 사실을 확인하지 않은 채 '소문을 담고 있는 이메일'을 다른 사람에게 전달하는 행위는 도덕적으로 무책임하다고 말한다. 너무도 자주 우리는 정치인들을 정직하고 공평하게 평가하는 대신 이들을 희화화하는 언론을 무턱대고 받아들인다. 정치적 허위와 유해한 거짓말이 정치의 본질이 되고 말았다. 이제는 이에 대해 정면으로, 가시적으로 맞서야 한다.

셋째, 우리는 '다수에서 하나로'라는 미국의 건국 정신을 견지해야 한다. *E pluribus Unum*(미국 국장에 새겨진 문구로서 라틴어로 '다수로부터 하나로'라는 뜻 – 옮긴이)은 약점을 인정하는 말이 아니라 강점을 선언하는 말이다. 이 나라 민주주의의 건전성을 판단하는 기준은 그저 선거 결과뿐만 아니라 선거를 치르는 방식이기도 하다. 우리 모두가 익살스럽지만 고통스러울 정도로 적합한 존 스튜어트(Jon Stewart)의 말처럼 이렇게 말할 수 있어야 한다. "나는 당신과 의견을 달리하지만, 당신이 히틀러가 아니라고 확신한다."[12] 어떻게 우리는 시민적 토론의 본보기를 보여 주고, 우리의 회중과 언론, 정치인들, 나라로 하여금 책임 있게 행동하도록 촉구할 수 있을까?

시민 교양을 위한 언약

진리와 시민 교양은 너무도 중요하기에 절대 잃어버려서는 안 된다. 우리 사회의 정치적 양극화는 지금 새롭고도 위험한 수준에 이르렀다. 정책 문제에 관해 정직하게 이견을 표시하는 대신에 정치적 반대자들에 대해 점점 더 악의적인 분노를 쏟아내고 있으며, 의원에 대한 폭력 위협을 신뢰할 만한 소식인 양 보도하고, 심지어는 그런 위협을 실행에 옮긴다. 나에게 염려와 두려움을 표현했던 몇몇 의원들은 그들 자신이 신앙인이기도 하거니와 이 위험한 순간에 신앙 공동체를 향해 도움을 요청하고 있다.

그래서 일군의 기독교 지도자들이 대화하고 기도하면서 교회가 어떻게 본보기를 보임으로써 이 나라의 정치에서 보다 시민적이며 보다 도덕적인 자세를 만들어 가는 일을 도울 수 있는지 찾아보기 시작했다. 우리는 너무도 자주 우리 그리스도인들이 그리스도의 몸 안에서 국가의 분열을 치유하려고 노력하기보다는 그저 국가의 분열을 반영해 왔음을 먼저 고백했다. 모든 종교 전통에 속한 신앙인들은 이 나라의 역사에서 중대한 이 시점에 절실하게 필요한, 더 나은 공적 토론을 위한 안전하고 시민적이며 심지어 성스러운 공간을 만들어 가는 일에 기여할 수 있다. 이런 기도와 분별의 노력을 통해 만들어진 것이 바로 '시민 교양을 위한 언약: 와서 함께 머리를 맞대자'(A Covenant for Civility: Come Let Us Reason Together)다.

정치적·신학적으로 다양한 입장을 가지고 있는 1백 명의 교회 지도자들 – 최근 선거에서 민주당, 공화당, 무소속에 투표한 – 이 함께 모여 시민 교양을 위한 언약을 맺었다. 광범위한 지도자들이 이 언약에 서명했다는 사실 자체가 이 문서가 지닌 힘을 잘 보여 준다. 우리는 현 상황에 대한 깊은 우려로부터 시작된, 강력하고 성서적인 선언문을 발표했다. 그리고 우리는 우리가 속한 모든 교회에서 수천 명의 목회자와 평신도들에게 이 언약에 서명하고 우리의 회중과 공동체, 국가 안에서 이를 실천할 방법을 모색할 것을 권했다.

'시민 교양을 위한 언약'은 이렇게 시작한다.

다양한 신학적·정치적 신념을 지닌 그리스도인 목회자와 지도자들인 우리는 함께 모여 더 나은 시민적·국가적 토론에 기여하기 위해 이 언약을 맺고 교회와 신앙에 기초한 단체와 개인에게 이 언약을 권한다. 미국 교회는 정치적·문화적 차이로 심각하게 분열된 이 나라에 소망과 화해의 메시지를 제공할 수 있다. 그러나 너무나도 자주 우리는 그리스도의 몸 안에서 하나가 되기보다는 우리 문화의 정치적 분열을 반영해 왔다. 우리는 그리스도의 이름을 선포하는 이들을 향해 "모든 악독과 노함과 분냄과 떠드는 것과 비방하는 것을 모든 악의와 함께 버리고 서로 친절하게 하며 불쌍히 여기며 서로 용서하기를 하나님이 그리스도 안에서 너희를 용서하심과 같이 할"(엡 4:31-32) 것을 촉구하기 위해 함께 모였다.[13]

우리는 성경에 기초한 일곱 가지 노력, 오늘날 진리와 시민 교양을 이루기 위해 우리 모두가 취할 수 있는 일곱 가지 실천방안을 제시했다. 우리는 그리스도인들에게 이 일곱 가지 노력을 실천하고 다른 사람들도 이런 노력에 동참시키자고 권했다. 후보자들은 투표자들이 누가 이기는가뿐만 아니라 어떻게 이기는가에도 관심을 기울인다는 사실을 깨달아야 한다. 그리고 이러한 노력은 이 나라에서 더 나은, 더 시민적인 토론을 만들기 위해—종교적인 시민과 비종교적인 시민 모두를 위해—반드시 필요한 내용을 담고 있다.

이 언약의 내용은 이러하다.

1. 우리는 우리가 나누는 대화가 서로를 대할 때 "듣기는 속히 하고 말하기는 더디 하며 성내기도 더디 하라"(약 1:19)는 성경의 정신을 반영할 수 있도록 노력하겠다고 다짐한다.
2. 우리는 우리 각자와 모든 인간이 하나님의 형상을 따라 창조되었다고 믿는다. 우리가 하나님께 마땅히 드려야 할 존경의 마음은 우리와 동일한 인간성을 지닌 서로를 존중하고 존경하는 태도에, 특히 우리가 서로에게 말을 하는 태도에 반영되어야 한다. "[허로] 우리가 주 아버지를 찬송하고 또 이것으로 하나님의 형상대로 지음을 받은 사람을 저주하나니…이것이 마땅하지 아니하니라"(약 3:9-10).
3. 우리는 상대와 의견이 다를 때, 상대의 동기를 거짓으로 비난하거나 상대의 인품을 공격하거나 상대의 신앙을 의문시하지 않고 상대를 존중하는 마음으로 그렇게 할 것이며, 우리가 인간으로서 제한적이며 인간적인 견해를 가지고 있기에 "거울로 보는 것 같이 희미"함(고전 13:12)을 인정할 것이다. 그러므로 우리는 "모든 겸손과 온유로 하고 오래 참음으로 사랑 가운데서 서로 용납"할 것이다(엡 4:2).
4. 우리는 이견을 표현할 때 우리가 사용하는 언어에 항상 주의를 기울일 것이며, 교만하게 굴거나 우리의 신념을 자랑하지 않을 것이다. "사람의 마음의 교만은 멸망의 선봉이요 겸손은 존귀의 길잡이니라"(잠 18:12).
5. 우리는 우리가 공유하는 공동 생활의 장에 필요한 공동선을 추구하는 과정에서 서로를 대하는 방식에 주의를 기울이지 않는 한, 지

역적 차원이든 국가적 차원이든 동일한 공동체의 시민으로서 함께 일할 수 없음을 인식한다. 그러므로 우리 각자는 "거짓을 버리고 각각 그 이웃과 더불어 참된 것을 말해야" 한다. "이는 우리가 서로 지체가 됨이라"(엡 4:25).

6. 우리는 정치 지도자들을 위해-우리가 동의하는 사람뿐만 아니라 우리가 동의하지 않는 사람들을 위해서도-기도하기로 다짐한다. "내가 첫째로 권하노니 모든 사람을 위하여 간구와 기도와 도고와 감사를 하되, 임금들과 높은 지위에 있는 모든 사람을 위하여 하라"(딤전 2:1-2).

7. 우리는 우리가 다른 사람들을 위해 기도할 때, 심지어 그들이 우리에 반대하는 사람이거나 우리의 원수일지라도 그들을 미워하기가 더 어렵다고 믿는다. 우리는 서로를 위해, 우리에게 동의하는 사람들과 우리와 의견을 달리할 수도 있는 사람들 모두를 위해 기도하기로 다짐한다. 그렇게 함으로써 우리가 함께 "그들도 하나가 될"(요 17:22) 수 있도록 기도하셨던 우리 주님의 신실한 증인이 되기 위해 노력할 것이다.

우리는 시민적 토론이 무너져 버린 것처럼 보이는 이 나라에서 본보기가 됨으로써 다른 사람들을 이끌겠다고 하나님과 서로에게 서약한다. 우리는 많은 신앙 공동체 안에서, 종교적·정치적 구분선을 가로질러 서로를 대하는 더 나은 방식의 본보기가 되기 위해 노력할 것이다. 우리는 우리가 속한 회중 속에서 공동의 기도와 공동체의 토론을 위한 안전하고 성스러운 공간을 만들기 위해 노력하고, 이 나라와 세

계를 향한 하나님의 뜻을 구하기 위해 힘을 모을 것이다.[14]

고인이 된 찰스 콜슨(Charles Colson)과 나는 정책 논쟁에서 입장을 달리하는 때가 많았지만 복음주의권의 잡지인 "크리스채너티 투데이"에 공동으로 기고한 칼럼에서 이러한 시민 교양에 관한 언약의 필요성을 강조한 바 있다. 우리는 이렇게 썼다.

> 민주주의가 제대로 작동하기 위해서는 이리한 시민 교양의 덕목이 필수적이다. 원칙을 고수하는 것은 도덕적 정치에 꼭 필요하지만, 우리를 반대하는 사람들을 악마처럼 취급하는 태도는 공적 광장에 해독을 끼친다. 그러므로 우리는 진리와 시민 교양을 동시에 추구해야 한다. 공동선을 추구하는 동시에 정치권력의 평화적 교체를 보존하겠다는 것은 곧 도덕과 시민적 토론 모두를 위해 노력하겠다는 다짐이기도 하다.[15]

종교인이든 아니든 나는 이것이 우리 모두에게 유익한 원칙이라고 믿는다. 우리는 우리의 영적 진실성과 민주주의의 건전성 모두를 위해 다르게 행동할 필요가 있다. 우리는 우리의 핵심 가치 가운데 일부를 잊었으며, 이제는 공동선을 위해 그 가치들을 회복해야 할 때다.

9

민주주의 구속하기

> 조정과 타협으로 살아가는 정치적 기질과, 묵상과 영적 용기로 살아가는 예언자적 기질은 일반적으로 한 사람 안에 공존할 수 없다. 위대한 협력을 이루기 위해서는 두 종류의 사람들을 한데 모아 상호보완적으로 행동하게 만들어야만 한다. 그렇지 않으면 고립된 예언자들은 공허한 저주를 말하기 시작할 것이며, 모략꾼들은 자신의 술수에 갇히고 말 것이다.
> —에마뉘엘 무니에[1)]

'정치'는 좋은 말이어야 하지만, 오늘날 미국에서는 그렇지 못하다. 정치를 둘러싼 냉소주의가 역사상 최고조에 이르렀다. 민주주의는 인권과 기회가 꾸준히 확장된 결과였지만, 우리는 민주주의에 대한 신념이나 그것을 다음 단계로 끌어올리겠다는 야심을 잃어버린 듯하다. 그리고 아마도 가장 놀라운 점은, 우리 사회 최고의 지도자들이 정치라는 직업에게 매력을 느끼기보다는 오히려 이를 거부하고 있다는 사실이다.

정치는 세속적이며 어떤 종교적 신념을 가지고 있든 혹은 종교적 신념이 없든 관계없이 모든 사람과 시민에게 열려 있다. 그리고 반드시 그래야만 한다. 신정정치는 민주주의에 대한 위협이며, 종교가 공적 광장을 통제해서는 안 된다. 그러나 많은 사람들이 경고했듯이, 도덕적 가치가 없다면 공적 광장은 벌거벗겨질 것이다. 그리고 종교는 정치를 지배하기보다는 정치를 섬기기 위해 동원될 때 그런 가치의 중요한 원천이 될 수 있다. 나는 교회와 국가가 분리되어야 한다고 믿지만, 공적 삶에서 도덕적 가치를 격려해야 한다고 생각하지는 않는다. 그렇다면 우리는 어떻게 신앙으로부터 편협하거나 당파적인 이해관계가 아니라 예언자적 성격과 자질을 정치의 장 속으로 가지고 들어올 수 있을까?

특히 신앙인들을 위한 민주주의 신학이 존재한다. 우리는 민주주의의 기초가 정치철학뿐만 아니라 인격과 우리가 맺는 관계, 피조물로서 지구와 그 자원을 의롭고 신실하게 돌보는 청지기가 되어야 할 책무에 관한 성경적 가르침에 뿌리를 내리고 있다고 믿는다.

민주주의 신학

> 하나님이 자기 형상 곧 하나님의 형상대로 사람을 창조하시되 남자와 여자를 창조하시고, 하나님이 그들에게 복을 주시며 하나님이 그들에게 이르시되, "생육하고 번성하여 땅에 충만하라. 땅을 정복하라. 바다의 물고기와 하늘의 새와 땅에 움직이는 모든 생물을 다스리라" 하시니라(창 1:27-28).

민주주의는 그 함정과 약속 모두에 있어서 인간이 '하나님의 형상', 라틴어로 **이마고 데이**(*imago Dei*)대로 창조되었다는 신학적인 주장에 근거한다. 창세기 첫 부분에서 바로 그렇게 말하고 있다.

인류가 하나님의 형상대로 창조되었다며, 이로부터 몇 가지 **정치적인** 사실이 도출된다.

첫째는 모든 인간의—모든 나라, 모든 시민의—절대적 **가치**다. 사람들은 하나님의 자녀라는 그들의 존재 자체로부터 기인하는 가치를 지니며, 그들을 지배하는 권력은 그들을 도덕적·정치적으로 소중한 존재로 대해야 한다. 그러므로 모든 개인에 대한 근본적 **존중**은 모든 정치 체제와 정부가 지켜야 할 필수요건이다. 그리고 인간이나 시민을 무시하거나 그들의 가치를 깎아내릴 때 이는 하나님의 형상대로 창조된 그들의 존재를 약화시킨다.

정치 체제가 국민들을 마땅히 존중해야 함을 가장 심오하고 강력하게 주장하는 방법은, 국민을 하나님의 형상대로 창조된 인간이라는 그들의 본성에 따라 대해야 한다고 말하는 것이다. 그렇게 할 때 근본적으로 각 시민이 가지고 있는 정치적 권리는 그가 속한 국가의 건국이념을 진술한 문서에 담긴 정치적 약속으로부터 도출될 뿐만 아니라 훨씬 더 근원적인 차원, 즉 하나님의 형상대로 창조되었다는 그들의 지위로부터 도출된다. 정치는 '국민'이 하나님의 형상대로 지음을 받았고 하나님의 자녀라는 인식 때문에 언제나 각 사람의 가장 기본적인 가치를 존중해야 한다. 이 이야기는 창세기의 창조 이야기에 뿌리를 두고 있다.

둘째는 하나님의 형상대로 창조된 모든 사람들 사이의 **평등**이다. 어떤 사람이나 집단이 다른 사람이나 집단보다 정치적으로 더 중요하지 않다. 우리는 하나님의 사랑의 공동체 안에서 모든 인간 종족이 환영 받는다는 점과 하나님의 **모든** 자녀는 평등한 권리를 갖는다는 급진적인 주장이 미국과 세계 전역에서 민주주의의 꾸준한 확장을 추동하는 힘이었음을 이미 살펴보았다. 재능과 노력, 성취, 영향력에 있어 인간들 간의 차이는 자연스러운 것이며 더 나아가 긍정적이기까지 하고, 그런 차이는 언제나 존재할 것이다. 하지만 모든 인간의 권리-정치적 참여와 사회적 기회에 관한 권리-가 근본적으로 평등하다는 가치는 민주주의를 위해 필수적이며, 이 가치 역시 인간이 어떤 존재이며 누구의 형상대로 창조되었는지를 말해 주는 창조 이야기에 근거한다.

가치와 평등이라는 이 두 자질은 **본질적으로 중요하며** 민주주의의 이론과 실천을 규정해야 한다. 이 두 가치는 정부가 절대로 위반해서는 안 되는 근본 원리다. 하나님의 형상으로 창조되었다는 것은 하나님의 본성을 비추는 거울 이미지라는 뜻이다. 토마스 아퀴나스(Thomas Aquinas)는 사고하고 추론하는 인간의 능력에 관해 이야기하면서 이 능력 때문에 인간이 다른 피조물과 구별된다고 말했다. 이 말은 하나님의 사랑과 은총, 정의, 용서를 비출 수 있는 인간의 능력에도 적용된다. 도덕적 결정을 내릴 수 있는 능력은 인간의 독특한 자질이다. 바로 이 때문에 우리가 세상을 향한 하나님의 목적과 일치하는 방식으로 행동할 때 인간의 행동 안에 하나님이 드러날 수 있다. 하나님의 형상을 입은 인간은 지적이며 도덕적이고 관계적인 존재다. 그리고 민주주의를 지탱하기 위해서 우리는 이 세 가지 특징을 지닌 존재로 행동해야 한다.

그리고 민주주의를 가능하게 하는 것은 우리의 **관계적** 능력이다. 신학자 칼 바르트(Karl Barth)는 우리를 하나님 닮은 존재로 만들어 주는 것은 복잡하고 뒤얽힌 관계를 유지할 수 있는 인간의 능력이라고 말했다. 이 능력은 민주주의를 성공적인 관계적 체계로 만들어 주기도 한다. 자아실현도 그 일부이며, 민주주의는 이를 강화시켜 주어야 한다. 그러나 민주주의가 존재하는 까닭은 인간에게 공동체가 필요하기 때문이기도 하다. 아담과 하와 때부터 인간은 공동체를 이루도록 창조되었으며, 하나님의 목적과 계획이 실현되는 방식 역시 바로 인간관계를 통해서다. 우리가 서로에 대해, 우리를 둘러싼 피조물에 대해 가지는 관심은 민주주의적 인간관계를 형성하는 기본 원칙이다.

창조 이야기는 우리에게 "생육하고 번성하여 땅에 충만하라, 땅을 정복하라"고 말하며, 심지어는 다른 모든 피조물과 지구 자체를 "다스리라"고 말하고 있는데, 이를 통해 창조 이야기는 민주주의의 **기능적** 목적까지 제시한다. 여기서 "다스리라"라는 말이 '지배'를 뜻한다고 해석하는 경우가 많지만, 히브리어 단어의 참된 의미는 '청지기'의 자세로 온 지구와 지구의 수많은 생물들을 신실하게 돌보고 양육하라는 뜻에 더 가깝다.

우리가 하나님의 형상대로 창조된 존재라는 사실과 연관된 책무가 존재한다. 즉 우리가 해야 할 일이 있다는 뜻이다. 우리가 하나님의 자녀로서 우리의 역할을 가장 잘 인식할 때 우리는 세상을 향한 하나님의 목적을 이루는 데 보다 창조적으로 기여할 수 있다. 더 나아가 이 목적을 위해 우리가 하나님과 '공동 창조자'라는 강력한 성경적·신학적 주장도 존재한다. 기독교는 하나님을 성부, 성자, 성령의 '삼위일체'로 이해하며, 이는 교리적 신비일 뿐만 아니라 공동체라는 함의를 지닌다. 그리고 하나님이 인간을 하나님의 형상대로 만드시고 남자와 여자, 모든 다양한 종족을 만드실 때, 우리는 바로 이 하나님의 공동체 안으로 초대를 받았다. 우리의 사회 생활, 더 나아가 정치적 삶의 목적은 그저 우리 각자가 혼자 살아가지 않고 좋은 관계, 삶을 지속시키는 관계 속에서 더불어 살기 위함이다. 개인의 분리와 자립을 강조하는 현대의 자유지상주의적(libertarian) 관점은 이러한 성경 신학에 정면으로 도전한다. 티파티(Tea Party) 우파의 급진적 개인주의는 보수와 진보가 내세우는 최선의 가치가 담고 있는 사회적 양심을 부인한다. 분명히 **민주주의에 관한 성경 신학은 우리를 개인적 선뿐만 아니라 공동선으로 이끈다.**

공동선을 위해 민주주의를 구속(救贖)하려면 몇 가지가 필요하다. 소비자를 시민으로 바꾸어야 하며, 정치 참여를 확대해야 하고, 민주주의를 전복하려는 탐욕과 권력에 맞서야 하며, 민주주의를 가로막는 마지막 장벽, 곧 정치에 대한 돈의 지배를 극복해야 한다. 이런 중요한 노력이 이루어질 때 비로소 정치적 고립이 참여로 바뀌고, 우리는 극단적 대립에서 진보로, 마비 상태에서 해법으로 나아갈 수 있다. 그리고 우리는 투표가 민주주의의 시작일 뿐임을 기억해야 한다. 이제는 시민들이 공동체를 조직하는 일에 참여하고, 선거 승리라는 편협한 목적을 넘어서 우리 모두가 더불어 더 나은 삶을 살아가는 새로운 세상으로 나아갈 수 있도록 해주는 공적 이슈를 중심으로 행동에 나서기 시작했다.

민주주의를 가로막는 장벽

가치와 **평등**이 인간이 하나님의 형상대로 창조되었다는 믿음에서 나온 것이라면, 이 두 가치를 존중하는 것이 민주주의 정치 체제의 핵심 과제가 되어야 한다. 이것은 민주주의가 실제로 어떻게 작동해야 하는지에 대해 수많은 함의를 지닌다.

첫째, 더 많은 사람들이 투표를 하고 정치적 참여를 할 수 있도록 만들기 위해 모든 노력을 **다해야 한다**. 투표자 등록과 신원 확인 절차를 까다롭고 접근하기 어렵게 만들어서는 안 되며 최대한 간소화해야 한다. 특정한 투표자나 투표자 집단을 정치 체제에 최대한 참여시킬 때 어떤 당에 유리하든 관계없이, 모든 당이 이를 최우선 과제로 삼아야 한다.

그러나 투표자 등록과 신원 확인 절차, 심지어는 투표 당일 투표소에 접근하는 것까지도 그 자체로 대단히 논쟁적인 정치적 이슈가 되었다. 이것은 각 당이 투표자들이 자기 당의 성공에 잠재적으로 유익을 주거나 손해를 줄 수 있다고 생각하기 때문이다. 물론 각 당은 자신에게 표를 던질 가능성이 가장 높은 유권자들을 등록시켜 그들의 표를 확보하고 싶어 하며, 자신에게 반대하는 표에는 훨씬 관심이 없고 심지어 그런 표가 줄어들기를 바란다.

불행히도 우리는 한 당의 일각에서 자신들에게 유리한 유권자들의 등록과 접근을 증가시키려고 노력하는 모습을 보고 있다. **투표 억제**라고 불리는 현상이 그것이다. 반대표를 던질 가능성이 있는 유권자들의 투표 참여를 훨씬 더 까다롭게 만듦으로써 그들의 등록을 방해하거나 심지어 차단할 수 있는 당이 이런 일을 빈번히 자행하려 할 것이며, 실제로 그런 술책을 사용하는 증거가 점점 더 많이 확인되고 있다. 높은 투표율만큼이나 낮은 투표율도 선거 승리를 보장할 수 있다. 모든 것은 **누가** 투표하느냐에 달려 있다.

더 광범위하게 투표자의 신분 확인을 요구하는 것은 오늘날 투표를 억제하는 한 방법이다. 모두가 선거일 투표소에서 부정행위를 막고 싶어 하며, 신뢰할 만한 투표자 신원 확인 수단은 절대적으로 필요하다. 그러나 부정행위의 증거가 거의 없는 상황에서도 부정행위가 일어날 가능성을 핑계로 투표자 등록 절차를 복잡하게 만들고 투표자 신원 확인을 엄격하게 만들고 더 많은 제한을 가하는 경우가 많다. 이런 술책은 특히 사회적으로 더 취약한 투표자들을 겨냥하고 있다. 투표 억제는 인종적 소수자나 가난한 지역의 사람들을 비롯해, 운전면허증 같은 신원 확인 수단이 부족하고 투표 과정에 대한 지식이 부족하며 접근성이 낮은 저소득층 투표자들을 목표로 삼을 때 가장 효과적이다. 노년층 투표자들 역시 투표 참여를 방해하거나 차단하는 술책의 목표물이 될 수 있다. 젊은 투표자들 역시 투표 억제 전략에 특히나 취약하다. 왜냐하면 그들은 주소지가 유동적이며, 이를테면 학생증을 통한 신원 확인이 허용되지 않는 경우가 있는 등 신분 확인 수단이 부족한 경우가 많기 때문이다.

미국에서 투표 억제는 역사적으로 인종적 소수자들을 겨냥해 사용되었다. 투표세나 심지어는 백인 투표자들도 거의 통과하지 못했을 투표 자격시험처럼(비록 그들에게는 시험을 요구하지 않았지만) 투표자 등록이나 투표 참여에 악명 높을 정도로 과다한 요구 사항을 부과하는 방식이었다. 흑인들의 투표권을 차단하기 위한 목적으로 사용된 이러한 악습을 불법화하기 위해 1965년에는 투표권법이 통과되었다. 그러나 가난한 사람들과 소수자들, 노인과 젊은 이들을 겨냥한 투표 억제 수단이 다시 사용되기 시작했다. 2012년에는 이로 인해 거의 5백만 명이 투표권을 행사하지 못할 것이라고 예측된 바 있다.

투표권의 정치 쟁점화가 점점 더 노골적으로 진행되고 있다. 최근 브레넌 정의 연구소(Brennan Center for Justice)에서 발표한 보고서에 따르면, "이미 투표권을 축소한 주들이 2012년 대통령 선거인단에서 171개의 표를 차지할 것이다. 이는 대통령 당선에 필요한 270표의 63퍼센트에 해당한다." 계속해서 이 보고서에 따르면, "[2012년 대선에서] 경합 주가 될 것으로 예상되는 12개 주 중에서…다섯 주가 이미 투표권을 축소했다"고 한다.[2] 누가 어느 당에 투표하느냐가 전체 선거 결과에 가장 큰 영향을 미치는 이러한 곳에서 수많은 사람들이 투표권을 박탈당할 가능성이 있다.

투표권을 보호하고 새로운 투표 억제 시도를 막기 위한 강력한 캠페인이 진행되고 있지만, 적어도 신앙인들에게는 이 문제가 그저 정치적인 사안인 것만은 아니다. 우리가 하나님의 형상대로 창조된 모든 시민의 가치와 평등을 존중하고자 한다면, 이는 **신학적인** 문제이기도 하다. 투표 억제는 시민의 권리와 민주주의의 이상에 대한 공격일 뿐만 아니라 하나님의 자녀인 사람들의 정체성에 대한 공격이기도 하다.

민주주의에서 모든 하나님 자녀의 가치와 정체성을 존중하는 것은, 투표자 등록과 투표 행위 자체에 최대한 많은 사람을 참여시키고 그 모든 과정이 효과적으로 이루어지게 만드는 것을 뜻한다. 이는 더 많은 시민이 참여할 수 있도록 투표 절차에 대한 여러 가지 개혁을 실행하는 것을 뜻한다. 이를테면, 당일 투표소 등록을 비롯해 투표자 등록을 간소화해야 하며, 모든 신뢰할 만한 신원 확인 수단을 폭넓게 인정해야 하고, 최대한 많은 시민들이 접근할 수 있도록 충분한 수의 투표소를 마련해야 하며, 투표소에서 장시간 대기하는 사태를 막기 위해 투표 절차를 효과적으로 개선하고 장비를 확충해야 하며, 다른 많은 민주주의 국가에서 성공적으로 실시하고 있듯이 투표일을 공휴일로 지정해 사람들에게 투표할 수 있는 충분한 시간과 여유를 보장해 주어야 한다.

기본 원칙은 이렇다. 최대한의 투표 참여가 민주주의의 참된 구현을 보장한다. 그리고 이것은 – 만일 우리가 모든 시민의 가치와 평등을 진정으로 존중하고자 한다면 – 정치적인 가치인 동시에 신학적 가치이기도 하다. 투표 억제는 나쁜 정치일 뿐만 아니라 나쁜 신학에 근거해 있다. 그것은 하나님의 형상대로 창조된 모든 사람의 가치와 평등을 적극적으로 부인하는 행위다.

민주주의를 가로막는 최후의 장벽

오늘날 미국에서는 세계 어느 곳보다 공직에 출마하는 데 많은 돈이 든다. 민주주의 국가 중에서 미국과 비슷한 정도의 비용이 필요한 나라는 없다. 실제로, 현재 미국 하원의원에 출마하기 위해서는 평균 **선거당 1백만 달러 이상**의 비용이 든다.[3] 출마하는 지역구와 주에 따라 차이는 있지만, 미국에서 하원의원이 되고 의원직을 유지하기 위해서는 수백만 달러의 돈이 필요하다. 상원의 경우 비용은 훨씬 더 높다. **2008년에** (당선된) **상원의원 1인당 평균 750만 달러 이상을 썼다.**[4] 세계에서 민주주의로 가장 유명한 이 나라에서 상원의원이 되고 의원직을 유지하기 위해서는 수억 달러의 돈을 써야 한다.

상원의원들은 나에게 다음 선거에 출마하기 위해 충분한 자금을 마련하려면 평균적으로 **하루에 2만 달러** 이상을 모금해야 한다고 말한다. 그들의 지친 목소리에는, 계속해서 기부자들을 찾고 그들과 대화를 나눔으로써 선거자금을 모으는, 도무지 끝나지 않는 이 일 대신 국정에 전념하고 싶다는 간절한 바람이 묻어난다.

이제 대선 출마 비용은 거의 **10억 달러**에 이른다. 세계에서 가장 중요한 민주주의 국가의 대통령으로 선출되기 위해서는 세계 최대의 기금 모금가가 되어야만 한다는 뜻이다. 민주 세계의 다른 어떤 나라에서도 공직 선거에 이 정도의 비용이 드는 경우는 없다.[5] 이것은 미국의 지도력이나 우리 민주주의의 진정한 수준과 관련해 무엇을 뜻하는 것일까?

오늘날 세계에서 가장 비용이 많이 드는 선거를 치른다는 것은 이런 뜻이다. 즉 미국에서 공직에 선출되고 싶다면 당신은 매우 부유한 사람이거나 매우 부유한 사람들에게 의존해야 한다. 혹은 둘 다여야 한다. 내가 세계의 다른 나라 국회의원 후보자들에게 미국의 선거 자금 모금액에 관해 이야기하면, 그들은 믿지 않으려고 하면서 언제나 이런 말을 한다. "만약 그렇게 많은 돈을 모금해야 하고 그런 돈을 가진 사람들에게 의존해야 한다면, 어떻게 모든 사람을 평등하게 섬길 수 있겠소?"

그러나 선거 자금을 개혁하자는 논의는 잘 진행되고 있을까? 우리의 민주주의에서 부에 대한 의존도가 약해지고 있을까? 슬프게도, 이제는 많은 돈에 의한 지배와 진정한 민주주의의 가능성 사이의 간격이 그 어느 때보다 더 빠른 속도로 벌어지고 있다.

미국 역사에서 가장 결정적인 대법원 판결 중 하나였던 2010년 시민연합(Citizens United)에서 제기한 소송에 대한 판결에서는, 기업과 노동조합이 선거 운동 본부나 후보자에게 기부할 수 있는 액수의 한도를 없애도록 결정했다. 이 판결은 미국의 선거자금법을 뒤집은 것이나 다름없었다. 이 대법원 판결로 인해 미국의 민주주의는 심각하게 후퇴했으며, 그 어느 때보다도 미국의 가장 부유한 개인과 기업들이 이 나라의 정치를 더 강력히 지배하는 정치 상황을 맞게 되었다.

이것은 미국 역사에서 가장 불행한 사법 결정 중 하나였으며, 이로 인해 참된 민주주의가 대단히 훼손되었고 진정한 민주주의의 발전 가능성이 심각하게 줄어들었다. '시민연합 대 연방선거관리위원회 소송'에서 보수적인 대법원은 5대 4의 근소한 차이로 기업도 '자연인'이며, 연방헌법 수정조항 1조에 따라 "의회가 단지 정치적 발언에 참여한다는 이유로 시민이나 시민들의 결사체에 벌금형이나 금고형을 부과하는 것을 금지한다"고 판결했다.[6]

그러나 앞서 살펴보았듯이 미국에서 정치적 '발언'은 전혀 '공짜'가 아니며, 돈을 가장 많이 가진 사람들이 정치적 토론을 지배하게 될 것이다. 선거는 자유로운 발언이 아니라 돈을 받고 하는 발언에 의해 좌우된다. 또한 언론 보도 없이는 토론에 참여할 수가 없고, 언론 보도 역시 공짜가 아니다. 하지만 다른 많은 민주주의 국가에서는 공적 토론을 참여하는 데 비용이 들지 않는다. 후보자들은 아무 비용을 들이지 않고도 공적 서비스를 통해 선거 기간 동안 유권자들에게 자신의 생각과 관점을 알릴 수 있다. 그러나 미국에서는 그럴 수 없다. 시민연합 판결로 인해 미국의 선거 정치는 그 어느 때보다 더 많은 비용이 들고 투명성은 약화되었다.

반대 의견을 제출한 네 명의 대법관을 대표해 스티븐스 대법관은 이 판결이 "미국 선거 제도의 온전성을 약화시킬 우려가 있다.…돈으로 법률을 사고팔 수 있다고 국민들이 믿을 때 민주주의는 제대로 작동할 수 없다"고 말했다.[7]

오늘날 미국 입법부에서는 법률을 **사고팔고 있으며**, 대부분의 미국인들이 이 사실을 알고 있다. 이로 인해 정치적 냉소주의가 심화되고 있다. 미국인의 80퍼센트가 대법원 판결에 반대했지만, 거기에서도 민주주의는 패배했다. 스티븐스는 이전의 사법적 견해를 인용하면서 "부당한 영향력의 존재와 '거액 기부자들에 의해 정치가 좌우된다는 냉소적인 생각은 민주적 통치에 참여하고자 하는 유권자들의 의지를 크게 약화시킬 우려가 있다"고 썼다.[8] 현재 미국의 선거를 바라보는 대중의 냉소는, 이미 서구 대부분의 국가들보다 낮은 미국 유권자들의 투표 참여율을 심각하게 떨어뜨릴 수 있다.

그러나 국민의 정치 참여 약화는 가장 부유하고 정치에 가장 활발히 관여하는 기업들이 정확히 바라는 바다. 미국 정치를 심각하게 우려하는 비판자들은 앞으로는 상원의원들이 엑슨 모빌 출신 상원의원, 뱅크 오브 아메리카 출신 상원의원, 골드먼 삭스 출신 상원의원 등으로 불릴 것이라고 주장한다. 그 정도로 기업들이 노골적인 영향력을 행사할 것이라는 말이다.

스티븐스는 계속해서 이렇게 썼다. "기업은 양심도, 신념도, 감정도, 생각도, 욕망도 없다. 물론 기업은 인간 활동을 조직화하고 용이하게 해주며, 기업이 '자연인'으로서의 권리를 지닌다는 개념은 편리한 법적 허구로 기능하는 경우가 많다. 그러나 기업 자체는 국민에 의해, 국민을 위해 헌법이 확립되었다고 말할 때의 그 '국민'의 일원이 아니다."[9]

나는 이 주장을 더 밀고 나가고자 한다. 기업을 '자연인'으로 취급하는 것은 심각한 법적·역사적·정치적 실수일 뿐만 아니라 신학적 오류, 그것도 매우 모욕적인 오류다. 인간이 하나님의 형상으로 창조되었지만 기업은 그렇지 않음을 기억하라. 기업은 인간이 아니다. 그리고 기업에게 인간과 동일한 권리를 부여하는 것은 중대한 신학적 실수다. '통치자들과 권세자들'에 관한 에베소서와 골로새서의 가르침에서 기업의 역할에 관한 더 나은 신학적 이해를 찾을 수 있다.[10] 기업은 우리가 '영적 전쟁'에서 맞서야 할 기관들이다. 또한 이들 거대 기업에서 일하는 많은 사람들은 실제로 이 기업이 어떻게 일을 하는지에 관해 많은 것을 이야기해 준다. 일반적으로 대기업들은 사람처럼 행동하지 않으며, 심지어는 사람에게 관심을 기울이는 것처럼 행동하지도 않는다. 우리는 계속해서 기업으로 하여금 사람들 – 심지어는 직접적으로 그 기업을 위해 일하는 사람들까지 – 의 필요에 책임을 지라고 요구해야 한다. 만약 대기업이 당신이 친한 친구로 삼을 만한 '자연인'이 아니라면, 자신들의 이익이 '국민'의 이익과 충돌할 때 민주주의에 대해 호의적인 자세를 취할 가능성이 있을까? 대법원은 이제 기업 외에는 그 누구도 가질 수 없는 자유로운 정치적 발언의 권리를 기업에 부여했다.

스티븐스 대법관은 이렇게 결론 내린다.

> 근본적으로 법원의 의견은, 건국 이래로 기업이 자치를 약화시키지 못하도록 막아야 할 필요를 인정해 왔으며 시어도어 루즈벨트 이래로 기업에 의한 선거 운동이 가져올 부패의 가능성에 맞서 싸워온 미국인들의 상식을 거부한 것이다. 지금은 그런 상식을 부인하기에 이상한 시점이다. 미국의 민주주의가 불완전하기는 하지만, 이 법원에서 다수 의견을 낸 사람들을 제외하면 정치권에 기업의 후원금이 부족하다는 것이 이 나라 민주주의의 결점이라고 생각하는 사람은 거의 없을 것이다.[11]

20세기 초에 활동했던 또 다른 대법관은 이 문제를 예상하면서 미국이 선택을 해야 한다고 말했다. 루이 브랜다이스(Louis D. Brandeis) 대법관은 "우리는 이 나라에서 민주주의를 택하거나 소수의 손에 큰 부가 집중되는 편을 택할 수 있다. 그러나 둘 다 가질 수는 없다"고 말했다.[12] 현재 대법원의 다수는 이에 대해 이미 선택을 했다.

1인 1표?

미국에서 민주주의를 가로막는 마지막 장벽은 돈에 의한 정치의 지배다. 역사 속에서 민주주의는 꾸준한 발전을 이루었다. 정체(政體)가 처음에는 군주정과 과두정에서 공화정으로 발전했으며, 이때에는 땅을 가진 귀족만 투표할 수 있었다. 그 후 시간이 지나자 민주주의의 약속은 모든 평민 남성으로, 그 다음에는 여성으로, 그 다음에는 인종적 소수자들로, 그 다음에는 남아프리카공화국과 세계 전역의 개발도상국에 있는 억압받는 소수자들로, 그리고 이제는 아랍의 봄 이후 중동으로 확대되었다.

이제 우리가 명백한 진리를 주장해야 할 때다. 민주주의의 마지막 걸림돌은 정치적 의사결정 과정을 지배하는 부자들과 그들의 돈과 그들의 조직이 가진 권력이며, 이 권력은 민주주의를 절대적으로 부패하게 만들 수 있다. 우리는 '1인 1표'의 이상에 경의를 표한다. 우리는 남아프리카공화국과 같은 나라들이 이 이상을 실현함으로써 민주주의를 이룰 수 있도록 영감을 주었다. 그러나 미국은 더 이상 1인 1표제가 아니다. 솔직히 말해 보자. 미국에서 평범한 사람이 가장 부유한 시민이나 대기업과 투표를 통해 동일한 영향력을 행사하여 자신의 경제적 이익을 대변한다고 정말로 믿는 사람이 있을까? 부유한 기부자나 대기업의 한 표가 수천-

혹은 수만, 아니 수십만-표에 맞먹는 정치적 영향력을 발휘하지 않는가? 상하원의 의원들은 누구의 말에 주로 귀를 기울이는가? 누가 그들과 가장 쉽게 약속을 잡을 수 있는가? 우리의 선출직 공무원들은 누구와 시간을 가장 많이 보내는가? 선거전에 필요한 자금을 모으기 위한 모금함에 돈을 거의 혹은 전혀 낼 수 없는 사람들인가, 아니면 그 모금함을 가득 채워 주는 사람들인가?

특정 후보에 대해 찬성하거나 반대하는 거액의 선거 광고를 할 수 있도록 허용한 '슈퍼팩'(Super-PAC: 모금액의 한도 제한 없이 개인, 기업, 노동조합 등으로부터 기부금을 받을 수 있는 정치활동위원회-옮긴이) 현상은 이런 왜곡된 현실을 훨씬 더 극적으로 만들고 말았다. 2012년 대통령 예비선거 기간 중에는 극소수의 기부자들, 심지어는 엄청나게 부유한 기부자 한 사람이 특정 예비 후보가 당선될 수 있는지, 혹은 얼마나 오랫동안 경선을 뛸 수 있을지를 좌지우지하는 경우가 많았다.

다시 한 번 말하거니와, 이것은 정치적인 문제일 뿐만 아니라 신학적인 악이기도 하다. 돈에 의해 야기된 정치적 과정의 불평등한 지배로 인해 하나님의 형상대로 창조된 인간으로서의 모든 시민의 가치와 평등이라는 관념이 파괴되었고, 많은 사람의 가치가 아니라 백만장자와 억만장자들의 가치만 존중 받게 되었다. 부유한 사람들의 가치가 이 나라 시민 전체의 가치보다 우선시되고 있다. 이처럼 돈이 정치를 지배하는 정치적으로 불쾌하며 신학적으로 잘못된 구조를 근본적으로 개혁하지 않는 한 우리는 미국에서 참된 민주주의를 향한 진보를 결코 이룰 수 없을 것이다.

이렇게 돈의 힘이 훨씬 더 강력해진 상황에서는 미국의 정치 체제를 참된 민주주의라고 말하기도 어렵다. '금권정치'나 '부자들의 과두정'과 같은 용어들이―비록 받아들이기는 고통스럽지만―더 진실에 가깝고 현실을 정확히 설명해 준다. 그리고 워싱턴 정가의 양당 모두가 거액 기부자들에 의존하고 있기 때문에 이런 구조를 바꾸기 위해서는 장기적인 시민 운동이 필요하다. 또한 민주주의의 약속을 다시 한 번 진전시키고자 한다면 큰 두려움과 혼란을 야기했던 대법원의 판결을 뒤집어야만 한다. 그러나 돈의 지배력은 오늘날 정치에서 가장 거대하고 가장 영향력이 큰 요인이며, 이로 인해 수많은 정치적 악마가 출현했다.

1910년, 캔자스 주 오사와토미에서 행한 유명한 연설에서 시어도어 루즈벨트는 민주주의의 문제를 대단히 명확히 짚어 냈다.

> 인류의 수많은 발전 단계에서 **자신이 일한 것보다 더 많이 소유한 사람들과 자신이 소유한 것보다 더 많이 일하는 사람들** 사이의 투쟁은 진보의 핵심 요건이었다. 오늘날 그 투쟁은 자유로운 정부의 수단을 왜곡시켜 민의를 무력화하는 장치로 만들고자 하는 특정한 이익 집단에 맞서 자치의 권리를 획득하고 지켜 내고자 하는 자유민[과 여성]들의 투쟁으로 나타난다.[13]

이 투쟁은 지금도 계속되고 있다.

민주주의를 구속하기 위해서는 이러한 돈에 의한 지배를 **귀신을 내쫓듯이** 미국 정치로부터 **추방**해야 한다. 그리고 그렇게 하기 위해서는 도덕적이고 정치적인 운동이 필요하다. 이것은 다음 세대의 가장 중요한 영적·정치적 책무가 될 것이다. 이제 마침내 미국에서 돈과 정치를 바꾸기 시작할 때가 되었다.

소비자에서 시민으로

이제는 시민을 소비자로 대한다. 이런 태도는 전문적인 컨설턴트, 여론조사 전문가, 비싼 정치 공격 광고를 만드는 광고 대행사의 사고방식에도 반영되어 있다. 그들은 풍자와 노골적인 거짓말을 서슴지 않으며, 다른 후보를 선출하면 파멸이 올 것이라고 예언한다. 선거 때가 되면 후보자들은 상품으로 팔리고, 유권자들은 소비자 취급을 받는다. 대중들은 선거 전 몇 주 동안 쏟아지는 부정적인 광고와 전화 공세에 신물이 난다고 말한다. 그러나 이 전략은 모두 효과가 있는 듯하다. 상대를 공격하는 시끄럽고 거짓된 소음으로 전파를 채우는 대신에 선거에 출마한 사람들로 하여금 중요한 투표를 앞두고 진지하고 명료하게 사고할 기회를 줄 수 있게 한다면 얼마나 좋겠는가? 다른 민주주의 국가들처럼 이 나라에서도 아무런 비용 없이 모든 후보에게 자신의 관점과 입장을 긍정적으로 제시할 수 있는 시간을 제공하도록 언론에 요구하고, 그런 다음에 유권자로 하여금 결정할 수 있게 하면 어떻겠는가?

최선의 경우 정치 광고는 유권자들에게 정책과 선거의 쟁점을 알리고 명확히 하는 기능을 할 수 있다. 최악의 경우 정치 광고는 유권자들을 혼란스럽게 하고 왜곡하고 조작하는 기능만 한다. 정치 광고는 이제 하나의 산업, 그것도 성장하고 있는 산업이 되었다. 정치 광고는 정치를 또 하나의 광고 캠페인으로, 정치인들을 판매할 수 있는 상품으로, 시민을 그저 소비자로 변질시킨다. 상대 후보를 비방하는 데만 유용한 부정적인 광고나 자동녹음전화는 엄청난 액수의 돈이 든다. 하지만 이것은 특히 경제가 어려운 이 시점에 끔찍한 쓰레기일 뿐이다. 선거 운동, 특히 가장 부정적인 광고에 거액을 지출하는 것만으로도 이미 우려스럽지만, 이 돈을 다른 곳에 사용할 수도 있음을 생각하면 이런 상황은 우려스러운 정도가 아니라 대단히 불쾌하다.

왜 망가진 제도는 스스로를 고칠 수 없는가

대선 후보로부터 의원들에 이르기까지 워싱턴이 망가져 있으며 자신들이 이를 고치기 위해 출마했다는 정치인들의 말을 나는 계속해서 들어 왔다. 그러나 공직에 선출되고 얼마 안 있어 그들과 그들의 보좌진은 나에게 자신들이 상상했던 것보다 체제가 더 많이 망가져 있으며, 특정한 이익단체의 영향력이 훨씬 더 강력하고, 모든 문제에 있어 돈의 영향력이 거의 절대적이라고 말한다. 그래서 그들은 이 망가진 체제 안에서 일하면서 그저 몇 가지를 이루기 위해 노력하기로 결정한다. 이것이 그들이 범하는 실수다.

그들은 나에게 만약 가장자리를 수선하는 정도라면 변화가 더 쉬울 것이라고 말한다. 하지만 정작 파고들어서, 오랫동안 발전을 가로막고 있는 구조적인 문제를 해결하려고 할 때 변화는 쉽지 않다. 그들은 체제가 망가져 있는 한 어떤 변화도 대단히 어려우며, 가장자리를 수선하는 것조차도 쉽지 않음을 깨닫는다. 가난한 사람들, 이 나라의 금융 제도, 세제, 이민 개혁, 이라크와 아프가니스탄의 점령전에 관해 가장자리를 수선하고자 하는 그들의 노력을 우리는 알고 있다. 하지만 이 체제는 그저 수선하는 정도가 아니라 본질적인 변화가 필요하다.

백악관과 의회는 변화를 믿는 사람들, 특히 예언자적으로 진실을 말하는 신앙 지도자들의 용기 있는 증언 ― 그저 조용한 조언이 아니라 ― 을 들어야 한다. 개혁을 염원하는 우리의 촛불은 워싱턴이나 정치가 아니라 민주주의의 이상에 관한 우리의 신학적 확신에서 오는 소망으로 인해 더 밝게 타올라야 한다.

정치를 변화시키려면 운동의 힘이 필요하다. 변화는 결코 워싱턴이나 의회, 정부에서 시작되지 않는다. 거의 언제나 변화는 정치권 밖에서 시작된다. 만일 수백만 명의 사람들 사이에서 정치적 추진력이 만들어진다면, 이 나라의 수도에도 마침내 변화가 찾아올 것이다.

가장 심층적인 차원에서 우리에게 부족한 것은 진정한 민주주의적 개혁을 가능하게 하고 거기에 필요한 힘을 주는 활기차고 가시적인 사회 운동이다. 점령 운동이나 티파티 운동 모두 (비록 다른 방향에서 시작되기는 했지만) 이 방향으로 나아가는 한 걸음으로서 월가와 워싱턴의 지배력에 이의를 제기한다. 물론 문제는, 이런 운동들이 진정한 민중의 운동이며 앞으로도 그럴 것인가, 아니면 양 진영의 정치 엘리트들에 의해 통제를 받게 될 것인가이다.

노동자와 노인, 취약 계층을 보호한 프랭클린 루즈벨트(뉴딜 정책으로 대공황 극복에 기여했다고 평가 받는 미국의 32대 대통령 ― 옮긴이) 시대의 업적과 인종적 정의와 효과적인 빈곤 완화를 위해 노력한 케네디 및 존슨 재임기의 성과는 많은 부분 강력한 노동 운동과 흑인민권 운동 덕분에 가능했다. 이런 독립적인 사회 운동의 행동주의가 주요한 개혁을 위한 공간을 마련했으며 이들 대통령들의 임기를 기억에 남을 만한 시간으로 만들었다.

오늘날 정치 체제를 변화시키는 문제의 핵심은 '거리의 열기'의 부족인 경우가 많다. 사회를 변화시키기 위해서는 백악관에 진정한 '진보주의자'를 앉히는 것 이상의 무언가가 필요하다. 근본적인 개혁을 이루려면 백악관과 의회 바깥에서 운동이 일어나야 한다. 우리는 진정한 변화를 일으키는 데 필요한 내부와 외부의 '춤'을 위한 안무를 다시 배워야 한다.

역사를 보면 대통령에게는 예언자와 운동이 필요함을 알 수 있다. 그러나 예언자에게 현실 세계에서, 지금 여기서 무엇이 가능한지를 상기시켜 줄 정치가가 필요한 것도 사실이다. 나는 선거 직후 신속하고 전면적인 정치적 변화가 찾아오리라고 믿었던 사람들이 깊은 실망감을 표시하는 것을 보면서 우려하는 때가 많다.

정치적 좌파나 우파의 이데올로기적 실망감에 관해 이야기하는 게 아니다. 냉소주의를 극복하고 또 다른 미국이 가능하다고 믿는 인종적 소수자들, 누군가는 변화를 요구하는 자신의 목소리에 귀를 기울일 것이라고 믿고 투표하기 위해 노력하는 저소득층 유권자들, 무엇보다도 청년층의 정치적 수동성에 관한 관습적인 지혜에 도전하면서 정말로 미래에 희망을 건 시민처럼 행동하는 모든 성향의 젊은 투표자들을 두고 하는 말이다.

이들이 깨달아야 하는 것은 우리에게 정말로 필요한 것은 그저 또 한 번의 정권 교체가 아니라 정치 **운동**이라는 것이다. 이런 종류의 운동에 대한 희망은 현실적일 수 있지만, 그저 실망만 하고 있을 때 그 희망은 금세 사라져 버리고 말 것이다. 변화를 꿈꿨던 사람들은 전보다 훨씬 더 깊은 냉소주의로 퇴각할 수도 있다. 특히 정치적 위기의 시대에 진정한 개혁가들은 보기 드문 도전을 받는다. 그러나 바로 이런 현실적인 위기의 시대에 더 대담한 지도력이 절실히 필요하고, 더 나아가 그런 지도력이 나타날 가능성이 그 어느 때보다 높다.

역사적으로 볼 때, 변화에 헌신한 정치 지도자들이 정말로 의미 있는 무언가를 이루기 위해서는 배후에 **운동의 바람**이 있어야 했다. 그러나 그들에게는 앞에서 길을 치우고 필요할 때는 그들을 이끌어 줄 운동도 필요하다.

정치 지도자들도 관점을 바꿔야 한다. 외부의 독립적인 운동을 최악의 경우 위협이나 달래야 할 유권자층으로 볼 것이 아니라 꼭 필요하며 지지할(더 나아가 요청할) 가치가 있는 운동으로 바라보아야 한다.

내부와 외부

링컨에게 프레드릭 더글러스(Frederick Douglass)가, 케네디와 존슨에게 킹이, 루즈벨트에게 강력한 노동 운동이 필요했던 것처럼, 오늘날 진지하게 개혁을 고민하는 정치 지도자들에게는 사회 운동이 필요하다. 워싱턴에 진정한 변화를 일으키기 위해서는 사회 운동이 반드시 필요하다. 선거에서 이긴 모든 승자들이 임기를 시작하자마자 깨닫듯이, 어느 누구도 혼자서는 이 일을 할 수 없다.

프랑스의 기독교 실존주의자인 에마뉘엘 무니에(Emmanual Mounier)가 쓴 「인격주의」(Personalism)는 내부와 외부 사이의 중요한 관계를 잘 요약하고 있다. 이 책에서 무니에는 예언자와 정치인의 상호보완적인 소명을 정확히 설명한다. 앞서 인용했듯이, 그는 '정치가적 기질'과 '예언자적 기질'을 대조하면서 이 둘 모두가 필수불가결하다는 점을 지적한다. 이 둘은 사회 변화와 정치 개혁을 위해 반드시 필요한 상호 관계에 있으며 보완적인 기능을 한다.

다양한 지지층을 가진 지도자들은 언제든지 사회 운동을 통해 지지자들을 결집시킬 준비를 해야 한다. 설령 보다 신중한 방향으로 결정하게 되더라도 정치 지도자들은 언제나 사회 운동을 기꺼이 수용할 수 있어야 한다. 지금은 더 독립적이며 비판적인 사회 운동이 필요한 시대다. 우리 가운데 신앙 공동체에 속한 많은 이들은 우리에게 중요한 문제들과 관련해 예언자적인 방향을 제시해 왔다. 그리고 우리는 계속해서 우리의 예배당과 교구, 지역사회에 속한 사람들에게 직접 다가가 평범한 사람들이 정치적 냉소주의에 저항하고 다시 한 번 참된 의미의 시민이 될 수 있도록 격려할 것이다.

오늘날 사회 운동이 다시 성장하고 있으며, 민주주의를 현실적이고 구체적인 것으로 만들라는 강력한 요구를 거리와 인터넷 상에 전파하고 있다. 지역적 차원에서는 자기 동네와 지역사회에서 직접 대면하는 인간관계에 기초한 공동체 조직화를 새롭게 강조하는 흐름이 있다. 그리고 이러한 현대적인 공동체 조직화를 위한 토대로 가장 자주 선택되는 단체는 종교 단체의 회중이다. 현재 미국 전역에서 수만 명의 회중이 이 일에 동참하고 있다.

국가적 차원, 더 나아가 국제적 차원에서 인터넷을 통한 직접 행동이 확산되고 있다. 이를 통해 방대한 자원을 모으고 수많은 사람들이 함께 한 나라나 대의, 인권 혹은 민주적 발전을 위한 캠페인에 신속하게 동참하고 있다. 이전보다 훨씬 더 많은 사람들에게 다가가 그들을 동원하는 새로운 도구로서 소셜 미디어가 지닌 힘을 세계 곳곳에서 확인할 수 있다. 몇몇 결과는 숨이 막힐 정도다. 350(350.org)이나 아바즈(Avaaz) 같은 단체의 웹사이트를 방문해 보면 이러한 온라인 운동이 얼마나 중요하고 영향력이 큰지를 금세 알 수 있을 것이다. 소조넷(sojo.net)은 신앙 공동체 내의 동원 네트워크로 성장하고 있다.

민주주의의 발전을 위한 이러한 운동의 핵심에 공동선의 전망이 자리 잡고 있다. 공적 이익이 특수한 이익을 초월하고 있다. 이것은 다시 이 장의 첫머리에서 다룬 논점, 즉 하나님의 형상대로 창조된 우리 인간의 목적을 이해해야 한다는 창조 이야기와 연결된다. 우리는 하나님의 자녀이지, 누군가의 정치 권력을 위해 착취당하는 인구 통계의 일부가 아니다. 우리 인간의 정체성은 하나님의 자녀이며 그분과 더불어 더 나은 세상을 만들어 가는 존재라고 이해할 때, 이것은 민주주의에 관해서도 심오한 함의를 지닌다.

10
경제적 신뢰

사실 경제적, 사회적 질서는 무엇이 선하고 바람직한지에 관한 실제 인간의 결정과 분리된 자기 충족적 실체가 아니다. 어떤 정치적, 경제적 결정은 온전한 인간성의 가능성을 위협하는 결과를 낳는다.
―로언 윌리엄스[1]

인도의 경제학자 아마티아 센(Amartya Sen)은 "시장에 **총체적으로 반대하는** 것은 사람들 사이의 대화에 총체적으로 반대하는 것만큼이나 이상한 일일 것이다"라고 말한다.[2] 시장은 경제에 관한 지속적인 대화와 상호작용, 거래를 만들어 낸다. 단순히 제도로 보았을 때 시장은 도덕과는 무관하다. 그러나 지난 몇 년간의 사건과 세계가 경험한 대불황의 결과를 놓고 볼 때, 지금은 시장과 도덕이 **어떻게** 작동해야 하는가―개개의 인간은 날마다 이와 관련한 도덕적 결정을 내린다―에 관한 **새로운 도덕적 대화**가 필요한 시점이다. 혹은 2008년 전 세계적 금융위기 직후 스위스 다보스에서 열린 2009년 세계경제포럼의 전체회의에서 내가 던졌던 질문처럼, "보이지 않는 손이 공동선을 포기할 때 무슨 일이 일어나는가?"를 물어야 한다.

시장의 '보이지 않는 손'을 언급한 유명한 「국부론」(The Wealth of Nations, 비봉출판사)을 쓴 애덤 스미스(Adam Smith)는 그보다 먼저 쓴 책 「도덕 감정론」(The Theory of Moral Sentiments, 비봉출판사)에서 경제학이 윤리학을 잊어버렸을 때 무슨 일이 일어나는지를 논했다. 스미스는 도덕적인 틀이 없다면 자본주의가 제대로 작동할 수 없다고 말했다. 또 다른 자본주의의 옹호자인 오스트리아의 경제학자 요제프 슘페터(Joseph Schumpeter) 역시 윤리학이 없다면 시장은 결국 다른 모든 것을, 그리고 마침내는 자기 자신마저 집어삼키고 말 것이라고 말했다. 현재의 경제 위기가 시작된 원인은 바로 월가에서 이런 일이 일어났기 때문이다. 시장 자체는 도덕과 무관할지 모르나, 시장은 좋든지 나쁘든지 도덕적 구조 안에서 작동한다.

도덕적 경제

> 부하려 하는 자들은 시험과 올무와 여러 가지 어리석고 해로운 욕심에 떨어지나니, 곧 사람으로 파멸과 멸망에 빠지게 하는 것이라. 돈을 사랑함이 일만 악의 뿌리가 되나니, 이것을 탐내는 자들은 미혹을 받아 믿음에서 떠나 많은 근심으로써 자기를 찔렀도다(딤전 6:9-10).

지금 세계경제포럼에서는 "도덕적 경제"를 촉구하고 있으며,[3] 가치와 기업의 역할에 관한 새로운 연구를 시작하고 '전 지구적 행동을 위한 협의회'를 만들었다. 우리는 도덕적인 관점에서 경제에 관해 이야기하는 방법을 잊어버렸으며, 많은 사람들이 경제에 관한 윤리적 언어, 가치에 기초한 언어를 회복해야 할 필요성을 절감한다. 여러 해 동안 시장의 행태에 관해 거의 아무런 말도 하지 않던 신앙 공동체들이 금융 위기에 관한 도덕적 대화에 다시 참여하고 있다. 이들은 최근 일부 거대 은행과 기업이 몰락한 원인이 도덕적 원리, 더 나아가 종교적 원리를 어겼기 때문이라고 주장한다.

이러한 도덕적 대화로 나아가는 길이 더 분명해지고 있다. 우리는 최근의 금융 위기로 인한 극심한 경제적 고통으로부터 무엇을 배웠는지, 배워야 하는지에 초점을 맞춤으로써 이 길을 모색하고자 한다. 여기서 핵심은 지금 우리가 있는 곳에서 새롭고 더 나은 곳으로 나아가 수 있도록 도움을 줄 수 있는, 무시되고 있지만 중요한 가치를 기억하고 재확립하는 것이다. 어떻게 거기에 이를 수 있는지 아직은 전적으로 명확하지는 않지만, 어디로 가야 할지는 더 명확해지고 있다.

새로운 도덕적 경제로 나아가는 길이 있다. 이 길은 극심한 불평등으로부터 온당한 평등으로, 주주(shareholder)라는 협소한 정의에서 이해 당사자(stakeholder)라는 더 폭넓은 관점으로, 단기적 사고와 행동에서 장기적 사고와 행동으로, 끝없는 성장의 윤리에서 지속 가능성의 윤리로, 잘 하는 것에서 선을 행하는 것으로, 시민과 기업, 정부 사이의 깨어진 사회계약에서 새로운 사회적 언약으로 나아가는 길이다. 그리고 이 길은 우리가 이제 걸어야 할 새로운 길이다. 공동선을 약화하는 대신 강화할 수 있는, 더 도덕적인 경제를 향해 나아가는 것이 무엇을 뜻하는지 살펴보자.

회개하라, 종말이 가까우니라!

우리 모두는 대중문화에서 흔히 묘사하는 "회개하라, 종말이 가까우니라!"라는 표지판을 들고 있는 거리의 전도자 이미지에 익숙하다. 그러나 사실 회개는 근본적으로 종교적인 주제, 자주 오해되는 주제다. 최근의 불황에 관해 일군의 목사와 사제, 랍비, 이맘(이슬람 교단의 지도자—옮긴이)들이 금융 산업의 거물들이 볼 수 있도록 월가에서 "회개하라, 그러지 않으면 종말이 찾아올 것이다"라는 표지판을 든 모습을 상상해 볼 수 있다.

3장에서 논했듯이 회개의 성경적 의미는 방향을 바꾸어 새로운 길을 걷는 것이다. 종교적 관점에서 그것은 당신이 도덕적 실수를 저질렀음을 깨닫고 행동을 바꾸기로 결심하는 것을 뜻한다. 무언가에 관해 죄책감을 느끼고 미안해하는 것으로는 충분하지 않다. 참된 회개를 위해서는 다른 방향으로 움직이겠다는 결심과 행동의 변화가 필요하다. 단순히 잘못했음을 인정하는 것으로는 충분하지 않다. 당신은 변해야 한다.

지난 몇 년 동안 나는 금융 지도자들과 윤리, 도덕, 심지어 신앙에 관해 진지한 대화를 나눴다. 어떤 사람들은 니고데모—예수님과 개인적으로 이야기를 나누기 위해 찾아온 종교 지도자—처럼 밤에 찾아왔다. 많은 사람들이 월가에서 일어난 일과 그로 인해 그토록 많은 사람들이 상처를 입었다는 사실에 양심의 가책을 느꼈다. 그들은 '탐욕스럽고', '위험하고', '무모하다'는 말로 자신들의 직업적인 행동을 묘사했다.

중요한 금융투자회사의 선임 투자자와 대화를 나누면서 나는 그의 회사가 이 위기의 원인이 된 영업 방식이나 상품을 가지고 있는지 물었다. 그는 그렇다고 답했다. 그런 다음 나는 회사의 최고위층에 이 문제를 제기하기 위해 그가 무엇을 했는지 물었다. 그러자 그는 "우리는 그럴 수 없다"고 답했다. 많은 기업과 은행의 지도자들이 미안함을 느낀다. 그러나 회개란 문제를 초래한 행동의 변화가 반드시 동반되는 후회를 뜻한다. 그리고 월가는 아직도 회개를 하지 않았다.

프린스턴 대학교(Princeton University)의 경제학 교수이며 연방준비이사회의 부의장을 역임한 앨런 블라인더(Alan Blinder)는 "월스트리트 저널"(The Wall Street Journal)에 기고한 칼럼에서 이렇게 말했다.

이제는 꽤나 유명해진, "탐욕은 선이다"라는 [고든] 게코(영화 "월스트리트"의 주인공 – 옮긴이)의 대사를 처음 들었을 때, 경제학자들은 이 말이 애덤 스미스의 "보이지 않는 손" – 이것은 역사상 가장 위대한 사상 중 하나다 – 을 거칠게 표현한 것이라고 생각했다. 그러나 스미스는 탐욕이 적절하게 제어되고 통제될 때에만 사회적으로 유익하다고 생각했다. 이를 위해 필수적인 요건은 (위험 부담 등에 대한) 적합한 보상, 효과적인 경쟁, (기만적인 판매자가 의심하지 않는 구매자에게 쓰레기를 처분하는 경우처럼) 경제학자들이 '비대칭적 정보'라고 부르는 상황에서 착취를 막아 줄 보호 장치, 규칙을 시행하고 참여자들이 정직하게 행동할 수 있도록 만드는 규제자, 그리고 - 필요한 경우 - 다른 사람들에 대한 약탈과 위법 행위로부터 납세자를 보호할 수단 등이다. 이런 요건이 유지되지 못할 때 탐욕은 선이 아니다.

명백히 금융 위기 때는 이 모든 것이 실패했다. 보상과 위험에 대한 다른 유형의 성과급이 심하게 왜곡되었다. 기업의 이사회는 의무를 소홀히 했다. 불투명성으로 인해 효과적인 경쟁이 위축되었다. 금융 규제가 수치스러울 정도로 느슨했다. 금융계에 포식자들이 돌아다니며 합법적으로 또한 불법적으로 약탈을 일삼았다. 그리고 피해를 최소화하기 위해 재무부와 연준이 서둘러 개입했을 때, 납세자들은 다른 사람들의 실수와 탐욕으로 인해 엄청난 대가를 지불하도록 강요받았다. 대중이 왜 이렇게 분노하는지 알고 싶은가? 한마디로 말해 바로 이것 때문이다.[4]

우리를 금융적 폐허의 실로 이끌었거나 여기에 공모한 - 그리하여 수백만 명이 집과 일자리, 적금을 잃게 만든 - 사람들은 이제 진지하게 회개해야 한다. 그러나 많은 월가의 간부들이 내놓은 성명과 그들이 보이는 행동을 볼 때, 그리고 이 나라 주요 금융기관 내부에서 벌어지고 있는 일에 관한 언론 보도를 볼 때, 아직도 많은 경제인들이 회개나 공적 책임에 대해서는 전혀 무관심하다는 것을 분명히 알 수 있다.

나는 계속해서 용서와 은총이라는 관념으로 되돌아간다. 정부는 경제 붕괴를 막기 위해 거대 은행에 은혜를 베풀었다. 하지만 지금 은행은 주택 할부금 때문에 어려움을 겪는 주택 소유자들을 비롯해 다른 누구에게도 용서와 은혜를 베풀려고 하지 않는 듯하다. 대신 은행은 자기네 임원에게 상여금을 지급하기로 결정했다. 시티그룹의 창립자인 존 리드(John S. Reed)는 "뉴욕 타임스"(The New York Times)와의 인터뷰에서 "내가 지켜본 바로는 이 사람들이 위기로부터 무언가를 깨달았다는 느낌을 전혀 받을 수가 없다. 그들은 전혀 이해하지 못하고 있다. 그들은 딴 세상에서 살고 있다"고 말했다.[5]

설교를 준비할 때 가장 중요한 부분 중 하나는 현재의 이슈와 관계가 있는 본문을 택하는 것이다. 이 위기와 관련해 분명하고 명백한 성경 본문은 앞서 인용한 디모데전서 6:9-10이다. "돈을 사랑함이 일만 악의 뿌리가 되나니." 혹은 예수님이 간결하게 말씀하셨듯이 "한 사람이 두 주인을 섬기지 못할 것이니"(마 6:24).

월가를 비판하는 사람들은 이것을 자신의 이익을 공적 이익보다 우위에 두는 태도라고 부른다. 그러나 성경은 이것을 죄라고 부른다. 우리는 이것을 개인적 이익과 수익을 공동선보다, 고객과 소비자의 유익보다, 심지어는 의뢰인과 투자자의 유익보다 우위에 두는 죄라고 부를 수 있을 것이다. 나의 친구 로버트 레인(Robert Lane)은 존 디어(John Deer)사의 회장이며 신앙인이기도 하다. 그는 시장은 도구이며, 다른 도구와 마찬가지로 이 도구 역시 이롭게 사용될 수도 있고 해롭게 사용될 수 있다고 말한다. 그는 나에게 "시장은 수단이어야 하며 목적이 되어서는 안 된다"고 말하기도 했다. 그러나 시장 자체가 목적이 될 때, 종교적인 용어를 사용하자면 '시장 근본주의'라고 부를 만한 위험에 빠질 수도 있다. 그리고 그런 일이 벌어질 때-바로 지금처럼-파괴적인 행동을 바꾸기 위해서는 외부로부터의 압력이 필요하다.

미국인들은 언제나 기업과 정부에 대해 애증을 느껴왔다. "뭐든지 괜찮다"는 정서가 지배적인 시기와 더 주의 깊은 공적 감시와 정부의 규제를 강조하는 시기 사이에서 분위기는 진자처럼 오갔다. 1920년대의 과잉은 대공황으로 이어졌으며, 그 후에는 증권거래위원회와 연방예금보험공사가 신설되었고, 과도한 위험과 남용으로부터 시민을 보호하기 위한 은행과 투자회사에 대한 새로운 규제를 비롯한 프랭클린 루즈벨트의 뉴딜 개혁이 뒤따랐다.

그러나 지난 40년 동안 이런 규제들 중 다수가 (월가의 정치 후원금에 의존하는 공화당과 민주당 모두에 의해) 완화되었으며, 어떤 규제도 적용되지 않는 새로운 금융 현실, 상품, 관행이 나타났다. 대불황으로 인해 새로운 금융 규제에 관한 논쟁이 한창 진행 중에 있다.

성경은 특정한 경제 체제를 명령하지 않으며 경제적 통치에 관한 이상적 수단을 제시하지도 않는다. 종교 지도자들도 세부적인 내용이나 당파적인 논쟁에 관여하고 싶어 하지 않는 경우가 많지만, 이런 경제 토론에 지침이 되어야 할-도덕적, 더 나아가 종교적 관점의-원칙은 분명히 존재한다.

금융 위기에 관한 2009년 영국 성공회 총회의 보고서는 이 문제를 이렇게 요약했다. "우리 경제 체제의 지배적인 전제가 본질적으로 비기독교적일지도 모른다. 즉 인간을 이윤과 쾌락을 극대화하려는 목적만을 가지고 서로 관계를 맺는 낯선 사람이라고 전제하고 있는지도 모른다. 경제학은 단순히 전문가를 위한 과학이 아니다. 경제학은 도덕적이며 신학적인 물음인 인간의 본성에 관한 전제를 담고 있다."[7] 이 장 첫머리에 인용한 것처럼, 전 캔터베리 대주교 로언 윌리엄스(Rowan Williams)는 더 나아가 "특정한 정치적·경제적 결정은 온전한 인간성의 가능성을 위협하는 결과를 낳는다"고 말했다.[7]

2011년 10월 바티칸에서 발표한 새롭고 매우 직설적인 교황 문서는 이번 금융 위기 이후 어떤 개혁이 필요한지에 관해 가톨릭교회의 입장을 밝히고 있다. 이 문서는 극심한 불평등에 대해, 그리고 자신의 이익을 추구하기만 해도 공동선을 이룰 수 있다는 전제에 대해 진정한 경고를 담고 있다. 이 문서는 특히 새로운 공적 규제와 책임에 관한 신학적 원리를 제공한다.

> 세계의 사람들은 소유보다 존재가, 경제보다 윤리가 더 중요함을 깨닫고, 연대의 윤리를 자신의 행동을 추동하는 핵심 가치로 삼아야 한다. 이것은 모든 종류의 보잘것없는 이기심을 포기하고, 임의적이며 특수한 이익을 초월하는 전 지구적 공동선의 논리를 받아들이는 것을 뜻한다.
>
> 경제와 금융 분야에서 가장 중요한 문제는 경제와 국제 금융에 대한 통치 체제를 보장할 수 있는 효과적인 구조가 없다는 점이다.
>
> 이 과정[국제 금융기관에 대한 개혁]에서 영적이며 윤리적인 요소의 우선성이 회복되어야 하며, 이와 더불어 경제와 금융에 대한 정치 - 공동선을 책임지는 정치 - 의 우선성도 회복되어야 한다.[8]

우리에게 지침이 되어야 할 원리는 무엇인가

첫째, 투명성과 책임 있는 태도를 보이라. 인간의 조건과 수많은 돈의 유혹을 감안할 때, 금융 시장의 투명성과 책임 있는 태도가 절실하다. '파생 상품'과 같은 고위험의 의심스러운 악명 높은 금융 상품에 대해서는 적절한 규제가 가해져야 한다. 우리에게는 책임을 물어야 할 회사로부터 와서 다시 그 회사로 돌아가는 사람들이 아니라 규제하는 산업으로부터 진정으로 독립적인 규제자들이 필요하다. 공동선을 보호하기 위해 우리는 금융 산업의 모든 요소에 대해 보다 더 철저한 감독을 실시해야 한다. 이전의 규제들-지금은 폐기된-은 일상적인 금융과 투기 금융을 분명히 분리시켰다. 이런 분리를 재도입하는 것이 절실하게 필요하다.

둘째, 소비자를 보호하라. 어떤 목회자든 교인들이 현재의 금융 관행 때문에 부당한 대우를 받고 기만을 당하고 손해를 입고 있는지를 말해 줄 수 있을 것이다. 플로리다 주 올랜도에 있는 대형교회 목회자인 소엘 헌터는 교인들이 주요 신용카드사에 진 빚 때문에 "노예 상태에 있다"고 말한다.[9] 그의 교회에서 실시한 조사에 따르면 (주택과 자동차 할부금을 제외한) 교인들의 평균 채무는 3만1천 달러였다! 많은 성직자들이, 초단기 고리대출 회사에 의한 것이든 신용카드사에 의한 것이든, 약탈적인 금융 대출 관행으로부터 소비자들을 보호하는 방안에 강력히 찬성한다. 기만적이고 거짓되며 부당한 관행으로부터 사람들을 보호하기 위해 금융 부문의 회사와 신용카드사를 운영하는 이들을 감독할, 사법권과 집행권을 갖춘 강력하고 독립적인 소비자 금융 보호 기관이 필요하다. 길고 혼란스러운 신용카드 계약은 사람들을 속여 채무자로 만들기 위해 고안된 부당한 절차와 관행으로 가득하다. 이는 성경에서 자주 불의의 범주에 넣는 행위다. 이제는 명확성과 투명성을 도입하고, 신용카드 산업 대부분을 통제하는 소수의 거대 은행 – 공적 개방성과 책임에 가장 반대하는 이들 – 의 착취적인 행태를 바로잡음으로써 공정한 거래를 위한 토대를 세워야 할 때다.

셋째, '너무 커서 망할 수 없어서' 공적 자금으로 구제 받은 은행들을 변화시키라. 이것은 금융 기관의 규모나 그들이 부담할 수 있는 위험을 제한하는 것을 뜻한다. 제도적 관행이나 정책 – 임원에 대한 보상이나 은행 간부에 대한 악명 높은 상여금 결정을 비롯한 – 과 관련해 주주와 투자자들, 그리고 어쩌면 다른 이해 당사자들에게도 더 강력한 발언권을 부여하라. 만약 너무 커서 망할 수 없을 정도라면, 은행들도 에너지 산업의 공기업처럼 너무 커서 공적인 책임을 묻지 않을 수 없을 정도일 것이다. 지금 이들 은행들은 너무 커서 공동선에 관심을 기울일 수 없다.

넷째, 몇몇 사람들에게는 거대한 부를 안겨 주지만 경제 체제를 대단히 불안하게 만드는 금융 거래의 휘발성을 통제하라. 투자 은행과 헤지펀드 거래자들 사이의 불가사의하고 은밀한 거래를 통해 발생하는 이윤이 계속 커지고 있다. 1973년과 1985년 사이에 금융 부문이 국내 기업 이익에서 차지하는 비율이 가장 높았을 때 그 비율은 16퍼센트였다. 1990년대에는 21퍼센트에서 30퍼센트까지 올라가 전후 최고치에 달했다. 하지만 현재 기업 이익에서 금융 부문이 차지하는 비율은 41퍼센트로 치솟았다.[10] 이 이익은 상품으로부터 나온 것이 아니며, 자본을 가장 잘 활용하는 법을 발견해서 얻은 이익도 아니다. 그것은 새로운 초거부 금융 거래자 계급이 돈으로 돈을 벌어서 얻은 이익이다. 일부는 신앙인이기도 한 은행 직원들은, 기업 이익에서 금융 부문이 차지하는 비율이 15퍼센트에서 40퍼센트까지 늘어난다면 경제 체제에 대단히 심각한 문제가 발생한 것이라고 개인적으로 나에게 말해 주었다. 그들은 금융 산업의 존재 이유는 금융 도박꾼들을 위한 카지노 같은 경제의 주된 엔진이 되는 것이 아니라 생산적 자본주의가 원활히 작동하도록 돕는 것이라고 말한다. 몇몇 종교 기관을 비롯해 수많은 단체들이 세금 회피 수단을 금지하고, 이런 식의 금융 거래에 새로운 세금(토빈세나 '로빈 후드' 세금)을 부과하여 그로부터 얻은 수입을 전 지구적 발전에 사용하게 하자는 개혁안을 주장해 왔다.

다섯째, 교회로부터 영감을 얻어 고리대금을 금지하는 성경적·초대 교회적 가르침에 기초해 착취적인 대출 관행에 반대하는 캠페인을 시작하라. 이런 캠페인은 대출 업체가 부과할 수 있는 이자에 상한선을 설정하는 것을 목표로 한다. 신학자인 루크 브레서튼(Luke Bretherton)은 성경이 돈과 대출 문제를 매우 중요하게 다룬다고 설명한다.

> 돈의 권력과 빚으로부터 해방은 구원 이야기의 핵심을 이루는 주요 주제다. 하나님과 맘몬을 동시에 섬길 수 없다는 경고(마 6:19-24)는

지엽적인 문제가 아니다. 구원사의 핵심 드라마는 빚으로 인한 노예 상태로부터 해방되는 이야기다. 사람들의 행복보다 돈을 추구하고, 돈을 사용해 사람들, 특히 가난하고 약한 사람들을 노예로 삼고 착취하는 것은 하나님의 구원을 배반하고 하나님이 어떤 분이신지에 관한 성경의 계시를 부인하는 행위다.[11]

이 원리들 - 명확성, 투명성, 책임성, 사적 탐욕으로부터 공동선을 보호하는 것 - 은 단순히 경제 정책의 문제가 아니다. 더 초월적인 차원에서 이 원리들은 잘못을 행했으며 이제 변해야만 하는 사람들에게 참된 회개를 위한 지침을 제공한다. 어쩌면 우리는 월가에 회개에 관한 설교를 들려주어야 하며, 우리 교회에 출석하는 금융계의 거물들에게 목회적 돌봄을 제공하고, 미국의 최대 은행들 밖에서 철야기도를 해야 할지도 모른다. 만일 은행들이 회개하지 않는다면 또 다른 금융 붕괴가 곧 일어날 수도 있다.

그러나 또한 나는 세상에서 가장 잘못된 것이 무엇인지 물었을 때 작가 체스터턴(G. K. Chesterton)이 했던 대답을 기억하고 있다. 그는 "나다"라고 답했다고 한다. 이 대불황의 의미에 관해 우리 모두가 더 깊이 도덕적으로 성찰해 보아야 한다. 금융 기관과 제도에 대한 진정한 개혁이 정말로 절실하다. 그러나 우리 자신 - 우리 자신의 경제적 선택과 욕망, 요구, 생활방식 - 의 '개혁' 역시 필수적이다. 불황이 닥쳤을 때 소비에 흠뻑 취한 우리 문화는 도무지 만족할 줄 모르는 과소비에 몰두하고 있었다. "뉴욕 타임스"의 칼럼니스트 톰 프리드먼(Tom Friedman)은 대불황의 더 심층적인 의미에 관해 논하며 이렇게 물었다. "이 위기는 우리에게 지난 50년 동안 우리가 만든 성장 모형 전체가 경제적·환경적으로 지속 불가능한 것이며, 2008년은 우리가 그 벽에 맞닥뜨린 해 – 어머니 자연과 시장 모두가 '더 이상은 안 돼'라고 말한 해 – 라고 말하고 있는 것이 아닐까?"

비-경제

가장 심층적인 차원에서 우리의 전 지구적 경제는 경제가 완수해야 할 역할을 완수하지 못하고 있다. 대신 그것은 '비-경제'가 되었다. 경제학자, 기업 임원, 비영리기구 지도자, 신학자들이 참석한 국제회의에서, 나의 동료인 새로운 경제학 재단(New Economics Foundation)의 스튜어트 월리스(Stewart Wallis)는 현재 전 지구적 경제의 문제점을 이렇게 간결하게 요약했다. 그것은 **불공정하고 지속불가능하며 불안정하고 많은 사람들을 불행하게 만들고 있다.**[12] 이러한 '비-경제'의 문제는 세계경제포럼과 그 바로 며칠 전에 내가 뉴욕 시를 방문했을 때 찾아갔던 월가 점령(Occupy Wall Street) 농성장에서 우리가 나눈 토론의 핵심 주제였다.

불공평. 월가 점령 운동이 시작된 이후 극심한 **불평등**의 문제가 공적으로 주목을 받고 있다. 경제에 관한 우리의 토론에서 이 문제는 대부분의 사람들이 공개적으로 이야기하기를 꺼려하는 방 안의 코끼리 같은 주제였다. '점령 운동가'들은 우리 사회에서 무언가가 심하게 잘못되었다고 느끼는 수많은 사람들의 목소리를 대변한다. 그리고 그 메시지는 폭넓은 공감을 불러일으켰다. 지난 백 년 동안 미국 사회에서 불평등이 최고조에 이른 때가 두 번 있었다. 바로 대공황 직전이던 1920년대와 현재의 대불황 직전이던 2008년이다.

점령 운동은 평등에 관한 새로운 대화, 도덕적인 토론을 시작할 수 있는 공간을 마련했다. 이제 1퍼센트 대 99퍼센트는 하나의 기준점으로서 폭넓게 논의되고 있으며, 문화적·정치적 관점을 바꿔 놓고 있다. 무엇이 공평한 것인가, 무엇이 정의로운 것인가, 무엇이 옳은가에 관해 전면적인 논의가 일어나고 있다. 경제와 정치 모두가 이러한 물음에 답해야 한다.

물론 재능과 기회, 상황, 노동, 운의 차이가 언제나 사람들 사이에 불평등을 만들어 내기 마련이다. 기회와 창의성은 불평등을 불가피하고 심지어는 필수적으로 만든다. 그러나 그런 불평등의 **정도**는 도덕적인 물음에 속한다. 불평등의 정도가 정의와 기회의 가능성을 훨씬 더 약화시키는지 여부에 관한 물음 역시 마찬가지다. 성경은 극심한 불평등에 대해 대단히 부정적인 태도를 취하며, 오늘날 불평등의 정도는 성경에서 우려하는 수준에 이르렀다.

19세기 말에 세계의 가장 부유한 20퍼센트와 가장 가난한 20퍼센트의 비율은 약 7대 1이었다. 20세기 말에 그 비율은 75대 1이었다.[14] 1980년과 2005년 사이에 미국에서 증가한 부의 80퍼센트가 인구의 단 1퍼센트에게 돌아갔다.[15] 현재 미국에서 가장 부유한 4백 명은 가장 가난한 1억5천5백만 명의 재산을 합한 것만큼의 재산을 가지고 있다. 상위 1퍼센트가 다음 95퍼센트보다 더 많은 부를 통제한다.[16] "월스트리트 저널"의 조사에 따르면 미국인 중 3/4 이상은 이 나라의 경제 구조가 불균형 상태이며 "나머지 국민보다 극소수의 부자에게 유리하다"고 말했다.[17]

지난 30년 동안 대부분의 선진국에서 기업 회장의 급여와 그 회사 노동자의 평균 임금 비율은 천문학적으로 높아졌다. 미국에서 그 비율은 지난 30년 동안 30대 1에서 약 500대 1로 치솟았다! 대부분의 선진국에서 불평등이 급속히 심화되었으며, 많은 경우 이는 부패와 극단적인 탐욕 때문이었다.

이와 대조적으로 1949년과 1979년 사이에는 미국의 모든 수입 계층이 번영으로부터 이득을 얻었다. 그러나 가장 큰 이득은 하위 20퍼센트에게 돌아갔다.[18] 1979년 이후 상위 5퍼센트는 가계 수입이 72.7퍼센트 증가한 반면, 하위 20퍼센트의 가계 수입은 7.4퍼센트 감소했다.[19] 종교적 관점에서 이것은 전혀 다른 두 번영의 시대 사이의 엄청난 도덕적 차이를 말해 준다. 번영이 모든 사람들, 특히 사회의 밑바닥에 있는 사람들을 아우를 때, 종교와 성경은 이를 승인하는 것처럼 보인다. 그러나 번영이 주로 꼭대기에 있는 사람들 쪽으로 치우칠 때, 성경과 공동선을 주장하는 종교는 이를 준엄하게 비판한다.

리처드 윌킨슨(Richard Wilkinson)과 케이트 피킷(Kate Pickett)이 「평등이 답이다」(The Spirit Level, 이후)에서 논증했듯이, 과도한 불평등은 빈곤보다 사회의 모든 사람에게 훨씬 더 해롭다. 비슷한 관점에서 노벨상 수상자인 아마티아 센은 (부유한 사회에서조차도) 심각한 불평등을 당하는 사람들은 정치적 영향력을 쟁취하는 능력처럼 기본적인 경제적·정치적 자유의 약화에 직면한다고 주장했다.

이 모든 것의 이면에는 불신이라는 더 심층적인 문제가 자리 잡고 있다. 즉 지도자들이 공적 신뢰를 배반했으며, 체제가 공정하지 않고, 꼭대기에 있는 사람들한테는 게임의 규칙이 적용되지 않으며, 현대의 경제에서 대부분의 사람들은 정말로 혼자 힘으로 살아가야만 한다는 것이다. 이제 우리가 경험하고 있는 경제적·정치적 불평등의 정도, 그리고 이와 더불어 드러나고 있는 사회적 유동성의 결여는 대중의 주인 의식과 사회에 대한 소속감을 약화시킨다. 사람들은 정부나 경제 기관을 거의 신뢰하지 않으며, 여전히 계속해서 후한 보상을 받고 있는 다른 사람들이 저지른 실수 때문에 자신들이 벌금을 내고 있다고 믿으며, 자신은 노력을 해도 공정하게 보상을 받지 못한다고 생각한다. 사람들은 미래와 노후, 자녀의 앞날에 대해 두려워한다. 이제 점점 더 많은 사람들이 사회에 대해 희망을 걸지 않는다. 미국 내의 사회적 유동성이 서유럽보다 더 낮아진 상황에서 많은 사람들에게 기회란 이미 잃어버린 희망일 뿐이다.

가장 부유한 사람들의 위험한 투자와 탐욕, 이기심 때문에 다른 많은 사람들이 위기에 처할 때, 우리는 그들에게 구제 금융을 제공했고, 다른 모든 사람들은 실직과 주택 차압, 연금 손실, 중산층의 불안정성 가중, 수치스러운 빈곤율 급증 속에서 고통을 당하도록 방치했다. 성경을 찾아보면 하나님이 빈곤뿐만 아니라 실질적인 불공평과 수치스러운 불평등에 관해서도 관심을 기울이심을 알 수 있다. 월가를 '점령'한 젊은이들과 다른 많은 사람들이 분노하는 이유도 바로 그 때문이다.

불평등은 인간 조건의 불가피한 구성 요소다. 그러나 극단적으로 심해질 때 불평등은 도덕적인 문제, 더 나아가서 종교적인 문제가 된다. 중산층의 수입이 수십 년 동안 정체를 겪고, 빈곤율이 50년 만에 최고치에 이른 상황에서 가장 부유한 사람들이 계속해서 더 부유해지고 점점 더 많은 정치적 권력 — 앞 장에서 논했듯이 그들은 다시 이 권력을 사용해 자신의 이기적인 욕심을 채우고 있다 — 을 행사한다면 미국은 대단히 심각한 문제를 안고 있다는 말이다. 인간의 불평등과 그로 인한 불의가 이처럼 심해질 때, 성경의 예언자들이 증언하듯이 하나님도 분노하신다.

지속불가능성. 경제는 생태계이기도 하다. 만약 모든 사람들이 페라리 차를 가지고 있다면 지구는 살아남지 못할 것이다. 끝없는 성장의 윤리 혹은 비윤리가 분기별 손익 계산서를 기준으로 기업의 주주들에 의해서만 평가를 받을 때 지구는 신음한다. 세계경제포럼에서 가치에 관한 광범위한 토론을 벌일 때 '단기주의'라는 말을 반복적으로 듣게 된다. 더러운 에너지에 기초한 전 지구적 경제는 불의한 체제, 분노한 사람들, 끝없는 테러와의 전쟁, 위험한 지구 온난화를 초래했으며, 이제는 더 이상 지속불가능하다는 점이 너무도 분명해졌다. 여기에 조직적·심리적·영적으로 '원하는 것'을 '필요한 것'으로 바꿔 놓는 광고 산업을 더해 보라. 인간과 생태계에 닥칠 재앙을 위한 완벽한 조건이 갖춰진 셈이다.

이제 협소하게 정의된 주주 중심의 경제로부터 우리의 경제적 계측과 의사 결정에 노동자와 소비자, 환경, 미래 세대를 포함시키는 이해 당사자 중심의 경제로 전환해야 할 때다.

신학적으로 말해, 우리는 하나님의 피조 세계가 대대적으로 파괴되는 것을 목격하고 있다. 우리는 멕시코 만과 같은 곳에서 청지기의 역할을 하도록 부름 받았다. 나를 비롯해 많은 신앙 지도자들이 영국석유공사(BP)의 기름 유출 사고결과를 확인하기 위해 그곳을 방문했다. 우리는 그곳에서 생명을 보호하고 잉태하는 습지, 섬과 해변, 해양 세계에 살고 있는 하나님의 모든 피조물들에게 무슨 일이 일어났는지를 목격했다. 근본적인 차원에서 우리는 궁극적으로 지속불가능하며 불안정한, 화석 연료에 기초한 끝없는 경제 성장의 윤리가 어떤 결과를 초래했는지를 목격했다.

문제는 단지 BP가 거짓말을 했다는 점이 아니다. 물론 그들이 자신들의 행동을 은폐하고 책임을 회피하기 위해 거짓말을 한 — 그것도 거듭해서 — 것은 사실이다. 문제는 BP 자체가 거짓이라는 점이다. 그것이 상징하는 바가 거짓이다. 우리가 계속 이렇게 살 수 있다는 거짓말, 우리의 생활방식이 안정적이며 지속가능하다는 거짓말, 이 거대 석유회사가 안전하고 재생 가능한 미래 에너지를 위해 정말로 노력하고 있다는 거짓말이다.

'청정에너지 경제'라는 새로운 방향에 대해 많은 사람들이 동의하는 듯하다. 그리고 우리는 그렇게 하기 위해 에너지 구조를 개편해야만 한다는 것도 알고 있다. 그러나 그렇게 하기 위해서는 **우리 자신** — 우리의 수요와 요구, 만족할 줄 모르는 욕망 — 도 개조해야만 한다. 우리의 **석유 중독**은 환경 파괴, 끝없는 전쟁, 젊은 이들의 희생을 초래했으며, 우리 자신의 영혼마저 위험에 빠뜨렸다.

우리에게는 미국의 에너지 미래를 위한 새로운 시작과 새로운 방향이 필요하다. 우리는 석유와 화석 연료 대신 더 깨끗하고 재생 가능한 에너지 자원으로 눈을 돌려야 한다. 그리고 우리는 기후 변화가 초래하는 결과를 누그러뜨리고 새로운 에너지 구조를 채택하는 중대한 과제에 착수해야 한다. 그렇게 하기 위해서는 세계에서 가장 가난한 사람들 – 기후 변화에 가장 먼저, 가장 많이 영향을 받게 될 사람들 – 을 훨씬 더 많이 도와야만 하며, 세계에서 상대적으로 부유한 나라들이 이 일에 앞장서야 한다.

이런 재앙에 맞서려면 단 하나의 대응책이 아니라 다수의 대응책이 필요하다. 기업의 책임, 정부의 엄중한 규제, 공적 책임, 인간의 삶뿐만 아니라 위험에 처한 환경과 물, 해안, 종을 보호하기 위한 노력에 시민의 참여를 유도하는 일이 동시에 이루어져야 한다. 그러나 더 심층적 차원에서 우리 마음의 습관, 에너지 자원, 생활방식의 선택과 관련해 우리의 회심이 필요하다. 그리고 누군가는 이 일에 앞장서야만 한다. 끝없는 성장의 경제에 맞서고 그것을 지속가능한 경제로, 성경에서 청지기직이라고 부르는 삶으로 전환시켜야 한다고 누가 담대하게 말할 수 있을까? 공동선에 관해 이보다 더 핵심적인 이슈는 없다.

불안정성. 세계 전역에서 이루어지는 가장 중요한 대화 중 하나는 식량과 물, 땅, 에너지 자원을 놓고 벌이는 위험하고도 점점 격화되어 가는 갈등과 관련된 것이다. 현재든 미래든 갈등은 그저 이데올로기에 관한 것일 뿐만 아니라 자원 부족과 매우 불평등한 자원 분배라는 상황 속에서 생존에 관한 것이기도 할 것이다. 전 지구적인 영양실조와 우리가 나누기만 한다면 충분하다는 하나님의 경제의 근본 원리를 대조해 보라.

여기서 불안정성과 지속가능성의 문제는 대단히 중요한 요인이다. 빈곤이 가장 심한 곳에서 사람들은 훨씬 더 취약한 환경에서 살며, 정치적 의사결정에 미칠 수 있는 그들의 영향력도 훨씬 더 약하다. 수단의 다르푸르나 중동 같은 곳에서는 정치적인 갈등이 큰 비중을 차지하지만, 오늘날에는 자원 부족 문제가 갈등의 핵심에 자리 잡고 있는 경우가 많다. 수단 서부와 팔레스타인 점령지에서는 물을 차지하기 위한 싸움이 대단히 중요하며, 곧 세계의 다른 많은 곳에서도 비슷한 상황이 벌어질 것이다. 원유 매장지 역시 정치적 갈등과 뒤엉켜 있다. 수단 남부에서 '인종 청소'가 계속되고, 중국과 러시아가 자신들의 에너지 수요와 투자를 이유로 이런 갈등에서 잘못된 쪽을 편드는 것도 모두 그 때문이다. 또한 중동에서 갈등과 전쟁이 지속되는 이유가 석유라는 점도 의심의 여지가 없다. 많은 갈등 지역에서 구호 트럭이 제공하는 한정된 식량과 물을 놓고 주먹다짐을 벌이는 끔찍한 사진은, 미래에 인간 생존에 필수적인 것을 놓고 벌어질 전 지구적인 전투에 대한 은유일 뿐이다.

경제적 지속가능성에 관한 가장 희망찬 이야기는 지역적이고 협동조합 중심적이며 지속가능한 시장 활동 모형에 기초한, 다양한 새로운 경제적 접근방식에서 찾아볼 수 있다. 나의 대녀(代女)인 콜라 매스터즈는 내 고향 디트로이트 시에서 급속히 퍼지고 있는 도심 정원 운동에 참여하고 있다. 그녀는 나에게 도시 안의 비어 있는 땅의 절반만 경작할 수 있다면 자동차 도시(디트로이트 시의 별칭 - 옮긴이)에 필요한 야채와 과일의 3/4을 공급할 수 있을 것이라고 말한다! 이런 지역 경제는 식품 산업에 심대한 영향을 미치고, 세계 전역에 식량을 운송하기 위해 사용하는 에너지를 극적으로 줄일 수 있을 것이다. 활력 넘치는 지역 경제는 더 안정적인 - 지역적·전 지구적 차원 모두에서 - 경제적 미래로 나아가는 가장 생산적인 길일 것이다.

불행. 부유하다고 다 행복해지는 것은 아니다. 물론, 행복은 우리 모두에게 필요한 경제적 안정과 어느 정도 관계가 있다. 그러나 "탐욕이 선이다"라는 경구보다는 "그만하면 충분하다"는 말이 행복한 삶을 위한 더 나은 지침이다. 광적인 소비 경제의 논리는, 가진 것에 절대로 만족해서는 **안 되며** 언제나 **더 많은** 것을 요구해야 한다는 것이다. 이 끝없는 추구와 욕망은 사람들을 행복하게 만들지 **않으며** 스트레스가 지속되는 생활방식으로 우리를 몰아넣는다.

하그레이브 커스텀 요트사의 광고는 무엇이 사람들을 행복하게 해줄 수 있는가에 관한 소비문화의 신념을 잘 포착하고 있다. 광고는 이렇게 말한다. "우리는 한때 요트를 사치품으로 팔았다. 하지만 오늘날 요트는 정말로 필수품이 되었다." 계속해서 이렇게 말한다. "이제 성공한 사람들이 주 고객층이 되었다."[20] 그러나 디트로이트에서는 몇 가지, 즉 일자리와 건강에 좋은 먹거리, 공동체 의식을 만들어 내는 도심 정원이 급속히 늘어나고 있다. 그리고 이 모두가 행복한 삶을 위한 구성요소다.

핵심적인 차원에서 이것은 영적 위기이기도 하다. 점점 더 많은 사람들이 경제 위기의 근원에 가치의 위기가 자리 잡고 있으며, 모든 경제적 회복에는 도덕적 회복이 동반되어야 함을 깨닫고 있다. 지금은 우리가 성공을 가늠하고 사업을 하고 삶을 살아가는 방식을 재점검해야 할 - 검소와 인애, 가정, 우정, 쉼, 안식 같은 영적 가치와 실천을 갱신해야 할 - 때다.

금융 위기와 관련해 우리에게 필요한 것은 다름 아닌 목회적 전략이다. 우리의 종교적 가르침을 활용해 이 위기에 대한 기독교적·유대교적·이슬람교적 대응책을 개발해야 한다. 지금 신앙인들은 무엇을 생각하고 말하고 실천해야 하는가? 지역사회와 국가, 세계에 대한 교회와 회당, 모스크의 책임은 무엇인가? 나는 많은 교회들이 경제적 가치와 개인 금융, 지역사회에 대한 사회적 책임을 다루는 성인 주일학교 강좌를 시작했다는 소식을 전해 듣고 있다.

목회자와 평신도 지도자, 혁신적인 신앙 관련 단체 활동가들이 상호 부조, 회중과 지역사회를 중심으로 한 신용조합, 기아와 무주택 및 실직 같은 문제를 해결하기 위한 새로운 협동조합 전략 등 창의적인 대답을 제시하고 있다. 만일 이런 노력이 성공을 거둔다면, 경제 위기 덕분에 회중들은 자신의 사명을 분명히 하고 지역사회와 유대를 새롭게 할 기회를 얻을 수도 있을 것이다.

지역적으로 행동하라

지금 많은 사람들이 실천하고 있는 한 가지 방안은 가계 경제를 지역적으로 운용하는 것이다. 나의 아내 조이와 내가 뱅크 오브 아메리카에 있던 우리의 계좌를 폐쇄하고 더 책임감 있게 행동하는 지역 은행으로 옮기기로 결정했다는 글을 쓴 후 나는 그 글에 대한 반응에 깜짝 놀랐다. 미국 전역의 종교 지도자와 목회자들이 전화를 걸어와 자신들도 수치스러운 비도덕성을 보였던 대형 은행에서 돈을 인출해 더 지역적이며 가치에 기초한 지역 금융 기관에 돈을 예치했으며 앞으로 자신들의 가치에 따라 투자하겠다고 말했다. 지역 은행과 신용조합을 검색할 수 있는 데이터베이스가 구축된 웹사이트들이 만들어졌다. 이런 생각이 널리 퍼지기 시작했다.

지역의 회중들과 전국적인 교단 모두가 자신들의 돈을 어디에 저금할지, 어떻게 자신들의 신앙을 반영하는 방식으로 돈을 투자할지 고민해 보아야 한다. 일부 회중들은 자신이 거래하는 업체를 평가하는 점검표를 만들고 있으며, 교단에서는 매우 규모가 큰 연금을 어디에 투자하고 있는지 면밀히 검토하고 있다. 그리스도인과 유대인, 이슬람교인 모두가 이런 질문을 하고 있다. 이미 우리는 캘리포니아 주에서 뉴욕 주에 이르기까지 온 회중과 교단, 종교 기관들이 자금을 지역 은행과 신용조합으로 옮기기로 결정했다는 소식을 듣고 있다.

이런 노력이 실제로 은행에 영향을 미치기까지는 시간이 걸리겠지만, 그렇게 함으로써 우리는 분명한 도덕적 주장을 하는 셈이다. 자신들의 탐욕 때문에 이 나라 경제의 붕괴를 초래하고도 '회개하지 않는' 은행들, 자신들의 건전성을 회복하기 위해 우리에게 의존했으며 이제는 그저 평소처럼 영업하고 있는 은행들을 향해 그들의 행동을 용납할 수 없다는 분명한 메시지를 전달하고 있는 것이다. 우리의 돈을 빼냄으로써 그런 메시지를 전달할 수 있다. 그리고 작은 개인적인 이야기와 캠페인이 널리 퍼질 때 그것은 동일한 상황에 처한 사람들에게 공감을 불러일으킨다. 예를 들어, 수수료를 대폭 올린 뱅크 오브 아메리카에 항의했던 젊은 여성의 이야기를 듣고 수십만 명이 항의에 동참해 결국 은행은 수수료를 다시 내릴 수밖에 없었다.[21]

경제 개혁을 위해서는 그 나라의 주요 금융기관에 대한 외적 규제와 자기 규제가 동시에 이루어져야 한다. 외부에 책임을 지게 하는 장치와 더불어 그 기업에 뿌리내린 가치로부터 나오는 내부적·도덕적 나침반 모두가 필요하다. 세계경제포럼의 창립자이며 회장인 클라우스 슈바브(Klaus Schwab)는 몇 해 전 기업이 주주들의 이익뿐만 아니라 많은 이해 당사자들 – 직원과 소비자, 가난한 사람들, 환경, 미래 세대를 비롯해 – 의 이익도 고려해야 한다는 취지의 글을 썼다.

세계경제포럼에서 이 문제를 매우 진지하게 받아들이고 신앙 공동체의 지도자들에게 도움을 구하려고 하는 것은 분명 좋은 소식이다. 그러나 2011년 포럼 개막일에 관한 "뉴욕 타임스"의 기사는 아직 가야 할 길이 멀다는 점을 지적했다. "의도적이든 아니든, 다보스[세계경제포럼이 열리는 스위스의 도시]에서는 지난 30여 년 동안 세계 경제를 변형시킨 가장 최근의 기술 혁명과 전 지구화의 확산이 초래한 가장 놀라운 결과 중 하나에 초점을 맞출 것이다. 그것은 바로 자국민들과 떨어져 세계를 누비는 국제적 경제 엘리트 집단의 출현이다."[22] 이런 초거부들 중 다수가 다보스를 찾는다. 금융 위기 이후 삶이 '정상'으로 되돌아간 것처럼 보이는 사람들은 자신의 행동으로 이 위기를 초래한 사람들밖에 없다. 그들은 다시 이윤을 기록하기 시작했지만, 세계 전역에서 특히 젊은이들이 극적이며 파괴적인 실업 상태로 인해 고통당하고 있다.

도덕적 사실과 종교적 응답

현재의 경제에 관한 근본적인 사실과 **도덕성**은 이제 아주 명백하다. 경제 질서의 최상층은 현재의 성장과 이윤으로부터 얻을 수 있는 혜택을 대부분 누리고 있다. 이 경제의 중간층은 수십 년 동안 소득이 정체되었고, 부가 줄어들었으며, 불안정성이 커졌다. 제2차 세계대전 이후 30년의 시간처럼, 다른 번영기에는 모든 경제 계층의 많은 사람들 – 최하층에 속한 사람들을 포함해 – 이 큰 혜택을 누리고 사회적 유동성에 대한 희망을 품었다. 그러나 지난 30년 동안의 번영은 최상층에 있는 사람들에게 혜택이 지나치게 집중되었다. 그 이유는 우리 사회에서 가장 부유한 사람들과 기관들, 그리고 부자들이 압력을 행사할 수 있는 양당의 정치인들의 직접적인 영향력 아래서 이루어진 정치적 결정과 관계가 있다. 한편 대부분의 사람들은 그 어느 때보다 더 불안정한 상태에 놓여 있고, 최하층에 속한 사람들은 말 그대로 생존을 위한 투쟁에 직면해 있다. 이것은 도덕적으로 잘못된 것이다. '밀물'이 '모든 배를 뜨게' 한다는 것도 이제는 과거의 일이다. '밀물은 요트만 뜨게 한다'라는 완곡한 표현은 그저 솜씨 좋은 비틀기가 아니라 지금 우리가 직면한 황량한 현실을 정확히 묘사하는 말이다.

거기에다 13억 명이 하루에 1달러도 안 되는 생활비로 극단적인 빈곤 가운데 살고 있으며, 하나님의 자녀들 중 절반 - 30억 명 - 이 하루에 2달러도 안 되는 생활비로 살고 있는 전 지구적 현실을 더해 보라. 믿기지 않는 진실은 **날마다 2만5천 명 이상의 아이들이** 전적으로 예방 가능한 기아와 질병으로 **죽어가고 있다**는 것이다. 그리고 나머지 사람들은 이런 현실을 바꾸는 데 관심이 없기 때문에 이를 알고도 그저 하루하루 살아가고 있다. 이런 의지 부족 때문에 공의와 사랑의 하나님이 분노하신다. 우리도 부끄러움을 느끼고 이런 현실을 변화시키기 위해 나서야 한다.

이처럼 명확한 경제 상황은 명확한 종교적 대응을 요구한다. 이처럼 극심한 불평등과 경제적 불의는 성경적 원리를 모욕하는 것이며, 번영의 열매를 나누고 가난한 이들을 보호하라는 하나님의 명령에 불순종하는 것이다. 이것은 더 이상 단순히 금융의 문제가 아니라 신앙의 문제다. 종교계가 금융계를 향해 하나님이 다른 종류의 경제 - 국내적으로 그리고 전 지구적으로 - 를 요구하신다고 말해야 할 때다. 이것은 도덕적인 명령인 동시에 우리 신앙의 시험이다.

새로운 사회적 언약 세우기

옛 사회계약은 이미 해체되었다. 공정과 합의, 상호성, 호혜, 사회적 가치, 미래에 관한 기대 등 이전의 전제와 공유된 이해가 이제는 거의 사라지고 말았다. 금융 체제의 붕괴와 그로 인한 경제 위기는 불안정성과 위험, 인간의 고통을 초래했을 뿐만 아니라 일을 하고 의사결정을 하는 방식에 대한 의심과 근본적인 불신까지 불러일으켰다. 지난 20-30년 동안 시민과 그들의 경제, 그들의 정부 사이에 신뢰가 완전히 무너져 버렸다. 점령 운동을 보든 티파티 운동을 보든 간에, 이는 명백한 사실이다.

우리에게는 시민과 기업, 정부 사이의 새로운 사회적 언약이 절실히 필요하다. 계약은 깨지고 말았지만, 언약은 현재 우리에게 반드시 필요한 이 해법에 도덕적 차원을 더한다. 언약이라는 말 자체가 모든 '이해 당사자'─정부와 기업, 시민사회 단체, 신앙 공동체, 특히 젊은이들─의 참여와 협력을 요구한다. 다양한 맥락에서 사회적 언약을 논의해야 하며, 그 결과 역시 각기 다를 것이다. 그러나 모든 사회적 언약에는 새로운 합의를 위한 근본 가치, 열심히 일하고 진정으로 사회에 공헌하는 사람들에게 공정한 보상을 제공하는 일자리에 대한 강조, 금융 자산과 저축의 안정성, 사회의 상층부와 하층부 사이의 불균형을 줄이겠다는 진지한 다짐, 환경 보호와 청지기직, 미래 세대의 필요에 대한 인식, 안정되고 책임감 있는 금융 부문, 기회와 사회적 유동성의 강화 같은 공유된 원칙과 특징이 포함되어야 한다. 이러한 언약의 목적은 인간의 번영과 행복, 복지의 증진이라는 사회적 목표를 달성하는 것이어야 하며, 기업 지배에 관해서는 주주 모형에서 이해 당사자 모형으로 전환하겠다는 의지를 분명히 밝혀야 한다.

이미 다양한 나라에서 다양한 맥락 가운데 이런 새로운 사회적 언약이 만들어지고 있으며 이에 관한 논의가 진행되고 있다. 이 논의 자체가 우리가 원하는 결과를 얻을 수 있는 대화를 촉발하는 데 기여할 것이다.

사회적 언약에 관한 도덕적 대화에서는 '도덕적 경제'란 어떤 모습이어야 하고 누구를 위한 것이어야 하는지를 물어야 한다. 우리는 어떻게 다르게, 더 책임감 있게, 더 평등하게, 더 민주주의적으로 경제를 작동시킬 수 있을까? 기업과 정치 지도자들이 만나는 포럼에서 대화는 지금의 실패한 관행을 면밀히 조사하기 위한 방법으로 도덕적 경제의 의미를 밝히는 데 초점을 맞춰야 한다. 그런 대화는 우리의 지역적·전 지구적 살림살이에 관한 윤리적·실질적 결정에 영향을 미치는 새로운 실천으로 이어질 수 있다.

신뢰의 결여는 정치와 기업, 공적인 사기에 부정적인 영향을 미친다. 그것은 사람들의 사회적 책임감뿐만 아니라 사회적 참여 의식까지도 약화시키며, 그들로 하여금 고립된 외로운 존재─연대보다는 생존을 더 걱정하는 존재─라고 느끼게 만든다. '계약'이 깨졌기 때문에 이제는 도덕적 가치와 헌신의 의식과 융합된 '언약'의 의식이 필요하다. 새로운 사회적 언약을 공식화하는 과정은 해법을 찾는 데 중요한 한 부분이 될 수 있다. 공동선에 관해 이보다 더 나은 대화가 있을까?

11
섬기는 정부

정의를 이룰 수 있는 인간의 능력 때문에 민주주의가 가능하다. 그러나 불의로 나아가려는 인간의 성향 때문에 민주주의가 반드시 필요하다.
- 라인홀드 니버[1]

나는 인간의 타락을 믿기 때문에 민주주의를 지지한다. 나는 대부분의 사람들이 정반대의 이유 때문에 민주주의를 지지한다고 생각한다. 많은 경우에 민주주의를 열정적으로 지지하는 태도는 인류가 너무나도 지혜롭고 선해서 모두가 통치에 한 몫을 담당할 자격이 있다고 생각하기 때문에 민주주의를 믿었던 루소 같은 사람들의 사상에서 유래한다.··· 민주주의를 실시해야 하는 참된 이유는 그와 정반대다. 인류는 너무나도 타락해서 어떤 사람한테도 아무런 제약 없이 동료 인간을 지배할 수 있는 권력을 맡길 수가 없다.··· 나는 어떤 사람도 주인이 되기에 적합하다고 생각하지 않기 때문에 노예제에 반대한다.
- C. S. 루이스[2]

오늘날 미국에서 정부의 역할을 둘러싼 논쟁만큼 치열한 정치적 싸움은 없다. 이데올로기에 따라 편을 가르고, 정부의 크기에 관해 열띤 논쟁을 벌인다. 정부는 얼마나 크거나 작아야 하는가? 누군가는 정부가 '욕조 안에서 빠져 죽을 수 있을' 만큼 작아져야 한다는 유명한 말을 하기도 했다.

그러나 나는 '정부의 크기가 어때야 하는가?'라는 물음은 잘못된 물음이라고 주장하고 싶다. 정부의 **목적**이 무엇인지, 그리고 우리의 정부가 그 목적을 달성하고 있는지에 관한 토론이 더 유익한 토론일 것이다. 우리에게 필요한 것은 큰 정부나 작은 정부가 아니라 **섬기는 정부다**. 정부의 올바른 기능은 무엇이며, 우리는 어떻게 정치 지도자들로 하여금 그 기능에 충실하게 만들 수 있을까? 올바른 목적과 기능을 완수하는 똑똑하고 효과적인 정부가 될 수 있도록 노력하는 것이 정부의 크기를 놓고 싸우는 것보다 훨씬 더 유익한 일이다. 이에 관해 몇 가지 성경 구절이 우리에게 도움이 될 수 있다.

각 사람은 복종하라

각 사람은 위에 있는 권세들에게 복종하라…다스리는 자들은 선한 일에 대하여 두려움이 되지 않고 악한 일에 대하여 되나니…선을 행하라. 그리하면 그에게 칭찬을 받으리라. 그는 하나님의 사역자가 되어 네게 선을 베푸는 자니라.…그러므로 복종하지 아니할 수 없으니, 진노 때문에 할 것이 아니라 양심을 따라 할 것이라. 너희가 조세를 바치는 것도 이로 말미암음이라. 그들이 하나님의 일꾼이 되어 바로 이 일에 항상 힘쓰느니라. 모든 자에게 줄 것을 주되 조세를 받을 자에게 조세를 바치고 관세를 받을 자에게 관세를 바치고 두려워할 자를 두려워하며 존경할 자를 존경하라(롬 13:1, 3-7).

내가 보니 바다에서 한 짐승이 나오는데…짐승이 입을 벌려 하나님을 향하여 비방하되…또 권세를 받아 성도들과 싸워 이기게 되고 각

족속과 백성과 방언과 나라를 다스리는 권세를 받으니(계 13:1, 6-7).

로마서 13장에서 바울이 한 말은 아마도 정부의 역할과 목적에 관한 신약성경의 가장 광범위한 가르침일 것이다. 바울은 정부의 목적이 이중적이라고 말한다. 즉 악을 행하는 이들을 벌하여 악을 억제하는 것과 선한 행동에 보상함으로써 평화와 질서 있는 행동을 증진하는 것이다. 논리는 단순하다. 정부는 "선한 일에 대하여 두려움이 되지 않고 악한 일에 대하여 되나니…선을 행하라. 그리하면 그에게 칭찬을 받으리라"(롬 13:3). 그리고 행정 당국은 "네게 선을 베푸는" "하나님의 사역자"가 되어야 한다(13:4). 정부는 우리의 유익을 위해 일하는 일꾼이 되어야 한다. 오늘날의 표현을 사용하면 '공동선'이 정부의 초점과 목표가 되어야 한다고 말할 수 있을 것이다. 디모데전서에서 바울은 우리가 "고요하고 평안한 생활을 하기" 위해 정치적으로 높은 지위에 있는 사람들을 위해 기도해야 한다고 말한다(딤전 2:2).

톰 라이트는 로마서 13장 본문을 (앞서 7장에서 논의한) 로마서 12장 끝 부분의 맥락 속에서 읽어야 한다고 말한다. 12장은 그리스도인들이 악을 악으로 갚아서는 안 되며 선으로 악을 이겨야 하고 복수를 하나님께 맡기고 모두와 평화롭게 살기 위해 최선을 다해야 한다고 말한다.

이 구절을 이 편지 속에서 이 구절이 자리 잡고 있는 맥락 안에서 읽을 때, 비로소 우리는 바울이 말하고자 하는 바를 이해할 수 있다. 그는 바로 앞에서 그리스도인들에게 사적인 복수는 절대적으로 금지된 것이라고 강력하고도 반복적으로 말했다. 하지만 그렇다고 해서 하나님이 악을 개의치 않는다거나, 사회가 약자를 괴롭히는 사람들이나 권력자들이 하고 싶은 대로 하고 아무런 처벌도 받지 않는 혼란 상태에 빠지기를 하나님이 원하신다는 말은 아니다.…우리는 정글의 법칙에 따라 살기를 원치 않는다. 우리는 질서 있고 제대로 작동하는 사회 속에서 인간답게 살기를 원한다. 이것이 바울이 말하고자 하는 바다. 그는 당시 로마에서 사회의 쓰레기 취급을 받던 그리스도인들이 말썽을 일으키는 사람이라는 나쁜 평판을 받지 말아야 한다고 주장하는 셈이다.…그리스도인들은 정말로 혁명적인 공동체지만, 만일 그들이 통상적인 형태의 폭력 혁명을 추구한다면 제국과 똑같은 방식으로 싸우려는 것과 다름없다. 그럴 경우 그들이 패할 것이 거의 확실하며, 설상가상으로 그들과 함께 복음도 패할 것이다.[3]

분명히 이 로마서 본문의 목적은 단순히 정부 당국과 정부가 작동되는 방식을 설명하는 것이 아니라 정부 당국의 이상적인 모습, 이에 관한 하나님의 뜻을 설명하는 것이다. 바울과 초대 교회는 정부가 언제나 이런 이상적인 목적에 부합하는 방식으로 작동되지는 않음을 명확히 이해했다. 또한 분명히 이 로마서 본문은 정부가 하는 모든 일에 대한 지지도 아니며, 정부의 요구에 대해 맹목적으로 복종하라는 명령도 아니다. 남아프리카공화국에서 인종차별 정책을 자행한 아프리카너(Afrikaner: 남아프리카 태생의 백인—옮긴이) 체제와 이를 신학적으로 정당화하고자 했던 그들의 백인 개혁교회의 사례처럼, 억압적이고 불의한 정부에서는 정부의 불의한 명령에 침묵하고 복종하는 태도를 만들기 위해 로마서 13장을 활용하기도 했다. 그러나 그것은 이 본문에 대한 왜곡일 뿐이다. 오히려 악을 처벌하고 선을 보상하는 것이 하나님이 정부에 관해 의도하신 목적이며, 그리스도인은 정부가 이 바른 목적을 제대로 이행하고 있는지 **책임을 물어야** 한다고 말한다. 그리고 한 가지 사례만 들자면, 남아프리카공화국 흑인 교회들의 예언자적인 활동에서 볼 수 있듯이, 오랜 세월 동안 그리스도인들은 그렇게 해왔다.

최소한 두 가지 경우에 바울 자신도 정부 당국에 의해 부당한 대우를 받았을 때 로마 시민으로서 자신의 '권리'를 당당하게 주장했다. 정부가 언제나 하나님이 바라시는 이상에 부합하지는 못한다는 점은 분명하다. 라이트는 이렇게 주석한다.

그러나 그리스도인들은, 크고 작은 정부 당국이 존재하는 까닭은 한 분이신 참 하나님이 이 세상이 혼란스럽지 않고 질서 있는 곳이 되기를 원하시기 때문이라고 믿도록 부름 받았다. 이 말씀은 특정한 정부의 특정한 행동을 정당화하지 않는다. 이 말씀은 그저 제어되지 않을 때 악이 창궐하는 세상 속에서 정부가 언제나 필요하다고 말할 뿐이다. 물론 바울은 사람들이 바른 일을 하고 통치자들이 그른 일을 할 때도 많음을 알고 있었다. 사도행전에 나타난 그의 탈출 이야기만 읽어 보아도 이를 분명히 알 수 있다. 그러나 이런 이야기(예를 들어, 사도행전 16장에서 그가 빌립보를 방문했을 때나 사도행전 23장에서 유대교 당국 앞에서 재판을 받을 때)에서, 정부 당국이 잘못하거나 불법적으로 혹은 불의하게 행동할 때 바울이 그들에게 그들이 해야 할 올바른 일을 서슴없이 알려 주고 이를 따라야 한다고 주장하고 있음을 눈여겨보라.[4]

미국복음주의협회는 이것을 이렇게 설명한다. "하나님은 다양한 제도를 통해 인간 사회의 질서를 유지하시며, 공적 질서를 유지하고 인간의 악을 제어하고 공동선을 증진하기 위해 정부를 세우셨다.…정부는 보편적인 복지를 제공하고 공동선을 증진하는 책임을 완수해야 한다."[5]

무저갱으로부터 올라오는 짐승

로마서 13장의 기록된 후 약 40년이 지나서 사도 요한은 정치범 수용소인 밧모 섬에 갇혀 계시록을 썼다. 계시록 13장과 로마서 13장의 차이는 많은 것을 시사한다. 많은 성서학자와 주석가들은, 계시록에서 모든 민족과 나라의 복종을 요구하고 심지어 "성도들과 싸우는"[6] "무저갱으로부터 올라오는 짐승"[7]과 "바벨론의 음녀"[8] "용" "짐승"[9]이 로마 제국을 상징한다고 생각한다. 네로와 도미티아누스 황제 아래서 로마 정부는 훨씬 더 억압적이며 잔인해졌고, 황제가 신적인 지위를 가진다고 주장했으며, 로마의 '신들'에게 복종하려고 하지 않는 그리스도인들과 다른 반대자들에게 폭력적인 박해를 가했다. 사도 요한이 쓴 계시록 13장은 국가를 전체주의적인 짐승—초기 그리스도인들을 박해했던 로마에 대한 은유—으로 묘사한다.

계시록에 나타난 로마에 대한 요한의 비판과 짐승과 용에 대한 하나님의 궁극적 승리의 약속은 그 이후 모든 전체주의 정부에 대한 저항을 나타내는 훨씬 더 광범위한 은유가 되었다. 우리는 전체주의 국가와 그에 대한 저항, 특히 그리스도인들이 보여 준 저항의 사례를 많이 보아 왔다. 아돌프 히틀러의 나치 체제에 맞섰던 디트리히 본회퍼(Dietrich Bonhoeffer)와 독일 고백교회가 대표적인 예다. 실제로 정치권력은 악마적으로 변하여 마땅히 해야 할 공적 역할 대신에 절대 권력을 추구하고 심지어는 하나님의 자리를 차지하려고 할 수도 있다.

톰 라이트는 로마서와 같은 신약성경 본문이 말하고자 하는 바를 다시 한 번 분명히 설명한다. "바울의 말은 전체주의에 대한 분명한 저주다. 전체주의의 핵심은 통치 권력이 하나님의 자리를 차지해 버렸다는 것이다. 그렇기 때문에 전체주의는 언제나 **사실상** 무신론적이며, 많은 경우 **법적으로도** 무신론적이다. 바울에게 국가는 하나님이 아니다. 하나님은 하나님이시며, 따라서 국가는 상대화된다. 골로새서 1:15-20에서 분명히 밝히고 있듯이 권력은 [그리스도로 말미암아] 창조되었고 [그분으로 말미암아 하나님과] 화해를 이루게 되지만 그 자체로 신성한 것은 아니다."[10]

계시록 본문은 정부 권력의 남용에 대한 분명한 경고다. 권력에 굶주린 정부는 하나님이 의도하신 정부의 목적에서 분명히 이탈한 것이며, 그 시민을 보호하고 공평과 정의를 유지해야 할 정부의 마땅한 책임을 위반한 것이다. 정부 자체를 비난하는 태도―정부를 사회의 핵심적인 문제점으로 보는 태도―는 물론 성경적이지 않다. 그러나 독재 권력의 잠재적 위험을 깨닫지 못하는 것 역시 성경의 경고를 무시하는 것과 다름없다.

그러므로 정부의 역할을 이야기할 때 성경에는 긴장이 존재한다. 정부는 하나님의 일꾼이 될 수도 있고 사탄의 앞잡이가 될 수도 있다. 세상에 있는 현실적인 악 때문에 성경은 정부를 중요하고 필수적인 것으로 본다. 하지만 동시에 그것을 잠정적이며 일시적이고 궁극적으로는 하나님의 권위에 종속된 것으로 본다. 따라서 성경은 정부의 역할에 대해 로마서 13장과 계시록 13장의 관점을 아우르는 역설적인 입장을 제시한다고 말할 수 있다. 그리고 계시록 13장과 관련해 정부의 책임을 묻는 것이 로마서 13장에 대한 최선의 변론이다. 예수님은 마가복음에서 "가이사의 것은 가이사에게, 하나님의 것은 하나님께 바치라"고 말씀하신다(막 12:17). 그리고 하나님이 가이사의 것이 무엇인지를 결정하는 것이지, 그 반대가 아니다. 또한 예수님이 헤롯을 "저 여우"라고 부르셨음 — 즉 점령당한 팔레스타인에서 가장 직접적인 정치 지배자를 일컬으실 때 매우 부정적인 용어를 사용하셨음 — 을 기억하라.[11]

또한 로마서 본문은 "양심"이라는 말을 사용하고 있다. 정부의 **직무**, 즉 의도된 목적을 존중하기 위해서는 시민 불복종이라는 양심적인 행동을 통해 정부에 불복종할 수밖에 없는 경우도 있다. 마틴 루터 킹이나 마하트마 간디, 데즈먼드 투투의 비폭력 행동이 바로 그러한 예다. 그러나 정부가 잘못되었을 때 불복종함으로써 정부를 '존중'하는 사람들은 시민 불복종으로 인한 처벌을 기꺼이 받아들인다. 그리고 결국 그로 인해 법률 자체가 바뀌는 경우도 많다. 시민 불복종에 참여했을 때 내가 만난 판사들 중에는 우리가 믿는 대의를 위해 했던 우리의 행동을 존중하지만 그래도 우리가 교도소에 가야 한다고 말했던 이들이 있었다. 우리는 기꺼이 그런 처벌을 받아들였다. 어떤 판사는 이 문제로 너무나도 갈등을 한 나머지 우리에게 교도소 안에서 법과 양심에 관한 글을 쓰라고 부탁하기도 했다.

성경은 정부에 대해 분별하는 태도를 가지라고 가르친다. 우리에게 정부에 복종하고 정부를 존중하고 세금을 내라고 가르치지만, 그렇다고 복종이 전적인 혹은 무조건적인 순종이라거나 존중이 두려움과 똑같은 것이라는 뜻은 결코 아니다. 오히려 복종하고 존중하고 세금을 내는 것은 정부의 존재와 사회 안에서 정부의 정당하고 필수적인 역할을 인정함을 뜻한다. 우리에게는 라이트가 우리 동료 인간에 대한 "의무의 고리"라고 부른 책임이 있으며, 우리는 하나님이 "그분의 피조물인 인간에게 서로 조화를 이루며 살라고 말씀하셨음"을 이해해야 한다.[12] 이 의무는 정부가 만든 법률에 보존되어야 한다.

보호와 증진

따라서 바울에 따르면 정부의 목적은 악의 혼돈으로부터 사람들을 보호하고 사회의 선을 증진하는 것, 즉 **보호**하고 **증진**하는 것이다. 사회의 질서를 보존하고, 악을 처벌하고, 선을 보상하고, 공동선을 보호하는 것이 다 규정되어 있으며, 심지어 우리는 이 목적을 위해 세금을 내야 한다고 가르친다. 그렇다면 실제적으로 이것은 무엇을 뜻하는가? 성경적 관점에서 정부는 무엇을 해야 하는가? 첫째, 정부는 자국민을 **보호**해야 한다. 이는 물론 시민의 안전을 보호해야 함을 뜻한다. 이 세상에 범죄와 폭력은 언제나 존재할 것이며, 그렇게 때문에 우리에게는 우리의 거리와 동네, 집을 안전하게 지켜 줄 경찰이 필요하다. 법과 질서가 무너질 때 - 예를 들어, 자연 재해 직후에 종종 벌어지는 상황 - 얼마나 빠르게 혼돈과 약탈, 무작위적인 폭력이 발생하는지 우리는 알고 있다. 이 역시 시민적 질서의 유지와 보호가 필수적임을 말해 준다.

또한 정부는 사법적으로 그 국민을 보호하고, 우리의 사법 제도가 절차적으로 공정하고 공평하게 작동할 수 있게 해야 한다. 성경의 예언자들은, 부패한 사법적 판결과 제도 속에서 부자와 권력자들이 자신의 이익을 위해 사법 절차를 조작하고 가난한 이들을 더 큰 빚과 고통 속으로 몰아넣는 것을 신랄하게 비판했다. 법원에 대해 정의의 책임을 물었던 예언자들은 임의적인 불의에 대해 반복적으로 꾸짖었다. 예언자 아모스는 법원(과 정부)을 향해 직접적으로 "악을 미워하고 선을 사랑하며 성문에서 정의를 세울지어다"라고 말한다(암 5:15).

정부는 시민을 보호해야 할 뿐만 아니라 사회의 선을 **증진**해야 한다. 예언자들은 정의와 공평의 요구에 대해 왕과 통치자, 재판관, 심지어 고용주에게 책임을 물었으며, 그렇게 함으로써 이런 가치를 옹호했다.

성경에서는 정부 당국이 특히 가난한 사람들을 보호하고 그들의 복리를 증진해야 한다고 말한다. 성경의 예언자들은 가난한 사람들에 대한 불의를 일관되고도 단호하게 비판했으며, 그와 더불어 왕(정부)에게 정의롭게 행동하라고 요구했다. 이러한 예언자적인 기대는 이스라엘의 왕들뿐만 아니라 이웃 나라와 민족의 왕들에게도 적용되었다. 정의에 대한 요구는 그저 '하나님의 백성'만을 향한 것이 아니라 그들이 어디에 있든지 모든 왕과 정부를 향한 것이었다.

예레미야는 요시야 왕에 대해 논평하면서 "그는 가난한 자와 궁핍한 자를 변호하고 형통하였나니"라고 말했다. 그 다음 문장은 시사하는 바가 매우 크다. "'이것이 나를 앎이 아니냐?' 여호와의 말씀이니라"(렘 22:16). 솔로몬에 대해서 성경은 스바 여왕의 말을 통해 "여호와께서 영원히 이스라엘을 사랑하시므로 당신을 세워 왕으로 삼아 정의와 공의를 행하게 하셨도다"고 말한다(왕상 10:9). 시편 72편은 왕이나 정치 지도자들을 위한 기도로 시작한다. "하나님이여, 주의 판단력을 왕에게 주시고 주의 공의를 왕의 아들에게 주소서. 그가 주의 백성을 공의로 재판하며 주의 가난한 자를 정의로 재판하리니, 의로 말미암아 산들이 백성에게 평강을 주며 작은 산들도 그리하리로다. 그가 가난한 백성의 억울함을 풀어 주며 궁핍한 자의 자손을 구원하며 압박하는 자를 꺾으리로다"(시 72:1-4). 여기에는 공동선의 증진을 바라는 강력한 소망, 모든 사람들의 번영을 바라는 소망, 더불어 가난한 사람들에 대한 특별한 관심과 가장 약하고 어려운 사람들의 구원, 특히 땅에 대한 관심이 담겨 있다.

「도덕적 적자의 개선」(Fixing the Moral Deficit)에서 로날드 사이더(Ronald Sider)는 '정의'를 뜻하는 히브리어 단어들에 초점을 맞추면서 왕과 정부에 요구된 정의의 성경적 의미를 이렇게 요약한다.

> 정의에 대한 성경적 이해는 절차적인 면과 분배적인 면을 모두를 포함한다. 절차가 공정해야 한다는 점은 편파적이지 않은 법정을 요구하는 몇몇 본문(출 23:2-8; 레 19:15; 신 1:17; 10:17-19)에 분명히 드러나 있다. 분배적 정의(즉 공정한 결과) 역시 정의의 핵심적인 요소라는 점은, 가난한 사람들에 대한 하나님의 관심을 말해 주는 수백 개의 본문뿐만 아니라…정의를 뜻하는 중요한 히브리어 단어(미쉬팟과 체다카)의 의미를 통해서도 명백히 드러난다.
>
> 예언자들은 공정한 경제적 결과에 관해 말할 때 미쉬팟과 체다카라는 말을 반복적으로 사용한다. 이스라엘과 유다에서 정의가 사라졌다고 비판한 직후 예언자 이사야는 부유하며 권력이 많은 지주들이 소농들을 밀어내고 땅을 차지했다고 책망한다(사 5:7-9). 이 본문에서 권력자들이 불법적으로 행동했다고 말하지는 않지만 그럼에도 불구하고 예언자는 불공정한 결과를 신랄하게 비판한다는 점이 중요하다. 또 다른 본문에서 이사야는 불의한 법률을 이용해 가난한 사람들의 권리를 빼앗는 권력자들을 비판한다(사 10:2).…예언자는 정의가 공정한 절차뿐만 아니라 공정한 경제적 결과도 포함한다고 분명히 가르친다.[13]

사이더가 "평등한 결과"라고 말하지 않고 "공정한 결과"라고 말했다는 점에 주목하라. 정치적 우파에서는 정의에 관해 정부의 책임을 묻는 사람들이 공공 정책에서 평등한 결과를 요구한다고 계속해서 비판한다. 그러나 그것은 사실이 아니다. 오히려 우리는

공정한 결과를 요구한다. 역사적으로 평등한 결과를 만들어 내려고 했던 마르크스주의 정부의 노력은 그런 접근법이 얼마나 위험하며 잘못된 것인지를 보여 준다. 개인의 자유가 박탈당했으며 소수의 권력자들에게 권력이 집중됨으로써 전체주의적인 결과를 낳고 말았다.

사도행전에 기록된 대로 초기 그리스도인들은 급진적인 경제적 나눔을 실천했으며, 그 결과 "그중에 가난한 사람이 없었다"(행 4:34). 그러나 이것은 신앙에 기초한 자발적인 경제적 재분배였지 공산주의 체제처럼 강요된 분배가 아니었다. 그런 식의 강요된 재분배는 독재적인 통치자들의 생활방식에서 볼 수 있듯이 억압적이며 위선적인 뿐이다. 신학적으로 설명하자면 이는 죄의 존재와 그 강력한 힘 때문이며, 타락한 인간은 지구상에 유토피아적 사회를 창조할 수 없기 때문이다.

그러나 성경의 예언자들은 공정과 정의, 더 나아가 자비라는 가치를 가지고 통치자와 법정, 재판관, 지주, 고용주들의 책임을 묻는다. 사실 신학적인 이유는 동일하다. 권력-정치적·경제적-이 집중될 때 드러나는 악과 죄의 현실적인 영향력 때문이며, 특히 가난한 사람들을 보호하기 위해서는 그런 권력에 정의를 구현할 책임을 물어야 하기 때문이다. 그러므로 정부의 목표는 평등한 결과가 아니라 공정한 결과다.

견제와 균형

견제와 균형에 관해 앞에 인용한 라인홀드 니버(Reinhold Niebuhr)

와 C. S. 루이스의 말이 대단히 중요하다. 사실상 루이스는 인간의 조건에 대한 자신의 비관적 견해 때문에 민주주의를 지지한다고 말하는 셈이다. 우리가 선하기 때문이 아니라 우리가 선하지 않은 경우가 많기 때문에 민주주의가 중요하다. 계속해서 루이스는 이렇게 말한다. "그런 [낙관적] 근거로 민주주의를 옹호하는 것이 위험한 까닭은 그런 근거가 참이 아니기 때문이다.…멀리 볼 것도 없이 나 자신만 봐도 그런 근거가 참이 아님을 알 수 있다. 나는 한 나라는 말할 것도 없고 닭장을 통치하는 일에도 동참할 자격이 없다."14) 그 시대의 많은 정치인들을 알고 지냈던 니버 같은 신학자가 "불의를 저지르려고 하는 우리 인간의 경향성"에 맞서 싸우기 위해서는 민주주의가 꼭 필요하다고 말한 것도 오류를 범하기 쉬운 인간의 모습, 환영, 지배하려는 의지 때문이다.

여기서 신학자들이 요청하는 바, 그리고 성경 본문이 분명히 주장하는 바 또한 견제와 균형이 이루어지는 정치 체제다. 미국에서 정부는 적어도 이론적으로는 이 원리에 입각해 만들어졌다. 헌법에서는 삼부—행정부, 입법부, 사법부—사이의 권력 분립을 규정하고 있다. 그리고 역사적으로 정부가 만약 견제를 받지 않을 경우 동료 시민과 경제, 특히 가난한 사람들을 괴롭힐 수 있는 권력자와 기관과 이익단체를 견제하는 역할을 해왔음을 우리는 알고 있다.

우리가 청결한 음식을 먹을 수 있도록 수도관이 오염되지 않게 하고 호흡에 적당한 대기 상태를 유지할 수 있도록 만들기 위해 정부가 권력을 가지고 있어야 한다고 생각하지 않는 사람이 있을까?

어떤 나쁜 신학에서 우리의 대기업이 자발적으로 소비자의 안전을 지키고 지구의 선한 청지기 역할을 할 것이라고 믿어도 된다고 주장하겠는가? 우리 모두를 안전하게 지키기 위해 정부로 하여금 사기업의 행동을 견제하게 하지 않아도 된다는 증거가 있는가?

인간과 집단의 타락한 행위와 이기심에 관한 성경 본문과 신학적 경고에 입각해서 볼 때, 정부가 '욕조 안에서 빠져 죽을 수 있을' 만큼 작아지기를 원하는 사람들은 과연 무슨 말을 하고 있는 것일까? 사람들을 보호할 힘이나 능력을 지닌 정부 당국이 없다면, 가장 크고 부유하며 권력 많은 사람들과 이익단체, 그리고 이제는 전 세계의 수많은 정부들보다 더 커진 기업들로부터 과연 누가 우리를 지켜 주겠는가?

큰 정부에 반대하는 사람들은 '죄 없는 정부'를 믿지 않는다. 나 역시 그렇다. 제 기능을 발휘하지 못하거나 사회적 선에 방해가 되거나 혁신과 창의성이 절실하게 필요한 정부 관료조직의 예는 수없이 많다. 그렇기 때문에 지속적인 정부 개혁이 필요하며, 민주주의에서는 정기적으로 선거를 실시한다. 그러나 정부를 비판하는 사람들은 '죄 없는 시장'을 믿고 있는 것일까? 모든 가치나 제한으로부터 자유로운 경제적 황무지를 만들기 위해 시장의 힘을 풀어 주어야 하는가? 대기업은 시민인 우리 모두에게 전능해지고 사실상 아무런 책임을 지지 않아도 되도록 내버려 두어야 하는가? 예를 들어, 정부로 하여금 대기업과 은행의 행동에 대해 '악을 처벌하거나' '선을 보상할' 수 없게 만든다면, 어느 누가 그 일을 할 수 있겠는가? 현재 우파의 티파티 이데올로기에서 주장하는 바 정부에 반대하는 급진적인 자세는, 성경적인 정부관, 견제와 균형의 필요성, 정부나 시장에 권력이 지나치게 집중될 때 나타는 죄의 위험, 이웃에 대한 우리의 책임, 공동선에 기여하도록 정부를 세우신 하나님의 의도와 상충된다.

희년

성경에서 사람들에게 가장 중요한 자원은 땅이다. 많은 본문에서 땅과 관련해 사람들을 어떻게 대해야 하는지에 관해 이야기한다. 지주들은 가난한 사람들을 위해 밭의 가장자리를 추수하지 않은 채 남겨 두어야 한다고 말한다. 소지주의 땅을 빼앗는 대지주의 불법적인 행동, 심지어는 합법적인 행동까지도 신랄하게 비판했다.

   성경의 희년 전통은 주기적으로 세 가지를 하라고 명령했다. 노예를 해방시키고, 채무자의 빚을 탕감해 주고, 땅을 원래의 주인에게 돌려주는 일이다. 희년법과 관련해 세 가지 섬에 주목할 필요가 있다. 첫째, 이것은 성경에서 별로 중요하지 않은 내용이 아니라 신명기에서 시작되어 "주의 은혜의 해를 전파하는"(눅 4:19) 것이 자신의 사명이라고 하신 나사렛 예수의 첫 말씀에 이르기까지 성경 전체를 관통하는 가르침이자 전통이다. 둘째, 이것은 개인들에게 자발적으로 하라고 권하는 말씀이 아니라 구조적인 요구다. 셋째, 이 법은 큰 불의와 불평등으로 쉽게 귀결될 수 있는 사회의 중요한 요소를 다루고 있으며, 이 법의 의도는 그에 대한 주기적인 교정 수단을 제공하는 것이다.

   오늘날 미국인 중 약 1퍼센트만이 농지를 소유하고 있는 상황에서 불의나 정의와 관련된 핵심 요소는 전혀 다를 수밖에 없다. 그러나 구조적인 교정 수단이라는 원리는 아직도 대단히 중요하다.

불행히도 우리에게는 노예제 문제가 아직 남아 있다. 250만 명의 여성과 아동들이 조용히 드러나지 않게 성적·경제적으로 인신매매에 희생되고 있으며, 이런 일은 개발도상국뿐만 아니라 미국의 주요 도시에서도 일어나고 있다.[16] 시민을 보호해야 할 정부의 책임과 관련해 일차적인 목표와 목적은 현대판 노예제인 성적·경제적 착취를 목적으로 한 인신매매와 맞서 싸우는 것이어야 한다. 전 세계에서 신앙인들을 중심으로 현대판 노예제인 인신매매를 근절하기 위해 강력한 운동을 펼치고 있지만, 반드시 필요한 정부의 적극적이고 집중적인 도움을 받지 못하는 경우가 대부분이다.

한때는 땅이 차지하던 위치를 이제는 금융 자본이 차지하고 있다. 오늘날 금융 자본과 관련해 수많은 반윤리적인 행동이 이루어지고 있다. 정부는 다른 반윤리적 행동과 마찬가지로 이 문제를 해결하기 위해 노력해야 한다. 주로 저소득층을 겨냥한 (초단기 고리 대출처럼) 약탈적인 대출 관행은 빈곤을 영속화하며 심지어는 폭력을 야기하는 거대한 불의다. 읽어도 도무지 무슨 뜻인지 알 수 없는 여러 쪽에 달하는 신용카드와 주택대출 계약서는 사람들을 속여 빚의 노예로 만들고 있다. 특히 젊은이들과 저소득층은 신용카드 회사에 피해를 입기 쉽다. 채무에 의한 노예상태—절차와 결과 모두—는 정부가 해결해야 할 또 다른 형태의 현대판 노예제다. 절차와 내용을 분명하고 투명하고 이해할 수 있게 하고 공정하게 만들기만 해도 많은 사람들에게 큰 도움이 될 것이다.

약 열 곳의 은행과 금융기관의 비윤리적 범법 행위가 2008년의 금융 위기와 그로 인한 대불황을 초래했으며, 그 결과 수많은 사람들이 큰 고통을 겪고 있다는 사실이 이제 너무나도 분명해졌다. (비록 범죄의 중함에 걸맞지는 않지만) 벌금도 부과되었고, 자기 회사의 탐욕스럽고 비도덕적인 행동에 환멸을 느낀 전직 직원들이 신문의 칼럼을 통해 미국의 일부 주요 금융기관의 관행과 상품의 문제점을 폭로하기도 했다.[17]

본래는 이런 행동을 막을 수 있는 규칙과 규제가 **있었다**. 하지만 은행의 이익을 대변하고 은행으로부터 선거 자금을 받는 상하원 의원들에 의해 그러한 규칙과 규제가 폐기되었다. 이런 역사적 규정 대부분은 신앙 공동체에 기원을 둔 옛 고리대금 금지법에 기초했다. 그러나 1980년대에 이에 대한 회의론이 제기되었다. 신설된 소비자금융보호국의 초대 국장인 엘리자베스 워런(Elizabeth Warren)은 내가 가르치는 조지타운의 학생들에게 이렇게 설명했다. "함무라비 법전 때부터 1980년까지 우리는 고리대금 금지법에 의해 보호를 받았다." 시민과 경제를 보호하기 위해 정부가 이런 종류의 법률과 규칙, 규제를 활용하는 것은 대단히 중요하다. 부유한 이익단체의 정치권력 때문에 이런 규칙과 규제를 폐기하는 것은 정부의 정당한 공적 역할과 신뢰를 저버리는 것과 다름없다.

성경 시대의 땅처럼 오늘날 가장 중요한 자원은 아마도 교육일 것이다. 우리 사회에서 가장 큰 불의가 일어나는 곳도 바로 교육 분야다. 가난한 유색인종 아동들이 어쩔 수 없이 다니고 있는, 이 나라의 가장 열악한 도심 지역의 많은 학교들은 학교라고 부를 것이 아니라 감옥이라고 불러야 할 지경이다. 이 학교들은 아이들을 교육하지 않고, 그저 다음 세대를 빈곤 속에 가두어 두며 한 세대로부터 다음 세대로 끝없는 빈곤의 악순환을 지속시킬 뿐이기 때문이다. 오늘날 좋은 교육은 빈곤으로부터 벗어날 수 있는 가장 확실하고 좋은 방법이다.

정부는 교육 제도 개혁과 갱신을 가장 중요한 목적 중 하나로 삼아야 한다. 이것은 정부가 모든 교육을 실시해야 한다는 말이 아니라, 특히 교육적인 빈곤에 갇혀 있는 이들을 교육하고 양질의 교육을 받을 수 있도록 보장해야 한다는 말이다. 정부는 모든 사람이 성경 시대의 땅과도 같은 교육이라는 자원에 접근할 수 있도록 만들어 주어야 한다. 다행히도 현재 가장 중요한 요소-우리에게 절실하게 필요한 교사와 교장-에 초점을 맞추는 초당적인 교육 개혁 운동이 확산되고 있다. 진정한 개혁이 이루어지기 위해서는 정책 입안자들의 정치적·재정적 헌신이 필수적이다. 교사에게 초점을 맞추고 교육 혁신을 위한 자원에 중점을 둔 이 운동을 지지하는 것은 이 시대에 정부의 적극적인 역할을 추구하는 최선의 방법 중 하나다. 이것은 악을 멈추고 선을 보상해야 하는 정부의 책임을 보여 주는 매우 동시대적인 예다.

균형 모색

오늘날 우리는 개인의 권리가 최상의 가치이며 정부를 그 주된 장애물이라고 주장하는 정치 철학에 직면해 있다. "나를 그냥 혼자 내버려 두고 내 돈을 쓰지 말라"는 생각이 미국 전반에 급속히 확산되고 있으며, 채무 위기와 재정 적자에 관한 정치 논쟁에 큰 영향을 미치고 있다. 그러나 성경적 정부관에서 개인의 선택을 중시하는 태도는 유일한, 혹은 가장 두드러진 기독교적 덕목이 아니다. 다른 이들의 필요와 권리를 희생시키면서 개인의 권리를 강조하는 태도는 공동선이라는 관념과 배치된다. "우리가 형제를 지키는 사람인가?" 하는 물음에 대한 기독교적인 대답은 단호히 "그렇다"이다. 예수님은 우리의 전 존재로 하나님을 사랑하고 우리 이웃을 자신처럼 사랑하는 것이 가장 큰 계명이라고 말씀하신다. 예수님의 말씀은, 자신을 돌보는 것도 중요하지만 우리 이웃을 돌보는 것도 그와 똑같이 중요하다는 뜻이다.

이웃을 사랑하는 것이 이웃에게 나를 그냥 혼자 내버려 두라고 말하는 것보다 더 나은 기독교적 반응이다. 이미 살펴보았듯이 긍휼과 사회 정의는 기독교의 근본 가치다. 그리고 기독교 공동체가 세상 속에서 이 두 가치를 실천할 책임이 있는 것과 마찬가지로, 정부 역시 정의와 가난한 이들의 보호를 실천해야 할 책임이 있다.

이러한 정부의 역할에 반대하는 이데올로기는 결코 성경적이지 않다. 로마서 13장에서 바울은 교회의 역할과 소명뿐 아니라 정부의 역할과 소명에 대해서도 설명하면서, 정부가 하나님의 계획과 목적 안에서 맡은 역할을 수행한다고 가르친다. 물론 정부의 크기와 역할에 관한 논쟁은 언제나 공정하고 좋은 토론이며, 우리들 대부분은 '크거나' '작은' 정부보다는 똑똑하고 효과적인 정부를 선호할 것이다.

그러나 시장에 대한 지나친 확신은 인간의 본성과 죄에 관한 성경적인 견해와 모순을 이룬다. 정부를 모든 문제의 근원으로 보는 이들은, 10장에서 논의했던 다른 사회 영역의 문제, 특히 시장의 문제를 무시하는 경향이 있다. 정부 규제를 적으로 삼을 때, 공공 안전이나 공동선, 그리고 그리스도인들이 하나님의 피조물로 이해하는 환경 보호 등을 무시한 채 시장은 마음껏 자신의 이익을 추구하게 될 것이다. 죄 없는 시장이라는 신화를 믿는 사람들은 기업주나 기업의 자기 이익 추구가 언제나 사회의 이익에 이바지할 것이며, 만일 그렇지 않더라도 이를 교정하는 것은 정부의 몫이 아니라고 생각하는 듯하다. 이것은 나쁜 정치학일 뿐만 아니라 나쁜 신학이기도 하다.

이처럼 정부의 역할에 반대하는 이론을 주장하는 이들은 공적 부문이 풀어야 할 실질적인 문제도 무시한다. BP와 같은 거대 석유회사들이 바다에 석유를 내뿜도록 그저 내버려 두어야 하는가? 그리고 그들을 규제하는 것이 정말로 비미국적인 행위인가? 정말로 우리는 아무도 수질 검사를 하지 않고, 우리 아이들이 가지고 노는 장난감이 안전한지 검사하지 않고, 의료 과정과 상품을 감독하지 않기를 바라는가? 정말로 우리는 식당과 호텔 소유주들이 스스로 누구에게 서비스를 제공하거나 제공하지 않을지를 결정할 수 있기를 바라는가? 또한 주류 판매점 소유주들이 우리 자녀들에게 술을 팔 수 있기를 바라는가?

모든 인간 제도 안에 죄가 존재함을 고려할 때, 책임과 견제와 균형을 다 제공하는 정치적 과정이 신학적으로도 실용적으로도 더 타당하지 않겠는가? 다시 한 번 말하거니와 우리에게 민주주의가 필요한 까닭은 사람들이 본질적으로 선하기 때문이 아니라 그렇지 않은 경우가 많기 때문이다. 시장 자체가 기업 전체주의라는 짐승으로 변질되는 것을 막기 위해서는 민주주의에 대한 공적 책임이 필수적이다.

물론 정부의 과도한 지출을 우려하는 것은 정당하며, 정부에 대해 긍정적인 견해를 가진 사람들은 이 문제를 무시할 위험성이 있다. 그러나 수십억, 수백억 달러 규모의 '대기업 보조금'이나 쓸데없는 국방비 지출에 대해서는 침묵한 채 가난한 사람들을 위한 사회적 프로그램만 집중적으로 공격하는 태도는 도덕적 모순일 뿐이다. 4장에서 논의했듯이, 재정 건전성을 달성하는 동시에 가난한 이들을 보호하는 도덕적 균형을 이루기 위해서는 초당적인 노력이 필요하다.

모든 사회 문제를 해결하기 위해 먼저 정부에 의존하는 태도는 정부의 역할을 지지하는 세력이 흔히 범하는 실수다. 우리는 공적 부문과 사적 부문, 신앙 공동체를 비롯한 비영리 시민사회 사이에서 새로운 협력 관계를 만들어 가야 한다. 혁신과 새로운 해법, 창의성, 다목적 프로젝트는 비영리기구(NGO) 안에서 시작되는 경우가 많다. 사적 부문과 공적 부문의 사회적 기업가들이 소매를 걷어 올린 채 오늘날 많은 사회 문제에 대한 해법을 찾고 있다. 그러나 규모의 문제도 중요하다. 빌과 멀린다 게이츠 부부 같은 많은 자선가들은 종종 워싱턴을 방문해 정치인들에게 그들이 세운 재단이 보유한 수십억 달러의 돈으로도 세계의 가장 가난한 이들의 기초적인 건강을 보장하기에 부족하며, 세계 보건에 대한 정부의 공적 투자가 절대적으로 필요하다는 사실을 상기시키고 있다. 자선으로는 부족하며, 그렇기 때문에 성경에 분명히 나타나 있듯이 정의가 불의에 대한 더 나은 성경적 해법이다.

더 높은 기반을 위한 공통의 기반

앞서 논의했듯이 빈곤 같은 문제에 대한 해법은 정책의 문제뿐만 아니라 문화의 문제와도 관련되어 있다. 예를 들어, 최저생계비, 주거 안정, 소득세 및 자녀양육 세액 공제, 저렴한 탁아 비용과 마찬가지로 결혼과 건강한 가정도 빈곤 문제를 푸는 중요한 해법이기도 하다. 이런 핵심 요소를 증진하고 이런 것에 친화적인 공공정책이 절실히 필요하다. 그리고 문화적인 습관과 태도를 바꾸는 일에 있어서 비영리기구와 신앙 공동체의 소명과 독특한 역할 역시 필수적이다.

궁극적으로, 정부의 역할에 관해 현재의 논란이 지속되고 있지만 이 모든 일이 지금처럼 당파적인 문제가 되어서는 안 된다. 지금까지 빈곤을 극복하고, 가장 약한 사람들을 위한 국제 원조와 개발 프로그램을 지지하고, 소외된 해외 아동의 입양을 권장하고, 국내 입양 제도를 개선하는 것처럼 중요한 사회적 의제를 지원하기 위한 노력에 대해 초당적인 협력이 이루어졌다. 실제로 빈곤과 질병에 맞서기 위한 우리의 노력, 특히 에이즈와 말라리아, 아프리카 가장 가난한 지역의 대규모 기아에 맞서기 위한 노력에는 진보주의자들과 보수주의자들이 힘을 합치기도 했다.

이런 지지가 가능했던 것은 '온정적 보수주의'(compassionate conservatism) 덕분이었다. 이를 주창하는 정치 지도자들은 재정적으로 보수적이며 작은 정부를 지지하고 자유 시장을 믿는 입장이지만, 그럼에도 국내외에서 사람들을 빈곤으로부터 벗어나게 하기 위해 정부가 사적 부문—특히 비영리기구와 종교 관련 단체—과 반드시 협력해야 한다고 생각한다. 이런 확신에는 두 가지가 요구된다. 하나는 가난한 사람들에 대한 진정한 공감과 헌신이며, 다른 하나는 정부에 대한 더 균형 잡히고 긍정적인 견해다. 이것은 특히 가장 가난하고 약한 사람들에 대한 보수적인 원칙과 사회적인 양심을 동시에 표현한다. 국가의 건강과 가난한 사람들의 미래를 위해 온정적 보수주의의 역할이 대단히 중요하며, 따라서 이를 보존하는 것이 필수적이다. 온정적 보수주의는 우리가 전에 이루었으며 지금 더욱 더 절실하게 필요한 초당적 협력을 가능하게 할 것이다.

조지 부시 대통령의 연설문 작성자이자 정책 고문이었고 지금은 "워싱턴 포스트"(*Washington Post*)의 칼럼니스트인 마이크 거슨(Mike Gerson)은 온정적 보수주의의 가장 열정적인 옹호자다. 나는 그를 친구이자 동반자로 생각한다. 마이크와 나는 공화당과 민주당 양당의 행정부와 의회 출신 정책 전문가들을 모아 빈곤 해결을 위한 상식적인 조치를 제안하는 빈곤 포럼(Poverty Forum)을 세우는 일을 도왔다.[18] 이 프로젝트는 놀라울 정도의 공감대를 이루어 냈으며, 참가자들은 이데올로기보다는 그 효과가 이미 입증된 실질적인 해법에 초점을 맞췄다.

나는 2011년 12월 1일 세계 에이즈의 날을 맞아 보노(Bono)와 그가 이끄는 원 캠페인(ONE Campaign)이 주최한 환영회에서 다시 한 번 그런 열기를 확인했다. 같은 날 세 명의 미국 대통령—버락 오바마, 조지 부시, 빌 클린턴—이 방송으로 중계된 집회에서 연설을 통해 지난 30년 동안 에이즈 종식을 위한 싸움으로 성취한 진정한 성공을 축하하며 이 일을 끝내겠다고 다짐했다.

(에이즈에 맞서는 싸움을 통해서 볼 수 있듯이) 가난하고 약한 사람들의 삶을 변화시키는 일이 당파성과 무관한 이슈이며 초당적인 대의임을 깨달을 때 우리는 큰 진보를 이룰 수 있다. 같은 날 「뉴욕 타임스」에 실린 칼럼을 통해 보노는 에이즈를 이기기 위한 싸움의 성공을 축하하며 복음주의자들과 게이 공동체, 민주당 상원의원 팻 레이히와 전 공화당 상원의원 릭 샌토럼, 이데올로기적으로 반대편에 서 있는 낸시 펠로시와 제시 헬름스 등 다양한 사람들에게 감사의 말을 전했다.[10]

에이즈에 맞서는 전 지구적 싸움에서 거둔 승리는 많은 이들— 공화당원과 민주당원, 보수주의자, 진보주의자, 그리스도인, 유대인, 이슬람교인, 특정 종교를 선호하지 않는 사람들—이 노력한 결과다. 그리고 가난한 사람들의 삶을 변화시키기 위해서는 공동선을 이루기 위한 양당의 정치인들이 초당적인 노력이 반드시 필요하다.

정부는 좋은 일을 할 수도 있고 나쁜 일을 할 수도 있다. 좋은 일에는 큰 일도 있으며 작은 일도 있다. 또한 우리는 정부의 이름으로 행해진 전적으로 정치권력을 통해 자행된 끔찍한 일도 지적할 수 있다. 나의 친구 리처드 랜드는 정치적 보수주의자이지만, 우리는 제대군인원호법(GI Bill)과 연방주택국(Federal Housing Authority)이 제2차 세계대전 이후 귀향한 우리의 아버지들을 교육하고 그들에게 첫 주택을 마련할 수 있도록 도와줌으로써 우리의 가족과 수많은 사람들의 삶에 중대한 긍정적 영향을 미쳤다는 데 동의한다. 메디케어(Medicare: 노인 의료보험—옮긴이) 혜택을 받는 사람들 대부분이 대단히 만족하고 있으며, 사회보장제도는 이전 세대를 빈곤으로부터 구제했다. 그러나 몇몇 정부 프로그램은 효과를 발휘하지 못하고 있으며, 우리는 이에 대해 전적으로 솔직해질 필요가 있다.

신앙인들은 정부에 결코 궁극적인 권위를 부여하지 않지만 정부가 일꾼으로서 중요하고 온당한 역할을 해야 한다고 생각한다. 정부 당국에 대한 평가와 판단 기준은 정부가 사람들을 제대로 섬기고 있는지, 사람들의 안전을 지키고 있는지, 긍정적이며 평화로운 사회 질서를 유지하고 있는지, 시민들의 삶을 개선하는 데 기여하고 있는지, 특히 가난한 이들을 보호하고 있는지 여부다. 인간의 권력 의지 때문에 정치 지도자들에게는 언제나 책임을 물어야 하며, 최선의 정부는 견제와 균형을 그 특징으로 삼아야 한다. 특히 정부 자체에 대한 반대가 부자와 권력자들에게 유리하게 작용할 때, 그런 반대는 성경적인 입장이 아니다. 좋은 정부의 윤리는 투명성과 책임과 봉사다. "국민의, 국민에 의한, 국민을 위한"이라는 말은 여전히 정부를 평가하는 좋은 가늠자이며 정부의 목표다. 그러나 신앙인들은 오직 하나님만이 궁극적 권위를 갖고 계시며, 언제나 그분이 정부에 대해 책임을 물으실 것이라고 믿는다.

잘못을 바로잡으라

인간 역사가 형성된 것은 신념에 따라 용기 있게 행동한 수많은 사람들의 노력을 통해서다. 한 사람이 하나의 이상을 옹호하거나, 다른 많은 사람들의 삶을 개선하기 위해 노력하거나, 불의에 맞서 싸울 때마다 그는 자그마한 소망의 잔물결을 일으킨다. 수백 개의 다른 힘의 근원에서부터 시작된 잔물결이 교차되고 서로에게 자극을 가할 때 그것은 가장 강력한 억압과 저항의 벽을 쏟아내릴 수 있는 물줄기를 만들어 낸다.
—로버트 케네디[1]

최근 '사회 정의'라는 용어가 특히 우파 진영의 언론인들로부터 공격을 받고 있다. 왜 그들은 이토록 사회 정의를 두려워하는 것일까? 왜 그들은 정의에 대한 성경의 명령을 특히 두려워하는 것일까? 그 명령이 **자선만을** 촉구하는 그들의 입장을 부적절한 것으로 만들기 때문일까? 성경이 매우 분명히 말하고 있듯이 정의는 반드시 '사회적'이어야만 한다. 그러나 이 문제는 우파 성향의 토크쇼 진행자들이 주장하는 것처럼 단순히 정치나 정부의 크기에 관한 문제가 아니다. 성경이 정말로 관심을 기울이는 바는 **잘못을 바로잡기 위해** 무엇을 해야 하는가이다.

사회 정의에 대한 두려움

오직 정의를 물같이,
공의를 마르지 않는 강같이 흐르게 할지어다(암 5:24).

나의 아내 조이는 아홉 살인 우리 아들 잭을 학교에 데려다 주는 길이었다. 그때 "세상이 바뀌길 기다리며"(Waiting on the World to Change)라는 노래가 라디오에서 흘러나왔다.[1] 노래는 세상의 많은 문제들을 묘사한 다음 후렴에서 "우리는 세상이 바뀌길 기다리고 있다"고 반복했다.[2] 노래를 듣고 있던 잭은 이렇게 말했다. "엄마, 이 노래는 틀렸어요! 우리는 세상이 바뀌길 기다리기만 해서는 안 돼요. 우리 스스로 세상을 바꿔야 해요!"

이것이 새로운 세대의 반응이다.

미국에서 사회 정의에 관해 이야기하는 것은 대단히 논쟁적인 일이다. 이 문제는 정치적인 것으로 변질되고 말았다. 정의에 관해 이야기하는 사람들은 '사회주의자'라는 비난을 받는다. 일부에서는 정의를 옹호하는 것은 곧 '큰 정부'를 믿는 것과 같다고 생각한다. 심지어 어떤 텔레비전 토크쇼 진행자는 그들의 '칠판'에 당신의 이름을 적고는 당신을 '공산주의자'라고 부를지도 모른다.

당신은 이 나라의 매우 보수적인 지역에서 강연 초청을 받은 후에 (언론의 정치 평론가들의 가장 열성적인 제자들이 주도하는) 격렬한 공격을 받을지도 모른다. 그리고 당신의 아들은 "아빠, 아빠를 이렇게 미워하는 사람들이 권총도 가지고 있어요?"라고 물을지도 모른다. 그들 중 다수가 정말로 권총을 가지고 있다.

분명한 사실은, 이 사회의 몇몇 사람들 – 언론의 정치 평론가와 일부 정치 지도자, 심지어는 교회 지도자들까지도 – 은 사회 정의를 **두려워한다**는 점이다.

그들은 우리가 **자선**에 – 자선에만 – 초점을 맞추기 원한다. 그들은 자선을 좋아한다. 모두가 자선을 좋아한다. 그저 최선을 다해 가난한 사람들을 도우라. 그러나 **정의**, 이 말은 몇몇 사람을 두렵게 만든다.

긍휼은 실로 놀랍고 강력하다. 우리는 긍휼을 통해 세상을 변화시키는 일에 동참하고, 긍휼을 통해 세상의 문제를 더 깊이 이해하려고 노력하기 시작한다. 긍휼은 종종 정의로 나아가는 관문이 되기도 한다. 긍휼의 마음을 가지고 세상의 문제로 고통당하는 이들을 위해 일할 때, 우리는 왜 세상이 잘못되었으며 어떻게 우리가 그것을 바로잡을 수 있는지 알게 된다.

그렇다면 우리는 어떻게 정의를 성경적으로 이해해야 할까? 성경적 정의는 사회주의와는 상관이 없다. 적어도 나는 그렇게 생각한다. 왜냐하면 나는 사회주의가 정부에 너무 많은 소유권과 권력을 부여하는 체제라고 보기 때문이다. 성경의 정의는 공산주의와도 상관이 없다. 왜냐하면 우리는 이 체제 아래서 수백만 명의 사람들에게 무슨 일이 일어났는지를 목격했기 때문이다. 또한 성경적 정의는 '큰 정부'와도 상관이 없다. 나는 수학을 잘하지 못하지만, 만일 내가 지지하지 않는 많은 분야 – 다른 모든 나라들의 군사비 지출을 다 합친 것보다도 훨씬 더 많은 군비 예산이나 잘못된 전쟁에 들이는 수십조 달러의 돈, 수십억 달러의 기업 보조금, 급등하는 의료비에 대한 불필요한 초과 지출—에서 정부 예산을 삭감하고 시민들을 보호하기 위해 정부가 해야 할 일에만 집중한다면 내가 생각하는 이상적인 정부는 현재의 정부보다 훨씬 더 작고 집중적인 정부가 될 것이다. 정의는 사실 이런 '주의'나 정치철학, 정부의 크기와는 무관하다.

성경적 정의와 공의

성경의 하나님은 사랑의 하나님이기만 한 것이 아니다. 성경의 하나님은 정의의 하나님이다. 하지만 이것은 무엇을 뜻하는가?

정의를 뜻하는 그리스어와 히브리어 원어를 번역하는 과정에서 성경적 공의에 대한 우리의 이해가 축소되고 말았다. 히브리어에는 정의를 뜻하는 단어가 적어도 세 개가 있으며, 각각 미묘한 어감을 담고 있다. 「베이커 성경신학 사전」(*Baker's Evangelical Dictionary of Biblical Theology*)에 따르면, 히브리어 **체데크**와 **미쉬팟**, 그리스어 **디카이오쉬네**가 다 성경에서 '정의'를 뜻하는 말로 사용되고 있다.³⁾ 이 용어의 의미에 관해서는 앞 장에서 이미 간략히 논한 바 있다.

'정의'(justice)를 뜻하는 성경의 용어들은 '공의'(righteousness)를 뜻하는 용어들과 대체될 수 있으며 상관관계가 있다. '정의로운' 것과 '옳은' 것은 본질적으로 동일하다. '정의'를 뜻하는 히브리어와 그리스어 원어는 '공의'로 번역된 말과 같은 단어다. 흠정역(King James Version)과 미국표준개역판(American Standard Revised

Version)에서 '정의'나 '공의'로 번역된 단어들이 이후의 번역본에 서는 '옳은'(right)이나 '공의로운'(righteous), '공의'(righteousness)로 바 뀌었다.[4]

두 단어가 본질적으로 동일한 개념을 나타낸다는 점을 상기해야 한다. 성경에서 '정의'와 '공의'는 깊이 연결되어 있다. 이 두 단어는 공정한 무게와 측량에서부터 공정한 법적 절차, 인간의 선한 행위, 정직함과 진실함, 개인의 옳고 정의로운 주장, 고용주의 경제적으로 공정한 행동, 재판관의 공정한 판결, 왕과 통치자의 통치적 책임에 이르기까지 다양한 상황에 적용된다.

'정의'의 분명한 의미는 '옳은 것', '옳음', '정의로운 것', '정상적인 것', '마땅히 그래야 하는 바' 등이다. 법과 법의 공정성 아래서 사람들을 공평하고 평등하게 대해야 한다는 생각은 성경에 자주 등장하는 주제다. 성경 전체에서 하나님은 가난한 사람과 이방인, 채무자, 과부, 고아를 옹호하고 보호하는 분이다. 정의는 '구원'이나 '승리' '신원'(伸寃) '번영'—소수의 사람들이 아니라 모두를 위한—을 뜻하기도 한다. 정의는 구속(救贖)이라는 하나님의 목적의 일부다.

정의를 뜻하는 가장 분명하고 통전적인 말 중 하나는 '정의'와 '평화' 모두를 의미하는 히브리어 **샬롬**이다. 샬롬은 '온전함', 즉 사람들의 행복과 안전에 기여하는 모든 것, 특히 **깨어진** 관계의 회복을 포함한다. 성경에서 정의와 평화라는 의미를 가장 잘 담고 있는 단어인 샬롬은 관계 회복을 뜻한다. 그러므로 정의란 깨어진 관계, 즉 다른 사람들과의 관계 및 구조와 체제와의 관계,

사법 제도, 돈과 경제, 땅과 자원, 왕과 통치자와의 관계를 **바로잡는 것**을 뜻한다.

샬롬은 우리의 모든 인간적·사회적 관계, 심지어는 우리 사회가 어떻게 바뀔 수 있는지에 관한 우리이 상상력에도 적용될 수 있는, 놀라울 정도로 창의적이며 광범위한 관념이다. 샬롬의 초점은 관계를 바로잡고 우리의 사회적 삶을 다시 건강하게 만드는 데 있다. 샬롬이라는 심오한 성경적 사상 때문에 정의는 언제나 '사회적'이어야만 한다. 우리는 어떻게 단순한 보복이 아니라 '회복적 정의'를 우리의 사법 제도의 기초로 삼을 수 있는지를 상상해 볼 수 있다. 고용주와 피고용인의 관계—불공정하고 불의하고 착취적인 관행을 바로잡기 위한 노력—에도 샬롬의 사상을 적용할 수 있다. 경제 체제와 구조, 거래에 관해서도 그것이 선하고 건강한 관계에 기여하는지 그런 관계를 파괴하는지를 그 판단 기준으로 삼을 수 있다. 더 나아가 정부가 문제를 무시하는지, 의존적인 태도를 조성하는지, 혹은 실제로 시민 사회 속에서 시민들 사이의 더 나은 관계를 촉진하는지를 기준으로 정부를 평가할 수 있다.

정의는 깨어진 관계—잘못된 것들—를 바로잡고 치유하는 것, 그리고 그것을 다시 바르게 만드는 것을 뜻한다. 마지막으로 정의는 우리와 하나님 사이의 깨어진 관계를 회복하고, 우리를 향하신 하나님의 뜻에 따라 사는 것을 뜻한다. 그리고 거기에는 하나님의 모든 피조물과 하나님이 만드신 세상을 향한 하나님의 목직 안에서 우리가 맡은 역할을 수행하는 것도 포함된다. 불의는 깨어진 관계—사람들과 제도, 피조물, 궁극적으로 창조주와의 깨어진 관계—를 뜻한다.

예배 행위로서의 정의

정의를 나타내는 성경의 말들은 모두 하나님의 정의와 공평하심, 하나님의 심판, 하나님의 사랑과 공의, 하나님의 축복과 치유와 관계가 있다. 그리고 분명히 정의는 하나님께 드리는 우리 **예배**의 일부이기도 하다. 예언자 아모스의 말을 들어 보라.

> 내가 너희 절기들을 미워하여 멸시하며
> 너희 성회들을 기뻐하지 아니하나니,
> 너희가 내게 번제나 소제를 드릴지라도
> 내가 받지 아니할 것이요
> 너희의 살진 희생의 화목제도
> 내가 돌아보지 아니하리라.
> 네 노랫소리를 내 앞에서 그칠지어다.
> 네 비파 소리도 내가 듣지 아니하리라.
> 오직 정의를 물같이,
> 공의를 마르지 않는 강같이 흐르게 할지어다(암 5:21-24).

이 본문은 예배와 정의의 관계를 가장 분명히 표현한 성경 구절 중 하나다. 이 본문은 이 둘이 연결되어 있음을 강조한다. 예배가 정의—가난하고 억압받는 이들을 위해 문제를 바로잡는 행위-와 분리되어 있을 때, 하나님은 그분의 백성이 드리는 (몇몇 다른 번역본의 표현처럼) '시끄러운' 예배를 "기뻐하지 않으신다." 더 나아가 열광적인 예배는 불의한 세상 현실로부터 우리를 멀어지게 할 수도 있으며, 그로 인해 우리는 그분이 만드신 세상과 그분의 모든 자녀들을 사랑하시는 정의의 하나님으로부터 멀어지고 만다. 설상가상으로 예배는 불의를 은폐하는 기능을 하기도 한다. 사람들은 종교 집회-아파르트헤이트 체제 하의 남아프리카공화국이나 인종적으로 분리된 미국의 남부 혹은 북부에서 드리는 주일 예배 같은 집회-에서 모든 것이 다 괜찮다는 듯이 행동한다. 바로 이런 의미에서 예언자는 그런 거짓 예배가 하나님께는 '악취'와 같다고 말했을 것이다.

하나님이 기뻐하시는 예배를 드리는 유일한 방법은 "오직 정의를 물같이, 공의를 마르지 않는 강같이 흐르게 하는" 것이다. 하나님이 보시기에 정의와 공의 사이에는 분명한 상관관계가 있다. 그 구성원들이 세상 속에서 공의를 실현하기 위해 날마다 노력하지 않는다면 하나님은 그 예배 공동체를 받아들이지 않으실 것이다. 세상에서 공의와 정의를 이루기 위해 노력하는 것은 참된 예배의 행위이기도 하다.

그러므로 간단히 말해 정의는 잘못된 것을 바로잡는 것이다. 정의는 깨어진 관계를 바로잡고 고치고 회복하는 것이다. 그리고 정의를 행할 때 하나님과 우리의 관계가 회복되며 하나님께 드리는 우리의 예배는 참된 예배가 된다.

이것이 모든 사회를 바라볼 때 우리가 사용하는 정의의 렌즈가 되어야 한다. 즉 무엇이 잘못되었는지를 살펴보고 잘못을 어떻게 바로잡을지를 알아내는 것이다. 정의는 이만큼이나 기초적이다. 그리고 정의를 위해 노력함으로써, 우리는 정의의 하나님이신 성경의 하나님을 우리가 사랑하고 예배하고 있음을 드러낸다.

정의를 위한 투쟁

정의를 위한 투쟁은 무언가가 잘못되었음을 누군가가 인식할 때 시작된다. 이 장 첫머리에 인용한 로버트 케네디(Robert F. Kennedy)의 말처럼, "한 사람이 하나의 이상을 옹호하거나, 다른 많은 사람들의 삶을 개선하기 위해 노력하거나, 불의에 맞서 싸울 때마다 그는 자그마한 소망의 잔물결을 일으킨다.… 그런 잔물결들이 가장 강력한 억압과 저항의 벽을 쓸어내릴 수 있는 물줄기를 만들어 낸다."[5]

정의를 위한 모든 운동은 이렇게 시작된다. 우리가 **잘못되었다**고 생각하는 것들, 우리를 불편하게 하고 우리의 관심을 끄는 것들이 있다. 정의를 위한 운동은 젊은 세대가 무언가 잘못되었다고 믿게 될 때 시작되는 경우가 많다. 무언가가 젊은이들의 관심을 사로잡는다.

우리에게는 언제나 그런 젊은이들이 필요하다. 나는 이것이 바로 다음 세대의 소명이자 의무라고 믿는다. 젊은이들이 무언가 잘못되었다고 믿을 때, 그것은 종종 새로운 사회 운동을 위한 출발점이 된다. 반면에 젊은이들이 무언가 잘못되었음을 깨닫지 못할 때, 아무것도 그들의 관심을 끌지 못할 때, 그들이 자신—자신이 어떻게 보이는지, 어떻게 느끼는지, 무엇을 먹거나 마시고 싶은지, 누구를 좋아하는지, 누가 자신을 좋아하는지 – 에 대해서만 관심을 기울일 때, **사회는 큰 어려움에 처한다.** 그리고 만약 그들이 그리스도인이고 자신 안에 갇혀 있을 때, **교회와 복음은 큰 어려움에 처한다.**

새로운 세대의 책무, 젊은이들의 소명, 그리스도인의 신앙적 의무는 자신을 둘러싼 세상이 무엇이 잘못되었으며 불공정하고 잔인하고 불의한지를 인식하는 법을 배우는 것이다. 즉 어떤 깨어진 관계가 하나님의 자녀들과 하나님의 세상을 아프게 하는지, 무엇이 하나님의 마음을 아프게 하는지 알아야 한다.

무엇이 잘못되었는지에 관심을 기울이고 그것을 바로잡는 법을 찾아내는 것, 이것이 바로 신앙인들이 해야 할 일이다.

앞에서 언급했듯이 디트로이트 시에 사는 젊은 그리스도인으로서 나는 인종 문제에 관해, 백인과 흑인 사이의 관계와 그 체제에 관해 무언가가 대단히 잘못되었다고 느꼈었다. 나는 내가 사는 도시와 나라가 안고 있는 문제를 보았으며, 그것을 바로잡고 싶었다. 그러나 나는 교회를 떠나 흑인민권 운동과 학생 운동에 참여해야만 했다. 왜냐하면 나의 교회는 인종적 정의에 대한 나의 요구를 받아들이려 하지 않았기 때문이다. 나는 정의에 대한 성경의 관심을 발견하고, 과거에 그리스도인들이 잘못을 바로잡기 위해 노력했으며 역사상 가장 중요한 사회 정의 운동들 중 다수를 이끌었음을 깨달은 후에야 비로소 신앙으로 돌아왔다. 나는 잘못을 바로잡기 위해 필요한 것이 바로 정의를 위한 노력 –

무엇이 잘못되었는지를 깨닫고 상황을 바꾸고 개선하는 법을 찾아내는 일—임을 깨달았다. 나는 젊은이로서 내가 가진 의문을 신뢰하고 다른 젊은이들도 그들이 가진 의문을 신뢰하라고—그리고 그에 따라 행동하라고—격려하는 법을 배웠다.

희생자를 구할 것인가, 잘못을 바로잡을 것인가

젊은 세대의 머리와 마음을 건드리고 정의를 향한 열정을 일깨운 동시대적 이슈 몇 가지를 예로 들어 보자. 이 심각한 이슈들이 젊은이들의 긍휼을 자극해 그들로 하여금 다시금 잘못을 바로잡는 법을 생각하게 만들었다.

오늘날 수백만 명의 젊은 그리스도인들이 성적 착취를 목적으로 하는 인신매매 문제에 관심을 갖게 되었다. 그들은 분명히 그것이 잘못되었다고 믿고 있으며, 인신매매에 희생된 여성과 아동들을 구하기 위한 운동에 적극적으로 참여하고 있다. 그리고 이런 노력은 대단히 중요하다. 그러나 인신매매에 희생되는 사람들이 점점 더 많아지고 있으며, 구출되는 사람들도 점점 더 늘고 있다. 그렇다면 우리는 인신매매를 어떻게 변화시키고 중단시키고 종식시킬 수 있을까? 유일한 방법은 정의에 관해 묻는 것이다. 누가 돈을 벌고 이런 체제를 운영하고 있는가? 어떤 정치인들이 이를 은폐하고 있으며, 더 나아가 이에 관여하고 있는가? 어떻게 이를 종식시킬 수 있는가? 성매매에 맞서고 가해자와 관여자를 폭로하고 희생자를 보호하기 위해서는 어떤 금융 조치, 공적 홍보, 법적 투쟁, 새로운 법률이 필요한가? 어떻게 잘못을 바로잡을 수 있는가?

여성과 아동들을 구하는 일은 대단히 중요하지만, 분명 그것으로는 충분하지 않다. 어떻게 우리는 잘못을 바로잡을 수 있을까? 이 물음에 대한 대답으로, 희생자들을 구할 뿐만 아니라 인신매매를 종식시키기 위한 새로운 노예제 폐지 운동이 시작되었다. 어떤 정치 철학을 가지고 있는가는 중요하지 않다. 중요한 것은, 잘못을 바로잡고 수많은 여성과 아동들이 더 이상 이런 잔인한 악행에 희생당하지 않게 하려면 무엇이 필요한가이다.

다른 문제에 대해서도 동일한 물음을 던질 수 있다. 무주택 문제를 예로 들어 보자. 많은 회중들과 종교 관련 단체, 사회봉사 단체는 노숙자 개인과 가정을 먹이고 그들에게 쉼터를 제공하고 그들의 의료적·사회적 필요를 돌보는 일을 하고 있다. 그러나 이런 운동을 통해 얻은 결론은 '주택 우선'이라는 말로 요약된다. 이것은 먼저 안전하고 안정적인 주거를 제공한 다음 무주택의 원인이 되거나 그와 연관된 다른 모든 문제를 해결하자는 전략이다. 가장 효과적이라고 입증된 이 전략을 통해 노숙 생활을 하던 이들이 정상적인 삶을 되찾고 있다.

수백만 명의 사람들이 학습에 도움이 필요한 어린 학생들을 개인적으로 지도하는 일에 참여하고 있다. 십대인 나의 아들 역시 이런 봉사 활동을 하고 있다. 그러나 어떻게 해야 가장 가난한 학생들이 다니는 학습 성취도가 낮은 학교들을 진정으로 개혁할 수 있을까? 새롭고 광범위한 초당적 교육 개혁 운동이 시작되었다. 이 운동은 유능한 교사와 교장을 찾아내서 그들을 양성하는 데 초점을 맞춘다. 이 운동은 개인 지도로는 충분하지 않다는 깨달음에서 시작되었다. 문제를 바로잡으려면 특히 가장 가난한 동네와 지역과 관련해 교육 제도의 근본적인 변화가 필요하다는 것이다.

신앙 공동체와 기타의 시민 단체들이 식품 보급소와 푸드 뱅크, 급식소를 통해 가난한 사람들을 먹이고 음식이 부족한 가정에 먹거리를 제공하는 일에 참여하고 있다. 그러나 이런 노력에 공적 예산을 투자하는 것도 중요하다. 권위 있는 '세상을 위한 빵 연구소'에서 발표한 미국 내 기아에 관한 분석 자료에 따르면, "정부 프로그램을 통해 공급되는 식품의 양은 자선단체가 공급하는 식품 공급량의 9배 이상에 이른다."[6] 푸드 스탬프와 다른 중요한 프로그램을 위한 예산이 삭감될 때, 신앙 공동체와 비영리 기구들에 사람들이 몰려 장사진을 이루고 긴급한 수요가 추가로 발생한다. 종교 관련 단체와 교회가 저소득층을 위한 가장 중요한 프로그램을 지키기 위해 보호의 울타리를 만들고, 정치인들을 향해 재정 적자를 감축해야만 한다면 다른 부문의 예산을 깎아야 한다고 말하는 것도 바로 이 때문이다. 가난한 사람들에게 고통스러운 희생을 강요하여 예산의 균형을 맞추는 대신 정말로 필요 없는 예산을 삭감하는 것은, 어떻게 잘못을 바로잡을 것인가와 관련된 정의의 문제이다. 이러한 희망적인 발전에 대해서는 앞서 4장에서 논의한 바 있다('보호의 울타리'를 보라).[7]

미국 내에 무려 1천2백만 명의 서류미비 이민자들이 존재하는 상황에서 점점 더 많은 교회와 회당들이 위험에 처한 이들을 돕는 일에 참여하고 있다. 교회와 회당이 이 일에 동참하는 까닭은,

최근 더 가혹한 이민법이 미국의 여러 주에서 속속 통과되고 있기 때문이다. 4장에서 설명했듯이 이 문제의 핵심은 멕시코와 미국의 국경에 세워진 보이지 않은 두 가지 표지판과 관계가 있다. 하나에는 '침입 금지'라고 적혀 있으며, 다른 하나에는 '일손 구함'이라고 적혀 있다. 그리고 지금 수백만의 힘없는 가정들이 이 두 표지판 사이에서 갈등하고 있다.

이민 제도가 망가진 것은 명백하다. 우리에게 필요한 것은 포괄적 이민 개혁이라는 해법이다. 그러나 정치 때문에 이민 개혁이 거듭 지연되고 있으며, 그러는 사이에 서류미비 이민자들에게는 모든 상황이 계속 악화되고 있다. 서류미비 이민자들의 삶을 훨씬 더 어렵고 고통스럽게 만들고, 도저히 살 수 없을 정도로 만들어 자발적으로 미국을 떠나도록('자진 출국') 압박하기 위한 주법(州法)이 제정되고 있다. 나는 이것을 자진 출국이 아니라 **잔인한 추방**이라고 불러야 한다고 생각한다. 심지어는 성경이 분명히 말하고 있는 '이방인'에 해당하는 사람들을 섬기는 기독교 사역도 '불법 체류자'들에게 은신처와 도피처를 제공하는 불법 행위로 간주될 수 있다. 그러나 서류미비 이민자들을 섬기는 사역이 계속해서 규모가 커지고 있으며, 잘못을 바로잡을 – 국경 보안을 강화하고, 법치를 존중하고, 안전하고 합법적인 외국인 노동자의 지위를 부여하고, 가족 파괴를 막고, 오랫동안 경우에 따라서는 수십 년간 이 나라에 살면서 자녀를 길러온 사람들에게 시민권을 취득할 수 있을 길을 마련해 주는 새로운 포괄적인 이민 개혁 법률을 통과시킴으로써 – 방법을 찾을 때까지 이런 법률을 어기겠다는 성직자들도 있다. 그리고 앞서 살펴보았듯이, 공화당 지지자와 민주당 지지자를 아우르는 복음주의 그리스도인들이 이끄는 새로운 이민 개혁 운동은 이민 제도의 잘못을 바로잡는 일에 기여하고 있다.

2012년 2월 플로리다 주 샌포드에서 발생한 트레이번 마틴 총격 사건은 전국적인 항의를 불러일으켰다. 젊은 트레이번과 그의 아버지는 외부인의 출입을 제한하는 주택 단지에 사는 친구 집을 방문했다. 간식을 사러 나갔다가 사탕과 음료수를 사들고 돌아오던 트레이번은 그 지역 자율 방범대원의 눈에 띄었다. 그는 무장도 하지 않은 이 흑인 십대 소년을 쫓아가 결국 그를 사살했다. 그는 이것을 정당방위라고 주장했다.

총을 쏜 사람은 체포되어 재판을 받았지만 그것만으로는 어린 아들을 잃은 어머니와 아버지의 슬픔을 달랠 수가 없다. 이런 살인을 정당화하는 데 동원되는 '정당방위법'(stand your ground law: 신변의 위협을 느낄 때 정당방위로 치명적인 무기 사용을 허용하는 법—옮긴이)과 누구든지 아무 검사도 받지 않고 가장 위험한 자동화기까지 쉽게 구입할 수 있도록 허용한 총기 관련 법률에 대한 대책을 마련해야만 한다.

더 심층적인 차원에서 트레이번 마틴의 죽음을 구속(救贖)하는 유일한 방법은 이 나라의 영혼을 돌아보는 것이다. 이 비극을 통해서 미국의 모든 흑인 아버지와 어머니는—그들의 지위와 계층, 사는 곳을 막론하고—자신의 어린 아들에게 경찰이나 다른 무장 경비요원 앞에서 어떻게 행동해야 하는지에 대해 '대화'를 나눠야만 함을 깨닫게 되었다. 백인 부모들은 자신의 아들과 이런 대화를 나눌 필요가 없다. 백인 부모들은 자신의 흑인 친구들 – 자녀의 학교나 스포츠 팀에 있는 친구들 – 에게 그들의 경험에 대해 물어 보아야 한다. 많은 사람들이 미국의 거의 모든 흑인 가정에서 이런 '대화'를 나눈다는 사실을 깨닫고 충격을 받았다. 젊은, 심지어는 비교적 나이가 많은 흑인 남자에 대한 인종적 표적수사는 미국 사회에서 끈질기게 계속되는 대단히 불의한 관행이다. 그리고 이것은 반드시 바꾸어야 – 바로잡아야 – 한다. 트레이번 마틴의 죽음에 올바르게 대응하는 유일한 방법은 이런 행동과 우리의 문화, 우리의 사법 제도를 바꾸는 것이다. 그리고 이런 문제를 바로잡기 위해서는 미국 내에서 다인종적 운동이 일어나야만 한다.

예언자의 말

불의를 변화시키고 바로잡기 위해 우리는 세상의 체제와 논리에 맞서야 한다. 예를 들어, 영국의 노예제 폐지운동가 윌리엄 윌버포스는 그저 영국의 그리스도인들에게 노예를 소유하지 말라고 촉구하지 않았다. 그는 노예무역을 종식하기 원했으며, 이를 위해서는 장기적인 정치 캠페인이 필요했다. 마틴 루터 킹은 미국의 그리스도인들에게 개인적으로 흑인을 차별하지 말라고 부탁하는 데 만족하지 않았다. 그는 인종차별을 멈추고 흑인을 위한 진정한 민주주의를 성취하기 위해서는 흑인민권법과 투표권법이 필요함을 인식했다. 이를 위해서는 백악관의 지도력과 의회의 표가 필요했다. 그러나 무엇보다도 흑인민권 운동이 필요했다.

이것이 바로 성경이 우리에게 가르치는 바다. 성경은 사랑의 하나님뿐만 아니라 정의의 하나님을 계시한다. 성경에는 '억압'과 '정의' 같은 말이 가득하다. 가장 빈번하게 예언자들의 **심판 대상**이 되는 사람들은 왕과 통치자, 재판관, 고용주들 – 세상의 정부, 법원, 경제, 체제, 구조를 지배하는 부자와 권력자들, 세상의 논리를 좌지우지하는 사람들 – 이다. 권력을 가진 사람들이 가난하고 약한 사람들을 부당하게 대할 때 그것은 그저 불친절한 것이 아니라 그릇되고 불의한 것이며 하나님을 화나게 만든다고 성경은 말한다. 성경이 **관심을 기울이는 대상**은 언제나 과부와 고아들, 가난한 사람과 억압받는 사람들, 법원이나 파렴치한 고용주 때문에 피해를 입는 사람들, 빚을 탕감 받아야 할 채무자들, 환영받아야 할 이방인들이다. 그리고 권력자들에게 전하는 예언자의 메시지 **주제**는 땅과 노동, 자본, 사법적 판결, 고용주의 관행, 통치자의 명령, 권력자의 결정 같은 것들 – 정의와 정치와 관련된 모든 사안들 – 이다.

무언가 사람들의 마음을 건드리고 심금을 울릴 때 변화를 위한 운동이 시작된다. 어떤 사람에게는 그것이 신앙적 양심을 일깨운다. 사람들은 문제에 관심을 기울이고 관심을 갖는 다른 사람들과 함께 잘못을 바로잡을 방법을 모색한다. 이것이 바로 정의다. 그 누구도 당신에게 그것이 위험한 일이라고 말하지 못하게 하라. 정의는 불의에 대해서만, 체제와 구조를 현상 유지함으로써 이익을 얻는 사람들에게만 위험하다.

세상이 작동하는 방식이 근본적으로 바뀌기 원하는가? 그렇다면 문제는 정치 제도나 철학, 정부의 크기가 아니다. 오히려 잘못된 상황의 근본 원인을 밝히고 문제의 핵심으로 들어가 그것을 다시 바로잡는 것이다. 그것은 태도와 문화, 제도, 체제와 구조, 정치와 법의 변화를 뜻한다. 잘못을 바로잡기 위해 정치를 변화시켜야 한다는 뜻이지만 그렇다고 해서 당파적인 대의에 매일 필요는 없다. 그리고 가장 성공적인 운동이 되기 위해서는 초당적인 지원을 끌어들여야 한다. 이런 운동이 실제로 잘못된 것을 바꾸고 바로잡는다. 이것이 바로 정의가 언제나 요구하는 바다. 지금은 새로운 세대가 무엇이 잘못되었는지를 판단하고 이를 바로잡기 위해 필요한 일에 헌신해야 할 때다.

건강한 가정

원하든 원치 않든 하나님이 여기 계신다.
기쁨을 미루지 말라.
우리 가족의 삶은 야구 시즌을 중심으로 돌아간다.
–우리 집에 걸려 있는 액자의 문구

이 책 첫머리에서 우리는 공동선을 **인간의 번영을 증진하는 모든 것**이라고 설명했다. 우리는 국가적·제도적·문화적·경제적·정치적 힘에 중요성을 부여하고 관심을 기울이지만, 우리가 속한 **가정**만큼 인간의 번영에 결정적인 영향을 미치는 힘이나 공간은 없다. 가정은 우리의 가장 일차적인 관계를 나누는 공간이며, 가장 중요하게는 우리의 자녀들이 일차적으로 자라나는 환경이기 때문이다. 일반적으로 가정은 좋든 나쁘든 우리의 삶에 가장 결정적인 영향을 미친다. 우리 대부분은 아침에 가정을 떠나 밤에 가정으로 돌아온다. 가정은 우리 실존의 토대이며 사회의 기초다. 가정은 가족을 하나로 묶어 주는 곳이며, 인간관계와 공동체에 관해–즉, 공동선에 관해–배우는 첫 번째 공간이다. 우리가 **욕구보**

다 가치를 선택해야 함을 배우는 곳이 바로 가정이다.

욕구가 아니라 가치

> 마땅히 행할 길을 아이에게 가르치라. 그리하면 늙어도 그것을 떠나지 아니하리라(잠 22:6).

가정은 현대 소비사회가 우리의 욕구를 끈질기게 충동하는 주된 공격 대상이지만, 인간의 번영에 필요한 기초적인 가치를 배울 수 있는 공간이기도 하다. 이 가치를 배울 때 비로소 우리는 제어되지 않는다면 우리의 인간성을 위협할 수도 있는 우리의 욕구를 통제할 수 있게 된다. 따라서 공동선에 관한 근본적인 질문은 우리의 가정이 우리의 가치를 형성하는가 아니면 그저 우리의 욕구를 충족시키는가이다.

어느 날 우리 집에서 아들의 친구 하나가 우리와 함께 저녁식사를 했다. 식탁에 둘러앉아 식사를 시작하기 전에 우리는 모두 손을 잡고 짧게 감사의 기도를 드렸다. 열세 살짜리 손님이 크게 미소 지으며 "와, 영화의 한 장면 같아요!"라고 말했다.

이것은 영적 훈련이다. 가능한 한 자주 저녁식사를 함께하는 것이 점점 더 반문화적인 행동이 되고 있다. 가족이 함께 나누는 저녁식사는 날마다 부모와 자녀의 삶을 짓누르는 엄청난 문화적 압력으로부터 규칙적으로 휴식을, 더 나아가 안식을 누릴 수 있는 기회를 제공한다. 식탁과 그 주위에서 일어나는 일 덕분에 우리는 육체적으로도 영적으로도 버틸 힘을 얻는다.

첫째, 대개 집에서 만든 음식이 바쁜 가족이 어쩔 수 없이 택하는 패스트푸드보다 더 낫고 건강에 좋다. 둘째, 함께 저녁식사를 할 때, 우리는 대화를 나누고 "그래, 오늘 하루는 어땠니?"라는 물음에 답할 수 있는 조용한 장소와 시간을 얻게 된다. 그렇게 함으로써 우리는 규칙적으로 서로 소통하고 더 나아가 우리에게 일어난 일들에 대해 실제로 **반성**하는 습관을 기를 수 있다. 무슨 일이 일어났으며, 그 일은 어떤 의미를 갖고 있는가? 우리는 그 일에 대해 어떻게 생각하는가?

학교 공부, 직장 일, 집안 일, 내일 및 금주 계획 등 무엇에 관해서든 대화를 나눌 수 있다. 우리는 그저 그날의 사건에 대해 반응하기만 하는 것이 아니라, 어떤 일이 일어나기를 원하는지 묻는다. 또한 잠시 고개를 조아린 채 서로에 대해, 식탁 주위에 있거나 멀리 떨어져 있는 우리가 사랑하는 모든 사람들에 대해, 그리고 만약 다행히도 우리에게 먹을 것이 충분하다면 충분한 음식이 차려진 식탁에 대해 감사의 기도를 드린다. 이것은 분명 더불어 먹고 마심으로써 인간관계를 풍성히 누릴 수 있는 기회이며, 예수님과 그분의 제자들의 삶 속에서 식탁 교제가 얼마나 중요한 역할을 했는지를 상기시킨다. 학교와 직장, 스포츠, 숙제, 저녁 회의, 언제나 남아 있는 해야 할 일들 때문에 함께 시간을 보내는 것이 언제나 쉬운 일은 아니다. 가능한 한 자주 함께 식사를 하기 위해서는 영적 훈련이 꼭 필요하다.

솔직히 말해서 나는 (대부분의 사람들보다 조금 더 늦게) 가정을 꾸리고 나서야 비로소 가정의 의미와 중요성을 더 온전히 이해할 수 있었다. 나는 가족 간의 유대가 강한 집안에서 자랐으며, 부모님이 돌아가신 후에도 우리 다섯 남매는 여전히 끈끈한 관계를 이어가고 있다. 그러나 자신의 가정을 꾸리고 전에는 한 번도 가져보지 못한 삶의 기초와 토대를 발견할 때까지는 가정이 얼마나 중요한지 이해하기 어렵다.

아버지가 된 후 내 삶은 완전히 바뀌었으며, 나의 소명 의식까지 바뀌었다. 리틀 야구팀의 코치 역할을 하는 것이 나에게는 책과 칼럼을 쓰고, 정의의 옹호자가 되고, 공적 영역에서 연설을 하고, 종교 관련 단체와 연합체를 이끄는 것만큼이나 중요해졌다. 나는 야구팀의 연습과 시합, 주말, 주일 예배, 가족 행사를 중심으로 출장과 강연 계획을 세운다. 그리고 나에게는 우리 집 옆에 있는 야구장에서 일어나는 일이 내가 몸담은 전 세계의 사회 운동 영역에서 벌어지는 일만큼이나 흥미진진하다. 그러므로 이 장에서는 이 책의 다른 장들보다 개인적인 이야기를 더 많이 다룰 것이다.

우리 가정에서 일어나는 일은 절대적으로 중요하다. 가정은 우리가 그저 '스크린'으로부터 문화를 받아들이고 미국의 소비주의를 맹목적으로 수용하는 사람들이 되는 공간인가? 아니면 미국 대중문화와 소비적 생활방식의 왜곡된 가치에 대항해 우리가 선택한 가치에 따라 실제로 살아가는 법을 가르치는 영적·문화적 형성의 공간인가?

우리의 가정은 가치를 가르치는가, 아니면 우리의 욕구를 부추기는가? 오늘날 이것은 대단히 중요한 물음이다. 우리의 대중문화는 부자와 유명한 사람들의 상품과 우선순위와 개성을 체계적으로 전달하는 거대한 광고 기계가 되었으며, 이 모든 것이 우리의 가정을 직접적으로 겨냥한다. 그러나 가정은 지배적인 소비자 형성의 문화에 대항하고 그것을 훨씬 더 인간적인 형성의 문화로 대체하는 대안적인 문화를 창조할 가능성이 있는 곳이기도 하다. 그러므로 가정은 인간 번영의 실천에 있어서, 그리고 다음 세대에게 공동선을 가르치는 일에 있어서 핵심적인 공간이다. 우리의 삶을 절박하고 불안하게 만드는 모든 사회적 압력에도 불구하고 가정은 삶과 기쁨이 풍성히 넘쳐나는 공간이 될 수 있다.

어느 날 한 친구가 나에게 "기쁨을 미루지 말라"라고 적힌 작은 액자를 보내 주었다. 내 아내의 이름이 조이(기쁨)이기 때문에 물론 이 액자는 이중적인 의미를 지닌다. 나는 이 액자를 집에 있을 때면 거의 매일 앉는 서재의 책상 맞은편 눈높이 정도 되는 책장 선반 위에 두었다. 나는 이것이 가정을 위한 훌륭한 비전이 된다고 생각한다. 기쁨을 미루지 말라.

야구팀 코치로 활동하기

아이폰이 고장 났지만 나는 조금도 개의치 않았다. 아이스박스 안에 가득 차 있던 물과 얼음이 내 머리 위로 부어져 나도 전화기도 흠뻑 젖었다. 큰아들 루크의 리틀 야구팀인 내셔널스가 북서부 리틀리그 메이저스 챔피언십에서 우승을 차지했고, 아이들은 텔레비전에서 본 것처럼 신이 나서 코치에게 물을 끼얹었던 것이다. 나는 아들 때문에 너무나 행복해서 아이폰이 젖든 말든 개의치 않았다.

나는 두 아들이 속한 야구팀 두 곳에서 코치로 활동해 왔다. 루크의 팀은 더블 에이 리그에서 한 번도 지지 않았고, 2년 전에는 트리플 에이 챔피언십에서 우승을 했다. (트리플 에이는 더 어린 아이들의 리그이며 나는 이 리그에 속한 아홉 살 둘째 잭의 팀에서 여전히 코치로 뛰고 있다.) 우리는 리틀 야구에서 가장 높은 학년 학생들의 리그인 메이저스에서 우승을 차지한 것이다. 다른 코치들이 리틀 리그의 세 부문을 다 휩쓴 비결이 뭐냐고 물었을 때 나는 곰곰이 생각한 후 솔직히 대답했다. 내 아들이 당신들의 팀을 상대로 안타를 많이 치고, 투수로 올라가 공을 던질 때는 상대 팀에 안타를 내주지 않은 것이 나의 비결이다!

나도 어렸을 때 열여섯 살 무렵까지 야구를 했지만, 루크는 내가 뛸 때보다 훨씬 더 잘하고 있으며 나이도 아직 열세 살밖에 되지 않았다. 지금 루크에게는 자신이 소속된 트래블팀(travel team: 기량이 더 뛰어난 선수로 구성된 팀으로서 다른 지역의 팀과 경기를 벌인다 - 옮긴이)과 중학교의 야구부에 (자기 아빠 말고도) '진짜' 코치들이 있다. 루크는 다른 사람들로부터 필요한 조언을 듣는다. 진지하게 - 일부는 대학을 졸업할 때까지 - 야구를 했던 진지한 젊은 사람들로부터 훌륭한 가르침을 받고 있다. 다섯 살 때부터 나에게 야구를 배운 루크는 지금 고등학교에 진학해서도, 어쩌면 대학에 가서도 계속 야구팀에서 뛸 수 있을 수준에 올랐다. 그것은 어려서부터 이 아이가 바랐던 바였으며, 그러므로 나는 책임을 완수한 셈이다. 아직도 루크는 또래의 많은 아이들처럼 메이저리그 야구를 꿈꾸지만, 현실적으로 가장 뛰어난 아이들에게도 그 꿈이 이루어질 가능성이 낮다는 정도는 알고 있다. 동생에게 말한 것처럼, 루크는 자신이 하고 싶은 일 중에서 "프로야구 선수가 되는 것보다 세상을 바꿀 가능성이 더 높은" 다른 일들에 관해서도 생각하고 있다.

그러나 나는 재능 있는 아들이 야구 하는 것을 지켜보다는 것보다 코치로 뛰는 것을 훨씬 더 좋아한다. 나는 아이들과 끈끈한 부자관계를 맺어 왔다. 챔피언십 결승전이 끝난 후 며칠 동안 루크는 싱긋 웃으며 나에게 다가와 주먹을 부딪치거나 하이파이브를 하면서 "아빠, 우리가 해냈어요"라고 나직이 말하곤 했다.

나는 2년 전 우리가 트리플 에이 결승전 경기에서 이긴 날을 아직도 기억한다. 우리 집에서 팀 파티를 한 후 루크는 야구장으로 돌아가 공을 더 던지고 싶어 했다. 나는 웃으며 그러자고 말했다. 하지만 곧 어두워져서 우리 중 한 사람이—아마도 내가—공에 머리를 맞을 것 같았다. 그래서 나는 우리가 사용하는 '우정의 구장' 안의 네 곳의 내야를 천천히 걸으며 각각의 홈 플레이트를 밟자고 말했다. 우리는 경기에 대해서, 팀원들이 얼마나 잘했는지, 우리가 얼마나 멋진 시즌을 보냈는지 이야기했다. 마지막 홈 플레이트를 밟았을 때는 날이 너무 어두웠다. 우리 집의 불빛이 보였는데, 마치 우리를 집으로 맞아들이는 듯했다. 야구장을 떠나 집으로 향하는 길에 열 살짜리 내 아들은 나를 올려다보면서 조용히 "고마워요. 사랑해요, 아빠"라고 말했다. 아버지로서 평생 잊지 못할 순간이었다. 야구는 이처럼 우리를 끈끈하게 연결해 주었다.

또한 코치를 하면서 나는 아들의 모든 팀원들뿐 아니라 세상에서 그들의 가장 친한 친구인 다른 팀 아이들을 알게 되었다. 집으로 돌아와 방에 들어서면 한 무리의 아이들이 경기를 보고 있다. 내가 "안녕, 얘들아"라고 말하면, 한 녀석은 "안녕, 아빠"라고 말하고 나머지는 "안녕하세요, 코치님"이라고 대답한다. 이것은 정말로 좋은 경험이었다. 우리 집은 언제나 팀의 클럽하우스였으며, 우리가 그것을 얼마나 좋아하는지 다른 부모들도 알고 있을 것이라고 나는 확신한다.

비록 우리는 이기는 팀이지만, 절대로 이기는 것이 일차적인 목표라고 강조하거나 경쟁심을 부추겨 열심히 뛰게 만들지는 않는다. 언제나 나는 우리 팀에 세 가지 단순한 규칙만 강조했다. 첫째, 즐기자. 결국 리틀 야구에서 가장 중요한 것은 재미다. 둘째, 언제나 좋은 팀원이 되자. (누군가 실수했을 때 선수나 부모나 코치는 절대로 부정적인 말을 해서는 안 된다.) 셋째, 야구 경기를 사랑하고 더 좋은 선수가 되는 법을 배우자. 이 원칙들 덕분에 우리는 이기는 팀이 된 것 같다. 코치를 비롯해 우리 모두는 실수를 한다. 그러나 실수를 해도 언제나 '다음 번'이 있다. 그리고 우리는 모두 이 경기를 사랑하는 법을 배운다. 가족들은 시즌 동안, 그리고 시즌이 끝난 후에도 작은 공동체가 되며, 그렇게 만들어진 우정은 야구가 끝나도 오랫동안 이어진다.

나는 아이들을 가르치고 코치 역할을 할 정도로 야구를 잘 알지만, 코치로서 나의 강점은 결코 기술적인 전문성에 있지 않다. 오히려 나는 설교자와 목회자의 자질을 활용해 리틀 야구팀을 이끌고 있다. 나는 아이들에게 영감을 불어넣고, 그들을 격려하고 지원하고 인도하기 위해 노력하며, 그들의 경험이 야구뿐만 아니라 아이들의 삶 전체에 적용될 수 있기를 바란다. 부모들은 경기 중에 내가 계속해서 하는 말에 미소를 짓곤 한다. "공이 너한테 오고 있다 생각하고 대비해." "공을 던질 때마다 몸을 숙이고 준비 자세를 취해." "공을 어떻게 할지 생각하고 있어." "정신 차려!" "네가 타자란 걸 명심해." "자기 베이스를 지켜." "팀원들을 도와줘." 그리고 언제나 "넌 할 수 있어"라고 말한다. 내가 격려의 말이나 지시사항을 외칠 때, 주변에 선수들을 모아 원을 만들 때, 부모들은 내가 그들에게 '삶의 교훈'을 가르치고 있다고 말한다! 챔피언십 결정전을 시작하기 전에 나는 아이들에게 몇 가지 이야기를 하면서 누가 경기에서 이길지 예상해 보았다. "누가 이길까요?" 아이들이 물었다. 나는 "오늘 가장 집중하는 사람이 이길 거야. 오심에 신경 쓰지 않고 계속 경기하는 사람이 이길 거야. 실수할 때도 팀원들을 격려하는 사람이 이길 거야. 경기에 몰입해 최선을 다하고 경기에 모든 것을 쏟아붓는 사람이 이길 거야." 나는 이렇게 대답했다. 우리 팀은 4대 2로 아슬아슬한 승리를 거두었다.

물론 루크가 홈런을 치거나, 올스타 게임에서 가장 큰 안타를 치거나, 상대팀의 타선을 틀어막는 완벽한 투구를 하거나, 사사구를 골라내거나, 홈에서 2루로 도루하는 주자를 아웃시킬 때 나는 기쁘고 자랑스럽다. 그리고 아빠이자 코치로서 너무 많이 흥분하지 않으려고 노력한다. 그러나 솔직히 말해 긴장하던 아이가 공을 맞히는 법을 마침내 깨닫고 환한 미소를 띠는 것을 볼 때,

시즌 내내 수없이 실수를 하던 아이가 드디어 경기의 승부를 가르는 플레이를 하고 게임 볼을 차지하는 것을 볼 때, 부모들에게서 시즌이 끝나고 한참이 지난 후에 자기 아이가 학교나 삶에서 어려운 도전에 직면할 때마다 "코치 짐이 너를 믿었던 것처럼 너를 믿어"라고 말해 주면 아이가 힘을 얻는다는 말을 들을 때, 나는 훨씬 더 큰 기쁨을 얻는다. 대부분의 코치들이 경기에 잘 적응하지 못하는 아이들을 도울 때 가장 큰 보람과 만족을 느낀다고 말할 것이다.

이제 루크는 연령 제한 때문에 리틀 리그에서는 뛰지 않기에 나도 더 이상 루크의 팀에서 코치로 활동하지 않는다. 이제부터는 그저 아빠와 팬으로서 아들이 야구하는 모습을 지켜볼 것이다. 지난여름 루크는 워싱턴 챔피언십에서 우승한 북서부 리틀 리그의 12세 월드 시리즈 팀에 들어갔으며, 코네티컷 주 브리스틀에서 열린 월드 시리즈 지역 예선에서 다시 대표팀으로 뛰었다. 그 주에 온 가족이 경기를 보기 위해 거기까지 갔으며, 아이들과 가족 모두가 평생에 남을 경험을 했다. 오랫동안 함께 경기를 하는 과정에서 올스타 선수들의 부모와 형제자매들 사이에 깊은 공동체 의식이 생겨났다. 그런 공동체 의식을 누릴 수 있다는 것이 참으로 감사했다. 그리고 마침내 루크는 8월마다 우리 가족이 텔레비전으로 보아 온 리틀 야구 월드 시리즈 예선에 진출했다. 그것만으로도 리틀 야구계에서는 대단한 일이었다. 비록 윌리엄스포트에서 챔피언십을 차지하지는 못했지만 아이들은 멋진 시간을 보냈다. 아이들 모두가 즐기고, 좋은 팀원이 되고, 야구 경기를 사랑하고 배우자는 원칙을 기억했다. 아이들에게 공동선에 관한 교훈을 가르치는 일이라면, 나는 야구 코치를 하는 것보다 더 좋은 기회는 없다고 생각한다.

둘째아들 잭은 9살 트래블팀에 들어갔으며, 이제 나는 잭을 훈련시키는 일에 집중하고 있다. 우리 둘 다 매우 들떠 있다. 잭은 루크보다 더 마르고 빠르다. 잭은 좋은 타자와 견고한 수비를 책임지는 중견수가 될 것이다. 이제 두 아이가 함께 배팅 연습장에 갈 때면 루크는 잭이 스윙하는 것을 도와준다. 우리는 잭의 초등학교 친구들과 이전 야구팀의 친구들을 모아 팀을 꾸렸다. 올봄 잭이 얻은 큰 교훈은, 준결승전 시합 전날 손목이 부러졌을 때 그 실망감을 이겨 내는 법을 배운 것이다. 아야! 하지만 팀원들 모두가 사인해 준 붕대를 한 채 경기장 더그아웃에 앉아 친구들을 응원했다. "넌 할 수 있어! 우린 할 수 있어!" 이것이 바로 아이들이 야구를 하면서 배우는 교훈이다. 최근에 우리 가족은 청소년과 가족을 위한 기독교 수련회에서 다 함께 강연을 했다. 마이크를 넘겨받은 잭은 "여덟째 날에 하나님께서 야구를 만드셨다"라는 말로 자신의 이야기를 시작했다.

이제 두 아이의 야구팀은 여름 내내 토너먼트 경기에 참여한다. 조이와 나는 야구장을 오가며, 봄이 시작될 무렵에 아내가 집 안에 걸어둔 액자에 적힌 "우리 가족의 삶은 야구 시즌을 중심으로 돌아간다"는 말을 실천한다. 코치 활동이 닻처럼 내 삶을 붙잡아 주었고, 아들들과의 깊은 유대를 형성해 주었으며, 내 삶의 나머지 부분에 중요한 균형을 잡아 주었다. 야구는 우리 동네와 도시에서 진정한 공동체 의식을 만들어 가기 위해 우리가 가족으로서 할 수 있는 가장 효과적인 일이라고 생각한다. 또한 우리는 이 도시의 다른 동네에도 야구를 전파하는 데 기여했다.

그리고 물에 젖었던 아이폰은 잘 말려서 지금도 잘 사용하고 있다.

아버지의 날

우리 가족에서 아버지날과 어머니날은 1년 중 가장 중요한 두 날이다. 가끔은 가장 중요한 소식들이 뉴스의 첫 소식이 되지 않을 때가 있으며 반드시 신문의 머리기사가 되는 것은 아님을 우리는 깨달았다. 하지만 우리는 두 아이를 기르고 좋은 엄마와 아빠가 되기 위해 열심히 노력하는 것을 우리 삶의 최우선순위로 삼고 있다.

워싱턴의 정쟁, 티파티와 점령 운동, 여론조사 수치, 기름 유출과 의원들의 막말, 호언장담히, 장군들과 실패한 전쟁. 한 주 동안의 머리기사에는 이런 소식이 넘쳐난다. 그러나 그렇다고 그런 것들이 가장 중요한 것은 아니다.

2010년에 멋진 아버지날 주일을 보낸 후 루크와 나는 워싱턴 남동부에 있는 소년 소녀 클럽에서 열린 오바마 대통령의 아버지날 연설 행사에 참석하기 위해 월요일 아침 일찍 일어났다. 이 나라를 위해 아버지의 역할이 얼마나 중요한지에 관한 대통령—그 스스로도 아빠 역할을 사랑하는—의 연설을 듣는 자리에 초대받은 것은 영광이자 아주 좋은 기회였다. 우리는 그저 청중 중에 하나일 것이라고 예상했지만, 놀랍게도 대통령이 연설하는 동안 무대 앞줄 대통령 바로 뒤에 앉으라는 부탁을 받았다. (우리가 자리 배치에 관해 전혀 예상하지 못했음을 당신도 알 수 있을 것이다. 텔레비전 보도에서 오바마 대통령 바로 뒤에 우리 두 사람이 앉아 있는 것을 볼 수 있었을 텐데, 그때 루크는 반바지와 티셔츠 차림이었다!) 그러니 앉은 자리 때문에라도 우리는 정말로 집중해야만 했다!

주의 깊게 연설을 듣는 동안 나는 아버지의 역할에 관한 대통령의 연설에 사뭇 감동을 받았다. 나는 이 책에서 현직 정치인들의 이름을 거론하지 않기 위해 조심했으며, 이 책에 담긴 주장들이 우리 동시대의 공직자들보다 더 오래 지속되기를 바란다. 그러나 이 행사와 그 주제는 공동선을 위해 필수적인 핵심 원리와 신념을 반영하고 있기 때문에 또한 초당적일 수 있으며 초당적이어야 한다. 오바마의 의제 중 다른 부분에 대해서는 강력히 반대하는 사람들조차도 아버지의 역할을 강조하는 그의 분명한 신념에는 박수를 보냈으며, 마땅히 그래야만 했다.

대통령이 첫 번째로 조직한 종교 관련 단체와 지역사회의 협력에 관한 자문협의회 산하 특별전문위원회에는 '아버지의 역할'이라는 이름이 붙었고 나는 그 위원회의 일원이 되는 영광을 누렸다. 오바마 대통령은 간단한 물음을 제기함으로써 연설을 시작했다. "어떻게 우리는 한 국민으로서—단지 정부가 아니라 기업과 지역의 사회 단체, 관심 있는 시민으로서—아버지들이 우리의 가정과 공동체에 책임을 다할 수 있도록 돕는 일에 모두가 동참할 수 있겠습니까?"[1]

그런 다음 그는 아버지의 부재로 인해 아이들이 겪는 모든 문제에 대해 솔직한 이야기를 나눴고, 자신이 개인적으로 경험한 아버지의 부재에 관해 이야기했다. 그는 아직도 "그 부재의 무게"를 느끼고 있다고 말했다. 자신을 길러 준 훌륭한 어머니와 자신을 키워 준 헌신적인 조부모님의 사랑을 인정하면서도, 대통령은 아버지가 없을 때 "그것은 한 아이의 삶에 구멍을 남겨 두는 것과 같고 어떤 정부도 그것을 메울 수 없다"고 말했다. 그가 아버지의 역할을 이토록 중요하게 생각하고, 그의 두 딸이 그의 삶의 중심이 되는 까닭은 많은 부분 버락 오바마 자신의 인생 경험과 관계가 있다.

보수주의자들과 진보주의자들 모두에게 영감을 줄 만한 방식으로 오바마는 이처럼 개인적이며 근본적인 삶의 영역에서 정부가 한계를 지닐 수밖에 없다는 점을 이야기했다. "여기 워싱턴에서 우리는 모든 문제에 관해 이야기할 수 있습니다.…그러나 정부는 우리의 자녀들이 거리에서 문제를 일으키지 않도록 막을 수 없습니다. 정부는 아이들에게 책을 읽거나 숙제를 하라고 강요할 수 없습니다. 아이들을 기르기 위해 그날그날 필요한 규율과 지침, 사랑을 제공하는 일을 정부는 할 수 없습니다."[2]

공적 삶의 다른 부문에 관해 정부에 찬성하든 반대하든, 가정 안에서 성취할 수 있는 일에 관해 정부는 분명한 한계를 지닌다. 공공 정책을 최대한 가족 친화적·가정 친화적으로 만들어야 하며, 가족의 삶을 약화시키는 요소는 피하고 가정을 강화시킬 수 있는 요소는 장려해야 한다. 그리고 오바마 대통령처럼 정치 지도자들은 공적인 수사와 발언의 특권(bully pulpits)을 사용해 부모의 역할−자녀에게 좋은 아버지와 어머니가 되는 일−의 절대적 중요성을 지지하고 강조해야 한다. 가정 안에서 일어나는 일은 가정 밖에서 일어나는 일만큼 공동선에 큰 영향을 미치거나, 그보다 더 큰 영향을 미칠 수도 있다. 나는 내가 돌보아야 할 한 가정의 아버지가 되고 나서야 비로소 이것을 이해했다. 그러나 나는 가정 생활 바깥에서 일어나는 일에 관해 어떤 정치적 견해를 가지고 있든 간에 대부분의 부모들은 가정 안에서의 삶이 자녀의 미래뿐만 아니라 이 나라의 미래에도−다시 말해, 공동선에도− 얼마나 중요한지를 인식하고 있다고 생각한다.

오바마 대통령은 자주 하던 대로 아이를 갖는 것과 아버지가 되는 것의 차이에 대해 이야기했다. "사실 아버지가 되기는 쉽습니다. 사실상 누구나 될 수 있습니다. 그러나 평생 아버지로서 책임을 다하며 살기는 어렵습니다. 그리고 이것은 가족이 잘 지내는 좋은 시기에도 쉽지 않은 일입니다. 힘든 시간이 찾아왔을 때는 특히나 더 어렵습니다. 가족들은 그저 버티기 위해 애를 씁니다." 무대 위에 앉아 있던 루크와 나는 강당을 가득 메운 아빠와 엄마, 아이들의 얼굴을 볼 수 있었다. 고개를 끄덕이고, 이해한다는 듯 미소 짓고, 진심으로 박수를 보내는 그들의 모습은 그들이 대통령이 말하고자 하는 바를 정확히 알고 있음을 보여 주었다. 그런 다음 오바마는 아버지날에 관한 그의 메시지의 핵심을 정조준했다.

오늘 우리가 전국의 모든 아버지들에게 보내고 싶은 핵심 메시지는 바로 이것입니다. 우리 자녀들에게 필요한 것은 우리 아버지들이 슈퍼히어로가 되는 것이 아닙니다. 그들에게 필요한 것은 우리가 완벽해지는 것이 아닙니다. 그들에게 정말로 필요한 것은 우리가 그들 곁에 있는 것입니다. 그들에게 필요한 것은 우리 삶이 어떠하든지 우리가 옆에서 최선을 다하는 것입니다. 그들에게 필요한 것은 우리에게 그들이 언제나 최우선임을 그들에게 보여 주는 – 말뿐만 아니라 행동으로도 보여 주는 – 것입니다. 가족이 함께하는 식사, 공원에서 함께 보내는 오후 시간, 자기 전에 들려주는 이야기, 우리의 격려, 우리의 대답, 우리가 세운 한계, 어려움과 역경을 만날 때 우리가 보여 주는 인내의 본보기 등. 시간이 갈수록 이런 것들이 더해져 아이들의 인격을 형성하고, 아이들의 중심을 만들고, 아이들에게 삶을 신뢰하도록 가르치고, 자신감과 희망, 결단력을 가지고 살아갈 수 있게 해줍니다.[3]

우리의 자녀가 "언제나 우리에게 최우선"이라는 말은 대단히 강력한 표현이며, 실천하기 대단히 어려운 일이다. 세계에서 가장 강력한 국가의 대통령에게, 혹은 가정 밖에서 어떤 책임을 맡고 있든지 – 그리고 그 책임 역시 매우 중요하다 – 당신에게 이 말이 무엇을 뜻하는지 생각해 보라. 말 그대로 이것은 우리의 자녀들을 우리 삶에서 첫 번째 자리에 둔다는 뜻이다. 나에게 이것은 내 두 아들이 다른 모든 청중 중에서도 언제나 나에게 가장 중요한 '청중'임을 뜻한다. 나는 가장 심층적인 차원에서 조이와 나에게 가장 중요한 가치를 아이들에게 전달할 필요가 있다. 그리고 나에게는 이것이 내가 얼마나 많은 사람들에게 강연을 하느냐보다 더 중요하다. 이것은 내 일정에서 자녀들의 필요와 일정이 최우선순위를 차지해야 함을 뜻한다. 그리고 이렇게 바쁜 일정을 갖고 있는 사람들은 이것이 실제로 얼마나 어려운 일인지 알고 있을 것이다.

정치적으로 심하게 분열된 현 상황에서 대통령은 신선한 방식으로 우리의 모든 정치적 경계선을 가로지르는 연설을 했다. 오바마의 말처럼, "아버지 역할과 개인적 책임에 관해 이야기할 때, 우리는 너무도 자주 무엇이 옳고 무엇이 그른가의 관점이 아니라 정치적인 관점에서, 즉 좌와 우, 진보와 보수의 관점에서 이야기합니다. 그리고 그렇게 할 때 우리는 길을 잃어버리고 맙니다. 그러므로 나는 지금이 바로 이 나라에서 아버지의 역할에 관한 새로운 대화가 필요한 시점이라고 생각합니다."

그런 다음 대통령은 그가 진심으로 믿는 바를 이야기했으며, 이에 대해 나는 진심으로 감사하게 생각한다. "우리 자녀를 기르는 일이 이 나라에서 가장 중요한 일이며, 그것은 우리 모두 — 어머니와 아버지 — 의 책임입니다." 워싱턴의 험한 동네에 자리 잡고 있는 이 주민센터에 모인 청중들이 박수갈채를 보냈다. 나는 그의 뒤에 앉아서 펄쩍 뛰고 싶은 마음을 간신히 참았다. 그는 계속해서 이렇게 말했다.

나는 아버지의 역할에 관해 법을 만들 수 없습니다. 나는 누구에게도 자녀를 사랑하라고 강요할 수 없습니다. 그러나 우리가 할 수 있는 일은, 우리의 아버지들에게 자신의 의무를 다하지 못한 것에 대해서는 아무런 변명도 있을 수 없다는 분명한 메시지를 보내는 것입니다. 우리가 할 수 있는 일은, 아버지들이 책임 있는 선택을 더 쉽게 할 있도록 만들고, 그런 선택을 피하는 것을 더 어렵게 만드는 것입니다. 우리기 할 수 있는 일은, 힘을 합쳐 기꺼이 좋은 동반자, 부모, 공급자가 되고자 하는 아버지들을 지원하는 것입니다.…그러나 궁극적으로 좋은 아버지가 되겠다는 결정은 우리에게, 개인으로서 우리 각자에게 달린 것임을 알고 있습니다. 그것은 이 나라 전역에서 남자들이 날마다 내리는 결정입니다. 그것은 학교 조회에 참석하고, 학부모 교사 상담에 참석하고, 축구 및 리틀 야구팀 코치를 하고, 자녀들을 대학에 보내기 위해 돈을 아껴 저축을 하고 시간외 근무를 하겠다는 결정입니다.[4]

정치 지도자가 진심으로 개인적인 이야기를 하는 경우는 드물지만 대단히 의미 있는 일이다. 대개 정치인들은 실수와 실패 - 이 나라와 자신의 실수 - 를 인정하시 않으려고 한다. 그러나 대통령이 부모로서 자신이 느끼는 어려움과 기쁨에 관해 이야기할 때, 그의 말을 듣고 있던 모든 아버지들은 쉽게 공감할 수 있었다. "비록 우리는 최선을 다하지만, 기대에 미치지 못했다는 생각에 힘들고 가슴 아파할 수많은 날들이 있을 것입니다. 살아오면서 미셸과 나는 많은 행운과 도움을 누렸지만 그럼에도 나는 부모로서 수많은 실수를 저질렀습니다. 일 때문에 아버지로서의 의무를 다하지 못했던 때가 헤아릴 수 없을 정도로 많았습니다. 그리고 다시는 돌아가지 못할 내 딸들의 삶의 순간들을 놓친 적도 있다는 것을 나는 알고 있고, 그것 때문에 받아들이기 어려운 상실감을 느낍니다. 하지만 나는 '아이를 갖는다는 것은…당신의 마음이 영원히 당신의 몸 바깥에서 걸어 다니게 하기로 결정하는 것'이라고 말한 어느 작가의 마음을 이해할 수 있습니다."[5]

이 말을 들으면서 나는 눈물이 났다. 부모의 심정을 이보다 더 잘 묘사한 말을 들어 본 적이 없다. 아이를 갖는 것은 당신의 마음이 당신의 몸 바깥에서 걸어 다니게 하는 것이다.

2008년 필라델피아에서 했던 인종 문제에 관한 오바마의 연설은 앞으로 오랫동안 이 주제와 관련된 가장 중요한 연설 중 하나로 기억될 것이다. 많은 사람들이 선거운동 기간 중 그가 탁월한 연설을 통해 제시했던 변화의 메시지와 당선이 확정된 날 밤 연설을 통해 했던 희망의 약속을 기억하고 있다. 그러나 그때 대통령이 서 있던 연단에서 불과 몇 미터 떨어진 곳에 앉아 있던 나는 이 말이 그가 했던 말 중에서 가장 중요한 말 중 하나가 될 것이라고 생각했다. "물론 살아오면서 나는 변호사였고, 교수였고, 주 상원의원이었고, 연방 상원의원이었고, 지금은 미국 대통령으로 섬기고 있습니다. 그러나 나는 이 땅에 살면서 내가 맡은 가장 어렵고, 가장 보람 있고, 가장 어려운 일은 사샤와 말리아의 아빠가 되는 것이라고 주저 없이 말할 수 있습니다."[6]

나는 대통령이 진심을 말했다고 믿는다. 그리고 그렇게 믿는 이유 중 하나는 나 역시 루크와 잭의 아빠가 되는 것에 대해 똑같은 마음이기 때문이다. 내가 했던 모든 일과 앞으로 할 모든 일 중에서 나에게 가장 중요하게 느껴지는 것은 바로 이 일이다. 또한 그것은 내가 누리는 가장 큰 특권이자 축복이기도 하다.

연설을 마치고 오바마 대통령은 뒤로 돌아 연단의 앞줄에 앉아 있는 사람들과 인사를 나눴다. 우리에게 왔을 때 그는 내 아들과 악수를 하면서 "루크, 만나서 반가워. 지금 몇 학년이니?"라고 말했다.

루크는 미국 대통령의 눈을 쳐다보며 "6학년이에요"라고 대답했다. 대통령이 지나가자 루크는 "아빠, 정말 굉장해요"라고 속삭였다. "이 손 절대로 안 씻을래요." 나는 "루크, 네가 야구공을 던지는 손이거든?"이라고 말했다. 좋은 날이었고 좋은 연설이었다. 대통령의 이런 다짐은 그날과 그 주의 나머지 시간 동안 사람들이 이야기했던 다른 어떤 것보다 이 나라에 더 많은 변화를 불러일으킬 수 있을 것이다.

결혼, 헌신, 정절

우리 사회에서 결혼은 심각한 위기에 처해 있으며, 이는 공동선을 근본적으로 위협하고 있다. 모든 자료를 살펴볼 때, 결혼이 빈곤과 청소년 비행, 범죄, 마약, 낮은 학업 성취도, 건강 악화 등의 문제를 해결하는 데 가장 중요한 요소 중 하나임을 알 수 있다. 그리고 우리 사회에서 가장 가난한 사람들 가운데 결혼이 약화되고 있으며, 이 때문에 그들은 훨씬 더 취약해지고 있다. 법률 및 사회정책 연구소(Center for Law and Social Policy)의 2003년 보고서에 따르면, "싱글맘과 사는 아동은 두 부모와 함께 사는 아동보다 빈곤 상태에 있을 확률이 다섯 배 더 높다."[7] 미국 아동 중 1/4

이상이 한부모 가정에서 사는 상황에서 이런 추세가 점점 더 많은 가정에 영향을 미치고 있다.[8] 우리는 앞서 8장에서 이 주제를 이미 소개한 바 있다.

모든 경제 계층에서 이혼율이 치솟았으며, 놀라운 수의 여성들과 아동들이 학대를 당하고 있고, 한부모 가정이 증가하고 있으며, 이제 많은 곳에서 '복합' 가족(이혼이나 재혼으로 인해 혈연이 아닌 가족이 포함된 가족 - 옮긴이)이 표준이 되고 있다.

안정적인 결혼은 건강한 가정의 핵심 요소이며, 훌륭한 자녀 양육을 위해서도 절대적으로 중요하다. 비록 자녀들을 위해 영웅적인 일을 하고 있는 많은 한부모들을 알고 있지만, 그들 대부분은 혼자서 자녀를 양육하는 것이 얼마나 어려운지를 절감하고 있다. 또한 배우자가 집을 비운 동안 혼자서 부모 역할을 다 해야 했던 경험이 있는 모든 부모들도 그 어려움을 너무나 잘 알고 있을 것이다. "한부모들은 도대체 어떻게 할까?" 배우자가 집으로 돌아올 때 우리는 이렇게 묻는다. 여기에 공동선을 위한 원리가 있다. 다수가 건강하고 제 기능을 발휘하는 결혼 생활을 하고 있지 않을 때 사회는 심각한 위기에 빠져든다.

그러므로 결혼의 견고함 - 신앙인들은 신성함이라 말할 - 을 회복하겠다는 단호한 사회적 결단은 공동선을 이루기 위해 우리가 할 수 있는 가장 중요한 노력 중 하나다. 우리로 하여금 건강한 결혼으로 나아가게 하는 사회 윤리의 회복은 사회적 행복의 열쇠인 올바른 자녀 양육을 위해 필수 요소다. 올바른 자녀 양육이라는 가치 외에 결혼 윤리, 헌신과 정절의 윤리 역시 개인적·

사회적 행복을 강화하는 데 중대한 역할을 한다.

성적 관계에서 정절은 자아도취와 쾌락을 위해 성을 소비 상품으로 만들어 버린 소비주의 문화에 의해 계속해서 약화되고 있는 가치다. 성의 상품화, 특히 여성의 상품화는 이제 모든 광고 문화의 중심 주제가 되었다. 많은 부모들은 물질만능주의와 무책임한 성적 모험심을 가르치는 소비주의 문화가 **우리 자녀들을 직접 겨냥하고 있다**고 느낀다. 자녀들에게 경제생활과 성생활에서 헌신과 정직, 책임, 정절의 가치를 가르치는 일은 미국의 소비주의 문화 속에서 자녀 양육의 중요한 부분이 되어야 한다. 그리고 우리 모두가 알고 있듯이, 성인과 부모로서 우리가 어떻게 **행동**하느냐가 우리가 하는 모든 말보다 우리 자녀들에게 궁극적으로 더 큰 영향을 미칠 것이다.

성이 **오락적**이기보다는 **언약적**이어야 한다는 신념은 현대 사회에서 가장 대항문화적인 신념 중 하나일지도 모른다. 그러나 이것은 성경이 우리에게 가르치는 바이자 한 사회가 언제나 상식적으로 이해해 왔던 바다. 많은 사람들에게 이것은 곧 결혼이라는 상황 안에서라는 뜻이다. 그러나 오락적인 성윤리와 그러한 윤리가 조장하는 난잡한 성문화가 미국 사회의 표준적 윤리가 되었음은 의심할 여지가 없다. 신앙 공동체 안에서조차 결혼 윤리는 크게 손상을 입은 상황이다. 이혼율이 주변 사회와 거의 맞먹는 수준이고, 성적으로 무책임한 행동이 당혹스러울 정도로 흔하며, 심지어 일부 종교 지도자들조차 성적으로 무책임한 모습을 보이고 있다.

이를 세속 사회 안에 존재하는 단순히 종교적이거나 종파적인 문제로 간주해서는 안 된다. 새로운 사회 연구에서는 다수의 성적 파트너를 갖고 있음으로 인해 발생하는 문제점을 보여 주는데, 공중 보건뿐만 아니라 정서적·심리적 행복과도 관계가 있다. 너무 많은 사람과 너무 많은 성관계를 갖는 것은 인간을 파편화하며 불안감과 해체, 고립감을 점점 더 심화시킨다.

반면에 언약적 관계는 더 심층적인 온전성과 안정감을 만들어 내며, 사람의 육체적·정서적·영적 차원을 통합시키는 데 도움이 된다. 종교적이든 그렇지 않든 많은 젊은이들이 이를 경험하기 시작했으며, 언제나 성적 관계를 가지도록 압박하는 소비 사회의 끊임없는 사회적 압력에 저항하기 시작했다. 이제 많은 사람들이 우리 사회의 소비적인 성윤리 때문에 성적으로 깨어져 있음을 느끼고 있으며, 성적 치유의 필요성을 이야기하고 있다. 그리고 사람들은 언약적인 성관계 안에서 새로운 온전성을 발견하고 있다.

어떻게 새로운 언약적 결혼관을 동성 커플에게 적용할 수 있을까? 새로운 세대의 젊은 그리스도인들을 비롯해 많은 사람들은 법 아래에서 평등한 보호를 받는 것이 시민의 중요한 권리이며, 성적 지향을 막론하고 모든 사람이 그 권리를 누릴 수 있어야 한다고 믿는다. 오늘날 대부분의 이성애자 젊은이들에게는 친한 동성애자 친구가 있으며, 대부분의 교회에는 동성애자 교인이 있고(인정을 받든 못 받든), 우리 대부분은 어떻게 혹은 왜 그렇게 되었든 자신이 동성애자인 것이 스스로의 선택이기보다는 선천적 지향성이라는 그리스도 안에서 친구이자 형제자매인 그들의 말에 공감한다. 법 아래에서의 평등을 위해 동성애자를 보호하기 위한 새로운 법을 제정할지, 동성애자의 시민적 연합이나 동성 결혼을 허용할지는 이 나라 각 주에서 민주적으로 결정할 일이며, 세계 전역에서 그런 결정이 이루어질 것이다. 동성애자의 시민저 권리에 대해 보다 포용적인 젊은 세대의 태도와 헌신이 미래를 결정할 것이다.

그 사이에 정부는 종교적 자유를 철저히 보장해야 하며, 각 신앙 공동체가 자신의 성경 해석과 전통에 따라 이 문제를 풀어 갈 권리를 온전히 보호해 줘야 한다. 회중과 신앙 공동체들은 성례전적 결혼이 동성 결혼과 어떤 관계가 있는지를 비롯해 성례전적 결혼에 관한 신학적·성경적 물음을 가지고 계속해서 씨름할 것이다. 결혼은 한 남자와 한 여자 사이에만 허용되어야 하는가? 혹은 동성애에 관한 대부분의 성경 구절이 사실은 헌신적인 동성 간의 관계에 관한 구절이 아니며, 그 저자들은 그런 관계를 상상하지 못했을 것이므로 결혼은 이 관계에도 적용될 수 있는가? 즉 시민적, 심지어는 성례전적 결혼이 동성 커플을 포함하는 언약적 관계에 적용될 수 있는가? 우리는 오랫동안 이 문제에 몰두할 것으로 보이며, 이 물음에 답하기 위해 필요한 성경적·목회적 연구 역시 한동안 계속될 것 같다. 나는 이 논쟁에 참여하는 사람들이 각자의 입장 차이에도 불구하고 서로를 존중하는 것이 절대적으로 중요하다고 본다. 안타깝게도 이 문제는 극심한 분열을 초래했으며, 이 문제를 두고 교단 총회에서 그토록 많은 시간을 허비해 왔다. 나는 동성애 문제, 심지어는 동성 결혼에 관한 입장 차이가 우리 시대의 가장 중요한 사회적 문제가 아니라고 생각하며, 교회 안에서 그리스도인의 일치를 깨뜨리는 문제가 되어서는 안 된다고 믿는다. 대신 우리는 이 차이를 유지한 채 살아가고 차이를 서로 용인할 수 있어야 한다. 그리고 새로운 세대는 신학적·성경적·관계적 성실성을 유지한 채 앞으로 나아가는 법을 찾도록 도와줄 것이다.

물론 동성 간 결혼은 결혼에 관한 모든 논의에서 대단히 논쟁적인 문제가 되고 있다. 동성 간 결혼을 둘러싼 논쟁이 그 자체로도 중요하기는 하지만, 이 때문에 우리 사회에서 결혼이 약화되는 것과 관련된 더 광범위한 문제가-우파와 좌파 양 진영 모두에서-무시되고 있는 것인지도 모른다. 결혼은 인권보다 더 광범위한 문제다. 가장 근원적인 차원에서 결혼은 언약적 헌신이다. 그리고 성을 언약과 다시 연결시키는 것은, 결혼과 공동선을 위해 신앙인들이 공헌할 수 있는 가장 중요한 일이다. 이것은 반드시 회복되어야 한다. 언약적 결혼의 온전성은 동성 간 결혼에 관한 인권 논쟁보다 우선하는 헌신이 되어야 한다. 이것이 우리의 첫 번째 우선순위가 되어야 하며, 우리가 모든 커플의 결혼을 이해하는 방식과 관련해 핵심 요소가 되어야 한다.

결혼과 관련된 또 다른 중요한 이슈는 결혼이 남성뿐만 아니라 여성에게도 생명을 주고 해방적인 좋은 헌신이 되어야 한다는 점이다. 건강하고 만족스러운 결혼을 위해 꼭 필요한 남자와 여자 사이의 상호적 헌신을 이루기까지 우리는 아직도 가야 할 길이 멀다. 만약 결혼이 여성에게 좋은 것이 아니라면 공동선을 위해서도 좋은 것이 아닐 것이다. 그리고 그것은 남성들에게 좋은 행동을 훨씬 더 많이 요구해야 한다는 뜻이다.

나쁘게 행동하는 남성들

이 오래된 이야기에는 정치와 스포츠, 기업, 심지어는 종교 분야의 권력을 지닌 남성들이 연루되어 있다. 그들은 여성의 존엄과 인간성을 철저히 무시하며 여성을 마음대로 이용하고 학대한다. 그리고 자신은 그럴 자격이 있다고 믿는다. 이 남성들은 통상적인 행동 규범이 자신에게는 적용되지 않는다고 생각하는 듯하다. 우리는 배우자와 자기 자녀의 어머니를 속이고 외도하며, 본처를 버리고 새 아내를 맞고, 평생 바람을 피우며, 여성을 성적으로 희롱하고 성폭행하고, 심지어 강간을 하는 남성들에 관한 역겨운 이야기를 끊임없이 듣고 있다. 그러나 이런 일들이 알려진 후에도 가해자들은 여전히 농구나 축구, 골프를 하고, 여전히 경찰 공무원으로 출마하고(미국에서 각급 경찰의 최고 책임자는 주민 투표로 선출된다-옮긴이), 여전히 경제 기관과, 심지어는 교회를 이끈다.

여기서 실명을 거론할 필요는 없다. 누구의 이야기인지 우리 모두가 알고 있기 때문에다. 그리고 슬프게도 지면의 제약으로 그들의 이름을 다 열거할 수 없을 정도다. 그러나 비밀스러운 이야기가 폭로될 때, 언론은 큰 관심과 도착적인 흥분감을 드러낸다. 관련된 여성들이 당하는 아픔과 고통, 아이들의 보이지 않는 상처는 간단히 무시해 버린다. 심지어는 교묘하게, 때로는 직접적으로 여성을 비난한다. 그리고 모두가 남성으로 이루어진 영역에서는 이를 묵인하는 경우도 있다. 가장 역겨운 점은, 여성에 관한 모든 규칙을 어겨 버린 권력 있는 남성들을 심지어 부러워하기까지 한다는 사실이다. 절규하는 사람들은 대개 그리고 주로 이렇게 학대가 계속 반복되고 있는 현실에 대해 평등과 존엄성의 이름으로 애통해 하는 다른 여성들이다.

이렇게 너무나도 자주 반복되는 이야기에서 이런 행동과 태도를 비판하는 다른 남성들, 특히 권력과 권위, 영향력을 행사하는 위치에 있는 남성들의 모습은 찾아볼 수 없다. 일차적으로 가해자를 비판한 다음 우리는 아무 말도 하지 않는 좋은 남자들도 살펴보아야 한다. 이제는 좋은 남성들이, 여성들을 학대하는 나쁜 남성들에 대해 책임을 져야 할 때다. 학대하고 외도하고 성폭행하고 강간하는 남자들은 진짜 남자가 아니다. 그들은 건전한 남성상을 왜곡하고 파괴한다. 이제는 우리의 아들들에게 절대로 이렇게 학대하거나 피해를 가하는 사람들처럼 행동해서는 안 된다고 말해야 할 때이며, 반드시 그들이 여성을 사랑하고 존중하고 여성에게 충실할 수 있도록 가르쳐야 할 때다.

나는 여성을 학대하고 피해를 주는 사람들을 활용하는 최선의 방법은 그들을 나의 두 아들을 위한 반(反)역할 모델로 삼는 것이라고 생각한다. 이런 사람들은 내 아들이 절대로 되지 않기를 바라는 사람들을 예시한다. 이런 식으로 나는 바르게 행동하지 않았다는 이유로 비판을 받아야 할 사람들을 비판한다. 가장 심하게 여성을 학대하고 회개하지 않는 사람들이 텔레비전에 나오면, 우리는 채널을 돌린다. 그들의 영화가 극장에 걸리면 우리는 그 영화는 보지 않는다. 그들이 스타 선수로 뛰는 운동 경기가 방송되면 우리는 그들을 응원하지 않는다. 나쁜 행동 때문에 언론 보도가 쏟아지기 시작하면 아이들에게 여자를 학대하는 남자는 좋은 사람이 아니라고 말한다. 그들이 여전히 돈과 권력을 가지고 있을지 모르나, 여성을 학대함으로써 그들 자신의 인간성은 악화되고 말았다.

여성들은 이미 목소리를 높이고 있다. 이제 다른 남성들도 이런 나쁜 행동은 용납될 수 없는 짓이라고 분명히 말해야 할 때다. 다른 남성들은 이런 남성들을 단지 부도덕하며 범죄를 저질렀다고 비판해야 할 뿐만 아니라 인간으로서 최악의 모습을 보였다고 비판해야 한다. 이런 남성들은 가장 이기적인 충동 때문에 자신의 인간성을 포기하고 말았다. 그리고 나는 이 모든 최근의 사건들을 통해 모든 정치인들이 다음의 교훈을 얻기 바란다. 즉 당신의 죄가 반드시 당신을 찾아낼 것이다. 우리는 남성의 여성 학대를 다른 남성들이 더 이상 용인해서는 안 된다는 확고한 원칙을 세워야 한다. 이 원칙을 철저하고도 분명히 천명하는 일에 더 많은 남성들이 동참해야 한다. 다시 한 번 강조하거니와, 이것은 고상한 척하거나 종파적인 종교적 헌신이 아니라 공동선을 위한 필수 윤리다.

음식

왜 가정의 가치는 공동선에서 이토록 중요한가? 그것은 바로 사회적 행복을 뒷받침하고 강화시키는 가치를 형성함으로써 그에 반하는 해로운 탐욕을 부추기는 문화에 직접적으로 그리고 성공적으로 맞설 수 있기 때문이다. 이것은 헌신과 가치에 대한 부모의 가르침, 결혼의 강화, 성실과 정절의 모범, 남성의 여성 존중, 파괴적인 물질주의에 대항하는 일에 명백히 적용된다. 그러나 이것은 더 나은 미래를 위해 필수불가결한 또 다른 사회적 변화로 이어지기도 한다.

공동선에서 대단히 중요한 한 분야는 건강이다. 나는 여러 가지 점에서 음식이 건강에 얼마나 중요한지를 알게 되었다. 그리고 이 책을 쓰기 위한 안식년을 보내면서 나 스스로도 여러 가지 점에서 바뀌었다. 나는 음식과 음식 문화, 음식과 관련된 생활방식, 음식으로 인한 스트레스와 중독, 음식의 정치학, 음식의 영성에 관해-간단히 말해, 어떻게 먹는 것이 우리의 건강과 삶의 질에 도움이 될 수 있는지에 관해-공부하고 책을 읽기 시작했다.

미국은 현재 비만이라는 전염병이라고 부를 만한 질병에 걸려 있다. 그렇다. 이것은 전염병이다. 1960년과 1980년 사이에 미국의 비만율은 전체 인구의 15퍼센트를 차지했다. 비만율이 불과 몇 십 년 사이에 두 배 이상 증가해, 현재는 미국인의 36퍼센트가 비만이다. 만약 현재의 식습관이 지속된다면 2030년 무렵에는 미국인의 거의 **절반**이 비만일 것이다. 우리는 비만-과체중-이 대단히 심각한 건강 문제를 초래하고, 그중에는 사망을 유발하는 것도 많음을 알고 있다. 뇌졸중과 심장질환, 당뇨, 암, 고혈압, 수면장애, 심지어 치매와 알츠하이머병과 같은 정신질환 등이 그 대표적인 예다. 비만은 수명을 단축시키며 가장 빈번한 사망 원인 중 하나가 되고 있다. 비만율은 건강한 음식을 먹고 안전한 운동을 하고 건강에 유익한 대안을 알려 주는 지식이 없는 저소득층에서 가장 크게 증가하고 있다.

그러나 바쁘게 사는 많은 사람들에게는 건강에 도움에 되는 음식을 사서 요리해 먹기 위해 시간을 내는 것보다는 건강에 훨씬 덜 유익한 패스트푸드를 먹는 생활방식이 더 편하다. 또한 우리가 스트레스 때문에 그에 대한 보상과 위로를 얻는 방편으로 과식을 할 수도 있음을 나는 알게 되었다. 여유롭게 쉴 수 있는 안식년을 보내면서 나는 내 삶의 속도, 내가 갖고 있는 스트레스, 내 식습관을 살펴보기 시작했다. 우리 사회는 바쁜 삶이 중요한 삶이라고 착각하고 있지만, 그런 삶은 건강 악화를 초래하는 원인이 될 수도 있다.

대부분의 문제와 연관이 있듯이 정치는 먹는 것과도 연관이 있음을 나는 깨달았다. 비만이라는 미국 전염병의 원인은 식료품점에 훨씬 더 많은 가공식품을 진열하겠다는 미국의 주요 식품회사의 결정과 직결된다. 가공식품은 유통기간이 더 길 뿐 아니라 식품회사에 더 많은 이윤을 남겨 준다. 거의 모든 가공식품이 건강에 해롭다. 그리고 현재 미국 최대의 담배회사들이 최대의 식품회사들을 소유하고 있기 때문에, 이 제조업체들은 중독을 초래하고 사람들에게 유해한 상품을 판매해 돈을 버는 데 대단히 능숙하다. 규제를 맡은 정부 관리들과 대기업들이 결탁한 상황에서 균형 잡힌 식단을 위한 정부의 기준은 식품회사들의 우선순위보다 한참 뒤처져 있다.

그래서 나는 나의 식습관을 완전히 바꿨다. 가공식품 – '흰' 설탕과 밀가루, 쌀, 우리의 뇌가 맛있다고 알고 있는 기름진 튀긴 음식-대신 가공하지 않은 음식과 곡류, 야채, 과일, 생선, 기름기 가 거의 없는 육류로 짜인 건강한 식단을 택했다. 지금까지 15킬 로그램이 빠졌으며 훨씬 더 건강해진 기분이다. 중요한 것은 식단 이 아니라 식습관을 바꾸는 것이다. 인간으로서 마땅히 지녀야 할 식습관을 회복하는 것, 그렇게 함으로써 우리 모두가 가공식 품에 익숙해지고 나쁜 음식에 중독되기 전 우리의 효소와 뇌가 작동했던 방식을 회복하는 것이 중요하다. 날마다 운동하는 것 과 더불어 좋은 식습관은 새롭고 화려하고 유별나고 값비싼 취미 가 아니라 삶의 방식이 되었다. 가장 중요한 점은, 좋은 음식을 준 비하고 먹는 것은 가정의 습관이며, 나이를 막론하고 모든 사람에 게 유익하다는 것이다. 이것은 식료품점에서 갔을 때 가공식품이 진열된 가운데 쪽은 피하고 신선한 식품이 있는 가장자리에서 음 식을 사는 것을 뜻한다.

솔직히 중독에 관해서 말할 때 대부분의 경우 나는 다른 사람 들이나 술이나 마약을 떠올렸다. 그러나 오늘날 음식 중독에 걸 린 사람들이 점점 더 많아지고 있음을 알게 되었다. 우리의 생활 방식, 매일의 일과, 압박과 스트레스, 과로 등은 건강에 해로운 환 경을 만들고 있으며, 식품회사와 식품산업에서는 그들에게는 큰 이윤을 주고 우리에게는 큰 해를 입히는 중독성 상품을 판매해 왔다. 몸무게가 줄고 식습관을 바꾼 이후로 나는 전보다 음식으 로부터-음식에 관해 생각하고, 걱정하고, 음식에 끌리는 마음으 로부터-훨씬 더 자유로워진 느낌이다. 이제 나는 이 장의 첫머리 에서 말한 식탁 교제를 나누며 좋은 시간에 좋아하는 가족이나 친구와 함께 좋은 음식을 정말로 즐길 수 있다. 운동 – 걷기, 뛰기, 그 밖의 유산소 운동, 근력 운동, 야구 등 스포츠, 아이들과의 씨름 – 도 이제 훨씬 더 쉽고 훨씬 더 재미있다. 식습관을 바꾼 것은 나에게 개인적으로 유익했다. 그리고 **우리의** 식습관을 바꾸는 것은 우리 모두에게 훌륭한 공동선이 될 수 있다. 음식의 정치를 개인적·사회적으로 바꾸는 일은 장차 대단히 중요한 문제가 될 것이다.

나는 오랜 시간 동안, 특히 사순절 기간에 물과 주스만 먹으며 금식을 해왔다. 이렇게 금식을 하는 목적은 재정적자에 관한 논쟁이나 불필요한 전쟁 가운데 우리가 가난한 사람들을 대하는 방식 같은 주요 이슈에 대한 주의를 환기하기 위해서였다. 그러나 솔직히 좋은 식습관 훈련이 금식보다 오랜 시간에 걸쳐 나를 더 많이 바꾸어 놓았으며 건강에도 훨씬 더 유익했다! 그리고 좋은 훈련과 습관은 건강한 가정생활의 핵심 요소이기도 하다.

나는 좋은 가정의 가치가 무엇인지를 새롭게 인식함으로써 우리의 물질주의와 사회적 중독, 스트레스, 건강 문제, 심지어 공허한 과로를 실제로 치유해 나갈 수 있다고 점점 더 확신하게 되었다. 우리 가정을 위해 유익한 것은 우리 공동체에도 유익하며, 우리 공동체에 유익하는 것은 우리 사회에도 유익하다. 우리 자신을 보살피듯이 서로를 보살피자. 그리고 우리의 가정생활을 완전히 바꾸자. 그렇게 함으로써 우리는 인간 번영을 이루고 공동선을 회복하는 데 기여할 수 있다.

14

전 세계가 우리의 교구다

전 세계가 나의 교구다.
-존 웨슬리[1)]

우리나라 격언 중에 '우분투' - 인간됨의 본질 - 라는 말이 있다. 우분투는 특히 당신이 고립된 인간으로서 존재할 수 없다는 사실을 의미한다. 우리가 서로 연결되어 있음을 의미한다. 당신 혼자서는 인간일 수 없으며, 이런 특징 - 우분투 - 를 지닐 때 당신은 너그러운 사람으로 알려진다. 너무나도 자주 우리는 우리 자신을 서로에게서 분리된 개인이라고 생각한다. 그러나 당신은 연결되어 있으며 당신이 하는 일은 온 세상에 영향을 미친다. 당신이 좋은 행동을 할 때 그것은 퍼져 나간다. 그것은 온 인류에게 유익이 된다.
-데즈먼드 투투

공동선을 주장하고 그것을 위해 살고 행동하겠다는 결정은 궁극적으로 매우 개인적인 것이다. 우리는 자신만을 위해서 살 **수도 있으며**, 우리 문화와 시장은 그렇게 살라고 날마다 끈질기게 우리를 압박한다. 그러나 예수님으로부터 현대 세계의 가장 많은 영감을 주는 인물들에 이르기까지 지혜로운 선생들의 가르침에서 볼 수 있듯이, 자기만을 위해 사는 것은 **인간**으로 살아가는 최선의 방식이 아니다. 서로와의 관계, 이웃과의 관계가 우리의 인간성을 좌우한다. 이것이 공동선의 토대이며, 역사를 통틀어 공동선에 가장 크게 기여한 사람들은 이 점을 이해했다. 알버트 아인

슈타인(Albert Einstein)은 "다른 사람들을 위해 산 삶만이 가치 있는 삶이다"라고 말했다.³⁾ 궁극적으로 이것은 우리가 우리 자녀에게도 가르치고 싶어 하는 바다. 혹은 나의 열세 살짜리 아들 루크가 최근에 말했듯이, "성공의 참된 척도는 우리가 다른 사람들을 위해 무엇을 하는가인 거죠, 그렇죠?" 그렇다.

마지막 장을 우리 자신의 이야기로 만들자. 이 책을 읽은 후 '어떻게 다르게 생각할 수 있는가?'라는 질문뿐만 아니라 '어떻게 다르게 **행동하고 살** 수 있는가?'라고 자문해 보라.

복음을 점령하라

> 너희는 내가 사로잡혀 가게 한 그 성읍의 평안을 구하고…이는 그 성읍이 평안함으로 너희도 평안할 것임이라(렘 29:7).

약 3백 년 전 감리교를 창시한 성공회 사제이자 영국의 부흥 설교가인 존 웨슬리(John Wesley)는 전 세계가 자신의 교구이며 세계의 모든 장소가 복음의 '기쁜 소식'을 선포할 장소라고 생각했다. 그는 구원이 "통속적인 관념처럼 지옥으로부터의 해방이나 천국으로 가는 것이 아니라 **바로 지금** 죄로부터 **해방**되고 영혼이 회복되는 것…의와 참된 거룩, 공의와 자비, 진리 안에서 우리 영혼이 하나님의 형상대로 갱신되는 것"을 뜻한다고 말했다.⁴⁾ 웨슬리는 3세기 전 자신이 이끄는 회심자들에게 이렇게 가르쳤다.

할 수 있는 모든 수단을 사용해

할 수 있는 모든 방식으로

할 수 있는 모든 곳에서

할 수 있는 모든 때에

할 수 있는 모든 사람에게

할 수 있는 한

할 수 있는 모든 선을 행하라.[5]

웨슬리는 우리가 **공동선**이라고 부르는 관념에 대해 대단히 강한 신념을 가지고 있었다. 그리고 그가 전한 복음은 공동선에 영감을 제공했다. 그의 설교로부터 영감을 얻은 윌리엄 윌버포스라는 젊은 의원은 노예제 폐지운동을 이끌었으며, 이를 통해 결국 영국에서 노예무역과 노예제를 종식시켰다. 웨슬리와 그의 동역자들이 이끄는 부흥 운동은 무엇이 옳은지, 사람들이 서로에 대해 어떤 책임을 갖고 있는지에 관해 영국인들이 나누는 대화를 바꾸어 놓는 데 기여했다.

3세기가 지난 지금도 이것은 여전히 꼭 필요한 대화다. 또한 이것은 오늘날 많은 젊은이들이 마음속에 품고 있는 대화다. 그들은 어떻게 공동선을 재발견하고 명백한 불의를 종식시킬 정도로 큰 운동을 촉발할지 고민하고 있다.

나는 런던의 극장 무대에 올릴 만한 가치가 있는 드라마를 목격했다. 쌍둥이 첨탑으로 장식된 웅장한 돔 지붕이 있는 역사적인 세인트 폴 대성당 입구의 계단 근처에 천막촌이 세워졌다. 젊은이들이 하나의 마을을 이루었으며 '런던 점령' 운동을 시작했다. 이곳은 뉴욕 시에서 시작된 '월가 점령' 운동에서 전 세계로 퍼져 나간 수천 곳의 농성장 중 하나였다. 비록 이 운동은 전달하고자 하는 메시지가 명확하지 않다는 비판을 받지만, 들을 귀 있는 사람은 누구나 그 핵심 주장을 알아들었다. "세계가 잘못된 길로 빠져들었다"는 것이다. 10장에서 논의했듯이, 경제 구조는 불공정하고 불의하고 지속불가능하며 많은 사람들을 불행하게 만들고 있다. 전 세계의 많은 사람들이 똑같은 것을 느끼고 있지만, 이제 젊은이들이 전 지구적 봉기를 통해 이를 표출하고 있다. 이슈를 가시화하고 전 지구적인 대화를 만들어 내고 있다.

젊은 세대는 극소수의(1퍼센트의) 사람들이 대다수의(99퍼센트의) 사람들을 잊어버린 채 자신에게 유리하도록 체제를 왜곡시켰다고 말한다. 이 전 지구적인 운동에서 젊은이들은 그들이 가장 잘할 수 있는 역할—개인적으로 읽어 보았을지도 모르지만 아직 독백에서 대화로 나아가지 못한 사회에 관한 각본에 목소리를 부여하는 역할—을 했다. 젊은이들은 우리의 아픈 곳을 건드려 전 지구적 토론을 촉발시켰다. 다른 사람들은 직업과 자녀, 맡은 책임이 있다. 대부분의 사람들은 오랫동안 콘크리트 위에 세운 천막 안에서 쉽게 잠을 잘 수 없다. 그러나 젊은 점령 운동가들은 그렇게 했으며, 그렇게 함으로써 그들은 우리 모두가 참여해야 할 정직한 대화를 위한 새로운 공간을 만들어 갔다.

1981년에 역사상 가장 유명한 결혼식 중 하나였던 다이애나 왕세자비와 찰스 왕세자의 결혼식이 거행된 곳이기도 한, 세계에서 가장 유서 깊은 대성당 중 한 곳인 이곳에서 불과 몇 미터 떨어진 곳에서 나는 전 지구적 경제 불평등에 관한 대화를 듣고 있었다. 세인트 폴 대성당의 계단에 앉아 농성장을 바라보며 젊은 점령 운동가들과 토론을 하면서 나는 이 매력적인 저항의 광경이 도무지 믿기지 않았다. 그 당시 세계에서 가장 중요한 공적 토론의 장이 세인트 폴 대성당의 계단으로 찾아온 것이다. 점점 더 교회를 찾는 사람들이 줄어드는 이 나라에서 세상이 교회로 찾아왔다.

당신은 교회가 이 기회를 두고 감사하는 마음으로 달려나가 성당 앞에 와 있는 **세계라는** 이 교구로 들어가 일하고 증언했으리라 생각했을지도 모른다. 이 놀라운 축복ㅡ선교와 환대, 목회적 돌봄의 기회, 심지어는 전도의 기회, 그리고 분명히 예언자적 증언의 기회ㅡ에 대해 교회가 "하나님께 감사드리자"며 찬양하는 소리를 듣게 될 것이라고 생각했을지도 모른다. 그러나 교회와 국가의 권력자들은 힘을 합쳐 더 나은 세상을 기대하는 젊은 항의자들을 내쫓았다. 세인트 폴 대성당에서 퇴거 계획을 세우기 시작하자 대성당의 몇몇 젊은 참사회원들이 사임했다. 그들과 다른 사제들은 그렇게 하셨을 예수님의 모습을 상상하면서 현장에 있는 점령 운동가들 속으로 들어갔다.

그때는 성탄절 몇 주 전, 그리스도인들이 그리스도의 오심을 기다리는 대강절이 막 시작된 때였다. 대강절은 하나님이 마구간에서 약한 아기의 모습으로 태어나신 절대적으로 반어적인 구주의 강생을 기뻐하는 절기다. 이것이 바로 그리스도인들이 '성육신'이라는 신학적인 용어를 사용할 때 뜻하는 바다. 나는 그 사건을 예수 그리스도 안에서 하나님이 거리로 나서신다고 설명한다. 그러나 세상의 거리가 젊은이들의 점령 운동이라는 모습으로 교회로 찾아왔음에도 불구하고 대성당 관계자들은 대강절에—교회가 자주 그러듯이—이 성육신적 운동에 동참할 기회를 놓치고 말았다.

나는 점령 운동이 어떤 결과를 이루어 낼지, 이 책이 나올 즈음에는 어느 곳에서 계속되고 있을지 모른다. 그러나 런던의 이 광경은 오늘날 전 세계라는 우리의 교구 안에서, 특히 새로운 세대 안에서 무슨 일이 일어나고 있는지를 보여 주는 분명한 사례다. 점령 운동과 같은 사회 운동이 제기하는 문제에 대해 우리가 어떻게 대응하는지를 통해 우리의 신앙이 지금 여기 있는 이 세상을 위한 것인지, 아니면 내세를 위한 것인지 알 수 있을 것이다.

뉴욕 시에서 월가 점령 운동이 시작되었을 때 나는 무슨 일이 일어나고 있는지 알아보기 위해 주코티 공원으로 찾아갔다. 내가 처음으로 이야기를 나눈 젊은 지도자(물론 그들은 자신을 '비지도자'라고 불렀을 것이다)는 최초의 시위를 계획한 첫 회의에 참여한 사람이었다. 그는 나에게 첫 시위가 기껏해야 3일 정도 지속될 것이라고 예상했으며, 다른 모든 사람들처럼 운동이 폭발력을 지니고 세계 전역으로 확산되는 것을 바라보면서 놀랐다고 말했다.

내가 그에게 왜 이 일을 하고 있는지 물었을 때, 그는 금융 시장에 대한 통렬한 비판이나 이 제도를 고치기 위한 정책 제안, 미래에 관한 무정부주의적 혹은 사회주의적 꿈을 이야기하지 않았다. 그 대신 새로 만난 젊은 친구는 이렇게 말했다. "나는 자녀를 갖기로 결심했습니다. 나는 아빠가 되고 싶습니다. 나는 지금 세계가 대단히 나쁜 곳이 되고 말았다고 생각했고 그래서 뭔가 바꾸고 싶었습니다. 어쩌면 이 세상을 자녀를 갖기에 더 나은 곳으로 만들 수 있을 것이라고 생각했습니다." 그와 나는 공동선에 관해, 이토록 큰 불확실성과 불안정성을 만들어 낸 경제 안에서 어떻게 가족의 가치를 잃어버리게 되었는지에 관해 이야기를 나눴다.

나는, 경제학을 전공하는 학생이지만 가을 학기를 휴학하고 월가 점령 운동에 동참해 그 운동과 함께 공부하기로 결심한 젊은 여성과 이야기를 나눴다. 그녀는 나에게 "대안적인 투자, 기업, 상업에 관한 실질적인 일을 해보고 싶어서" 이곳에 왔다고 말했다. 내가 성경의 희년 사상을 설명하기 시작했을 때, 그녀는 "와, 성경적 경제학 같은 게 존재한다는 말인가요?"라며 감탄했다.

한 젊은 흑인 남성은—비록 그 자신은 종교적이지 않았지만—이 모든 문제와 관련해 신앙 공동체의 역할에 특히 관심이 있는 듯했다. 그래서 나는 그에게 뉴욕 시와 다른 곳의 교회와 회중들이 점령 운동에 대해 어떻게 대응해야 한다고 생각하는지 물었다. 그는 "나는 세 가지를 제안합니다"라고 말했다. 첫째, 그는 "주변에 수많은 깨어진 인생들이 존재하기 때문에 신앙 공동체가 조언자"가 될 수 있다고 생각했다. 둘째, 그는 이 운동에 신앙 공동체의 "도덕적 권위"가 필요하다고 말했다. 셋째, 그들에게 필요한 것은 우리가 그저 "거기 와 있는" 것이라고 그는 말했다. 나는 그의 생각이 모두 훌륭한 **교구 전략**이라고 생각했다.

나는 그 자리에 있었다

교구에 대한 존 웨슬리의 광대한 비전으로 다시 돌아가자. '교구'라는 말은 그저 '구역'을 뜻한다. 특히 성공회와 가톨릭교회에서는 한 지역 교회가 특정한 지리적 구역을 책임진다. 예를 들어, 세인트 캐서린 교회는 교회 주변의 50개 블록 – 그리스도인이든 아니든 거기에 사는 모든 사람들 – 을 책임진다. 교구는 세계 안에서 교회의 사명을 나타내는 가장 단순하지만 가장 강력한 관념 중 하나다. 이 관념은 교회로 하여금 교회 밖으로 나가는 동시에 땅으로 내려갈 것을 요구한다.

토요일 밤 늦게 자신들의 교회 계단에서 한 젊은이가 총에 맞은 후, 혹은 그들이 자리 잡고 있는 블록에서 갱단 간의 총격 사건이 벌어진 후, 보스턴의 흑인 교회들은 하루 24시간 동안 – 교회에서든 아니든 – 기도하면서 자신들의 동네와 도시에 대한 책임이 그들에게 있는지를 결정하기로 했다. 그들은 '그렇다'고 결정했으며, 이를 통해 이 도시의 청년 자살률을 70퍼센트 떨어뜨리는 데 기여했다. 소저너스가 오하이오 주 콜럼버스에서 개최한 일주일간의 '정의 부흥회'에 다양한 신학적 전통에 속한 목회자들이 참석했다. 나는 참석한 목회자들이 강단으로 나와 눈물을 흘리며 손을 맞잡고 오하이오 주의 주도가 이제 **그들의 교구**라고 선언하는 것을 보았다. 나는 여름마다 공립학교 건물을 전면 보수한 다음 9월에 건물의 열쇠를 다시 시 당국에 돌려주는 (그런 다음 그 대가로 성교육 프로그램을 운영하라고 요구하지 않는!) 미주리 주 캔자스시티 외곽의 한 교회를 방문한 적이 있다. 나는 한 가톨릭 수도회가 내 고향 디트로이트 시를 변화시키고 있는 도심 정원 운동에 씨앗을 공급하는 것을 보았다.

1980년대에 니카라과의 교회 지도자들로부터 미국의 침공 위협을 막아 달라는 요청을 받았을 때 나는 소수의 미국 그리스도인들과 함께 수련회를 하는 중이었다. 그리고 나는 침공이 일어날 경우 시민 불복종을 통해 저항하겠다는 우리의 서약에 8만 명이 동참하고 이를 통해 워싱턴의 정책 결정자들의 생각을 바꾸어 놓는 과정을 목격했다. 나는 폴란드의 대주교가 사람들을 단결시켜 자국의 소비에트 정권에 맞서게 하고 공산주의의 몰락을 초래한 운동을 촉발하는 과정을 지켜보았다. 남아프리카공화국의 대주교 데즈먼드 투투가 케이프타운에 있는 세인트 조지 대성당 강단에 서서 말 그대로 자신의 회중을 포위한 남아프리카공화국 보안 경찰들을 향해 그저 미소를 지을 때 나는 그 자리에 있었다. 그는 경찰들을 향해 그들이 패배할 것이라고 말하면서 그들에게 "이기는 쪽으로 건너오라"고 권했다. 10년 후 넬슨 만델라의 취임식에서 나는 데즈먼드에게 그가 나에게 희망의 신학을 가르쳐 주었다고 말했다. 그들의 말처럼, 나는 거기에 있었다. 그리고 교회가 자신의 동네와 도시, 국가, 세계를 자신의 교구로 대하기로 결심했을 때 무슨 일이 일어나는지, 그리고 그것이 사람들의 삶과 국가의 역사를 어떻게 바꾸어 놓는지 알고 있다.

소리 높여 하나님에 관해 말하라

그리스도인들이 예수님이 우리에게 명하신 일을 행할 때, 우리가 다른 사람들을 위해서 행동할 때, 우리가 정말로 이웃을 우리 자신처럼 사랑할 때, 우리 주변의 세상을 우리가 책임져야 할 교구로 대할 때, 그러한 실천을 통해 우리는 하나님에 관해 소리 높여 외치는 셈이다. 미국복음주의협회는 이렇게 말한다.

> 예수님은 그분을 따르는 우리에게 이웃을 자기 자신처럼 사랑하라고 말씀하신다. 우리의 시민 참여 운동의 목표는 좋은 법률을 만들어서 우리의 이웃을 축복하는 것이다. 우리는 이웃을 향해 정의를 행하도록 부름 받았기 때문에 우리는 언론의 자유를 증진하고, 공개 토론에 참여하고, 투표하고, 공직에서 일한다. 정의를 행할 때 그리스도인들은 하나님에 관해 소리 높여 외치는 셈이다. 또한 그렇게 함으로써 신자가 아닌 사람들에게 어떻게 기독교의 전망이 공동선에 이바지하고 사회악을 완화하는 데 기여할 수 있는지를 보여 줄 수 있다.[6]

공동선에 관한 모든 종교적 가르침 중에서 가장 탁월하며 통찰력이 넘치는 것은 가톨릭교회의 가르침이다. 비록 나는 복음주의 그리스도인이지만, 가톨릭의 사회적 가르침을 온전히 받아들인다. 가톨릭교회에서는 공동선에 관해 이렇게 말한다. "공동선은 인간 개인과 집단이 번영할 뿐만 아니라 완전하고도 진정한 인간적 삶을 살 수 있게 해주는, 다시 말해 '통전적 인간 발전'을 가능케 해주는 사회적 조건의 관계망 전체를 일컫는다. 모두가 모두에 대해 집단적으로, 단지 개인으로서가 아니라 사회나 국가적 차원에서 책임이 있다."[7]

가톨릭교회는 '종교적 좌파'에 속한 기관이라고 말하기가 어려우며, 다양한 주제에 관한 가톨릭의 가르침은 정치적 좌파와 우파의 전통적인 경계를 가로지른다. 그러나 가톨릭의 가르침은 공직자들의 정치적 입장을 막론하고 그들의 책임이 무엇인지를 대단히 분명히 밝히고 있다.

공직자들은 공동선을 자신의 가장 중요한 책임으로 삼는다. 공동선은 통치자나 지배 계급(혹은 다른 어떤 계급)의 이익과 반대되는 개념이다. 이 말은, 지위고하를 막론하고 모든 개인이 공동체의 행복으로부터 혜택을 누릴 권리를 지닐 뿐만 아니라 이를 증진하는 데 기여할 의무를 지닌다는 뜻이다. '공동'이라는 말은 '모두를 아우른다'라는 의미를 내포한다. 공동선과 관련해서는 주민 중 어떤 집단도 배제되거나 면제될 수 없다. 만약 주민 중 어떤 집단이 사실상 공동체의 삶에 참여하지 못하도록 배제된다면, 그것이 비록 최소한의 수준이라 할지라도, 이는 공동선의 관념과 모순을 이루며 반드시 바로잡아야 한다.[8]

정부의 역할에 관한 모든 논쟁에서 가톨릭의 사회적 가르침은 어떻게 해법을 찾아야 할지와 관련해 지침을 제공한다. 최대한 지역적인 차원에서 문제를 다루되, 공공 정책이 문제를 실제로 해결할 수 있을 정도의 규모를 갖추게 하라. 이것은 상부와 하부, 연방과 주, 지역 사이의 역동적 관계를 만들어 낸다. 이것은 공공 부문과 가정과 회중을 포함한 시민 사회 사이에, 심지어는 국가 단체와 국제 단체 사이에 창조적 협력 관계를 증진한다. "이러한 '공동체들의 공동체'의 다른 층위들 사이의 관계 배후에는 상호보완의 원리가 자리 잡고 있어야 한다. 중앙집권화된 사회에서 상호보완성은 주로 권력을 아래로 내려 보내는 것을 뜻한다. 그러나 만약 그것이 공동선에 더 유익하고 가정과 개인의 권리를 보호하는 길이라면, 적합한 권력을 위로, 심지어는 국제 단체로까지 올려 보내는 것을 뜻할 수도 있다."[9]

이 책에서 제시한, 우리가 공통으로 가지고 있는 문제에 대한 해법은 모두 이러한 틀 안에 들어가며, 교회의 가르침과 — 정치적 좌파나 우파의 이데올로기보다는 — 일치한다. 다시 한 번 인용하자면, 미국복음주의협회는 정부의 역할에 대해 이렇게 말한다.

> 복음주의자들은 정부가 곧 공동선을 위한 하나님의 선물이라고 믿는다. 좋은 통치는 인간이 하나님의 형상을 지닌 존재로서, 하나님의 피조물을 돌보는 청지기로서 책임을 다할 수 있는 조건을 만들어 간다. 정부는 생명을 보호하고, 자유를 보존하고, 가정과 교회, 기업, 다른 인간 조직이 번영할 수 있는 환경을 만들어 가는 데 중요한 역할을 한다.[10]

우리 문화와 사회 속에서 어떻게 더불어 살아가야 하는가에 관해 나는 아프리카의 **우분투** 사상을 특별히 선호한다. 라이베리아의 평화 활동가인 레이마 그보위(Leymah Gbowee)는 이 사상을 이렇게 잘 요약한다. "내가 나일 수 있는 것은 우리 모두의 덕분이다."¹¹⁾ 이 장 첫머리에 인용했듯이, 데즈먼드 투투 대주교는 "당신은 고립된 인간으로 존재할 수 없다"고 말하면서 공동선의 의미를 명확히 설명해 준다. 그는 1999년에 출간된 책에서 **우분투**를 이렇게 정의한다. "**우분투**를 지닌 사람은 개방적이며 다른 사람에게 자신을 내어준다. 다른 이들을 인정하고, 다른 사람이 유능하고 선하다는 이유로 위협을 느끼지 않는다. 왜냐하면 그는 자신이 더 큰 전체에 속하며, 다른 사람들이 모욕이나 무시를 당할 때, 다른 사람들이 고문이나 억압을 당할 때 자신의 인간성이 약화됨을 알고 있으며, 거기서부터 오는 올바른 자기 확신을 지니고 있기 때문이다."¹²⁾

교회의 사회적 가르침과 아프리카의 **우분투** 사상에 담겨 있는 강력한 전망은 새로운 세대에게 대단히 큰 호소력을 지닌다. 그리고 이 세대는 우리가 공동선을 되찾을 수 있도록 도울 수 있는 이들이다. 지금 많은 젊은이들이 실천하고 있는 것처럼 다른 사람들을 위해 살 때 인간은 참된 공동체를 이룰 수 있는 기회와 공간, 환경을 만들어 간다. 영성 작가인 헨리 나우웬(Henri Nouwen)은 이렇게 말했다. "공동체는 우리로 하여금 함께 있음으로 인한 안전함, 함께 나누는 식사, 공동의 목적, 즐거운 축제에 관해 생각해 볼 수 있게 해준다.…무엇보다도 공동체는 마음의 자질이다. 그것은 우리가 자신을 위해서가 아니라 서로를 위해 살아 있다는 영적 지식으로부터 나온다."¹³⁾ 나의 친구인 번즈 스트라이더는 자신의 어머니 장례식에서 이렇게 말했다.

다른 사람들을 위해서 사는 삶은 가치 있는 삶입니다. 그리고 다른 사람들을 위해서 사는 삶은 공동체를 만듭니다. 엄마는 우리가 공동체를 세울 수 있는 공간을 만들기 위해 노력하시지는 않았습니다. 그분은 그저 돌봄과 사랑이 가득한 삶을 사셨을 뿐입니다. 그분은 재미있게 사셨습니다. 그분은 즐거운 한때를 보내셨습니다. 그분은 공동체에 관해 연구하거나 글을 쓰지 않으셨습니다. 그분은 그저 사셨고, 잘 사셨고, 다른 이들을 위해 사셨습니다. 그리고 우리는 그 혜택을 누리고 있습니다.

내부자에게 보내는 편지

2008년 대통령 선거는 미국 최초로 흑인 대통령을 선출한 역사적으로 의미 있는 선거였다. 또한 다음 세대로의 전환을 알리는 선거이기도 했으며, 미국 역사상 가장 많은 젊은이들이 투표장에 나왔다는 사실은 이런 전환을 상징한다. 버락 오바마는 열정적인 선거 운동과 웅변적인 수사를 통해 정치 개혁과 새로운 미국의 미래에 대한 희망을 품자고 사람들에게 제안했다. 그리고 많은 사람들이 그의 제안을 받아들였다. 당선이 확정된 날 밤, 그는 고향 시카고에 있는 그랜트 공원에 모인 수많은 군중을 향해 자신이 약속한 새로운 방향에 대해 이야기했다. 몹시 추운 날씨에도 불구하고 역사상 유례가 없을 정도로 많은 사람들이 참석한 취임식은 사회 운동 분위기가 느껴지는 정치 행사였다.

나는 조이와 루크, 잭과 함께 취임식에 참석했다. 아이들이 '삼촌'이라고 부르는 빈센트 하딩(Vincent Harding)과 함께 자리를 잡았다. 그는 흑인민권 운동의 지도자이며 마틴 루터 킹 박사가 이끈 남부 자유 운동의 중추 세력의 일원이었다. 빈센트는 우리 가족과 함께 추위를 견디면서 흑인민권 운동에 참여한 사람들이 치른 희생에 관해, 그리고 그 역사에 비추어 볼 때 이번 대통령 취임식이 얼마나 특별한지에 관해 아이들에게 이야기해 주었다.

그러나 오바마 행정부의 첫 해부터 그 희망 중 일부가 사그라지기 시작했으며, 머지않아 실망감이 퍼져 갔다. 많은 사람들이 변화란 선거를 통해 백악관에 바른 사람을 앉히는 것으로 이루어지는 것이 아니라 사회 운동을 통해서 이루어지는 것임을 잊어버린 채, 정치적 구세주에게 희망을 거는 실수를 했다. 2008년 선거가 지닌 가장 심층적인 중요성은 출마한 후보보다는 그 선거가 운동의 성격을 지녔다는 사실과 관계가 있다. 이런 대중의 실망에 관한 우려 때문에, 과거 후보자 시절 나누었던 우정 때문에 나는 오바마 대통령에게 편지를 썼고 2010년 5월 5일에 그 편지를 전달했다.

지금까지 한 번도 공개된 적이 없는 이 편지는 내가 '내부자들'에게 하고 싶던 말이라고 할 수 있다. 이 나라의 권력자들은 우리 중 많은 사람들이 공동선을 추구하고 실천하기 위해 헌신하고 있으며, 더 나은 방향으로 우리의 태도와 실천을 바꾸고 있는 이런 운동에 귀를 기울이고 그 운동과 함께 활동하도록 그들에게 압력을 가할 것이라는 사실을 깨달아야 한다. 그리고 몇 해 전에 내가 그랬듯이, 우리는 계속해서 그들에게 이 점을 상기시켜야 한다.

친애하는 대통령님,

분명히 올해는 당신이 그 누구도 완벽히 예상하지 못했던 수많은 도전에 직면했던 어려운 한 해였을 것입니다. 당신이 애초에 왜 대통령에 출마하겠다고 결심했을까, 왜 스스로를 이렇게 가혹한 감시 아래 당신 가족을 이 모든 제약 아래 밀어 넣겠다고 결심했을까 하고 생각했던 적도 여러 번 있었을 것이라고 저는 확신합니다. 그러나 당신이 가벼운 마음으로 이런 희생을 감수하겠다고 결단하지 않았음을 알고 있습니다.

나는 당신이 맞선 문제들 — 거의 이겨 낼 가능성이 없는 문제들 — 에 관해 알고 있습니다. 당신과 당신의 팀은 우리에게 당신이 물려받은 모든 것 — 대공황과 두 번의 실패한 전쟁 이후 가장 심각한 경제 위기 — 을 거듭 상기시켰으며, 지금 워싱턴 정가는 그 어느 때보다도 당파적으로 분열되어 있습니다….

그러나 훨씬 더 심층적인 차원에서 지금 부족한 것은 활기차고 가시적인 사회 운동입니다.…프랭클린 루즈벨트(FDR) 시대와 케네디(JFK)/존슨 시대에 거둔 성취는 많은 부분 강력한 노동 운동과 흑인 민권 운동 덕분에 가능했습니다. 과거의 이러한 독립적이며 진보적인 운동은 중요한 개혁을 위한 공간을 마련했으며, 이들의 대통령 임기를 기억할 만한 것으로 만들어 주었습니다. 사회적 변화를 위해서는 백악관에 진정으로 '진보적인' 인물을 앉히는 것 이상이 필요합니다.…근본적인 개혁을 가능하게 하는, 백악관과 의회 밖의 운동이 필요합니다. 우리는 진정한 변화가 요구하는 외부와 내부가 어우러져 추는 '춤'을 위한 안무를 다시 배워야 합니다….

나는 불과 1년 전에 신속하고 전면적인 정치적 변화가 이루어질 것이라고 믿었던 사람들 사이에 깊은 실망감이 만연해 있다는 점에 대해 대단히 우려하고 있습니다.

나의 주된 지지층이 아닌 좌파의 이데올로기적 실망감을 말하는 것이 아닙니다. 오히려 냉소주의를 극복하고 다른 미국이 가능하다고 믿게 된 흑인 투표자들, 지지하는 세력을 극적으로 바꾼 히스패닉 투표자들, 당신에게 배웠던 것 때문에 그들의 가까운 과거(혹은 그들의 부모들)와 결별하겠다고 결심한 복음주의자와 가톨릭 투표자들, 무엇보다도 청년층의 정치적 수동성이라는 관습적인 지혜를 무력화시키고 미래에 참된 기대를 건 시민으로—아이오와[대선 기간 중 전당대회를 가장 먼저 실시하는 주-옮긴이]부터 줄곧—행동했던 다양한 성향의 젊은 투표자들에 관한 이야기입니다.

그들 모두가 당신을 선출하는 데 결정적인 기여를 한 정치 운동에 동참했습니다. 그리고 이것은 그저 권력의 이양이 아니라 분명히 정치 운동이었습니다. 이것은 실질적이었으며 실제로 이루어졌습니다. 그러나 지금 이 운동은 급속히 사라지고 있으며, 전보다 훨씬 더 깊은 냉소주의에 빠질 위험에 처했습니다. 희망을 믿고 행동해 보았지만 지금은 그 희망이 더 희미해 보이기 때문입니다.

나와 다른 많은 사람들은 당신이 직면한 범상치 않은 도전을 이해하고 있지만, 나는 그런 위기 때문에 더 대담한 지도력이 더 많이 필요하며, 심지어는 더 가능하다고 정중하게 주장하고 싶습니다….

당신은 흑인 교회의 '부름과 응답' 전통을 아마도 미국의 다른 어떤 대통령보다 더 잘 알 것입니다. 당신은 오랫동안 트리니티(오바마가 출석했던 트리니티연합그리스도교회를 가리킴—옮긴이)에서 이 전통 속에서 지냈습니다. 그리고 이 전통 때문에 나는 흑인 교회에서 설교하는 것을 가장 좋아합니다. 설교자가 '부르고' 회중이 '응답'할 때, 설교는 실제로 더 좋아지고 강해지고 깊어집니다. 그것은 설교를 바꾸어 놓을 수도 있고, 계획하지 않았던 방향으로 설교를 이끌어 갈 수도 있습니다. 나는 미국 전역의 흑인 교회들의 '아멘 구역들'이 말 그대로 나에게서 설교를 '뽑아내는' 것을 경험했습니다.

대통령님, 나의 겸손한 조언은 지금 당신이 흑인 교회의 부름과 응답에 해당하는 정치적 대응물을 찾아야 한다는 것입니다. 당신은 지금 이 나라를 운영하는 것처럼 보이는 특수한 이익단체와 엘리트들을 앞질러, 더 나아가 의회와 양당 지도자들을 앞질러 당신을 당선시킨 운동을 이끌어야 합니다. 그저 그들이 있는 곳에서 시작한다면 당신은 결코 이 나라를 다른 곳으로 이끌어 갈 수 없을 것입니다. 당신을 당선시킨 정치 운동은 이제 그들이 투표를 통해 지지하고 당신이 약속했던 것들을 성취할 수 있도록 이 나라를 자극하는 사회 운동이 되어야 합니다. 만약 그런 사회 운동이 곧 나타나지 않는다면 우리가 더 깊은 나락으로 빠져들 수도 있음을 나는 염려하고 있습니다.

당선된 직후 당신은 정말로 중요한 무언가를 성취하기 위해서는 "내 뒤에서 불어오는 운동의 바람"이 필요하다고 말했습니다. 나는 "그렇습니다. 그리고 경우에 따라서는 길을 치우고 당신을 끌어당기는 당신보다 앞서 가는 운동도 필요합니다"라는 내용의 이메일을 당신에게 보냈던 것을 기억하고 있습니다. 그리고 나는 당신이 대부분의 대통령들보다 그 필요성을 더 잘 이해하고 있을 것이라고 생각했습니다. 분명히 지금 당신에게는 당신의 배후와 전방에 이 바람이 필요합니다….

우리에게는 24시간 뉴스 채널, 언론의 정치 평론가, 신중한 의원과 의회 지도자들의 비효율적인 점진주의를 돌파할 수 있는 당신의 지도력이 필요합니다. 이를 위해서 당신은 연설을 통해 단순히 의회에 대해서만이 아니라 국민에 대해 행동을 촉구해야 할지도 모릅니다. 또한 단지 당신의 의제에 대한 지지를 얻기 위해서만이 아니라 실제로 의제와 전략을 만들어 가기 위해 핵심 지지층의 지도자들과 만나야 할 것입니다. 그리고 의회 안에서 '바람을 바꿀' 수 있는 운동을 일으키기 위해 이 나라 전역에서 더 많은 행사를 열어야 할 것입니다. 그렇게 하기 위해서는 관점의 변화 — 외부의 독립적 운동을 최악의 경우에는 위협으로, 혹은 달래야 할 지지층으로 보기보다는 꼭 필요하며 지지할 가치가 있는 운동으로 바라보는 변화 — 가 필요합니다.

특히 당신은 메인 스트리트(Main Street: 중소기업과 실물경제를 상징함 — 옮긴이)의 도움을 구하고, 월가(대형 금융회사와 금융경제를 상징함 — 옮긴이)와 맞서야 하고, 미국인들로 하여금 당신이 자신의 이익을 위해 제멋대로 공동선을 무시하는 은행의 편이 아니라 그들의 편임을 보여 주어야 합니다. 월가 — 그리고 워싱턴과 월가의 관계 — 에 대한 이 나라의 분노는 보도된 것보다 훨씬 더 뿌리가 깊으며 정치적 경계를 초월해 있습니다….

물론 당신의 가장 가까운 참모들 중 다수, 심지어는 대부분이 내가 제안하는 바가 대단히 위험한 전략이라고 말할 것입니다. 그러나 만약 대통령으로서 당신의 '소명'이 정말로 우리가 믿는 변화를 이끄는 것이라면, 이것은 당신의 비전을 이룰 수 있는 최선의 방법, 심지어는 유일한 방법일 수도 있고, 적어도 당신에게 가장 가능성이 높은 전략일 것입니다.

링컨에게 프레드릭 더글러스가, 케네디와 존슨에게 킹이, 루즈벨트에게 강력한 노동 운동이 필요했던 것처럼, 지금 당신에게는 워싱턴에서 참된 변화를 이루기 위해서는 언제나 필수적인 사회 운동이 필요하다고 나는 믿습니다. 당신 역시 날마다 뼈저리게 깨닫고 있을 테지만, 당신 혼자서는 그런 변화를 만들어 낼 수 없습니다.…이것이 바로 내가 당신에게 제안하는 호혜적인 관계와 상호보완적인 활동입니다.

대통령님, 나는 각층의 다양한 사회 운동 지도자들과 대화를 해 왔으며, 만약 당신이 이 길을 선도하겠다고 결심한다면 우리는 당신을 지지할 운동을 조직할 준비가 되어 있습니다. 그리고 비록 당신이 더 신중한 태도를 취하겠다고 결정하더라도 우리는 준비를 할 것입니다. 우리는 진보 진영에서 더 독립적이며 비판적인 운동을 만들어야 할 필요가 있다고 느낍니다. 당신의 결정과 관계없이 우리들 중 일부는 이제 더 예언자적인 방식으로 나아갈 것입니다. 특히 우리에게 중요한 이슈에 관해 더 예언자적인 방향으로 나아가기 위해 신앙 공동체 안에서 우리의 결속력과 응집력을 활용할 방법을 모색할 것입니다. 그리고 우리는 우리의 예배당과 교구, 공동체 안에 있는 사람들에게 직접 다가갈 것이며, 그렇게 함으로써 평범한 사람들로 하여금 냉소주의에 저항하고 다시 한 번 진정한 시민이 될 수 있도록—그들 중 많은 사람들이 당신에게 표를 던질 때 그랬듯이—도울 것입니다….

친애하는 형제여, 하나님의 축복을 빕니다. 그리고 내가 날마다 당신을 위해, 미셸을 위해, 두 딸을 위해 기도하고 있음을 기억하십시오.

소망과 기대를 담아

짐 월리스

2주 후 또 다른 모임에서, 대통령은 나에게 이 편지를 읽었다고 말했다. 지금 이 시점에도 여전히 이 편지는 정치의 내부자들과 사회 운동의 외부자들 사이에 존재하는 가능성을 표현하고 있다.

외부자에게 보내는 편지

2008년 선거 이후 3년이 지났을 때 미국에서 '점령' 운동이라는 청년 운동이 갑작스럽게 시작되었으며 빠른 속도로 세계 전역으로 확산되었다. 이 장의 앞부분에서 설명했듯이, 애초에 이 운동은 매우 다양하고 분산된 운동이었다. 지지해야 할 운동이라기보다는 참여해야 할 운동이었으며, 나도 참여하려고 노력했다. 이 운동에 참여한 젊은이들과 많은 대화를 나눈 후 나는 그들에게도 편지를 쓰기로 결심했다. '외부자들' 역시 공동선에 헌신할 동기를 부여받고 훈련을 받아야 할 필요가 있다. 젊은이들이 사회 운동을 주도할 때도 때로는 그들에게 이 점을 상기시켜야 할 필요가 있다. 이것이 내가 점령 운동가들에게 공개서한을 보낸 목적이었다. 여기에 그 일부를 발췌한다.

여러분은, 너무 오랫동안 잠들어 있었으나 미국의 민주주의 정신의 깊은 곳에 언제나 자리 잡고 있던 잠자는 거인을 깨웠습니다. 여러분은 우리 사회에서 무언가 지독하게 잘못되었다고 생각하는 수많은 사람들이 표출하지 않은 감정에 목소리를 부여했습니다. 그리고 여러분은 한참 동안 많은 사람들의 마음속에 꾸준히 자라나고 있던 좌절과 희망의 불씨로부터 불길을 일으켰습니다.

역사적으로 다른 사람들이 생각하는 바를 말하고 실천하는 책무는 젊은이들의 몫인 경우가 많았습니다. 여러분은 국민이 마음속에 품고 있던 독백을 크고 분명하게 표현했습니다.

여러분은 점점 더 많은 사람들에게 점점 더 불공평하고 지속불가능해지고 있는 경제에 관해 대단히 근본적인 질문을 제기하고 있습니다.…이러한 가치에 대해 계속해서 물음을 제기하십시오. 왜냐하면 사람들을 움직이는 것은 요구나 정책 제안이 아니라 가치에 관한 물음이기 때문입니다. 요구나 제안은 나중에도 할 수 있습니다.

반대자라고 생각하는 이들을 악마로 취급하지 마십시오. 선한 사람들도 악한 체제 안에 갇힐 수 있기 때문입니다. 그러나 우리 모두가, 즉 체제와 그 체제 안의 개인들 모두가 책임을 져야 한다는 여러분의 말은 옳습니다. 근원적인 질문을 던지기 위해 여러분이 만들어 낸 새로운 안전한 공간들은, 우리 자신 — 우리가 누구인지, 우리가 무엇을 가장 소중히 여기는지, 우리가 여기로부터 어디로 나아가고 싶어 하는지 — 을 되돌아볼 수 있게 해주는 참신한 사회적 공간을 만들어 내는 데 기여하고 있습니다.

'정의로운 경제'는 어떤 모습이어야 하는지, 그것은 누구를 위한 것이어야 하는지 계속해서 물으십시오. 하지만 결코 일어나지 않을 것들에 대한 유토피아적인 꿈은 꾸지는 마십시오. 대신 어떻게 우리가 다르게, 더 책임 있게, 더 평등하게, 더 민주적으로 행동할 수 있는지 살펴보십시오.

우리의 지역적·세계적 경제에 관해 도덕적이며 실천적인 물음을 계속해서 제기하십시오. 그것이 바로 이 운동의 가장 우선적인 목적이 되어야 하기 때문입니다.

나는 여러분이 월가와 워싱턴의 지도자들이 여러분을 실망시켰다고 생각한다는 것을 알고 있습니다. 사실 그들은 우리 모두를 실망시켰습니다. 그러나 리더십 자체를 포기하지는 마십시오. 지금 우리에게 그 어느 때보다 혁신적인 리더십이 절실하게 필요합니다. 그리고 여러분이 그런 리더십을 일부 제공하고 있습니다.

그리고 비폭력은 단순히 중요한 전술이 아니라 우리 모두 안에 있는 최선을 일깨울 수 있는 도덕적·시민적 토론에 필수적인 헌신임을 기억하십시오. 분노해야 할 것들이 많지만, 그 에너지를 창의적이며 비폭력적인 행동에 쏟아 붓는 것은 위험한 냉소주의와 허무주의를 막는 유일한 길입니다. 분노의 무정부주의로는 비폭력 운동의 규율과 건설적인 프로그램을 통해 이룩한 변화를 절대로 만들어 낼 수 없었을 것입니다.

자만이나 방종에 빠지지 말고 겸손해지기 위해 노력하십시오. 이 운동은 여러분을 위한 것이 아닙니다. 소외된 많은 사람들을 위한 운동, 시대의 징조를 읽어 내고 지속적인 변화를 바라는 깊은 열망을 성취하기 위한 운동입니다. 여러분 자신보다는 이렇게 광범위한 목적을 더 진지하게 받아들이십시오.

마지막으로, 희망을 버리지 마십시오. 민중 운동은 사회에 진정한 변화를 일으킬 수 있는 유일한 힘입니다. 기성 질서는 그것을 지배하는 사람들이 믿는 것처럼 튼튼하고 무너질 수 없는 것이 결코 아닙니다.

그리고 기성 종교에 관해 어떤 생각을 가지고 있든, 변화를 위해서는 정치적 자원뿐만 아니라 영적 자원도 필요하며, 새로운 경제에는 언제나 새로운 (혹은 아주 오래된) 영성이 동반된다는 점을 명심하십시오.

하나님이 여러분에게 은총을 베푸시고 여러분에게 – 그리고 우리 모두에게 – 평화를 주시기를 빕니다.

이 편지는 점령 운동 진영에서 회람되었다. 이 편지를 읽고 젊은 점령 운동가들이 나의 강연회에 참석해 나와 대화를 나누기도 했다. 점령 운동이 어떤 결과를 낳든, 정치계 바깥에서 일어난 사회 운동에 참여하는 이들을 위한 이러한 교훈은 여전히 중요하다. 다시 한 번 강조하거니와, 이런 운동의 결과로 시작된 토론은 언제나 공동선의 의미와 관련된 것이다.

지금 이곳을 위한 놀라운 은총
마지막으로, 다시 존 웨슬리와 영적 부흥, 그리고 세계를 변화시킨 운동으로 돌아가 보자.

윌리엄 윌버포스에 관한 감동적인 영화 "어메이징 그레이스"(*Amazing Grace*)를 보면서, 나는 웨슬리의 가르침에 영향을 받아 회심한 후 노예제 종식을 평생의 사명으로 삼았던 이 정치가의 이야기에 깊은 감명을 받았다. 그러나 이 영화는 지나치게 한 사람에게 초점을 맞춤으로써 영국을 휩쓸고 정치적 승리를 가능하게 했던 운동에 대해서는 충분히 관심을 기울이지 않았다. 마찬가지로, 미국에서 흑인민권 운동을 추동했던 힘은 그저 킹 박사의 감동적인 연설에서 나온 것이 아니다. 국민의 관심을 사로잡고 중요한 법률적 조치를 이끌어 낸 것은 버밍햄 운동과 몽고메리 행진, 셀마에서 일어난 극적인 사건이었다. 궁극적으로 그것은 자신들의 나라가 변하는 것을 보고 싶어 했던 수백만의 평범한 사람들이 내린 결정이었다.

그리고 많은 사람들에게 이것은 신앙의 문제다. 기독교를 사적인 신앙 혹은 사회적 통제로 환원시키는 경우가 너무 많다. 그럴 경우, 하나님 나라라는 완전히 새로운 질서를 선포하기 위해 세상에 오셨던 그리스도의 사역이 어떤 의미를 지니는지 놓치고 만다. 이 책에서는 우리 시대의 사적인 복음들이 어떻게 우리에게—종교적이든 그렇지 않든—절실하게 필요한 공동선이란 새로운 전망에 영감을 불어넣는 신약성경의 핵심 메시지를 놓치고 있는지 설명했다.

과거에 신앙인들은 예수님이 선포한 하나님 나라 복음의 너비와 깊이를 기억하면서 역사적으로 중대한 운동에서 특별하고도 필수적인 역할을 했으며 세상에서 가장 큰 변화를 일으킨 사회 운동에서 중추를 담당하는 경우도 많았다. 사실 현대의 어떠한 사회 개혁 운동도 신앙 공동체의 적극적인 참여와 그들이 정치 투쟁에 끌고 들어온 영적 가치 없이 성공한 경우는 없다.

편안하고 사사화(私事化)된 신앙과 자기 종교 단체의 편협한 주장을 넘어설 때 그리스도인들은 다시 한 번 이 중요한 역할을 담당할 수 있다. 예수님은 우리를 **회심**과 **공동체**로, 개인적 구원과 사회 정의로, 개인적 변화와 사회 변혁으로 부르신다. 사람들은 개인으로 예수 그리스도께 나오지만, 그런 다음에 그들은 그 구성원이 아닌 다른 사람들을 섬기기 위해 존재하며 세상 속에서 하나님의 목적을 현시(顯示)하는 사명을 지닌 유일한 공동체인 그리스도의 몸에 참여한다. 예언자 예레미야는 하나님의 백성이 맡은 이 역할을, 심지어 당신이 유배되어 있을 때에라도 – 오늘날 많은 사람들이 그런 기분을 느끼고 있다 – 당신이 속한 "성읍의 평안을 구하는" 것이라고 설명했다.

40년 전 시카고 북부 교외에 있는 트리니티복음주의신학교에서 우리 공동체의 핵심 구성원들을 만난 이후 나는 오랫동안 미국 기독교의 새로운 가능성을 위해 기쁘게 일해 왔다. 우리는 자유주의 신학교가 아니라 유력한 복음주의 신학교를 다녔다. 우리들 중 일부는 성경이 정말로 말하는 바에 관해 우리 자신의 복음주의 전통과 논쟁하기 위해 일부러 이 학교를 택했다.

우리의 첫 활동 중 하나는 가난한 사람들, 부와 가난, 그리고 사회 정의와 관련된 모든 성경 구절을 모으는 것이었다. 우리는 2천 개가 넘는 구절을 찾았고, 그런 다음 오래된 성경책에서 그 구절들을 모두 오려 냈다. 그러자 우리에게는 '구멍이 숭숭 난 성경'이 남았다. 나는 설교할 때 이 성경책을 가지고 다니곤 했다. 나는 이렇게 말했다. "이것은 우리가 무시하고 전혀 관심을 기울이지 않은 구절 때문에 구멍이 숭숭 나 있는, 미국의 성경책입니다. 모두 성경책을 꺼내 우리가 포기한 본문을 다 오려 내기만 하면 됩니다."

아직도 소저너스 사무실에는 구멍이 숭숭 난 그 성경책이 보관되어 있다. 그리고 이제 유명해진 이 이야기에 영감을 얻어 영국성서공회(British Bible Society)와 미국성서공회(American Bible Society)는 월드비전 같은 단체와 협력해 「빈곤 과정의 성경」(*Poverty and Justice Bible*)을 출간했다. 이 성경에서는 미국 교회가 무시해 왔으며 이를 지적하기 위해 우리가 오려 냈던, 가난과 정의에 관한 모든 성경 구절을 다시 성경책 안에 집어넣고 월드비전을 상징하는 오렌지색으로 표시했다! 나에게 이 성경책은 온전한 성경책을 되찾기 원하는 새로운 세대를 향한 소망의 상징이다.

장차 임할 전투

지난 40년 동안 우리는 두 가지 중요한 전투를 치러 왔으며, 이제 우리 앞에는 세 번째 전투가 기다리고 있다. 이 책은 바로 다음 전투에 관한 책이다.

첫 번째 전투는 신앙이 단순히 사적인 것이라는 관념에 맞서는 싸움이었다. 많은 사람들이 자라면서 그렇게 배웠다. '세속적'으로 변하지 않기 위해 지속적으로 노력하는 것 외에는 주변 세상을 거의 잊어버린 채 살면서 '나와 주님'에만 관심을 기울이면 된다고 배웠다. 이 책에서 나는 어린 시절 내가 교회에서 어떻게 이 싸움을 벌였는지 이야기했다.

신앙이 단순히 사적인 것일 때, 부와 권력, 폭력에 대해서는 문제를 삼지 않고 내버려 둔다. 왜냐하면 종교는 그런 것과는 관계가 없다고 이해하기 때문이다. 사실 사사화된 신앙은 신앙인들로 하여금 이런 문제에 대해 자기 만족에 빠지거나 공범이 되거나 그저 침묵하게 만듦으로써 불의에 기여할 뿐이다. 이제 신앙이 공적인 삶에 아무런 의미가 없는 사적인 것이기만 하다고 말하는 사람은 아무도 없으며, 심지어 가장 보수적인 그리스도인들조차도 그렇게 말하지 않는다. 이제 다들 신앙과 공적인 삶을 연결시키는 것이 중요하고도 꼭 필요한 일이라고 생각하며, **어떻게** 신앙을 공적으로 표현해야 하는지에 관해서만 논쟁할 뿐이다.

두 번째 전투는 그리스도인들이 관심을 기울여야 하는 유일한 사회 문제는 성과 관련된 문제라고 주장하는, 그 당시로서는 새로웠던 '종교적 우파'에 맞서는 싸움이었다. 언론에 따르면, 낙태와 동성애, 포르노그래피는 복음주의자들이 관심을 기울이며 투표의 기준으로 삼는 유일한 정치 이슈였다. 우리는 그리스도인들이 '사회적 이슈'로 규정된 두세 가지 이른바 도덕적 이슈보다 더 많은 것에 관심을 기울여야 한다고 주장했다. 특히 우리는 가난한 사람들을 돌보고 그들의 권익을 옹호하라는 하나님의 부르심은 성경적 신앙에서 절대적으로 중요한 가르침이라고 주장했다. 우리는 성경의 하나님이 긍휼과 정의의 하나님이라고 믿고 그렇게 설교했다. 그러나 우리는 또한 '생명 옹호론자'였으며(낙태는 도덕적 비극이며, 우리는 원치 않는 임신을 막는 동시에 끔찍할 정도 많은 미국의 낙태 건수를 줄여야 한다고 믿었으며) '가정의 가치'에 깊이 헌신했다(게이나 레즈비언에게 책임을 전가하지 않으면서 결혼의 온전성과 자녀 양육의 중요성을 지키기 위해 노력했다).

다시 한 번 말하거니와, 신앙을 개인의 도덕과 관련된 몇 가지 이슈로 제한하는 것은 부와 권력, 폭력을 문제 삼지 않고 내버려 두는 것과 같다. 그럴 때 종교는 불의와 현상유지를 옹호하는 사람들을 지지하는 정치 세력으로 변질되고 만다. 내가 존 스튜어트의 "데일리 쇼"(The Daily Show)에 초대 손님으로 출연한 이후 많은 젊은이들이 나에게 이메일을 보내 "나는 우리가 그리스도인인 동시에 가난과 환경, 이라크전에 관심을 기울일 수 있는지 몰랐다"고 말했다. 2005년 출간된 「하나님의 정치」(God's Politics)를 통해 나는 편협한 종교적 우파나 세속적인 좌파가 자신을 대변해 주지 못했다고 느끼며 사회 정의를 위한 성경적·신학적·영적 기초를 추구하던 수십만 명의 사람들을 만났다.

나는 많은 사람들이 더 통전적이며 성경적인 메시지를 추구하고 있는 지금 이 싸움도 이미 이겼다고 생각한다. 오늘날 정치적 입장을 막론하고 수많은 강단에서 가장 약한 사람들-도심의 아이들, 굶주리고 집 없는 사람들, 기아와 전염병으로 고통 받는 전 세계의 가난한 사람들, 인신매매라는 현대판 노예제에 갇혀 있는 여성과 아동들-을 향한 하나님의 사랑이 설교되고 있다. 특히 젊은 세대의 신자들은 가난한 사람들을 돌보는 것이 하나님 나라의 징조라고 생각한다. 보수 쪽의 싱크탱크에서도 이제는 가난한 사람들을 향한 그리스도인의 관심을 이야기하며 '사회 정의'라는 말을 사용한다.

그러나 우리가 치러야 할 세 번째 큰 전투는 하나님이 원하시는 **사회의 본질**과 관계가 있으며, 특히 **공동선**이라는 것이 존재하는지가 쟁점이 될 것이다. 정부의 역할, 시장의 역할, 시민 사회의 역할, 교회와 회당, 모스크, 종교적 회중과 단체의 역할, 가정과 지역사회의 역할, 신자와 시민의 역할에 관해서도 논쟁이 벌어질 것이다.

어떤 사람들은 가난한 이들을 돌보는 것은 좋은 일이지만 정부는 이에 결코 관여해서는 안 되며 사적인 자선 활동이 빈곤에 대한 유일한 해결책이라고 말한다. '시장이라는 보이지 않는 손'이 우리의 문제를 해결하도록 자본주의는 규제나 제약 없이 그냥 내버려 두어야 하며 우리는 부가 흘러넘칠 것이라고 믿기만 하면 된다는 것이다.

그러나 다른 사람들은 공동선이라는 풍성한 전통을 회복해야 한다고 주장한다. 이 전통에서는 우리의 행동이 다른 사람들에게 어떤 영향을 미칠지에 대해 우리 모두가 책임을 져야 한다고 가르친다. 이런 윤리는 가톨릭의 사회적 가르침, 역사적 복음주의의 부흥 운동, 흑인과 라티노 교회, 개신교의 사회 복음, 유대교와 이슬람 안에 그리고 정부가 '보편적 복지'를 보장해야 한다고 명시한 미국 헌법 안에 깊이 뿌리를 내리고 있다.

복음은 우리가 우리의 형제자매를 지키는 사람 – 이웃과 심지어는 원수까지도 사랑하도록 부름 받은 사람 – 이라고 분명히 말하고 있음을 우리는 깨달았다. 성경의 모든 예언자들은 가난한 사람, 약한 사람, 이방인을 어떻게 대하는지를 보면 한 사회의 품격을 가늠할 수 있다고 말한다. 이것이 성경이 말하는 바이며, 예수님은 우리에게 이 시험을 통과하라고 말씀하신다. 다음 전투의 목표는 이기주의의 시대에 공동선의 윤리를 추구함으로써 이러한 전망을 이해하고 실천하는 것이다. 그리고 이 문제에 관해 하나님 나라의 진리를 선포하는 일은, 곧 좌파와 우파의 이데올로기와 우상숭배에 도전하는 일이기도 할 것이다.

향후를 전망하면서 나는 이런 사명을 이루는 일에 지도자 역할을 감당할 새로운 세대의 그리스도인들과 다른 신앙 전통의 신자들이 나타나고 있다는 사실이 대단히 고무적이라고 생각한다. 나는 내가 만나고 날마다 함께 일하는 젊은이들의 개인적 신앙과 사회적 양심을 신뢰한다. 이들은 교회와 다른 신앙 공동체들의 미래를 이끌 사람들이다. 그들은 남자와 여자, 미국에서 태어난 백인과 흑인, 라티노, 아시아계 미국인, 그리고 세계 전역에서 이곳으로 이주해온 국제적인 젊은이들이다. 그들은 종족 정체성보다는 관계와 네트워크에 따라 자신을 규정한다. 그들은 뿌리 깊은 신앙을 지니고 있지만, 동시에 다른 사람들의 신앙 정체성도 존중한다. 그들은 활동가인 동시에 관조하는 사람이며, 영성과 사회 변혁을 연결시키는 사람이다. 그들은 인종과 민족성, 문화의 다양성을 대단히 소중히 여기며 지역적 혹은 국가적 정체성에 구속받지 않는다. 그들은 전 지구적인 세계관을 가지고 있다. 그들은 자신들이 살고 있는 사회 안에 있기를 원하지만, 그 사회에 속하기를 원하지는 않는다. 그들은 대항문화적 공동체를 추구하는 순례자인 동시에, 그들이 살고 있는 도시의 행복을 추구한다. 그들은 자신들의 사회 한가운데 있는 나그네다.

비록 최근 선거를 거치면서 일각에서는 그렇게 오해하기도 했지만, 공동선은 결코 정치에 국한된 문제가 아니다. 후보자와 정당에 희망을 걸면 실망과 좌절, 위험한 냉소주의에 이를 뿐이다.

정치적 의제의 한계를 설정하고 유지하는 체제와 구조는 존재하며, 근본 원인과 실질적 해법을 찾아내기 위해 그 한계에 도전하는 것은 언제나 예언자들에게 맡겨진 책무다. 우리의 정치를 규정하는 대의를 중심으로 해서 **후보자를 넘어서는** 사회 운동이 점점 더 활발하게 일어날 것이다. 그것은 언제나 '바람을 바꾸는' 운동일 것이며, 정치적 바람을 바꿀 때에만 워싱턴을 비롯한 세계 각국의 수도에서 정치적 정책을 바꿀 수 있을 것이다. 40년 넘게 공적 이슈와 관련된 활동을 하면서 나는 우리에게 필요한 진정한 변화가 정치권 내부로부터 시작되는 것을 한 번도 본 적이 없다. 오히려 그런 변화는 외부의 사회 운동으로부터 시작된다.

우리 신앙인들은 우리의 도덕적 양심에 따라 주의를 기울 수밖에 없는 사람들과 이슈 때문에 정치에 참여하고 그들을 위해 모든 정치 진영에 기꺼이 문제를 제기하는, 궁극적인 독립 세력일 수 있다. 당파적인 정치적 목적을 위해서가 아니라 성경적 정의와 공동선을 위해 싸우는 것이 이런 신실한 정치의 핵심이 될 것이다. 이 책에서는 회심으로의 부르심, 하나님 나라로의 부르심, 공동체로의 부르심, 세계를 우리의 교구로 삼으라는 부르심―공동선을 위한 부르심―에 대해 살펴보았다. 공동선으로의 부르심에 응답하는 것은 언제나 대단히 개인적인 결단이다. 나는 우리 모두가 개인적·공적 삶에서 공동선을 위해 노력하기로 결단하고, 우리의 자녀들에게도 그렇게 하도록 가르칠 수 있기를 바라고 기도한다.

후기

공동선을 위한 열 가지 개인적 결단

공동선과 더불어 살아가는 우리 삶의 질은 결국 우리 모두의 **개인적인 결단**에 의해 결정된다. '공유 영역'—앞서 설명했듯이 우리가 이웃과 시민으로서 함께 모여서 공적인 공간으로 공유하는 장소—은 우리 자신의 삶과 가정에서의 인간적 삶, 즉 **인간 번영**의 질보다 결코 더 나을 수가 없다.

여기에 공동선을 증진하기 위해 당신이 할 수 있는 열 가지 개인적 결단을 소개한다.

1. 만약 당신이 아버지나 어머니라면, 당신의 자녀를 당신 삶의 최우선순위로 삼고 그들을 중심으로 당신의 다른 책임을 배치하라. 만약 당신이 부모가 아니라면, 당신이 그들의 삶에 시간과 노력을 투자함으로써 유익을 줄 수 있는 어린이를 찾아보라.

2. 만약 결혼을 **했다면 배우자에게 충실하라**. 정절과 사랑으로 당신의 헌신을 보여 주라. 만약 독신이라면, 유용성이 아니라 온전성을

당신의 인간관계를 판단하는 기준으로 삼으라.
3. **만약 당신이 신앙인이라면 당신이 무엇을 믿는가뿐만 아니라 그 신념을 어떻게 실천하는가에도 초점을 맞추라.** 만약 하나님을 사랑한다면, 하나님께 당신의 이웃을 어떻게 사랑해야 하는지 여쭤 보라.
4. **당신이 진지한 태도로 살아갈 공간을 찾으라.** 당신의 삶과 직업의 자리를 당신이 책임져야 할 교구로 삼으라.
5. **단순한 경력이 아니라 소명을 추구하라.** 단순히 재능이 아니라 하나님의 자녀로서 당신이 받은 은사를 분별하고, 기회를 찾기보다는 소명에 귀를 기울이라. 당신의 개인적인 선은 언제나 공동선과 연결되어 있음을 기억하라.
6. **선택을 해야 할 때 원하는 것과 필요한 것을 구별하라.** 얻을 수 있는 것이 아니라 충분한 것을 선택하라. 욕구를 가치로 대체하고, 자녀에게도 그렇게 가르치라. 당신 삶에 있는 모든 사람들을 위해 이런 가치의 본을 보이라.
7. **당신이 일하는 기업과 회사, 조직을 윤리적 관점에서 바라보라.** 단체의 소명이 무엇인지도 물어 보라. 부정직하거나 착취적인 요소에 대해 문제를 제기하고, 선을 행함으로써 당신의 일터가 번영할 수 있게 도우라.
8. **오늘날 세상에서 당신의 마음을 가장 아프게 하고 당신의 정의감에 상하게 하는 것이 무엇인지 자문해 보라.** 이를 바꾸기 위해 노력하겠다고 결단하고 그런 불의를 변혁하는 일에 헌신한 다른 이들의 노력에 동참하라.
9. **지역적·전국적 차원에서 당신의 정치적 대표자가 누구인지 알아**

보라. 그들의 정책 결정에 관해 연구하고, 그들의 도덕적 나침반과 공적 리더십을 점검하라. 당신의 공적 신념과 헌신을 그들에게 알리고 그들에게 책임을 물으라.

10. **사건과 운동의 차이는 희생이며, 이는 종교와 사회 변화를 이루려는 노력에도 적용된다.** 그러므로 당신의 삶을 바칠 만큼 중요한 것이 무엇인지 자문해 보라.

당신 자신의 개인적 선과 공동선 사이에서 통합적 관계를 찾는 것은, 우리의 미래를 위해 당신이 할 수 있는 최선의 공헌이다. 그리고 그것은 우리 모두의 더 나은 삶을 위해 우리가 품을 수 있는 최선의 희망이다.

주

1. 공동선을 위한 복음

1) Homily 25 on 1 Corinthians 11:1, Diana Butler Bass, *A People's History of Christianity: The Other Side of the Story* (New York: HarperCollins, 2010), 60에서 재인용.(강조 추가).
2) 정확한 표현에 대해서는 논란이 있지만, 링컨의 장례식에서 행한 연설에서 매튜 심슨(Matthew Simpson) 목사는 링컨이 이렇게 말했다고 증언했다. http://beck.library.emory.edu/lincoln/page.php?id=simpson16 을 보라. 1867년에 나온 프랜시스 카펜터(Francis B. Carpenter)의 책 「백악관에서 에이브러햄 링컨과 함께 지낸 6개월」(*Six Months at the White House with Abraham Lincoln*, 282쪽)에서도 링컨이 이런 말을 했다고 적고 있다. http://books.google.com/books/about/Six_months_at_the_White_House_with_Abrah.html?id=3W4FAAAAQAAJ 를 보라
3) Abraham Lincoln, "Second Inaugural Address," March 4, 1865, The Avalon Project, http://avalon.law.yale.edu/19th_century/lincoln2.asp.

2. 사자, 말씀, 길

1) C. S. Lewis, *The Silver Chair* (New York: HarperCollins, 2009), Kindle edition, locations 1861-62. 「은의자」(시공주니어).
2) Rudolf Bultmann, "New Testament and Mythology," *Kerygma and*

Myth: A Theological Debate, ed. H. W. Bartsch, trans. R. H. Fuller (New York: Harper & Row, 1961), 5.

3) Lovett H. Weems Jr., *Focus: The Real Challenges That Face the United Methodist Church* (Nashville: Abingdon, 2012).

4) C. S. Lewis, *The Last Battle* (New York: HarperCollins, 2005), Kindle edition, locations 1934-35. 「마지막 전투」(시공주니어).

5) 같은 책, 1948.

6) 같은 책, 2051-52.

7) C. S. Lewis, *Mere Christianity* (New York: HarperCollins, 2000), 189. 「순전한 기독교」(홍성사).

8) 마태복음 6:10.

9) Pico Iyer, "The Joy of Quiet," *New York Times Sunday Review*, December 29, 2011, http://www.nytimes.com/2012/01/01/opinion/sunday/the-joy-of-quiet.html?pagewanted=all.

10) 같은 글.

11) 같은 글.

12) 같은 글.

13) 같은 글.

14) 같은 글.

15) 같은 글.

16) Lewis, *The Silver Chair*, Kindle edition, locations 1854-62.

3. 예수님은 누구신가, 그리고 그것은 왜 중요한가

1) Thomas A. Dorsey(1899-1993), "Precious Lord, Take My Hand." 작곡자는 George Nelson Allen(1812-77).

2) Scot McKnight, *One.Life: Jesus Calls, We Follow* (Grand Rapids: Zondervan, 2010), 64(강조 추가).

3) 이 말씀에 관해서 J. H. Yoder, *The Politics of Jesus* (Grand Rapids: Eerdmans, 1972); C. Jordan, *The Cotton Patch Version of Matthew and John* (New York: Association Press, 1970); G. Stassen, D.

Gushee, *Kingdom Ethics: Following Jesus in Contemporary Context* (Downers Grove, IL: InterVarsity, 2003)을 보라. 「예수의 정치학」(IVP), 「하나님의 통치와 예수 따름의 윤리」(대장간).
4) 인종차별 정권이 저지른 엄청난 불의에 대해 용서를 실천했던 남아프리카공화국의 '진실과 화해 위원회'의 명칭 안에는 두 가지 성경적 용어가 담겨 있다. 그리고 이런 실천 때문에 엄청난 보복적 폭력을 예방할 수 있었다. 진실을 차단하는 나약한 용서가 아니라 진실을 밝힌 후에 베푸는 참된 용서는 언제나 하나님 나라의 도래를 알린다.
5) 예를 들면, 마 5:21-22, 27-28, 33-34, 38-39, 43-44.
6) Jim Wallis, Dr. R. Albert Mohler, "Is Social Justice an Essential Part of the Mission of the Church?," The Trinity Debates, October 27, 2011, http://www.henrycenter.org/programs/trinity-debates/.
7) 누가복음 4:18.

4. 주님, 우리로 하여금 당신을 선대하도록 도우소서

1) 예를 들어, Mother Teresa, *In the Heart of the World: Thoughts, Stories, and Prayers* (Novato, CA: New World Library, 1997), 23, 33을 보라.
2) Joe Scarborough, *Morning Joe*, July 21, 2011, http://www.msnbc.msn.com/id/3036789/#43838877.
3) 기자회견 전문은 http://www.evangelicalimmigrationtable.com에서 볼 수 있다.
4) Evangelical Immigration Table, "Evangelical Statement of Principles for Immigration Reform," http://www.evangelicalimmigrationtable.com.
5) "Prominent Evangelicals Praise Immigration Policy Change," *Sojourners*, June 15, 2012, http://sojo.net/press/prominent-evangelicals-praise-immigration-policy-change-0.
6) 같은 곳.
7) "Obama Immigration Policy Favored 2-to-1 by Likely Voters,"

Bloomberg News, June 19, 2012, http://www.bloomberg.com/news/2012-06-19/obama-immigration-policy-favored-2-to-1-by-likely-voters.html.

5. 세계 속의 선한 사마리아인

1) Martin Luther King Jr., "I've Been to the Mountaintop"(speech, Mason Temple, Memphis, Tennessee, April 3, 1968), http://www.americanrhetoric.com/speeches/mlkivebeentothemountaintop.htm.
2) 창 4:9을 보라.
3) Klyne Snodgrass, *Stories with Intent: A Comprehensive Guide to the Parables of Jesus* (Grand Rapids: Eerdmans, 2008), 355.
4) 같은 곳.
5) Greg W. Forbes, *The God of Old: The Role of the Lukan Parables in the Purpose of Luke's Gospel* (Sheffield: Sheffield Academic Press, 2000), 63.
6) Snodgrass, *Stories with Intent*, 358.
7) J. M. Darley, C. D. Batson, "'From Jerusalem to Jericho': A Study of Situational and Dispositional Variables in Helping Behavior," *Journal of Personality and Social Psychology* 27 (1973): 100–108, http://faculty.babson.edu/krollag/org_site/soc_psych/darley_samarit.html에서는 이 실험의 결과를 요약해 놓았다.
8) http://faculty.babson.edu/krollag/org_site/soc_psych/darley_samarit.html.
9) 같은 곳.
10) 같은 곳.
11) 눅 10:37.
12) Snodgrass, *Stories with Intent*, 345.
13) Sharon Ringe, Luke (Louisville: Westminster John Knox, 1995), 160. 「웨스트민스터 신약강해: 누가복음」(에스라서원).

14) Snodgrass, *Stories with Intent*, 348, 352.
15) Rod Norland and Alan Cowell, "Two Western Journalists Killed in Syria Shelling," *New York Times*, February 22, 2012, http://www.nytimes.com/2012/02/23/world/middleeast/marie-colvin-and-remi-ochlik-journalists-killed-in-syria.html?pagewanted=all.
16) http://www.notforsalecampaign.org를 보라.
17) "In China, Human Costs Are Built into an iPad," *New York Times*, January 25, 2012, http://www.nytimes.com/2012/01/26/business/ieconomy-apples-ipad-and-the-human-costs-for-workers-in-china.html?pagewanted=all.
18) "Human Rights and the Supply Chain," Nokia website, http://www.nokia.com/global/about-nokia/people-and-planet/impact/supply-chain/human-rights-and-the-supply-chain.
19) Umair Haque, *Betterness* (Boston: Harvard Business Review Press, 2011), Kindle edition, locations 689–90.
20) "Responsibility at Nike, Inc.," http://nikeinc.com/pages/responsibility.
21) BBC News, "Tracing the Bitter Truth of Chocolate and Child Labour," March 24, 2010, http://news.bbc.co.uk/panorama/hi/front_page/newsid_8583000/8583499.stm.
22) World Economic Forum, Deloitte Touche Tohmatsu, *Sustainability for Tomorrow's Consumer: The Business Case for Sustainability* (Geneva: World Economic Forum, 2009), 8, http://www.deloitte.com/assets/Dcom-Global/Local%20Assets/Documents/Bus-Sustainability-print_OK.pdf.

6. 모든 종족을 환영하는 사랑의 공동체

1) Martin Luther King Jr., "The Only Road to Freedom," *A Testament of Hope: The Essential Writings and Speeches of Martin Luther King*, Jr., ed. James M. Washington (New York: HarperCollins,

1991), 58.

2) John Lewis, "We Haven't Built the Beloved Community," *GRITtv with Laura Flanders*, October 8, 2010, http://www.youtube.com/watch?v=CsTE8rtC1Gc.

3) Public Religion Research Institute, *Old Alignments, Emerging Fault Lines: Religion in the 2010 Election and Beyond* (Washington, DC: Public Religion Research Institute), 19, http://publicreligion.org/site/wp-content/uploads/2011/06/2010-Post-election-American-Values-Survey-Report.pdf.

4) Cal Thomas, "Of Course America Is Exceptional," *Washington Post*, November 29, 2010, http://onfaith.washingtonpost.com/onfaith/panelists/cal_thomas/2010/11/of_course_america_is_exceptional.html.

5) Michael Kinsley, "U.S. Is Not Greatest Country Ever," *Politico*, November 2, 2010, http://www.politico.com/news/stories/1110/44500.html.

6) Brian McLaren, "American 'Exceptionalism' Can Degenerate into Superiority," *God's Politics* (blog), December 3, 2010, http://sojo.net/blogs/2010/12/03/american-exceptionalism-can-degenerate-superiority.

7) Katharine Lee Bates, "America the Beautiful," originally published as "Pikes Peak"(1895).

8) Michael Eric Dyson, "A 'True Revolution of Values,'" *Pride* (Oxford: Oxford University Press, 2006)에서 발췌, Beliefnet, January 2006, http://www.beliefnet.com/Faiths/Christianity/2006/01/A-True-Revolution-Of-Values.aspx.

9) N. T. Wright, "God Calls Nations to Special Roles," *Washington Post*, November 30, 2010, http://onfaith.washingtonpost.com/onfaith/panelists/nicholas_t_wright/2010/11/god_calls_nations_to_special_roles.html.

10) Brian McLaren, "America the Exceptional," *Sojourners*, January 2012, http://sojo.net/magazine/2012/01/america-exceptional.
11) Kenneth L. Smith, Ira G. Zepp Jr., "Martin Luther King's Vision of the Beloved Community," *Religion Online* (원출처는 The Christian Century [April 3, 1974]: 361–63), http://www.religion-online.org/showarticle.asp?title=1603.
12) 같은 곳.
13) 같은 곳.
14) Martin Luther King Jr., "Christmas Sermon on Peace" (Ebenezer Baptist Church, Atlanta, Georgia, December 24, 1967), http://www.thekingcenter.org/archive/document/christmas-sermon.
15) Smith and Zepp, "Martin Luther King's Vision."
16) Martin Luther King Jr., *The Wall Street Journal*, November 13, 1962.
17) Charles Marsh, *The Beloved Community: How Faith Shapes Social Justice from the Civil Rights Movement to Today* (New York: Basic Books, 2004), 50.
18) 같은 책.
19) 같은 책.
20) 같은 책.
21) Martin Luther King Jr., "social justice" speech (Kalamazoo: Western Michigan University, December 18, 1963), http://www.wmich.edu/library/archives/mlk/transcription.html.
22) Jeffrey Haggray, "Our Mission, Our Message" (sermon, First Baptist Church, Washington, DC, March 18, 2012), http://www.firstbaptistdc.org/multimedia/listen-to-weekly-sermons.
23) 롬 12:2(Phillips New Testament in Modern English).

7. 원수를 놀라게 하라

1) Dietrich Bonhoeffer, *The Cost of Discipleship* (New York:

Touchstone, 1959), 112-13. 「나를 따르라」(대한기독교서회).
2) Walter Wink, *Engaging the Powers: Discernment and Resistance in a World of Domination* (Minneapolis: Fortress, 1992). 「사탄의 체제와 예수의 비폭력: 지배체제 속의 악령들에 대한 분별과 저항」(한국기독교연구소).
3) Glen H. Stassen, *Just Peacemaking: Transforming Initiatives for Justice and Peace* (Louisville: Westminster John Knox, 1992). 「평화의 일꾼」(한국장로교회출판사).
4) 잠 15:1.
5) "Nous sommes tous Américains," *Le Monde*, September 12, 2001, http://www.freerepublic.com/focus/f-news/523345/posts.
6) Will Willimon, "How Christian Leaders Have Changed Since 9/11," *Christianity Today*, September 7, 2011, http://www.christianitytoday.com/ct/2011/september/howleaderschanged.html?start=5.
7) "Tennessee Church Welcomes Muslim Neighbors," CNNBelief Blog, September 10, 2010, http://religion.blogs.cnn.com/2010/09/10/tennessee-church-welcomes-muslim-neighbors.
8) Jim Wallis, "A Test of Character," *Sojourners*, December 2010, http://sojo.net/magazine/2010/12/test-character.
9) 같은 곳.
10) Bob Smietana, "Peace Be upon Them," *Sojourners*, September/October 2011, 16-18.
11) Jim Wallis, "Jim Wallis on the Story behind Pastor Terry Jones's Change of Heart," *Washington Post*, September 19, 2010, http://www.washingtonpost.com/wp-dyn/content/article/2010/09/17/AR2010091702398.html.
12) Eboo Patel, Rose Marie Berger, "Radical Possibility," *Sojourners*, February 2009, 14.
13) 같은 글.

14) Daisy Khan, "Balancing Tradition and Pluralism," *Sojourners*, February 2009, 15.
15) "Afghanistan Massacre Suspect Named as Sgt Robert Bales," BBC News, March 17, 2012, http://www.bbc.co.uk/news/world-us-canada-17411009.
16) Jim Wallis, "A Convert to Peace," *Sojourners*, September/October 2011, 30-31.

8. 보수와 진보, 그리고 시민 교양의 필요성

1) Hubert H. Humphrey, 1977년 11월 1일 워싱턴 디시의 휴버트 험프리 기념관(Hubert H. Humphrey Building) 개관식에서 행한 연설, Congressional Record, vol. 123 (November 4, 1977): 37287.
2) "Hubert H. Humphrey Quotes," http://thinkexist.com/quotation/compassion_is_not_weakness-and_concern_for_the/209236.html.
3) Robert F. Kennedy, 1968년 6월 8일 그의 장례식에서 에드워드 케네디(Edward Kennedy)가 인용한 말, http://abcnews.go.com/blogs/headlines/2009/08/take-a-moment-read-ted-kennedys-euology-of-bobby.
4) 케네디는 조지 버나드 쇼(George Bernard Shaw)를 인용하며 이렇게 말했다. Robert F. Kennedy, remarks at the University of Kansas, March 18, 1968, http://www.jfklibrary.org/Research/Ready-Reference/RFK-Speeches/Remarks-of-Robert-F-Kennedy-at-the-University-of-Kansas-March-18-1968.aspx를 보라.
5) Pew Research Center, *Barely Half of U.S. Adults Are Married–A Record Low* (December 14, 2011), http://www.pewsocialtrends.org/files/2011/12/Marriage-Decline.pdf.
6) *Marriage and Poverty in the U.S.: By the Numbers* (Heritage Foundation, 2010), http://thf_media.s3.amazonaws.com/2010/pdf/wm2934_bythenumbers.pdf.
7) *Combating Poverty: Understanding New Challenges for Families*

(Washington, DC: Brookings Institution, June 5, 2012), http://www.brookings.edu/research/testimony/2012/06/05-poverty-families-haskins.

8) Charles M. Blow, "For Jobs, It's War," *New York Times*, September 16, 2011, http://www.nytimes.com/2011/09/17/opinion/blow-for-jobs-its-war.html?ref=charlesmblow.

9) 라디오 프로그램을 위한 저자와 마이크 허커비의 인터뷰, 2011년 12월.

10) Former Members of Congress for Common Ground, *Letter to Congressional Candidates*, October 4, 2010, http://i2.cdn.turner.com/cnn/2010/images/10/04/fmoc.letter.pdf.

11) Jim Wallis, "Doing Justice," *Sojourners*, December 2009, 52, http://sojo.net/magazine/2009/12/doing-justice.

12) Joanna Walters, "Daily Show's Jon Stewart Calls on American Voters to Rally for Sanity," *The Guardian*, September 18, 2010, http://www.guardian.co.uk/media/2010/sep/19/jon-stewart-daily-show-rally.

13) "A Covenant for Civility," March 25, 2010, https://secure3.convio.net/sojo/site/Advocacy?cmd=display&page=UserAction&id=341.

14) 같은 글.

15) Jim Wallis, Chuck Colson, "Conviction and Civility," *Christianity Today,* January 24, 2011, http://www.christianitytoday.com/ct/2011/januaryweb-only/convictioncivility.html?paging=off.

9. 민주주의 구속하기

1) Emmanuel Mounier, *Personalism* (1950; repr., Boughton Press, 2008), Kindle edition, locations 1707-10.

2) Wendy R. Weiser, Lawrence Norden, *Voting Law Changes in 2012* (New York: Brennan Center for Justice, 2011), 1, http://brennan.3cdn.net/92635ddafbc09e8d88_i3m6bjdeh.pdf. 이 연구에서는 2012년 문제점을 정밀하게 분석하고 있지만, 투표 억제는 향후 선

거에서도 계속해서 문제가 될 가능성이 크다.
3) "The Cost of Winning an Election, 1986-2008"(Washington, DC: Campaign Finance Institute, 2010), http://www.cfinst.org/data/pdf/VitalStats_t1.pdf.
4) 같은 글.
5) 이와 비교해 2010년 영국 총선거에서는 5천만 달러를, 2008년 캐나다 연방선거에서는 약 3억 달러를 지출했다. 유럽 대륙에서 대부분의 선거에는 최대한 일부라도 공적인 자금이 지원된다. 그러므로 돈이 많은 후보가 다른 후보에 비해 불공평하게 유리한 경우는 없다.
6) Supreme Court of the United States, Syllabus, Citizens United v. Federal Election Commission (October term, 2009), 33, http://www.supremecourt.gov/opinions/09pdf/08-205.pdf.
7) 같은 글, 63.
8) 같은 글, 60.
9) 같은 글, 76.
10) 엡 6:12; 골 2:15.
11) *Citizens United*, 90.
12) "Louis D. Brandeis Quotes," Brandeis University website, http://www.brandeis.edu/legacyfund/bio.html.
13) http://www.theodore-roosevelt.com/images/research/speeches/trnationalismspeech.pdf를 보라(강조 추가).

10. 경제적 신뢰

1) Rowan Williams, "Human Well-Being and Economic Decision-Making" (2009년 11월 16일 런던의 영국노동조합회의 본부(Congress House)에서 열린 영국노동조합회의[TUC, Trades Union Congress] 경제 회의에서 행한 기조연설), http://www.archbishopofcanterbury.org/articles.php/767/human-well-being-and-economic-decision-making.
2) Amartya Sen, *Development as Freedom* (Oxford: Oxford

University Press, 1999), 6. 「자유로서의 발전」(세종연구원).

3) World Economic Forum, *Faith and the Global Agenda: Values for the Post-Crisis Economy* (Geneva: World Economic Forum, 2010), v.

4) Alan S. Blinder, "When Greed Is Not Good," *Wall Street Journal*, January 11, 2011, http://online.wsj.com/article/SB10001424052748703652104574652242436408008.html?mod=rss_opinion_main.

5) Louise Story and Eric Dash, "Banks Prepare for Big Bonuses, and Public Wrath," *New York Times*, January 9, 2010, http://www.nytimes.com/2010/01/10/business/10pay.html.

6) Arabella Milbank, Adam Atkinson, Angus Ritchie, "Christian Responses to the Financial Crisis: A Briefing Pack for Clergy and Parishes," http://www.londonpen.org/wp-content/uploads/2011/11/responding-to-the-financial-crisis.pdf.

7) Williams, "Human Well-Being and Economic Decision-Making."

8) Pontifical Council for Justice and Peace, "Towards Reforming the International Financial and Monetary Systems in the Context of Global Public Authority" (Vatican City: Pontifical Council for Justice and Peace, 2011), http://www.news.va/en/news/full-text-note-on-financial-reform-from-the-pontif.

9) Joel C. Hunter, "Freedom Begins with Christ! 2011 Sermon Series Preview by Pastor Joel Hunter," NorthlandChurch.net, December 30, 2010, http://www.northlandchurch.net/blogs/set_free_a_sneak_preview_of_where_were_headed_in_2011/.

10) Simon Johnson, "The Quiet Coup," *Atlantic*, May 2009, http://www.theatlantic.com/magazine/archive/2009/05/the-quiet-coup/7364/#.

11) Luke Bretherton, *"Neither a Borrower nor a Lender Be"? Scripture, Usury and the Call for Responsible Lending* (London: Contextual Theology Centre, April 2011), http://www.londonpen.org/wp-content/uploads/2011/11/bretherton-on-usury.pdf.

12) Thomas L. Friedman, "The Inflection Is Near?," *New York Times*, March 7, 2009, http://www.nytimes.com/2009/03/08/opinion/08friedman.html.

13) Stewart Wallis, "A Great Transition," New Economics Foundation blog, September 27, 2011, http://www.neweconomics.org/blog/2011/09/27/a-great-transition.

14) 같은 글.

15) 같은 글.

16) Michael Moore, 2011년 3월 5일 위스콘신 주 매디슨에서 시위자들에게 행한 연설, http://www.youtube.com/watch?v=wgNuSEZ8CDw&feature=player_embedded. 여기 인용된 자료는 폴리티팩트 위스콘신(PolitiFact Wisconsin)에 의해 사실로 입증되었다. http://www.politifact.com/wisconsin/statements/2011/mar/10/michael-moore/michael-moore-says-400-americans-have-more-wealth-/.

17) Jonathan Weisman, "WSJ/NBC Poll: Most Americans Say U.S. Economy Favors 'Small Portion of the Rich,'" *Wall Street Journal*, November 7, 2011, http://blogs.wsj.com/washwire/2011/11/07/wsjnbc-poll-most-americans-say-u-s-economy-favors-small-portion-of-the-rich.

18) "Comparing the Growth of US Family Incomes," United for a Fair Economy, April 28, 2011, http://faireconomy.org/node/1713.

19) 같은 글.

20) *Yachts International* (September/October 2011): 89, http://viewer.zmags.com/publication/d0a6cd6a#/d0a6cd6a/91.

21) 수수료 인상에 항의하는 청원서는 이곳을 보라. http://www.change.org/petitions/tell-bank-of-america-no-5-debit-card-fees. 또한 수수료 정책 변화에 관한 뱅크 오브 아메리카의 성명서는 이곳을 보라. http://mediaroom.bankofamerica.com/phoenix.zhtml?c=234503&p=irol-newsArticle&ID=1624356&highlight=.

22) Chrystia Freeland, "Working Wealthy Predominate the New

Global Elite," *New York Times*, January 25, 2011, http://dealbook.
nytimes.com/2011/01/25/working-wealthy-predominate-the-
new-global-elite.

11. 섬기는 정부

1) Reinhold Niebuhr, *The Children of Light and the Children of Darkness: A Vindication of Democracy and a Critique of Its Traditional Defense* (1944; repr., Chicago: University of Chicago Press, 2011), xxxii. 「빛의 자녀와 어두움의 자녀」(대한기독교서회).
2) C. S. Lewis, "Equality," *Present Concerns* (San Diego: Mariner Books, 2002), 17.
3) N. T. Wright, *Paul for Everyone: Romans Part 2* (Louisville: Westminster John Knox, 2004), Kindle edition, locations 1366-78. 「모든 사람을 위한 로마서 2」(IVP).
4) 같은 책, 1382-88.
5) National Association of Evangelicals, *For the Health of the Nation: An Evangelical Call to Civic Responsibility*, 5, 10, http://www.nae.net/images/content/For_The_Health_Of_The_Nation.pdf.
6) 계시록 13:7.
7) 계시록 11:7.
8) 계시록 17:5.
9) 계시록 13:1.
10) N. T. Wright, "The New Testament and the State," *Themelios* 16 (1990): 15.
11) 누가복음 13:32.
12) Wright, "New Testament and the State," 15.
13) Ronald J. Sider, *Fixing the Moral Deficit: A Balanced Way to Balance the Budget* (Downers Grove, IL: InterVarsity, 2012), 54.
14) Lewis, "Equality," 17
15) US Department of Commerce Economics and Statistics

Administration, *Who Owns America's Farmland?* (Washington, DC: United States Census Bureau, 1993), http://www.census.gov/apsd/www/statbrief/sb93_10.pdf.

16) United Nations Office on Drugs and Crime, "Human Trafficking: An Overview" (New York: United Nations, 2008), 6, http://www.ungift.org/docs/ungift/pdf/knowledge/ebook.pdf.

17) 예를 들어 Greg Smith, "Why I Am Leaving Goldman Sachs," *New York Times*, March 14, 2012, http://www.nytimes.com/2012/03/14/opinion/why-i-am-leaving-goldman-sachs.html?pagewanted=all 를 보라.

18) http://www.thepovertyforum.org/.

19) Bono, "A Decade of Progress on AIDS," *New York Times*, November 30, 2011, http://www.nytimes.com/2011/12/01/opinion/a-decade-of-progress-on-aids.html.

12. 잘못을 바로잡으라

1) Robert F. Kennedy, "Day of Affirmation Speech" (University of Cape Town, Cape Town, South Africa, June 6, 1966), http://www.jfklibrary.org/Research/Ready-Reference/RFK-Speeches/Day-of-Affirmation-Address-news-release-text-version.aspx.

2) John Mayer, "Waiting on the World to Change," on *Continuum*, Aware Records LCC, 2006.

3) "Justice," *Baker's Evangelical Dictionary of Biblical Theology Online*, http://www.biblestudytools.com/dictionaries/bakers-evangelical-dictionary/justice.html.

4) "Justice," *Bible Justice Online*, http://www.bible-history.com/isbe/J/JUSTICE.

5) Kennedy, "Day of Affirmation Speech."

6) "Government Food Assistance: Why It's Needed," Bread for the World Institute website, http://notes.bread.org/2011/11/

government-food-assistance-why-its-needed.html.
7) "Circle of Protection for a Moral Budget," *Sojourners*, http://sojo.net/get-involved/action-alerts/circle-protection-moral-budget.

13. 건강한 가정

1) "Promoting Responsible Fatherhood"(remarks by President Obama at a Father's Day event, Washington, DC, June 21, 2010), http://www.whitehouse.gov/photos-and-video/video/promoting-responsible-fatherhood#transcript.
2) 같은 곳.
3) 같은 곳.
4) 같은 곳.
5) 같은 곳.
6) 같은 곳.
7) Mary Parke, *Are Married Parents Really Better for Children? What Research Says about the Effects of Family Structure on Child Well-Being*, Couples and Marriage Research and Policy 3 (Washington, DC: Center for Law and Social Policy, 2003).
8) United States Census Bureau, *Custodial Mothers and Fathers and Their Child Support: 2007* (Washington, DC: United States Census Bureau, November 2009), http://www.census.gov/prod/2009pubs/p60-237.pdf.

14. 세계가 우리의 교구다

1) John Wesley, *The Journal of John Wesley* (Grand Rapids: Christian Classics Ethereal Library, 1951), 42, http://www.jesus.org.uk/vault/library/wesley_journal.pdf.
2) "Desmond Tutu Explains Ubuntu," Ik Ben Omdat Wij Zijn, http://www.ikbenomdatwijzijn.info/index.php?option=com_content&view=article&id=114:desmond-tutu-explains-ubuntu&catid=44:englis

h&Itemid=92.

3) "Life," *Albert Einstein Quotes*, http://www.einstein-quotes.com/Life.html.

4) John Wesley, "A Farther Appeal to Men of Reason and Religion," *The Works of John Wesley*, vol. 8, *Addresses, Essays, Letters*, version 1.0, Books for the Ages (Albany, OR: AGES Software, 1997), 50, http://media.sabda.org/alkitab-11/V6F-Z/WES_WW08.PDF(강조 추가).

5) "John Wesley quotes," ThinkExist, http://thinkexist.com/quotation/do_all_the_good_you_can-by_all_the_means_you_can/148152.html.

6) National Association of Evangelicals, *For the Health of the Nation: An Evangelical Call to Civic Responsibility*, 3, http://www.nae.net/images/content/For_The_Health_Of_The_Nation.pdf(강조 추가).

7) Catholic Bishops' Conference of England and Wales, *The Common Good and the Catholic Church's Social Teaching*, http://www.osjspm.org/admin/document.doc?id=99.

8) 같은 곳.

9) 같은 곳.

10) National Association of Evangelicals, "Government Relations: Bringing Biblical Values to the Political Sphere," http://www.nae.net/government-relations.

11) Leymah Gbowee, "Ubuntu Defined," Ubuntu Drum Circles, http://ucircles.org/ubuntu-defined.

12) Desmond Tutu, *No Future without Forgiveness* (New York: Doubleday, 1999), 33-34. 「용서 없이 미래 없다」(홍성사).

13) Henri Nouwen, "Community, a Quality of the Heart," *Bread for the Journey: A Daybook of Wisdom and Faith*(New York: HarperCollins, 1996), 1월 23일을 위한 묵상. 「영혼의 양식: 365일 지혜와 믿음을 향하여」(두란노).

해설

자기 시대의 과제에 응답하는 그리스도인

김선욱(숭실대학교 철학과 교수)

1

우리가 믿는 하나님은 시간과 공간을 초월하는 절대적 존재이시다. 우리는 시간과 공간의 제약 속에서 삶을 살아가도록 창조되었다. 우리의 실존은 어떤 특정한 역사적 맥락(context) 속에 놓여 있고, 우리와 하나님의 관계도 그 맥락 속에서 이루어진다. 그래서 하나님과 깊은 관계를 맺을수록 우리는 우리를 규정짓고 있는 맥락을 더욱 정확하게 알 필요가 있다. 또한 우리 시대에 부여하신 하나님의 과제가 무엇인지를 더욱 분명하게 인식해야 한다. 그래야 하나님께서 우리를 세우신 자리에 서서 하나님의 부르심에 응답할 수 있기 때문이다.

짐 월리스는 그리스도인이 자신이 머물러 있는 땅에서 자기 시대에 부여된 과제에 응답하며 살아가는 모습이 어떤 것인지를 가장 모범적으로 보여 주고 있다. 이전에 번역되어 나왔던 책 「하나님의 정치」, 「회심」, 「그리스도인이 세상을 바꾸는 7가지 방법」, 「가치란 무엇인가」, 「부러진 십자가」 등에서 월리스는 각각의 책마다 같은 주제를 가지고, 그러나 다른 맥락에서 그리스도인의 삶에서의 혁신을 우리에게 가르쳐 주고 있다. 그리고 특히 이 책 「하나님 편에 서라」에서는 '공동선'이라는 화두를 가지고 각자의 삶 속에서 하나님 편에 서는 법을 알려 주고 있다. 황금의 입이라는 별명으로 불렸던 위대한 설교자 요하네스 크리소스토무스의 "기독교의 가장 완벽한 규칙, 가장 정확한 정의, 최고점은 바로 공동선의 추구다"라는 말을 인용하면서 월리스는 이웃, 특히 우리 가운데 약하고 소외받는 이웃을 돕는 것이 가장 그리스도인다운 일임을 말한다.

2

'공동선'이란 최근 정치철학 논의의 중심에 있는 개념이다. 또한 국내에서 널리 읽힌 마이클 샌델의 「정의란 무엇인가」에 의해 촉발된 사회 정의에 대한 폭발적인 관심의 핵심에 서 있는 개념이기도 하다.

공동선이란 개념은 '공동'과 '선'이란 두 개념의 합성어다. '공동'이란 '우리 모두에게 공통적'이라는 의미를 가지며, '선'

이란 '우리에게 좋은 것'을 의미한다. 따라서 '공동선'이란 '우리 모두에게 공통으로 좋은 것'을 말한다. 그런데 이 말의 정확한 의미는 이 정도의 해석으로는 드러나지 않으며, 나아가 이것을 어떻게 발견할 것인지는 정치철학의 핵심 주제로 논의되어 왔다. 그런데 윌리스는 그리스도인의 규범으로서 공동선의 추구가 어떤 모습이 되어야 할지를 우리에게 쉬운 언어로 설명하고 있는 것이다.

우리가 가장 주의해야 할 것은, 공동선이 우리들 각자가 원하는 바를 종합한다고 해서 발견되는 것은 아니라는 점이다. 여러 사람들의 이해관계를 뭉쳐 놓는 것으로는 공동선에서 가장 먼 선택을 하게 되는 결과를 낳을 수도 있다. 예컨대 집단 이기심의 발현으로 나타나는 님비(NIMBY) 현상이나 핌피(PIMFY) 현상은 해당 집단을 넘어서 전체를 염두에 둔 것이 아니라는 점에서 공동선과는 거리가 있다.

공리주의적 선택은 종종 공동선에서 먼 곳에 자리한다. "최대 다수의 최대 행복"을 추구하는 공리주의적 방법론은 국가적 차원에서 정책을 수립할 때 혹은 어떤 공동체나 집단에서 어떤 선택을 해야 할 때 널리 활용되는 중요한 방법론이다. 우리는 최상의 답이 없더라도 최대 다수에게 최선의 길이 무엇인지를 염두에 둔다. 그러나 공리주의적 선택에 '다수의 유익'이라는 가치 외의 다른 가치에 대한 고려가 빠져 있을 때 그 선택은 공동선에 도달하기 어렵다. 우리의 주안점은 이

'다른 가치'가 무엇이 되어야 하는가에 주어져야 한다.

그리스도인은 자신의 삶을 지배하게 될 사회적 선택에서 기독교적 가치가 어떻게 다루어지고 있는지를 면밀히 살펴볼 수 있어야 한다. 월리스의 표현으로 말하면, "하나님은 인격적이지만 절대로 사적이지는 않다"(3장). 하나님은 우리와의 인격적인 관계 속에서 우리에게 참으로 좋은 것을 공급하시는 분이지만, 우리를 사적으로 대하시며 우리가 바라는 것을 다 채워 주시는 분은 아니다. 그리스도인은 공과 사를 잘 구분해야 한다. 공적인 것이란 나만의 이기적인 소망을 넘어 세상 속에서 살아가는 한 사람으로서 그리스도인에게 올바르고 좋은 것을 말한다. 그것이 무엇인지를 찾는 것이 그리스도인의 과제다. 이 과제를 해결하기 위해 우리에게는 하나님이 원하시는 기독교적 가치에 대한 올바른 지식과 숙고와 기도가 요구된다.

또한 공동선은 특정 집단이나 정파의 전유물일 수 없다. 우파의 입장에 선다고 공동선이 확보되는 것도 아니고, 좌파의 주장이 공동선을 대변하는 것도 아니다. 공동선은 해당 사안마다 끊임없는 숙고를 통해 확인되고 발견될 수 있다. 그리스도인으로 충실하려고 할 때, 종교적 우파의 입장에 서거나 좌파적 입장에 서는 것은 답이 아니다. 하나님은 복음주의자도 아니시고 에큐메니칼주의자도 아니시다. 특정 주의나 교파의 차이 속에 하나님을 제한하려고 해서는 안 된다.

이 책의 제목 「하나님 편에 서라」의 근거가 된 링컨의 말은 한국의 교회에서 많이 회자되는 말이기도 하다. 많은 그리스도인들이 "하나님이 우리 편인가를 묻지 말고, 우리가 하나님 편에 서 있는지를 물어야 한다"고 주장하지만, 실제로는 그 말을 통해 하나님이 자기 편임을 강조하고 있는지도 모른다. 나는 조금도 변화하지 않은 채 말로만 '내 편'이 아니라 '하나님 편'이라고 주장하는 것은 아무 소용이 없다. 중요한 것은 하나님의 생각이 내 생각과 다를 수 있음을 인정하는 것이다. 이는 내 생각과 다른 생각에 귀를 기울여야 한다는 말이다. 아집과 독선에 빠진 그리스도인이 얼마나 위험할 수 있는지를 윌리스는 보수적 기독 대학생과의 만남을 통해 웅변적으로 말하고 있다. "참된 평화는 예수님을 통해서 얻을 수 있다"는 대학생의 주장은 사실상 "공산주의자들은 폭격해 지옥으로 보내야 한다"는 말이었던 것이다(4장). 그리고 종교와 정치의 구별을 이야기한 이들의 주장이 결국은 마틴 루터 킹 목사의 흑인민권 운동을 외면하고 비판하는 태도로 귀결됨을 윌리스는 지적한다(5장).

내가 하나님 편이 되는 것은 자신의 생각과 판단을 내려놓고 타자를 통해 말씀하시는 하나님의 음성에 귀 기울이는 것이다. 자신을 좌파나 우파로 규정하기에 앞서 우리는 좌파에게서든 우파에게서든 자신과 다른 입장에 서 있는 이들의 생각에서 배울 수 있어야 한다. 그렇다고 해서 내 생각을 모두 접고 다른 사람의 말에 무조건 따라야 한다는 것은 아니다. 나와 다른 생각을 가진 이와 대화하는 가운데 우리는 우리의 시선을 하나님께 맞추고, 그분이 보시는 것을 우리도 같이 보아야 한다는 말이다.

3
"모든 정치 진영에서 공동선의 윤리를 잃어 버렸다"는 월리스의 말은 한국 정치에도 전적으로 타당한 말이다. 그런데 이처럼 공동선의 윤리를 상실한 한국의 정치 진영들에 대해 한국의 그리스도인들은 어떻게 대응하고 있는가? 월리스는 신앙의 역할이 "공적 영역으로 하여금 신앙에서 유래한 가치에 대해 도덕적 책임을 지게 하는 것"이라고 말한다. 그러나 또한 월리스는 종교가 정치의 도덕적 가치를 독점할 수 없다고도 말한다. 이 점에 비추어 보면 한국 교회가 한국 정치에 어떤 영향력을 끼쳤는지, 그리고 어떻게 그런 영향력을 끼치려 했는지를 반성해 볼 수 있다. 한국의 정치 진영들로 하여금 기독교 신앙에서 소중하게 여기는 가치들에 대해 도덕적으로 응답할 수 있도록 하는 것이 시민으로서 그리스도인들이 마땅히 해야 할 정치 행위가 될 것이다.

번역 원고를 읽으며 번역이 좋게 느껴져 번역자의 노고에 감사하게 되었다. 그런데 단어 하나가 아무래도 걸렸다. 다음 두 구절을 보자.

2012년 대통령 선거 다음 날 우리는 큰 안도감을 느꼈다. 우리들 대부분은 지지하는 후보가 이겼든 졌든 관계없이, 선거와 정치에 대해 지긋지긋해져서 그저 선거가 끝났다는 사실만으로도 기뻐했다. 제대로 작동하지도 않으며 지독하게 당파적이기까지 한 워싱턴의 정치가 변화와 희망을 향한 열망을 오히려 약화시켰다는 사실에 실망하는 사람들이 많다. 정치는 해법을 찾기보다는 남을 비난하는 데 집중하고, 통치보다는 선거 승리에 초점을 맞춤으로써 변화와 희망의 가능성을 심각하게 제약한다(서문).

어떤 공직인가에 따라 2년이나 4년, 6년마다 선거에서 이기거나 지는 일이 발생한다. 그리고 그 사이의 기간에는 이른바 통치라는 관념이 존재한다. 그러나 우리는 통치를 잃어버린 듯하다. 정치계는 이제 계속 선거운동만 하고 있는 듯 보인다(8장).

이 두 인용문에서 '통치'라고 번역된 원문 단어는 governing이다. 책의 다른 구절에서는 "하나님의 통치"라는 표현이 사용되는데, 거기서의 원문은 God's reign이다. 영어 단어 governing에는 군주의 다스림을 나타내는 통치라는 의미도 갖고 있으며 이 경우에는 reign과 같은 의미를 갖지만, 이와는 달리 '정부가 해야 하는 여러 일'이라는 의미도 포함되어 있다. 민주주의 사회에서 정부의 수반으로서 대통령이 하는 일은, 신민(臣民)에 대해 군주가 하는 방식의 통치일 수는 없다. 위의 두 인용문에서 월리스는 미국의 정치 진영들이 선거운동과 대통령 되기 게임에만 몰두하다 보니, 정부의 수반으로서 대통령이 해야 할 정부의 업무의 방향과 정책의 여러 문제들에 대한 고민이 실종되어 버렸음을 말하려고 한 것이다. 그러나 우리말 번역본에서 이 둘을 구분하기란 어렵고, 그래서 번역자가 일관되게 '통치'라는 단어를 선택하여 활용한 것은 어쩔 수 없는 선택이라고 본다.

이러한 번역상의 어려움을 통해 생각하게 된 것은, 우리의 의식 자체가 수직적인 정치권력 관계에 너무 익숙해 있지 않은가 하는 점이었다. 정치의 수준은 시민의식의 수준을 반영한다. 수직적 권력관계에 익숙한 우리의 의식이 좀 더 수평적인 것으로 바뀌지 않는다면 정치 또한 우리의 삶을 억압하는 모습에서 달라지지 않을 것이다. 정치권력이란 평등한 시민들의 결합에서 나온 것으로 이해될 때 비로소 정치는 시민의 것이 된다. 또한 기독교의 가치에 대해 정치 진영이 도덕적 반응을 보이도록 하는 일은, 민주 시민의 덕성을 갖춘 그리스도인이 사적이지 않고 공적인 태도를 가지고 함께 숙고하고 공동의 뜻을 표명할 때 비로소 가능할 것이다.

월리스가 두 아들의 야구팀과 함께했던 이야기를 통해 삶에 대한 교훈을 말하는 것이 무척 흥미로웠다. 야구는 한국에서도 익숙한 운동이어서 그 내용에 쉽게 공감할 수 있었다. 하지만 내게 더욱 의미 깊게 다가왔던 부분은 월리스처럼 유명하고 바쁜 사람이 두 아들이 속한 리틀 야구팀의 코치를 할 수 있었다는 것이다. 월리스는 자신의 시간 주에서 그 부분을 아들과 함께하기로 선택했던 것이다. 가족을 위해 이처럼 매주 정기적으로 시간을 내는 것은 공적인 일과 학문적인 일에 종사하는 한국의 오피니언 리더들에게도 과연 흔한 일일까? 더욱이 주중에는 본업에 충실하고 주말에는 교회를 위해 늘 바쁘게 지내는 가운데 가족을 소홀히 할 수밖에 없다고 생각해 온 한국의 그리스도인 오피니언 리더들은 월리스의 예에서 큰 교훈을 얻어야 할 것 같다. 월리스는 공공선의 기본 조건으로 '정절'과 더불어 '자녀에 대한 관심'(8장)을 꼽고 있는 것이다.

4

이 해설을 쓰는 중에 나는 내가 속한 대학의 업무와 관련하여 브라질의 한 기독교 대학에서 온 손님들을 영접한 일이 있었다. 그들의 가장 큰 고민 중 하나는 대학교에서 어떻게 기독교적 정체성을 유지하면서 학생과 교직원들의 신앙을 확립할 수 있을까 하는 것이었다. 대학 내의 세속화로 인해 기독교적 가치가 대학에서 실종되어, 이를 회복하기 위해 무던히 노력하고 있지만 성과는 미미하다는 것이었다. 그들과 대화를 나누면서 나는 복음적인 입장을 유지하면서도 동시에 대학생과 청년들이 장차 직면할 문제들에 대해 제대로 응답하도록 해줄 필요가 있다는 말을 했다. 그리고 한국 IVF와 IVP가 했던 일들 가운데 짐 월리스의 책을 꾸준히 번역해 내는 활동과, 2012년 선거 즈음에 제작하여 활용했던 「어떻게 투표할 것인가?」에 기울인 노력을 소개했다. 그들은 깊은 공감을 표시했고, 특히 「어떻게 투표할 것인가?」를 브라질어로 번역하여 우리가 현실 문제들에 기울였던 노력을 살펴보겠노라고 응답했다. 비록 이 책이 한국이란 환경에서 발생한 통일 문제나 환경 문제, 주택 문제 같은 구체적인 사례들을 다루고 있지만, 그런 문제들에 대응하는 모습에서 배울 부분이 있다고 판단한 것이다.

  이 시대에 그리스도인으로 살아가는 모습이 어떠해야 하는지를 가장 모범적으로 보여 주는 이가 짐 월리스라고 이 글의 앞부분에서 언급했었다. 특히 복음적으로 살아가기 원하는 청년 그리스도인들의 고민에 대한 답이 그에게 있다고 나는 믿는다. 그렇다고 우리가 이 책에서 나오는 짐 월리스의 판단을 그대로 따라갈 수는 없다. 그는 미국의 사례들을 이야기하고 있기 때문이다. 우리는 그의 글을 숙고하면서, 우리의 맥락에서 올바른 지식과 숙고와 기도 가운데 그리스도인으로 올바른 판단을 내려야 한다. 이것이 이 책의 올바른 활용법이 될 것이다.

옮긴이 **박세혁**은 서울대학교 서양사학과를 졸업한 후 연세대학교(Th. M.)와 미국 에모리대학교(M. Div., Th. M.)에서 신학을 공부했고, 현재 Graduate Theological Union에서 박사과정(미국 종교사 전공)을 공부하고 있다. 역서로는 「복음주의 지성의 스캔들」, 「배제와 포용」(IVP), 「오두막에서 만난 하나님」, 「십자가를 아는 지식」(살림), 「이렇게 답하라」(새물결플러스), 「분별의 기술」(사랑플러스), 「배제의 시대, 포용의 은혜」(아바서원) 등이 있다.

하나님 편에 서라

초판 발행_ 2014년 1월 23일

지은이_ 짐 월리스
옮긴이_ 박세혁
펴낸이_ 신현기

발행처_ 한국기독학생회출판부
등록번호_ 제313-2001-198호(1978.6.1)
주소_ 121-838 서울시 마포구 동교로 156-10
대표 전화_ (02)337-2257 팩스_ (02)337-2258
영업 전화_ (02)338-2282 팩스_ 080-915-1515
직영서점 산책_ (02)3141-5321
홈페이지_ http://www.ivp.co.kr 이메일_ ivp@ivp.co.kr
ISBN 978-89-328-1326-4

ⓒ 한국기독학생회출판부 2014

책값은 뒤표지에 있습니다.
무단 전재와 복제를 금합니다.